Anthony Huxley

Das phantastische Leben der Pflanzen

Mit 28 vierfarbigen Abbildungen
und 10 Illustrationen im Text

Aus dem Englischen von Margaret Auer

Hoffmann und Campe

Fotonachweis: Agentur Photo-Center, Braunschweig (4); Bavaria-Verlag, Gauting:
Dr. F. Sauer (1); Othmar Danesch, Göfis/Österreich (2); Hermann Eisenbeiss, München (6); Hasselblad-Foto, Horst Schmiedekampf, Berlin (1); Adelheid Heine-Stillmark, Karlsruhe (1); Fritz Prenzel, Gröbenzell (1); roebild, Frankfurt: Fritz Breig (1), Ernst Müller (3), W. Schacht (3); ZEFA, Düsseldorf: D. Baglin (1), J. Bitsch (1), W. Harstrick (1), W. Kratz (1), S. Merkel (1), Dr. F. Sauer (1).
Die Illustrationen im Text stammen aus: A. Kerner von Marilaun, Pflanzenleben, ins Engl. übers. v. F. W. Oliver, 1894

Titel der Originalausgabe *Plant and Planet*
Erschienen bei Allen Lane, London
© Anthony Huxley 1974

1. bis 10. Tausend 1977
© Hoffmann und Campe Verlag, Hamburg 1977
Gesetzt aus der Korpus Garamond-Antiqua
Satz Otto Gutfreund & Sohn, Darmstadt
Druck und Bindung Welsermühl, Wels
ISBN 3-455-08933-X · Printed in Austria

Inhalt

Vorwort

Dieses Buch ist geschrieben worden, um das Interesse für die Pflanzenwelt zu beleben und unsere Vorstellung von ihr zu vertiefen. Dabei habe ich stets angenommen, daß der Leser bereits mehr als nur ein flüchtiges Interesse für das Pflanzenreich hat. Er oder sie sind vielleicht Gärtner, betreiben Botanik als Hobby oder lieben wildwachsende Blumen. Ihnen, die Tag für Tag mit Pflanzen umgehen, vermittelt dies, zusammen mit dem, was aus dem Schulunterricht in Biologie noch nachklingt, ein fast unbewußtes Verständnis für die besonderen Einrichtungen bei Pflanzen. Daher habe ich viele Einzelheiten ihrer Lebensvorgänge nur kurz zusammengefaßt und mich auf die ungewöhnlicheren Erscheinungen konzentriert. Aber gleichzeitig ist das Thema unerschöpflich. Daher können hier von einer unendlichen Anzahl möglicher Beispiele nur einige angeführt werden. Fachwissenschaftliche Angaben ließen sich nicht vermeiden, aber vieles Komplizierte ist weggelassen worden, wie etwa neue Erkenntnisse über das, was sich im Innern der Zelle abspielt. Falls ein echtes Interesse für das Thema besteht, meine ich, daß dieses Buch von jedem mit Genuß gelesen werden kann, ob er nun Fachkenntnisse besitzt oder nicht.

Das Buch beginnt mit einer kurzen Darstellung der Evolution, ihrer riesigen Zeiträume und der Art und Weise, in der diese Entwicklung der Pflanzen vor sich ging. In diesem Abschnitt werden die im Text erwähnten Hauptgruppen der Pflanzen kurz geschildert. Dann führen Kapitel über Photosynthese, Bau und Wachstum und dessen Regulierung zu weiteren Erscheinungen des Pflanzenlebens. Dabei wird immer wieder das erfinderische Geschick betont, das sich bei diesen Anpassungen an Zwangslagen zeigt. Zu den übrigen Aspekten gehören die überaus wichtige geschlechtliche und ungeschlechtliche Fortpflanzung sowie die Verbreitung der daraus resultierenden Sporen oder Samen. Beides geschieht oft mit Hilfe von Tieren. Weitere Themen sind Altern, Krankheit und Tod, Pflanzengesellschaften und ihr Zusammenleben in Frieden oder in Feindschaft.

Die letzten fünf Kapitel handeln vom Eingreifen des Menschen, von der

Ausbeutung, Manipulation und Zerstörung des Pflanzenreichs, von den künstlich geschaffenen Pflanzen und von den primitiven, die der Mensch nun in Kultur zu nehmen versucht. Das Schlußkapitel erörtert die zukünftigen Möglichkeiten mit besonderer Berücksichtigung der wildwachsenden Pflanzen.

Soweit volkstümliche Namen für Pflanzen bekannt sind, werden sie im Text wie auch im Register angeführt. Nur das erste Mal, wenn sie im Text erscheinen, steht auch die lateinische Bezeichnung in Klammern daneben. Natürlich wird sie im Register ebenfalls hinzugefügt. Oft sind jedoch keine volkstümlichen Namen vorhanden. Dann mußte ich die lateinische Nomenklatur verwenden. Die Synonyma, die so belastend für die botanische Literatur sind, habe ich möglichst weggelassen. Denn mein Ziel war es ja, vor allem Anpassungen, Baupläne, besondere Einrichtungen und Mechanismen zu schildern. Dafür sind Namen nicht so wichtig. Sie dienen hauptsächlich dazu, dem Leser weiterzuhelfen, der irgendeine noch offene Frage zu klären wünscht.

Kurz gesagt, ich habe ein Buch zu schreiben versucht, das Interesse und Staunen erwecken und zum Nachdenken über eine Lebensform anregen soll, die uns überall umgibt, die gemeinsam mit uns auf diesem Planeten existiert und dennoch als allzu selbstverständlich angesehen wird.

Wie ich anerkennen muß, verdanke ich viel Anregung dem »Pflanzenleben«, einem Werk des Wieners Kerner von Marilaun. Viele Jahre lang ist es eines meiner Lieblingsbücher gewesen. Ebenso inspirierten mich die Schriften von Dr. E. J. S. Corner, vor allem das 1964 veröffentlichte Buch »Das Leben der Pflanzen« (dt. 1971). Wenn ich ihn mehrmals zitiert habe, so deshalb, weil seine lebendige Schreibweise vor allem dann nicht verbessert werden kann, wenn er persönliche Beobachtungen schildert.

Richard Gorer und Janet Mortimer muß ich besonders danken. Sie haben beide das Manuskript gelesen und sachdienliche Kommentare dazu abgegeben. Auch Desmond Mikel vom »Königlichen Botanischen Garten in Kew« danke ich sehr. Er hat liebenswürdigerweise die Nomenklatur überprüft. Peter Stagman, Bibliothekar der »Royal Horticultural Society«, war mir eine große Hilfe beim Problem der Illustrationen.

I Die Entwicklung

1 Die Mitbewohner unseres Planeten

Pflanzen sind auf diesem Planeten Erde überall um uns. Sie waren vor uns da; und heute ist das Grün der Pflanzenwelt überall dort zu finden, wo wir es gewähren lassen – in Amazonien, in Sibirien, auf Bergen und in Ozeanen. Selbst mitten in Städten stehen Bäume, die wir gepflanzt haben, wächst Unkraut, das die geringste Gegebenheit nutzt.

Was ist diese Welt der Pflanzen, diese Welt, die teilhat an unserem Planeten und aus einer Gruppe von Geschöpfen besteht, die sich in ihrem Aufbau – ohne Knochen, Schale, Muskeln, Blut oder Nerven – und ihrer Lebensweise so sehr von allen anderen Geschöpfen unterscheidet?

Dieses Buch sieht alles sozusagen vom »Pflanzengesichtspunkt« aus. Aber es wirft auch einen Seitenblick auf das Menschengeschlecht. Pflanzen leisten vieles, was auch wir können und vieles, was wir nicht können. Bedenkt man die Dauer der Evolution, existiert der Mensch erst einen Augenblick, während Pflanzen die frühesten Lebensformen sind. Es ist ein Jammer, daß der Mensch in diesem Augenblick zu einer solchen Geißel für die Natur geworden ist. Wenn wir wildwachsende Pflanzen existieren lassen, werden sie überleben und gedeihen. Aber können oder wollen wir das?

Es ist leicht, bei der Betrachtung aller Lebewesen den Menschen in den Mittelpunkt zu stellen und sie mit ihm zu vergleichen. Das ist um so mehr der Fall, wenn etwas so verschieden von uns ist wie dieses »andere Reich« der Pflanzen. Man kann leicht behaupten, daß eine Pflanze tückisch ist, weil sie Dornen hat, oder eine Landplage ist, weil sie sich üppig vermehrt. Aber diese Urteile geben nur die Meinung des Menschen wieder. Ich habe mich bemüht, allzu menschliche Maßstäbe zu vermeiden, aber die gelegentlich sehr großen Ähnlichkeiten zwischen Pflanzen und Tieren – einschließlich des Menschen – erwiesen sich manchmal als so überaus verführerisch, daß ich es nicht ganz umgehen konnte.

Jedenfalls hat man es nicht nur mit den Pflanzen zu tun, die man auf den ersten Blick sieht. Auch im Wasser und im Boden wimmelt es von mikroskopischen Pflanzen. Selbst die einzelligen unter ihnen sind keineswegs einfach, sondern ebenso wunderbar zweckmäßig gebaut wie die hoch-komplizierten, und sie vermehren sich unablässig und in unzählbaren Mengen. Größere Pflanzen existieren an fast jedem natürlichen Standort, den es in dem Gebiet gibt, das auch wir bewohnen. Nur etwa 30 Prozent der Erdoberfläche sind festes Land, und davon werden 40 Prozent von uns als unbewohnbar angesehen. Doch Pflanzen bedecken auch einen Groß-teil dieses Geländes.

Das einzigartige Charakteristikum der Pflanzen ist ihre Fähigkeit, Licht als Energiequelle zu nutzen. Damit sorgen die Pflanzen für den Lebensun-terhalt aller anderen Organismen. Plankton im Meer liefert Nahrung für Fische und Wale. Landpflanzen jeder Art bilden das Futter für pflanzen-fressende Tiere; und die Fleischfresser des Meeres und des Festlandes er-nähren sich von den Pflanzenfressern. Die Evolution der Tiere wäre nicht möglich gewesen ohne die vorangegangene Evolution der Pflanzen. Und in den Äonen seit der Erschaffung der ersten Lebewesen haben sich die zwei Welten dauernd gegenseitig beeinflußt und bedingt.

Die Pflanzen, auf die wir als Nahrung angewiesen sind, und sehr viele andere dazu sind vom Menschen kultiviert und in manchen Fällen weiter-entwickelt worden. Ein paar »Kulturfolger« sind entstanden, die nur zusammen mit angebauten Feldfrüchten wachsen. Doch im allgemeinen besteht das eigentliche grüne Reich der wildwachsenden Pflanzen völlig gesondert vom Menschen, es verhält sich uns gegenüber neutral, ja manchmal sogar feindselig. Pflanzen keimen, leben, vermehren sich, tra-gen Früchte und sterben ab; sie tun dies auf vielerlei Weise, ohne über-haupt irgendeine Hilfe vom Menschen zu brauchen.

Pflanzen zeichnen sich dadurch aus, daß sie andere Lebensformen und von anderen geschaffene Verhältnisse ausnutzen. Sie sind großartige Op-portunisten, die aus verschiedenen Kombinationen von Wasser, Luft, Boden und Klima den größten Vorteil ziehen. Ihre Herrschaft über die Erde, ihre Fähigkeit, sie zu besiedeln, ihre Einordnung in die Umwelt verdanken sie einer erstaunlichen Vielseitigkeit und Vielfalt. Es gibt allein etwa 20 verschiedene *Klassen* von Pflanzen. Die Anzahl der Tiere nimmt dagegen ab, je höher sie auf der Leiter der Evolution steigen. In einer Ge-samtzahl von schätzungsweise 1 125 000 Arten finden sich nur 4237 Säuge-tierarten und 193 verschiedene Affenarten. Demgegenüber sind die Arten der »höheren« Blütenpflanzen sehr zahlreich. Nach einer neueren Schät-zung sind es 226 000 Arten, aber die Zahl könnte sich noch auf 300 000 er-höhen.

Innerhalb jeder Pflanzenklasse und bis zu einem gewissen Grad zwischen Gruppen von Klassen besteht bei Aktivitäten wie Atmung und Nahrungsaufnahme und bei der Gestaltung der festen Form eine grundlegende Ähnlichkeit. So mußte ich in diesem Buch manchmal die Art und Weise, in der Pflanzen Lebensprobleme lösen, verallgemeinernd darstellen. Doch wie Theophrastus im 3. Jahrhundert v. Chr. schrieb, »ist eine Pflanze ein so verschiedenartiges und vielfältiges Ding und läßt sich schwer in allgemeinen Ausdrücken schildern«. Daher habe ich durchweg Beispiele angeführt; und wenn sie manchmal als ungewöhnlich oder seltsam, als Abweichungen von der Norm erscheinen, so zeigt das nur um so besser die phantastischen Fähigkeiten, die Anpassungen und die Spannkraft der Pflanzenwelt.

Ich habe viel über die geologisch jüngeren und hochentwickelten Pflanzen geschrieben. Aber wir können deren Evolution, deren Wachstumsformen und Strukturen nicht richtig verstehen, ohne die früheren, primitiveren und weniger komplizierten zu untersuchen, obwohl selbst bei diesen schon höchst sinnreiche Einrichtungen zu finden sind. Viele dieser einfacheren Pflanzen sind jedenfalls innerhalb des Weltganzen lebenswichtig und manche der urtümlichsten gehören wahrscheinlich sogar zu den Rettern der Menschheit. In ihrer Entwicklung und Anpassungsfähigkeit sind die Pflanzen niemals von den Tieren übertroffen worden. Sie liefern uns Beispiele, die auf dem Gebiet von Aerodynamik, Hydrodynamik, Bautechnik, Isolierung, Wasserleitungsbau und inneren Verbindungssystemen hohen Ansprüchen genügen. Sie ködern, locken und täuschen Tiere, damit sie ihnen bei der Befruchtung helfen. Oft wenden sie auch komplizierte mechanische Vorrichtungen an, um sicherzugehen, daß das Tier, wenn es einmal an Ort und Stelle ist, wohl oder übel den verlangten Dienst leistet.

Ebenso haben Pflanzen Mittel entwickelt, von plumpen bis zu sehr geschickten, die gewährleisten, daß Tiere und die Elemente ihre Samen oder Sporen verbreiten. In anderen Fällen erfolgt die Verbreitung durch verschiedene sinnreiche mechanische Vorrichtungen, die Explosion, Spannung, Rückstoß und dergleichen dazu benützen.

Als genüge das noch nicht, haben viele Pflanzen Verbreitungsmethoden, die nicht mit der geschlechtlichen Fortpflanzung verbunden sind. Sie teilen sich oder bilden Wurzelausläufer, wobei neue Einzelpflanzen auf eine Weise entstehen, daß manche Arten, genetisch ausgedrückt, als faktisch unsterblich angesehen werden können.

Pflanzen haben auch ihre Untugenden ebenso nach unserer voreingenommenen Ansicht wie ihrer eigenen Sippe gegenüber. Sie können stechen und brennen, kratzen und schneiden; einige enthalten tödliche Gifte und eine Handvoll kann kleine Tiere fangen und verdauen. Viele sind Parasiten auf den eigenen Verwandten.

Bei allen Lebensformen ist die Natur insbesondere damit beschäftigt, *wie* sie etwas erfolgreich oder zumindest ausreichend fertigbringt; sie erklärt nicht, *warum* etwas getan wird, warum Strukturen und Verhaltensweisen existieren. Die Natur experimentiert und wandelt sich dauernd. Oft hat es den Anschein, als verabscheue sie perfekte Mechanismen und absolute Prinzipien. Das ist sehr weitgehend der Fall in der Pflanzenwelt, wo eine Veränderung manchmal nur um ihrer selbst willen einzutreten scheint. Aber wir können dennoch über die Vervollkommnung von Pflanzenstrukturen und Einrichtungen nachsinnen oder darüber, wie sie ihre Zweckmäßigkeit erreicht haben. Ein Gesichtspunkt, den ich dauernd betonen werde, ist die Art, wie sich die Natur mit Alternativen vor Verlusten sichert.

Ich habe bereits die Abhängigkeit des Menschen von den Pflanzen erwähnt. Sie hat während des winzigen Bruchteils der Gesamtzeit, den der Mensch gebraucht hat, um »zivilisiert« zu werden, zu einem hohen Maß an Kontrolle über die Pflanzen geführt. Der Mensch vermehrt sie künstlich, sorgt in Kultur für maximales Wachstum, vor allem erreicht er durch Auslese und Züchtung hohe Erträge und andere erwünschte Eigenschaften. Oft bringt er dabei Spielarten hervor, die in der Wildnis nicht mehr überleben können.

Gleichzeitig geht der Mensch unendlich fahrlässig mit Naturschätzen um. Er errichtet über den Pflanzen Bauten oder gräbt unter ihnen die Erde fort; er mäht sie nieder oder verbrennt sie, wenn sie ihm im Wege stehen, besonders, um Raum für die künstlich gezogenen Pflanzen zu schaffen, die eine wachsende Bevölkerung zunehmend braucht. Ebenso beutet er den Boden und natürliches Weideland übermäßig aus, und das Endergebnis sind Wüsten.

Aber auf kurze oder lange Frist gesehen, ist die Elastizität des Pflanzenreichs in seiner Gesamtheit ungewöhnlich groß. Es kann in bemerkenswert kurzer Zeit die Monumente des Menschen überwuchern; es besiedelt erneut ein von Atombomben zerstörtes Atoll; es wird auf die eine oder andere Weise versuchen, eine zu stark abgeweidete Steppe oder eine Halbwüste wieder herzustellen.

Alle diese Gesichtspunkte bilden die Grundthemen dieses Buches, in dem ich mich bemühe, die allgegenwärtige Welt der Pflanzen zu erklären und zu schildern. So viele von uns nehmen sie als selbstverständlich hin, aber wir müssen mit ihr zusammenwirken, wenn wir überleben, geschweige denn weiterhin Freude an unserer Umgebung finden wollen. Das Studium von Pflanzen unter natürlichen Bedingungen ist ein Teil der Ökologie und der Umweltforschung, um diese jetzt so modernen Worte zu verwenden. Wir fangen an zu begreifen, daß jede in unserer Umwelt geschaffene Veränderung eine Reihe weiterer Veränderungen zur Folge hat. Sie sind häufig verhängnisvoll für uns selbst, für das Leben in der Natur und für die dünne Oberfläche unserer Erde. Unsere Reserven sind fürwahr erstaunlich gering. Die »Biosphäre«, in der Leben auf unserem Planeten existiert, ist, selbst wenn man Extreme wie Berge und Ozeane mitrechnet, nur eine hauchdünne Schicht, die man mit ein bißchen Farbe auf einem Fußball verglichen hat.

Selten ergibt sich aus unserem harten Eingriff in die grüne Welt ein für sie vorteilhafter Wandel. Dem Menschen fällt es schwer, die Natur zu verbessern. Aber offen gesagt, *müssen* wir uns bemühen, diese Welt zu verstehen und die Wirkung unserer Tätigkeit auf sie richtig einzuschätzen. Wir müssen sozusagen im Rahmen dessen leben, was uns die Erde bietet, wenn wir auf lange Sicht überhaupt noch überleben wollen. Es gibt Möglichkeiten, mit der wildwachsenden grünen Welt zusammenzuwirken, die dann nicht nur zum Teil für unsere körperlichen Bedürfnisse und nützliche Dinge, sondern für unser Wohlbefinden sorgen würde. Ein Garten mag etwas Liebenswertes sein, und eine grüne Pflanze auf einem Fensterbrett ein Labsal für den Büroangestellten oder die Hausfrau. Aber es sind sicherlich die großen Gebiete unberührter Naturlandschaft mit all ihrer Schönheit, mit Pflanzen und Tieren, die unsere müde werdenden Lebensgeister auffrischen und uns geistig gesund erhalten können.

2 Wie sich der Wandel vollzieht

»Viele Arten wurden am dritten Tag der Schöpfung gleichzeitig ins Leben gerufen, jede verschieden von der anderen und dazu bestimmt, es zu bleiben.« Dies schrieben die hervorragenden Botaniker Hooker und Arnot in ihrer »Flora«, die 1860 veröffentlicht wurde. Das war gerade in dem Jahr, in dem Charles Darwin und Thomas Henry Huxley den Mythos zerstörten, daß das vorhandene System der Lebewesen das Ergebnis einer gleichzeitigen Schöpfung im Jahr 4004 v. Chr. sei. Und es geschah ein Jahr nach der Veröffentlichung des Werks »Über den Ursprung der Arten durch natürliche Zuchtwahl«.

Das Pflanzenreich besteht, so wie wir es heute sehen, aus sehr verschiedenen Arten von Organismen. Ihr Bindeglied ist das Blattgrün oder Chlorophyll, diese große Erfindung der Schöpfung, die mich auch zum großen Teil dazu trieb, dieses Buch zu schreiben. Chlorophyll ist ein Farbstoff, der die Sonnenenergie nutzt, um in einem Prozeß, den man Photosynthese nennt, Kohlendioxid und Wasser in Nährstoffe umzuwandeln. In anderer Hinsicht mögen Pflanzen sich so sehr voneinander unterscheiden wie in der Tierwelt Entenmuscheln von Pferden, dennoch lassen sie sich unvollkommen in einen Stammbaum eingliedern, wenn man sie nach ihrer zunehmenden Komplexität ordnet, die im allgemeinen ein Maß der Evolution ist.

Die heutigen Pflanzengruppen muß man als Zweige eines zentralen Entwicklungsstammes ansehen. An der Basis dieses Stammes sind drei Seitenäste vorhanden: die Bakterien, die Pilze und die einfachen Viren, die noch bis vor kurzem für kaum mehr gehalten wurden als für chemische Einheiten, die sich selbst reproduzieren können. Doch sind sie zweifellos Lebensformen und noch dazu sehr aggressive. Möglicherweise sind sie aus nur etwas komplizierteren Organismen hervorgegangen und zu Formen reduziert worden, die ein Parasitendasein führen.

Der Hauptstamm der Pflanzenentwicklung steigt über die Meeresalgen aufwärts. Auf fortschreitend höheren Stufen zweigen davon ab: die Moose (*Bryophyta*) mit den Laub- und Lebermoosen (*Musci* und *Hepati-*

cae), die Farne (*Filicinae*), die Nacktsamer (*Gymnospermae*) mit den Nadelhölzern (*Coniferae*) und schließlich die Bedecktsamer (*Angiospermae*) oder Blütenpflanzen im engeren Sinn. An keiner Stelle kann man sagen, hier sei der Übergangspunkt von einer Gruppe zur anderen. Wie das Tierreich ist auch das Pflanzenreich voll von fehlenden Zwischengliedern.

Einige der Gruppen, die wir heute sehen, ähneln vielleicht stark ihren Ahnen, und wir könnten annehmen, daß es sich um Familien handelt, die faktisch viele Millionen Jahre unverändert geblieben sind. Obwohl das zum Teil für ihre äußeren Merkmale stimmen mag, sind die einfacheren Pflanzen keineswegs lebende Fossilien. Zumindest haben sie sich im Lauf von Jahrtausenden den sich wandelnden äußeren Umständen angepaßt, und diese Formbarkeit spielt in der Evolution eine sehr wichtige Rolle.

Wie können wir irgend etwas über die Entwicklung von Organismen in Millionen Jahren wissen? Ganz einfach durch das Zeugnis der Gesteine, die in verschiedenen Schichten Fossilien aufweisen. Geologen haben diese Schichten sorgfältig erforscht, in Karten eingezeichnet und benannt. Wie die Tabelle auf S. 28 zeigt, endete die Ablagerung der ältesten Schicht, des Präkambriums, vor etwa 570 Millionen Jahren. Sie erstreckt sich zurück bis zu Gesteinen, die ganz grob geschätzt 3,5 bis 4,5 Milliarden Jahre alt sind. Noch eine Milliarde Jahre früher bildete sich die Erdkruste. Die Entwicklung mikroskopischer Techniken und hochspezialisierte chemische Analysen von Gesteinen führten zur Entdeckung, daß Organismen, die zur Photosynthese imstande waren, bereits vor über drei Milliarden Jahren existierten.

Als die Pflanzen größer wurden, blieben häufig Blätter, Sprosse, Zapfen und Samen mehr oder weniger vollkommen erhalten. Sie wurden in dünnen Lagen Schlamm, der schließlich versteinerte, der sogenannten Inkohlung unterworfen. Inkohlung ist die Umbildung pflanzlicher Stoffe unter Luftabschluß und Druck zu Formen mit steigendem Kohlenstoffgehalt. Die einstige Gestalt der Pflanzen kann dabei mehr oder weniger gut erhalten bleiben. Man muß aber immer bedenken, wie sehr dies vom Zufall abhängt. Blätter, Stengel und verholzte Teile bleiben wahrscheinlich eher erhalten als zarte Blüten und ähnlich leicht verwesende Fragmente. Merkwürdigerweise sind winzige Blütenstaub- oder Pollenkörnchen mit ihren unzerstörbaren Hüllen unbegrenzt haltbar. So bietet sich eine zuverlässige Möglichkeit von jeder Pflanze, die Pollen erzeugt, einwandfrei festzustellen, daß sie an einem bestimmten Platz zu einer bestimmten Zeit vorhanden war.

Man muß auch bedenken, daß Moore Pflanzenreste viel wirksamer konservieren als Hochlandgebiete, wo Wind und Erosion sie wegschaffen. Daher finden sich unter den Versteinerungen auch eher mehr Sumpf- oder Moorpflanzen als etwa Gebirgs- oder Wüstenpflanzen.

Die Vielgestaltigkeit der Pflanzen und der dauernde Wandel, den sie mit sich bringt, müssen die Frage aufwerfen, wie die Evolution zustande kommt. Sie erfolgte vor allem durch die Einführung der sexuellen Fortpflanzung, die eine regelmäßige Neukombination genetischer, d.h. erblicher Merkmale sichert.

Die Merkmale eines jeden Organismus haben ihren Ursprung in den Genen, den Einheiten, in denen sie programmiert sind; Träger dieser Gene sind innerhalb der Zellen meist stabförmige Gebilde, die Chromosomen. Abgesehen von sehr primitiven Organismen sind die Chromosomen in einem Zellkern zusammengefaßt. Die chemische Grundstruktur eines Chromosoms ist im gesamten Pflanzen- und Tierreich sehr ähnlich. Die Evolution eines jeden Organismus – seine Entwicklung zu einem komplizierten Wesen oder lediglich seine Fähigkeit, sich unter wechselnden Umständen zu behaupten – hängt ursprünglich von einer Neukombination dieses genetischen Materials ab. Um das zu sichern, muß das Material so oft wie möglich – wie beim Kartenspiel – »gemischt« werden. Das wird bei der sexuellen Fortpflanzung erreicht. Bei einfacher Teilung kann keine Mischung erfolgen. Bei der sexuellen Fortpflanzung vereinen sich jedoch die Geschlechtszellen beider Eltern, von denen jede haploid ist, d. h. nur einen Chromosomensatz besitzt. Sie bringen eine neue Generation hervor, wie etwa den allgemein bekannten Samen einer Pflanze, der zwei Chromosomensätze hat und als diploid bezeichnet wird.

Der andere grundlegende Evolutionsmechanismus ist die Fähigkeit der Gene, d. h. der Erbeinheiten, von denen die Merkmale des betreffenden Organismus bestimmt werden, zu mutieren. Diese Mutation bringt eine oft winzige, manchmal aber auch beträchtliche Veränderung der Merkmale mit sich, die von dem betroffenen Gen kontrolliert werden. Für das Mischen von Merkmalen sorgt schon der normale Austausch der Elterngene bei der sexuellen Fortpflanzung. Durch gelegentliche Mutation ergibt sich eine weitere Möglichkeit der Variation, und im Lauf der Zeit kommt es zu Veränderungen in astronomisch hoher Zahl. Diese Tendenz wird noch dadurch verstärkt, daß ein einzelnes Gen zwar einem oder mehreren Merkmalen zugeordnet ist, daß jedoch sein tatsächlicher Einfluß auf diese Merkmale durch die anderen beteiligten Gene ebenfalls beeinflußt wird. Veränderungen werden daher in einer Art kollektiver Entscheidung von einem Genkomplex gesteuert. Die Genkomplexe tragen dazu bei, die Wirkungen von Mutationen zu mildern und Merkmalsänderungen mehr allmählich als plötzlich eintreten zu lassen.

Mutation kann auch bei ungeschlechtlicher Fortpflanzung vorkommen, besonders wenn es sich um einen Organismus, etwa eine Bakterie, handelt, der sich äußerst schnell vermehrt. Einige moderne Naturwissenschaftler sind der Meinung, daß geschlechtliche Fortpflanzung eigentlich unnötig ist und daß Evolution allein durch Mutation hätte erfolgen können.

Die Ursache von Mutationen ist meist unbekannt. Sie scheint ein innerer Fehler zu sein, der sich mit dem Versagen eines Rädchens in einer Uhr vergleichen läßt. Anscheinend ist es möglich, daß äußere Reize, wie etwa kosmische Strahlen, auch auf Gene einwirken; unbestreitbar erzeugt künstliche Bestrahlung ebenfalls Mutationen. Eines der bemerkenswertesten Beispiele dafür sind die krummwüchsigen Buchen (*Fagus*) Europas. Bei diesen Bäumen winden sich die Äste wie Schlangen. All diese Bäume sind ungefähr gleich alt, und sie finden sich in geringer Zahl in Dänemark, Deutschland, Nordfrankreich und in der Bretagne, hauptsächlich innerhalb eines Bestandes von normalen Bäumen. Das Auffallende daran ist, daß die Standorte in einer geraden Linie liegen. Eine Erklärung dafür könnte sein, daß ein radioaktiver Meteorit, der vor rund 100 Jahren über diese Orte glitt, auf junge Bäume einwirkte, die unmittelbar unter seiner Bahn standen.

Mutationen erfolgen grundsätzlich zufällig. Die Mehrzahl ist für den Organismus entweder bedeutungslos oder ausgesprochen schädlich. Nur wenige sind vorteilhaft. Die schädlichen werden durch die Steuerung der Genkomplexe unterdrückt. Sind sie wirklich verderblich, geht der betreffende einzelne Organismus wahrscheinlich zugrunde. Günstige Mutationen werden ihm einverleibt. Dies ist das Wesentliche des Vorgangs der natürlichen Auslese, die von Herbert Spencer zu vereinfacht als »das Überleben des Tauglicheren« – oft falsch zitiert: »des Tauglichsten« – bezeichnet wurde.

Jedes beliebige Gen kann mit einer Häufigkeit von 1 zu 2000 in einzelnen Organismen mutieren, ob dies nun Pflanzen, Insekten oder Säugetiere sind. Aber die durchschnittliche Mutationsrate bewegt sich zwischen 1 in 10000 und 1 in 100000 Individuen. Das ist eine ausreichende Quote, die zuläßt, daß Veränderungen in dem für die Evolution geltenden Zeitmaßstab assimiliert werden und die ständig zunehmende Wandlungsfähigkeit einem Organismus Vorteil bringt.

Perioden mit beständigen Bedingungen begünstigen meist den bestehenden Zustand. Ändern sich jedoch die Lebensbedingungen, werden diejenigen Pflanzen überleben, die am schnellsten mutieren können, um sich anzupassen, während jene mit einer langsamen Mutationsrate untergehen. Neue Bedingungen schaffen neue Möglichkeiten für anpassungsfähige Pflanzen. Das gilt etwa für jene, die sich an Standorten in Wüsten oder Gebirgen behaupten, wenn diese durch geologische und klimatische Umwälzungen neu entstanden sind.

Bei Tieren, wie etwa beim Pferd, ist oft eine klare Entwicklungslinie oder Aufeinanderfolge von Formen vorhanden. Man kann dann wie Gavin de Beer sagen, »daß es Auslese, nicht Mutation ist, die die Richtung der Evolution bestimmt«. H. J. Muller schätzte einmal die Anzahl zufälliger, vorteilhafter Mutationen, die nötig wären, eine Amöbe in ein Pferd zu verwandeln. Es waren 1 000 zur millionsten Potenz erhoben. Dafür würden nicht einmal annähernd die Jahrmillionen ausreichen, die seit dem Auftreten von Amöben vergangen sind. Aber wir haben ja Pferde, also scheinen Auslese und Zielstrebigkeit den bloßen Zufall außer Kraft gesetzt zu haben.

Aber bei den Pflanzen fragt man sich zwangsläufig, ob sich da nicht ein etwas anderer Vorgang abgespielt hat. Man muß zwei Ebenen der Evolution, die gesamte und die spezifische, berücksichtigen. Bei der erstgenannten bestehen sicherlich allgemeine Anpassungstendenzen, so etwa unter Lebensbedingungen in Trockengebieten die Neigung zu extremer Sukkulenz, zur Bildung besonders fleischiger Trockenpflanzen. Trotzdem sieht man auch solche Ultra-Sukkulenten dicht neben Gräsern ohne besondere Anpassung wachsen. Und was soll die ganze Mannigfaltigkeit der Blattformen bedeuten? Auch wenn man die Unterschiede zwischen Blüten verschiedener Familien genau festzustellen sucht, merkt man, welche Vielfalt von Lösungen hier für eine begrenzte Anzahl von Problemen gefunden worden ist. Was für eine ständig wechselnde Umgruppierung von ein paar immer wiederkehrenden Teilen findet sich da! Oft fällt es schwer, sich vorzustellen, wie das Verfahren der Auslese Merkmale entwickelt haben kann, die heute eine bestimmte Aufgabe erfüllen. Das gilt zum Beispiel für die Blüte einer Bienen-Ragwurz (*Ophrys apifera*), die einem Insektenmännchen vorspiegelt, die Blüte sei ein paarungsbereites Weibchen. Es erscheint fast unbegreiflich, daß die Umwandlungen, die von der »Ur-Orchidee« aus zu solcher Nachahmung oder Mimikry führten, als sie auftraten, schon irgendeinen funktionellen Wert hatten.

Aber ich muß diesen vielleicht zu umstrittenen Vorgang auf sich beruhen lassen. Welche Ursache Mutationen auch haben mögen, sie neigen doch zweifellos dazu, sich zu summieren und eine einmal begonnene Entwicklung weiterzuführen. Es läßt sich beweisen, daß solche Entwicklungen sich meist entlang der Linie des geringsten Widerstandes vollziehen. Um W. F. Ganong zu zitieren – dies bedeutet: »Wenn infolge einer Veränderung in einer Umweltbedingung der Zwang zur Erfüllung einer neuen Funktion entsteht, wird sie von dem verfügbaren Teil übernommen werden, der im Augenblick dafür am besten geeignet ist. Das geschieht ohne Rücksicht auf seine morphologische Eigenart. Entweder ist das der Fall, weil dieser Teil bereits zufällig eine Struktur hat, die den Anforderungen der neuen Aufgabe am besten genügt, oder weil er gerade durch den Wandel der Lebensweise oder aus irgendeinem anderen nicht-morphologischen Grund von seiner früheren Aufgabe befreit worden ist.«

Die Evolution scheint in ihrem Verlauf oft einer Vereinfachung von Organen durch Rückbildung zuzustreben. So entwickeln sich wahrscheinlich Blüten ohne Blütenblätter aus solchen, die viele haben, oder getrenntgeschlechtliche Blüten aus zweigeschlechtlichen oder zwittrigen. Nach solchen Rückbildungen können sich mehrere rückgebildete Organe zu einem neuen, komplizierten Gebilde vereinen. Das ist etwa bei den Mechanismen der Fall, die zur Verbreitung von Grassamen beitragen. Eine Organgruppe kann sich weiterentwickeln, während andere unverändert bleiben oder sogar degenerieren.

Während die Evolution in einer Gruppe verwandter Pflanzen fortschreitet, können sich primitive und höherentwickelte Angehörige einer Gruppe miteinander kreuzen. Dies führt zu verwickelten Kombinationen und zu zahllosen weiteren Möglichkeiten der Variation und Vervollkommnung. Ursprünglich sehr ähnliche Populationen – wie man Bestände einer Pflanzen- oder Tierart nennt – können sich jedenfalls auch geographisch ausbreiten und dann räumlich getrennt werden. Barrieren wie Ozeane, Gebirge und Wüsten können eine Population teilen und neue geographische Rassen hervorbringen. Diese sind das Rohmaterial, aus dem neue Arten gebildet werden. Auf einer lange isolierten Festlandmasse wie Australien kommt es so zu einer ganz stark von der Norm abweichenden Entwicklung, und einzigartige Pflanzen- wie auch Tierfamilien erscheinen.

Vielleicht sollte man auch anführen, daß Pflanzen ganz verschiedener Abstammung sich an ähnlichen Standorten in ihrem Bau auf die gleiche Weise weiterentwickeln. Das ist der Fall bei den amerikanischen Kakteen und den afrikanischen Euphorbien. Beide sind Gruppen, die sukkulent sind, um ariden, d. h. trockenen Lebensbedingungen standzuhalten. Man nennt das eine parallele Evolution.

Wie bereits erwähnt, verlangsamen gleichbleibende Lebensbedingungen die Mutationsrate. In manchen Fällen stellt sich auch ein Gleichgewicht ein. So blieben etwa die Nadelhölzer, nachdem sie sich viele Millionen Jahre lang kräftig weiterentwickelt hatten, in den letzten 70 Millionen Jahren im wesentlichen unverändert.

Manchmal, besonders dann, wenn neue »Linien« von einer nicht spezialisierten Ahnenform ausstrahlen, ist die Mutationsrate sehr hoch. Wie man geschätzt hat, kann sich dann innerhalb von 50 bis 100 Generationen eine neue Pflanzenart entwickeln.

Das Wort Art oder lateinisch Spezies muß definiert werden. Es bezieht sich auf eine Population von einzelnen Organismen, die einheitliche Nachkommen haben. Das heißt: ihre Nachkommen gleichen ihnen weitgehend. Sie sind zudem untereinander in Bau, Lebensweise, Gestalt und Farbe der Blüten ähnlich, während bei nahen Verwandten einige oder alle diese Merkmale anders sind. Diese Population wird sich normalerweise auch nicht mit einer anderen kreuzen. Das Ausmaß, in dem sich eine Art von ihren Verwandten unterscheidet, variiert bei den verschiedenen Familien beträchtlich. Eine Art ist nicht völlig unveränderlich und der Grundplan kann Variationen – etwa in Farbe und Größe der Blüten – gestatten.

Wir müssen jedenfalls immer bedenken, daß der Artbegriff vom Menschen geschaffen worden ist. Die Kriterien für die Trennung einer Population von einer anderen sind auch nach Ansicht der Botaniker, die sich mit der Pflanzensystematik befassen, oft verschieden. Der Begriff der Spezies ist jedoch auf jeder Stufe der praktischen und theoretischen Beschäftigung mit Pflanzen unentbehrlich.

Erst in jüngster Zeit hat man auch erkannt, daß Pflanzen, die vielleicht gleich aussehen und sogar die gleiche Chromosomenzahl haben – was für den Naturwissenschaftler ein brauchbares Erkennungsmerkmal ist –, sich verschiedenartig verhalten können. Sie gehören offenkundig der gleichen Art an, können aber Tiefland- und Hochgebirgsformen bilden, von denen die eine nicht am Standort der anderen zu leben vermag. Sie können auch

in unterschiedlichen geographischen Breiten wachsen, so daß die Blütezeit und die zum Blühen benötigte Tageslänge verschieden sind.
Solche Wesen neigen dazu, Zwischenformen zu bilden. Das macht es um so schwieriger, sie zu bestimmen, wenn sie nicht gerade am Rand ihres Verbreitungsgebietes wachsen. Man bezeichnet sie in der Regel als geographische Rassen.
Oberflächlich ähnliche Rassen können sich auch auf andere Weise entwickeln. Sie sind manchmal ein anschauliches Beispiel für eine rapide Evolution. So sind etwa auf Abfällen der Erzverhüttung innerhalb von 200 Jahren Pflanzenrassen entstanden, die Metall vertragen können.
Ein Problem taucht auf, wenn eine Pflanze nachweislich langsam, aber stetig in einem ganzen geographischen Verbreitungsbereich variiert. Hier können die extremen Formen verschiedene Artnamen erhalten, aber das Zentrum des Bereichs besteht aus Zwischenformen. Eine solche Verbreitung bezeichnet man mit einem von meinem Vater Julian Huxley geprägten Ausdruck im Englischen als *cline*, d. h. als einen Verwandtschaftskreis, in dem ein Merkmal sich in fortschreitender Linie weiterentwickelt. Die Evolution scheint also ein Experiment nach dem anderen durchzuführen. Dabei erzielt sie gelegentlich einen Durchbruch und löst schließlich Umweltprobleme so gut, daß sich Pflanzen fast in jedem Lebensraum ansiedeln können. Auf einer anderen Ebene zeigen uns Blütenpflanzen in einer virtuosen Schau Variationen über ein Thema, sei es die Blattform, die Lebensweise und insbesondere die Gestaltung der Blüte. Aber wir sehen auch, daß die Endergebnisse in ganz verschiedenen Gruppen und auf sehr verschiedenen Gebieten oft erstaunlich ähnlich sind. Das gilt nicht nur für Funktionen, die sie erfüllen, sondern ebenso für den Platz in der Umwelt, im Ökosystem. Gleichzeitig scheinen für die Gründe, die Wesensmerkmale und Funktionen in der Pflanzenwelt bedingen, andere Maßstäbe zu gelten als in der Tierwelt. Man kommt in Versuchung, eine dynamische Naturkraft als unbeweisbar, aber glaubhaft anzunehmen, die Henri Bergson *l'élan vital* nannte, und die nicht davon ablassen kann, endlos etwas Neues zu produzieren. Es ist wie ein Spielen mit gedankenlos hingekritzelten Figuren, wie ein dieser Kraft innewohnender Drang, das Bestehende umzuwandeln und abzuändern. Aber im Prinzip besteht keine Notwendigkeit, die Evolution so zu personifizieren. Alles läßt sich auch ausreichend mit Mutation und mit Neukombination von Merkmalen erklären, mit den zwei wesentlichen Faktoren, die allen lebenden Organismen die Möglichkeit geben, sich zu verändern.

3 Von der Zelle zum Baum

Es ist kaum zu bezweifeln, daß das Leben im Wasser, in den Meeren begann. Diese bildeten sich, als sich der Wasserdampf um die abkühlende, erst kurz zuvor entstandene Erde zu kondensieren begann. Man kann sich diese Meere als eine an anorganischen Substanzen reiche »Suppe« vorstellen, in der sich mit Hilfe der Sonnenenergie komplexe organische Moleküle entwickeln konnten – vor allem Aminosäuren, die für die Bildung von Eiweißstoffen, den Proteinen, unentbehrlich sind. An einem bestimmten Punkt waren die physikalischen und chemischen Bedingungen und das Energieniveau so beschaffen, daß plötzlich – wie ein aufsprühender Funke – Leben entstand, das durch die Fähigkeit zur Selbstvermehrung gekennzeichnet ist. Vielleicht geschah das viele Male und zuerst wegen des Zerfalls dieser Moleküle ohne Erfolg.

Die am Ende erfolgreiche chemische Reaktion führte, wie man annimmt, zu einem Organismus, der sich so teilen konnte, daß ein genaues Abbild seiner selbst entstand. Er war vermutlich von einer Haut, einer Membran umhüllt, die seine chemischen Stoffe zurückhielt, aber Nährstoffe eindringen ließ. Eine solch einfache Zelle ist eine Bakterie. Um anorganische Substanzen für den Stoffwechsel und für die Herstellung einer »Kopie« zu nutzen, brauchte der Organismus eine Energiequelle. Heute verwenden Pflanzen Sauerstoff zur Energiegewinnung. Aber er war zuerst in der Atmosphäre nur spärlich vorhanden, denn sie bestand ursprünglich weitgehend aus Methan und Ammoniak, enthielt auch Kohlendioxid, aber keinen freien Sauerstoff. So müssen andere Elemente verwendet worden sein, wobei wahrscheinlich Schwefel eine der wichtigsten Energiequellen war. Auch heute gibt es noch Bakterien, die Schwefel oxidieren. Ihre Kohlenstoffquelle waren durch chemische Prozesse gebildete organische Substanzen.

Die nächste große Erfindung der Schöpfung war der Farbstoff Chlorophyll, das Blattgrün. Es ermöglichte Organismen, mit Hilfe der Sonnenenergie Nährstoffe zu erzeugen. Die ältesten uns bekannten Organismen mit einem solchen Farbstoff sind die Blaualgen (*Cyanophyceae*). Sie ähneln im übrigen den Bakterien, und man glaubt, daß sie mit ihnen eine gemeinsame Ahnenform haben. Einige neuzeitliche Bakterien enthalten ebenfalls Chlorophyll. Das Erscheinen der Blaualgen läßt eine sauerstoffhaltige Umwelt vermuten. Der Sauerstoff könnte biologisch oder durch die Aufspaltung von Wasserdampf unter Lichteinfluß erzeugt worden sein. Woher er auch stammen mag, eine Sauerstoffatmosphäre sorgt jedenfalls für eine Ozonschicht: Sie absorbiert die tödliche ultraviolette Strahlung und ermöglicht so eine Besiedlung der Oberflächengewässer. Sauerstoffverwertung bei der Atmung erhöht zudem die verfügbare Energie um das Zwanzigfache. Bakterien und Blaualgen besitzen wie alle anderen Organismen ein genetisches Material, das die Merkmale bestimmt. Aber bei diesen urtümlichen Geschöpfen ist es noch in den Zellen verstreut. Beim nächsten Sprung vorwärts in der Evolution, für den schätzungsweise 1,8 Milliarden Jahre erforderlich waren, ist dieses Material hauptsächlich in einem Zellkern verpackt und eingeschlossen worden. Ebenso ist bei den Blaualgen das Chlorophyll noch verstreut, während es bei den höher entwickelten Algen und fast allen anderen Pflanzen in scheibenförmigen Farbkörpern, den Chloroplasten, enthalten ist.

Als Lebewesen erst einmal die Sonnenenergie nutzen und sich selbst ernähren konnten, somit autotroph waren, war der Weg offen für Organismen, die sie fraßen und dadurch fertig zubereitete Stoffe für den Aufbau des Körpers und die Energieerzeugung erhielten. Allem Anschein nach erhöht eine derartige zweite Stufe der Aktivität innerhalb der Futter- oder Nahrungskette auch die Vielfalt der Arten auf der ursprünglichen Stufe. So führte dieses Prinzip, grüne Pflanzen »abzuweiden«, auch zur Vermehrung der autotrophen Arten.

Spontane Beweglichkeit war für einzellige Geschöpfe ein weiteres Experiment. Noch heute können wir grüne wie farblose kleine Lebewesen sehen, die oberflächlich sehr ähnlich sind und herumschwimmen, von peitschenförmigen Geißeln oder Wimpern angetrieben. Sie sind die Hauptbestandteile des Meeresplanktons, die gemeinsam in den Oberflächenschichten existieren und das Hauptfutter für viele Fische, ja sogar für manche Wale bilden. Man fragt sich, ob irgendeine Ahnenform sowohl die Fähigkeit zur Photosynthese als auch zur Aufnahme von Beute besaß. Ein Beispiel ist heute noch das einzellige Schönauge (*Euglena*), das mit und ohne Chlorophyll leben kann.

In diesem Stadium ist also die Trennungslinie zwischen Pflanze und Tier verwischt. Die Entwicklung von Pflanzen vorauszusagen, wäre da einem

Beobachter wohl unmöglich gewesen. Aber für das Wahrscheinlichste hätte er die Entstehung eines zunehmend komplizierten beweglichen Lebewesens gehalten. Nun scheinen Blaualgen sich fast zufällig zu Verbänden zusammenzuschließen. Zwischen den Zellen besteht wenig Verbindung. Doch vor über 2500 Millionen Jahren begannen Fadenalgen aufzutauchen, deren Fäden nur eine Zelle breit waren. Die beweglichen Pflanzen entwickelten sich tatsächlich zu vielzelligen Kolonien, wie sie heute noch die Kugelalgen (*Volvox*) bilden. Sie bewegen sich selbsttätig voran und vereinen viele Aufgaben, aber es ist unwahrscheinlich, daß diese Grünalgen (*Chlorophyta*) jemals mehr als einen Millimeter Durchmesser erreichen konnten. Man hat dafür als Grund angegeben, daß das Stoffwechselsystem größerer beweglicher Kugelgebilde zu labil geworden sei. Die Weiterentwicklung der Pflanzen erfolgte jedenfalls bei den unbeweglichen Formen. Sie trieben in diesem Stadium noch passiv im Wasser. Bei ihnen wurde die einst für Bewegung aufgewendete Energie zu vermehrtem Wachstum und verbesserter Fortpflanzungsfähigkeit genutzt. Um diese Fähigkeit zu entwickeln, ist es wünschenswert, ein vielzelliges Gebilde mit Zellen für verschiedene Aufgaben zu schaffen.

Damit begann die geschlechtliche Fortpflanzung. Verglichen mit Zellteilung oder Knospung, war sie ein Fortschritt. Bei höheren Pflanzen ist die sexuelle Vermehrung ein relativ kurz dauernder Vorgang. Sie wird von haploiden Organen durchgeführt, die von verhältnismäßig langlebigen diploiden Pflanzen getragen werden. Dagegen finden sich bei den meisten sogenannten »niederen« Pflanzen zwei deutlich verschiedene Generationen. Allein schon diese Tatsache mahnt zur Vorsicht, nun »niedere« mit »primitiven« Pflanzen gleichzusetzen. Denn die zwei Lebenszyklen dieser Pflanzen können sehr kompliziert sein. Zu ihnen gehört eine diploide ungeschlechtliche Generation, die Sporen trägt. Man nennt sie Sporophyt, zum Unterschied von der haploiden sexuellen Generation, die Gameten bildet und Gametophyt genannt wird. Der Sporophyt erzeugt auf ungeschlechtliche Weise die Sporen. Diese sind winzig, bestehen oft nur aus einer einzigen keimfähigen Zelle, die dann die sexuelle Generation hervorbringt.

Die geschlechtliche Fortpflanzung war zuerst weitgehend ein Experiment. Wie gewöhnlich, sichert sich die Natur vor Verlusten, indem sie noch für eine zweite Möglichkeit der Verbreitung und des Fortbestandes der Art sorgt. Bemerkenswert ist, daß der Sporophyt sehr häufig größer und langlebiger ist als der Gametophyt.

An diesem Punkt könnte eine einfache Zahl vielleicht dazu beitragen, den Zeitmaßstab der Evolution und auch die verschiedenen Zeitalter mit ihren Namen und ihrer annähernden Dauer zu erläutern. Wenn man bedenkt, daß die gesamte Evolution des Menschen in seiner heutigen Gestalt nicht ganz eine Million Jahre brauchte – in der Graphik kaum mehr als eine Linie –, erhalten wir eine Vorstellung von den unermeßlich langen Zeiträumen, in denen allerkleinste Entwicklungsschritte sich langsam zu ungeheuer großen Veränderungen summierten.

Neben der Zeittafel wird das erste Auftreten von größeren Pflanzen- und Tiergruppen verzeichnet, soweit es uns fossile Zeugnisse verraten können.

Die Zeitskala der Vergangenheit sieht so aus, daß der größte Abschnitt der Darstellung nur das letzte Fünftel der biologischen Geschichte der Erde zeigt. Es sind rund 500 Millionen Jahre, in denen sich der Großteil der Evolution nach einer unglaublich langen Zeit sehr geringer Veränderung vollzog. Die präkambrische Ära hatte wenig verschiedene Gegebenheiten, daher bestand keine Notwendigkeit, viele Arten zu bilden. Als erst einmal Pflanzenfresser erschienen, wurde das Gleichgewicht für immer gestört, und neue Arten traten in ständig wachsender Menge auf.

Man hat versteinerte Kalkalgen aus dem späten Präkambrium gefunden, und Algen haben sich in vielen der dazwischenliegenden Jahrtausende weiterentwickelt. Die heutigen Algen sind verschiedenartiger als jede vergleichbare Pflanzengruppe. In manchen Fällen, wie bei den bekannten Braunalgen (*Phaeophyta*) der Meeresküste, sind keine eindeutigen fossilen oder lebenden Ahnen für die heute existierenden hochentwickelten Formen vorhanden. Sie sind eine Gruppe, die außerordentlich lange Zeit zum Experimentieren hatte. Ihre Evolution vollzog sich sehr langsam und stetig in einer Umwelt, in der im Gegensatz zum Festland keine größere Veränderung stattfand. Die höchstentwickelten Algen, die Tange genannten leder- und gummiartigen großen Braunalgen, sind im Bau und im Fortpflanzungssystem den Landpflanzen vergleichbar. Sie besitzen ein wurzelähnliches Haftorgan, das jedoch keine Nahrung aufnehmen kann, und manchmal einen deutlich ausgeprägten Stamm, der blattähnliche Gebilde trägt. Man kann in der Tat sagen, daß der Sprung vom Tang zur Landpflanze relativ klein ist, verglichen mit der Entwicklung, die von einer einzelligen Alge bis zur großen Braunalge führte. Trotzdem war es eine beträchtliche Veränderung, vom Meer auf das Land überzuwechseln. Es war keineswegs so, daß eine Meerespflanze am Ufer emporkroch, bis

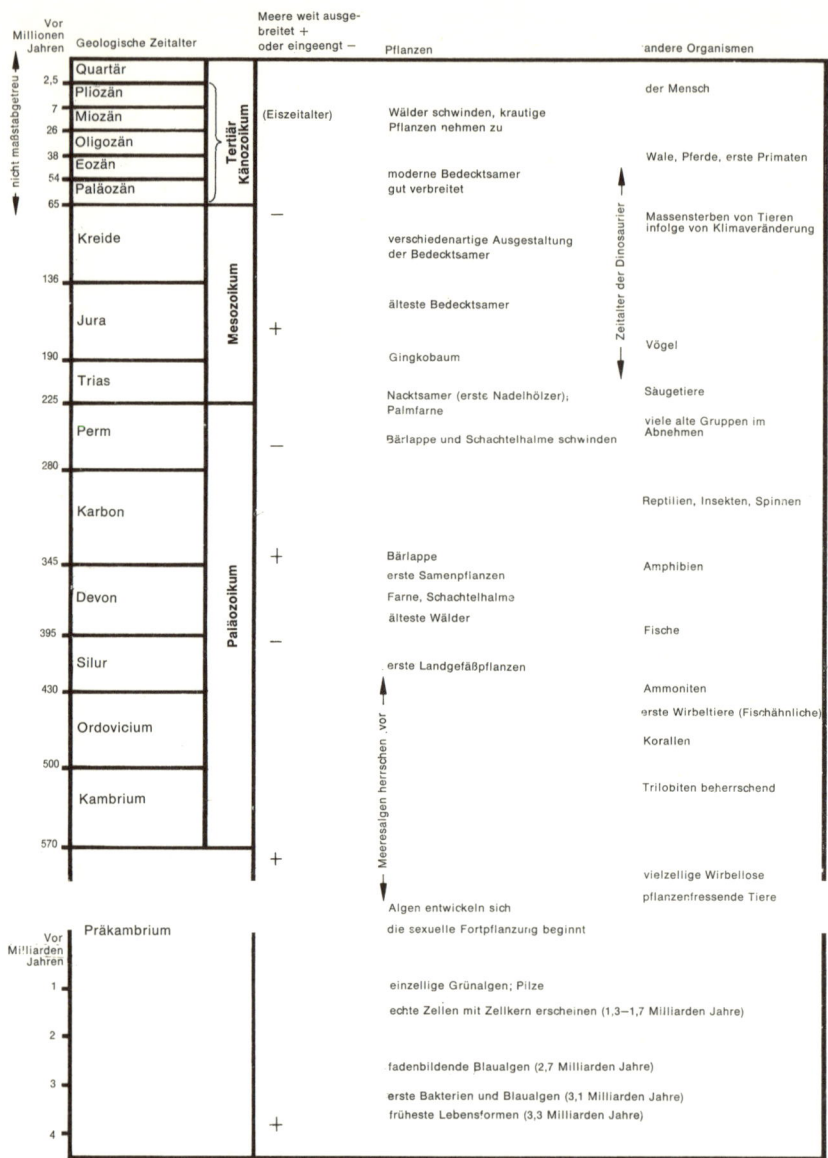

Vor Millionen Jahren	Geologische Zeitalter		Meere weit ausgebreitet + oder eingeengt −	Pflanzen		andere Organismen
2,5	Quartär					der Mensch
7	Pliozän					
	Miozän	Tertiär Känozoikum	(Eiszeitalter)	Wälder schwinden, krautige Pflanzen nehmen zu		
26	Oligozän					
38	Eozän					Wale, Pferde, erste Primaten
54	Paläozän			moderne Bedecktsamer gut verbreitet		
65			−			Massensterben von Tieren infolge von Klimaveränderung
	Kreide	Mesozoikum		verschiedenartige Ausgestaltung der Bedecktsamer	Zeitalter der Dinosaurier	
136				älteste Bedecktsamer		
	Jura		+			Vögel
190				Gingkobaum		
	Trias			Nacktsamer (erste Nadelhölzer), Palmfarne		Säugetiere
225	Perm		−	Bärlappe und Schachtelhalme schwinden		viele alte Gruppen im Abnehmen
280						
	Karbon	Paläozoikum				Reptilien, Insekten, Spinnen
345			+	Bärlappe erste Samenpflanzen		Amphibien
	Devon			Farne, Schachtelhalme älteste Wälder		
395			−			Fische
	Silur			erste Landgefäßpflanzen		
430						Ammoniten
	Ordovicium				Meeresalgen herrschen vor	erste Wirbeltiere (Fischähnliche) Korallen
500						
	Kambrium					Trilobiten beherrschend
570			+			vielzellige Wirbellose
	Präkambrium			Algen entwickeln sich die sexuelle Fortpflanzung beginnt		pflanzenfressende Tiere

Vor Milliarden Jahren						
1				einzellige Grünalgen; Pilze echte Zellen mit Zellkern erscheinen (1,3−1,7 Milliarden Jahre)		
2						
3				fadenbildende Blaualgen (2,7 Milliarden Jahre) erste Bakterien und Blaualgen (3,1 Milliarden Jahre)		
4			+	früheste Lebensformen (3,3 Milliarden Jahre)		

Entstehung der Erdkruste (4,7 Milliarden Jahre)

nicht maßstabgetreu

sie schließlich kein tägliches Untertauchen mehr brauchte. Was Algen wahrscheinlich daran hinderte, diesen Sprung zu unternehmen, war ja gerade das Fehlen einer absorbierenden Wurzel, die Feuchtigkeit aus dem Boden aufnehmen konnte.

Die erste Schwierigkeit, mit der eine Landpflanze fertig werden muß, ist eine sehr viel größere Lichtmenge, durch die sie Gefahr läuft, versengt zu werden und zuviel Wasser zu verdunsten.

Man hat nachgewiesen, daß Algen ein gut Teil der Nährstoffe, die sie durch Photosynthese erzeugen, wieder in das umgebende Wasser abgeben und so verlieren. Im Süßwasser hat man bis zu 35 Prozent Verluste an Kohlenstoff gemessen, der von den Pflanzen chemisch gebunden worden war. Eine Landpflanze, für deren Aufbau Kohlenstoff das Grundelement ist, kann es sich nicht leisten, ihn zu verlieren. Speicherung von Kohlenstoff und erhöhte Photosynthese führten möglicherweise zu einem Übermaß an Kohlenhydraten, die zur Bildung von dicken Zellwänden und von Holz verwendet werden konnten. Dies erlaubte Pflanzen schließlich, sich über feuchte Standorte zu erheben, trockenen Bedingungen in Luft und Wind standzuhalten und wiederum beträchtliche Größe zu erreichen. Ein weiteres Problem für Landpflanzen war ihre Unbeweglichkeit. Im Meer ist ein Anker etwas Gutes, denn er verhindert, daß die Pflanze der Willkür von Gezeiten und Strömung ausgeliefert ist und aus dem von ihr gewählten Kreis von Lebensbedingungen herausgerissen wird. Durch die Verankerung wird sie auch in der am besten geeigneten Tiefe gehalten. Ist aber eine Pflanze einmal an Land, kann die Unbeweglichkeit zu einer Gefahr werden. Der Sämling hat weder Aussicht, den Standort zu wechseln, wenn dieser sich als untauglich erweist, noch kann die erwachsene Pflanze Naturkatastrophen, wie Feuer oder Eruptionen eines Vulkans, entrinnen. Dennoch muß sie Wurzeln haben, die sehr große Mengen Wasser aufspüren und hochsaugen können. Aber als Gegengewicht zur manchmal nachteiligen Ortsgebundenheit der Pflanze läßt sich häufig die enorme Beweglichkeit und Verbreitungsfähigkeit ihrer Sporen oder Samen anführen.

Trotz des komplizierten Baus und des oft bemerkenswerten Vermögens von Braunalgen, der Austrocknung zu widerstehen, stammen die Landpflanzen wahrscheinlich nicht von ihnen, sondern von den Grünalgen ab, da bei diesen ähnliche Farbstoffe und Einrichtungen für die Photosynthese vorhanden sind. Doch kann man über die wirkliche Aufeinanderfolge der Arten nur Spekulationen anstellen.

Zweifellos besiedelten die ältesten Landpflanzen Seichtwasser, das zu bestimmter Jahreszeit austrocknete, aber auch feuchte Orte und Sümpfe. Im Lauf von weiteren Jahrtausenden verbreiteten sie sich von dort aus auf trockenere Standorte. Eines ihrer Hauptprobleme war, das Fortpflanzungssystem mit beweglichen männlichen Gameten und festsitzenden weiblichen Gameten oder Eizellen beizubehalten. Denn die männlichen Geschlechtszellen brauchten Feuchtigkeit, um zu den weiblichen zu gelangen. Anfänglich dürften seichte Tümpel dafür gesorgt haben, aber schließlich war nur mehr ein dünner Feuchtigkeitsfilm auf der Oberfläche der Pflanze erforderlich, damit es den männlichen Gameten gelang – die nun mit kräftigen Geißeln ausgestattet waren –, zu den Eizellen zu schwimmen. Diese wurden schließlich in Vertiefungen der Pflanzenoberfläche, in den sogenannten Archegonien, eingeschlossen. Die flaschenförmigen Kammern schützen die Eizelle und sind ein Sammelplatz für die männlichen Gameten.

Eine weitere Vervollkommnung der Fortpflanzung besteht darin, daß die Generation, die Gameten erzeugt, klein wird und rasch heranreift, so daß die Gameten schnell verfügbar sind. Diese Beschleunigung bedeutet, daß in einer gegebenen Zeit mehr Generationen auftreten, und daher auch die Möglichkeit weiterer Evolution näherrückt.

Im Devon ist bei den Laub- und Lebermoosen, den offensichtlichen Nachfolgern von Meerespflanzen auf dem Festland, die Gameten erzeugende Generation vorherrschend. Aber die *Bryophyta*, wie die Moose und Lebermoose gemeinsam wissenschaftlich genannt werden, haben wenig Ähnlichkeit mit anderen Landpflanzen. Das gilt vor allem für den Bau ihrer Gefäße oder Leitungsgewebe. Wir müssen sie daher als einen seit langem bestehenden Zweig des Hauptstamms der Evolution betrachten.

Moose wachsen fast überall, wo Lebewesen existieren können. In den Tropen können Moose sogar auf den Blättern höherer Pflanzen gedeihen. Man findet sie auch im Wasser. Ihre Blätter ähneln bereits denen höherer Pflanzen, da sie manchmal Mittelrippen haben. Ebenso ist ein primitives Leitungssystem für Wasser und Nährstoffe vorhanden, das ihnen auch ein wenig mechanische Festigkeit verleiht.

Hier haben wir es mit einer weiteren Lücke in der Evolutionsgeschichte zu tun. Denn weder Moose noch Algen bieten uns eine einleuchtende Ahnenform für die Sproßpflanzen (*Kormophyta*) mit gut ausgeprägtem Leitungsgewebe. Diese Pflanzen kennt man aus dem Silur, und die primitivsten Beispiele der Jetztzeit sind die Schachtelhalme (*Equisetum*) und die

Bärlappe (*Lycopodium*). Alle diese Gefäßpflanzen, deren Evolution in den Blütenpflanzen gipfelt, sind gekennzeichnet durch die Vorherrschaft der Sporen tragenden Generation und die am Ende völlige Unterdrückung der Gameten erzeugenden Generation als selbständiges Gebilde. Xylem – wie man das verholzte Leitungsgewebe nennt – ist der unterscheidende gemeinsame Faktor für alle künftigen Entwicklungen bei den Landpflanzen, einschließlich vieler großer Gruppen, die man nur aus Versteinerungen kennt.

An diesem Punkt muß ich die Pilze (*Fungi*) erwähnen, die so gar nicht in das System passen. Sicherlich sind sie keine Tiere, aber, da sie kein Chlorophyll enthalten, auch keine echten Pflanzen. Ebenso wie viele Bakterien, befallen manche von ihnen sogenannte Wirte, von denen sie sich ernähren. Man nennt sie dann Schmarotzer oder Parasiten. Oder sie entnehmen abgestorbenen Lebewesen Nahrung und heißen dann Moderpflanzen oder Saprophyten. Sie besitzen die Fähigkeit, Zellulose und Lignin, das heißt Holzstoff, zu verdauen. Kurz gesagt sind sie die »Unratfresser« in der Welt der grünen Pflanzen, die das Licht nutzen. Pilze sind einschließlich der sporenähnlichen einzelligen Hefen einfach gebaut. Sie treiben unaufhörlich neue Sprosse, ähneln aber nur flüchtig manchen Fadenalgen, da sie aus einer Masse von Zellsträngen, dem sogenannten Myzel bestehen, das Fäden oder feine seidige Matten bildet. Sie sind die meiste Zeit über undifferenziert, das heißt: ohne für bestimmte Zwecke ausgebildete Zellen. Ihre Zellstränge bringen jedoch Fruchtkörper hervor und formen dann kunstvolle Gebilde von vielerlei, oft bizarrer Gestalt, wie die eßbaren und giftigen Pilze der Wälder.

Pilze existieren seit dem Präkambrium. Damals lebten sie, wie manche auch heute noch, im Meer. Sie finden sich auch im Süßwasser. Andere wachsen in und auf der Erde, auf Pflanzen und auf verfaulenden Stoffen. Einige können ohne Sauerstoff auskommen. Manche sind imstande, anorganische Elemente wie Silizium, Eisen und Magnesium durch Absonderung von Zitronensäure aus dem Gestein zu lösen. Zu ihnen gehören auch Krankheitserreger wie Rostpilze, Brandpilze und Schimmelpilze. Überall, wo es etwas Organisches zu attackieren gibt, wird man Pilze entdecken. Die Gewebe von fossilen Gefäßpflanzen des Festlands sind oft durchsetzt mit Pilzfäden, die man an ihren Sporen und an den Fortpflanzungsorganen erkennen kann. Manche der neuzeitlichen Gegenstücke sind eindeutig parasitische Krankheitserreger. Ebenso können wir schon sehr frühes Beweismaterial für symbiotische Wurzelpilze finden.

Was ist von den Pilzen zu halten hinsichtlich der Evolution? Sie sind nicht wie die grünen Pflanzen imstande, den einzigartigen chemischen Prozeß der Photosynthese durchzuführen. Ferner findet sich in ihren Zellwänden zwar wie bei den meisten Pflanzen Zellulose, aber sie können auch Chitin enthalten – jene Substanz, die von Tieren wie den Insekten und den Krebsen zur Bildung des äußeren Skeletts verwendet wird. Möglicherweise stammen sie von den Fadenalgen ab, paßten sich dem Leben im Dunkeln an und nahmen Nahrung in verschiedener Weise auf. Daher verloren sie ihr Chlorophyll, weil keine Notwendigkeit oder auch nur Möglichkeit der Photosynthese mehr bestand.

Hätte jemand dieses Buch vor 200 Millionen Jahren geschrieben, er hätte ohne weiteres behauptet, daß eine der erfolgreichsten Gruppen die Bärlappgewächse (*Lycopodiinae*) seien. Sie glichen Moosen; aber sie besaßen ein recht kompliziertes Leitungs- und Festigungsgewebe, einen gut funktionierenden Fortpflanzungsapparat und die Fähigkeit, Wälder von baumartigen Pflanzen zu bilden. Denn in vielen Weltgegenden herrschten einst die üppigen Wachstumsbedingungen, die ihnen so sehr entsprachen. Damals hätte es den Anschein einer Klimax gehabt, wie man in der Botanik den günstigsten Endzustand der Pflanzenwelt eines Gebietes nennt – ohne jede mögliche Alternative. Zur gleichen Zeit gab es baumförmige Schachtelhalme, die bis zu 30 Meter hoch wurden. Sie sind ganz anders gebaut als die Bärlappe. Denn sie haben einen Ring von senkrechten Luftkanälen und zwischen diesen und dem hohlen Inneren einen weiteren Ring von steifen Leitbündeln. Die Festigkeit des Stamms beruht weitgehend auf der starren Außenhülle, die mit Kieselsäure verstärkt ist. Die Blätter sind zu Schuppen rückgebildet. Die Bärlappe, die Schachtelhalme alter Zeit und eine weitere Gruppe von ihnen, die heute ausgestorbenen Kalamiten (*Calamitaceae*), herrschten in der Vegetation der Erde vor. Aber wie später die Dinosaurier waren diese Riesenpflanzen unfähig, sich einer Veränderung des Klimas schnell genug anzupassen. Den zunehmend trockeneren Bedingungen vermochten sie nicht standzuhalten, und bald bildeten ihre riesigen Überreste in den Schiefertonen reiche fossile Ablagerungen, die wir heute geologisch Kohlenflöze nennen.

Obwohl viele heutige Bärlappe sehr widerstandsfähige Pflanzen sind, die man zum Beispiel in der Arktis findet, sind sie an Zahl wie an Größe im Verhältnis zur übrigen Pflanzenwelt ganz unbedeutend. Ebenso kann von einer Vorherrschaft der Schachtelhalme heute keine Rede mehr sein, doch sie haben sich nicht so stark vermindert. Immerhin wird eine Art, der Rie-

Oben links: Blüten und Frucht am Stamm eines Kakaobaums *(Theobroma cacao)*; oben rechts: Blüte einer Seerose; unten links: Einzelblüte der Fliegenragwurz *(Ophrys insectifera)*; unten rechts: Blüte einer Eukalyptusart

senschachtelhalm (*Equisetum giganteum*), noch 10 Meter hoch, aber die meisten Arten sind kleiner.

Diese zwei Gruppen kamen in der Evolution einen großen Schritt voran. Sie waren die ersten, bei denen – auf ein paar Arten beschränkt – die Gameten erzeugende Generation völlig untergeordnet war, da sie von den Sporen getragen wurde. Der junge Sporophyt wächst aus der Spore hervor, die Nahrungsreserven enthält. Er ähnelt sehr dem keimenden Sämling einer höheren Pflanze. Die Sporen werden dadurch viel unabhängiger von Bedingungen wie Feuchtigkeit oder Trockenheit. Jedoch scheint der Schritt für diese Gruppe zu spät erfolgt zu sein, so daß sie im Rahmen der Evolution den Vorteil nicht mehr voll nutzen konnte.

Die Ahnen der Farne sind so alt wie die Moose, die Bärlappe und die Schachtelhalme. Zum ersten Mal traten die Farne im späteren Devon auf und hielten sich erfolgreich in den klimatisch verschiedenartigen folgenden Perioden. Heute findet man sie in den meisten Gebieten der Welt. Sie haben ziemlich gut entwickelte Wurzeln, obwohl sie hauptsächlich zur Verankerung im Boden benützt werden, und ein starres, gut ausgebildetes Leitungssystem. Manche wachsen bis zu 10 Meter hohen palmenartigen Bäumen heran. Ein paar gedeihen auch im Wasser. Die geschlechtliche Generation ist bei ihnen ein kleines »Prothallium«, ein Vorkeim. Die beherrschende Generation ist die sporentragende Pflanze.

Alle bisher geschilderten Pflanzengruppen sind bei ihrer Verbreitung auf Sporen angewiesen. Der nächste große Sprung in der Evolution ist die Erzeugung von Samen. Obwohl manche Samen kaum mehr sind als verbesserte Sporen, ist für sie typisch, daß sie einen fertigen Pflanzenembryo enthalten und meist eine Nahrungsreserve, die dem jungen Pflänzchen eine Starthilfe gibt.

Ganz früh finden sich in den Versteinerungen farnähnliche Pflanzen mit nußartigen Samen. Wahrscheinlich hatten sie eine gemeinsame Ahnenform mit den sporentragenden Farnen. Doch diese Pflanzen verschwanden ohne irgendeine klar erkennbare Abstammungslinie, die zu den samentragenden Pflanzen führte.

Bei den Samenpflanzen, den heute an erster Stelle stehenden Angehörigen des Pflanzenreichs, ist das samentragende Stadium, das wir noch als das der Sporophyten bezeichnen können, absolut beherrschend. Es ist keine unabhängige, noch so unbedeutende zweite Generation mehr vorhanden; die männlichen und weiblichen Gameten sind winzig, die weiblichen werden stets auf oder in dem Sporophyten getragen und führen kein Ei-

Atemwurzeln von Sumpfzypressen (*Taxodium distichum*)

gendasein mehr. Die männlichen Gameten sind im Blütenstaub oder Pollen enthalten, der auf vielerlei Weise verbreitet wird.

Samenpflanzen unterscheiden sich ferner von den meisten Sporenpflanzen durch ein gut ausgestaltetes Leitungssystem, das ihnen zusätzlich Festigkeit verleiht. Zu ihnen gehören große Bäume, die Stürmen standzuhalten vermögen und in denen Wasser und Nährstoffe von der Wurzel in den Wipfel und umgekehrt befördert werden können.

Die heutigen Samenpflanzen werden in zwei Hauptgruppen eingeteilt, in die Nacktsamer (*Gymnospermae*) und die Bedecktsamer (*Angiospermae*). Im allgemeinen tragen die Nacktsamer ihre Samenanlagen, die sich zu Samen entwickeln, auf blattähnlichen Schuppen von Zapfen. Tatsächlich sind sie meist ebensogut – nur auf andere Weise – geschützt wie bei den Bedecktsamern. Sind die Samen reif, öffnen sich die Schuppen der Zapfen einfach, um sie abzuwerfen. Im Gegensatz dazu nehmen die Bedecktsamer oft kunstvolle Vorrichtungen dafür zu Hilfe. Bei den Bedecktsamern befinden sich die Samenanlagen auch fast immer in geschlossenen, von sogenannten Fruchtblättern gebildeten Behältern.

Die ältesten Samenpflanzen, die heute noch bei uns wachsen, sind die Nadelhölzer. Sie entstanden im Karbon. Die palmenähnlichen Palmfarne (*Cycadaceae*) und der Gingkobaum (*Gingko biloba*) sind faktisch unverändert geblieben seit dem späten Paläozoikum, dem Erdaltertum, aus dem fossile Überreste von ihnen stammen. Sie alle bewahren »Erinnerungen« an die Meere alter Zeit, in denen sich ihre Algenahnen fortpflanzten, in Gestalt eines »Bestäubungströpfchens« am Hals der Eikammer. Bei den Palmfarnen und beim Gingkobaum kann es drei bis vier Monate dauern, bis es zur Bestäubung kommt. Aus den keimenden Pollenkörnern gehen männliche Gameten hervor, die Spermatozoiden ähneln und manchmal so groß sind, daß man sie mit dem bloßen Auge sehen kann. Sie schwimmen lange herum, ehe ihnen die Befruchtung des weiblichen Zellkerns gelingt. Bei den Nadelhölzern verstreicht eine lange Zeit, während der Pollenschlauch auf den weiblichen Zellkern zuwächst, um seine männlichen Zellkerne zur Verschmelzung abzugeben. Dieser »Kunstgriff« ermöglichte es allen Samenpflanzen, der tyrannischen Abhängigkeit von Feuchtigkeit für die Fortpflanzung zu entgehen. So sahen die Vorläufer der Bedecktsamer aus, der Blütenpflanzen im engeren Sinn. Sie sind die letzte der großen Pflanzengruppen, die sich entwickelte, während die meisten Vertreter früherer Entwicklungslinien nur wenig verändert weiterbestanden.

4 Der Siegeszug der Blütenpflanzen

Darwin betrachtete den Ursprung der Bedecktsamigen Blütenpflanzen als ein »widerwärtiges Rätsel«. In der Liste der Fossilien tauchen sie zweifellos sehr plötzlich und zu einer Zeit auf, als sich an der Front der Evolution sonst wenig ereignete. Sie erschienen sogar in der gleichen Periode, in der ein apokalyptischer Wandel der Lebensbedingungen viele verschiedene Tiergruppen auslöschte, von denen die Dinosaurier am bekanntesten sind. Vielleicht hat diese Apokalypse in Wirklichkeit die plötzliche Entwicklung dieser Blütenpflanzen beschleunigt. Aber wiederum sind keine deutlich erkennbaren fossilen Vorläufer vorhanden, keine klaren »Zwischenglieder«.

Die ältesten Bedecktsamigen Blütenpflanzen erschienen, wie uns durch fossile Pollenkörner bekannt ist, ganz am Ende der Jurazeit, aus der Pollen von Seerosen nachgewiesen ist. Die Mehrzahl entstand jedoch in der Kreidezeit. Andere sehr frühe Blütenpflanzen gehören zu der Gruppe, die heute durch die Magnolien und die Hahnenfuß-Arten vertreten ist. Diese Blütenpflanzen, die Bedecktsamer, hatten ein gutes Sprungbrett zum Erfolg. Sie erbten von den Nacktsamern deren bereits hochentwickelten Samen, dazu Leitungs- und Festigungsgewebe, sowie Blätter und Zweigsysteme und entwickelten sie weiter. Gleichzeitig vervollkommneten sie die Fortpflanzungsorgane, das heißt die Blüten. Im vorigen Kapitel erwähnte ich, daß die Samen der Bedecktsamer sich in geschlossenen Behältern, den Fruchtknoten, entwickeln, die anfangs den Embryosack enthalten. Ein Teil dieser Fruchtknoten entwickelte eine sogenannte Narbe, deren Oberfläche die Pollenkörner aufnimmt. Der Bestäubungstropfen der Nacktsamer verschwand. Der Pollen selbst ist niemals beweglich.

Die Blüte der Bedecktsamer ist meist viel kunstvoller gestaltet als die der Nacktsamer. Sie ist ein zusammengesetztes Gebilde, das sich zumindest teilweise aus abgeänderten Blättern aufbaut. Es schützt Pollen und Samenanlagen und macht sie einsatzbereit. Manche Bedecktsamer werden vom Wind bestäubt, aber die Mehrzahl ist dabei auf Tiere angewiesen. Gerade deshalb vollzog sich die Evolution der Blüte so rapide. Vor allem die Insekten, die zuerst im Karbon erschienen, entwickelten sich schnell weiter. Sie suchten Futter und hielten sich zuerst an den Pollen. Um sie davon abzubringen, erzeugten die Pflanzen als Ersatz den Nektar. Die Blüten wurden dann durch Düfte, Farben und Leitmuster immer attraktiver für Insekten. Manche Pflanzen wurden von einer einzigen Insektenart so abhängig, daß sie allein für diese Art komplizierte Vorrichtungen entwickelten.

Mit ihren wirksamen Fortpflanzungssystemen konnten die Bedecktsamer sich praktisch überall auf trockenem Land vermehren. Schließlich entwickelte die Gruppe unzählige und oft sehr sinnreiche Methoden, um die Verbreitung der Samen zu sichern, wie auch die Möglichkeiten ungeschlechtlicher Fortpflanzung auf vegetativem Wege.

Die Blütenpflanzen entwickelten sich rasch weiter, und um die Mitte der langen Kreidezeit herrschten sie bereits vor. Beschleunigte Fortpflanzung und Entwicklung von neuen Individuen bedeutet eine ständig wachsende Möglichkeit der Veränderung. Die Gruppe weist eine weit größere Reihe von Lebensformen auf als jede andere. Das gilt für Größe, Wachstumsart und Lebensdauer, die alle einen entscheidenden Einfluß auf die Anpassungsfähigkeit an fast jeden klimatischen und topographischen Standort haben.

Einige der ältesten Blütenpflanzen, wie etwa Magnolien und Seerosen, sind heute noch bekannt. Aber die Hauptahnen der jetzigen Bedecktsamer scheinen aus einer anderen Pflanzengruppe – ohne große Ähnlichkeit mit ihren letzten Nachkommen – zu stammen. Viele der ältesten Blütenpflanzen sind ganz ausgestorben. Die Flora der frühen Kreidezeit muß sich im Aussehen beträchtlich von der heutigen unterschieden haben.

Es gibt zwei deutlich unterscheidbare Gruppen von Blütenpflanzen: die Einkeimblättrigen (*Monocotyledoneae*) und die Zweikeimblättrigen (*Dicotyledoneae*). Diese Bezeichnungen ordnen den Sämling in eine der beiden Kategorien ein, je nachdem ob er eines oder zwei Keimblätter oder Kotyledonen besitzt. Bei den Zweikeimblättrigen haben übrigens diese Keimblätter eine ganz andere Form als die Blätter der erwachsenen Pflanze. Für die Einkeimblättrigen sind schmale lange Blätter mit parallelen Adern typisch, während die Blätter von Zweikeimblättrigen netzartige Adern und alle möglichen Formen haben. Wie im 6. Kapitel beschrieben, ist der Bau des Stengels bei beiden Gruppen verschieden. Ferner besitzen die Einkeimblättrigen fast immer drei Blütenblätter oder ein Vielfaches dieser Zahl, die Zweikeimblättrigen dagegen haben oft vier, fünf oder un-

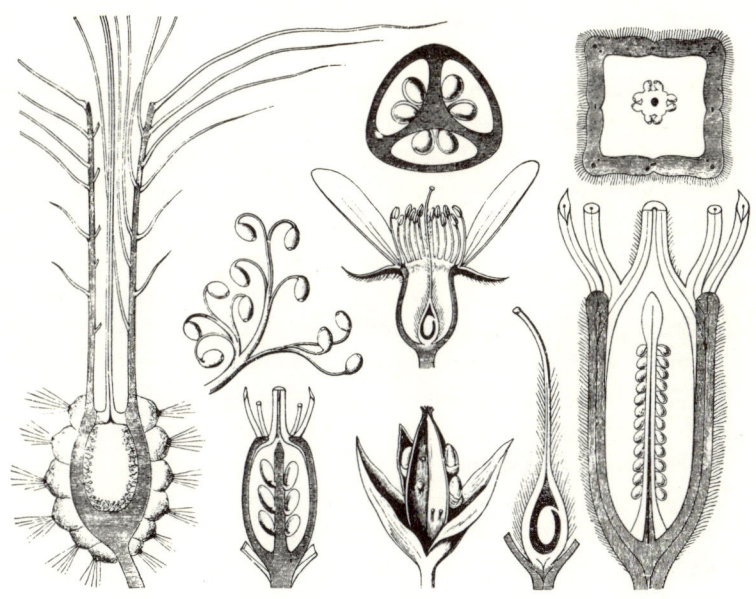

Der Bau von Fruchtknoten: links und Mitte links von einer Kaktee *(Cereus)*; links unten und Mitte, ebenso Mitte oben von *Hedychium,* einem Ingwergewächs *(Zingiberaceae),* sowie vom Mandelbaum *(Amygdalis communis)* (unten rechts stark vergrößert); rechts von Weidenröschen *(Epilobium).*

begrenzt viele Blütenblätter. Die zwei Gruppen sind auf dem Erdball gleichermaßen weit verbreitet, doch sind die Zweikeimblättrigen insgesamt viel mannigfaltiger als die Einkeimblättrigen. Wahrscheinlich ist die Trennung der Blütenpflanzen in diese zwei deutlich unterscheidbaren Gruppen sehr früh in ihrer Evolution erfolgt. Ebenso wahrscheinlich ist, daß die Einkeimblättrigen von den Urformen der Zweikeimblättrigen abstammen.

Untersuchen wir die Veränderungen in der Struktur des Holzes, des Xylems, wie man es wissenschaftlich nennt, können wir sehr genau die Evolutionsstufe jeder Familie feststellen. Auch aus den Samen läßt sich folgern, wieviel niedriger eine Pflanze im Vergleich zu anderen entwickelt ist.

Auch Blütenmerkmale können auf ein hohes Ursprungsalter hindeuten. Die Blüte enthält verschiedene, deutlich ausgeprägte Gruppen von Bestandteilen: Kelchblätter, Blütenblätter, Staubgefäße, Narben und Fruchtknoten. Bei primitiveren Blüten, wie bei den ersten Seerosen, kann eine Gruppe mit der nächsten verschmelzen und nicht scharf ausgeprägt sein. So können innere Blütenblätter in Staubgefäße übergehen, oder äußere in Kelchblätter. Wahrscheinlich sind jedoch von jedem Bestandteil viele vorhanden, und jeder einzelne ist von den benachbarten Teilen getrennt. Blüten mit offensichtlich verschmolzenen Teilen – wie etwa die aus Blütenblättern zusammengesetzten »Trompeten« von Winden (*Convolvulus*) – sind wahrscheinlich höher entwickelt. Eine weitere, deutlich ausgeprägte Entwicklungstendenz ist zumindest in bestimmten Familien die Vereinigung zahlreicher Blüten zu einem dichten Blütenstand. So entsteht, wie etwa bei den Korbblütlern (*Compositae*), zu denen das Gänseblümchen (*Bellis perennis*) zählt, oder bei Doldengewächsen (*Umbelliferae*) wie der Stranddistel (*Eryngium maritimum*) schließlich ein »Blütenköpfchen«.

Manchmal wird ein Organ für eine völlig neue Aufgabe umgemodelt. Das ist bei den Kannensträuchern (*Nepenthes*) oder bei den Sonnentaugewächsen (*Droseraceae*) der Fall, deren Blätter dazu dienen, Insekten zu fangen. Pflanzen können auch wie die Saprophyten, die kein Chlorophyll besitzen, und die Parasiten den ganzen Stoffwechsel ändern. Sie können sich auch einen neuen Standort suchen, wie es die Epiphyten tun, die auf Bäumen wachsen. Diese Pflanzen sind ebenfalls vermutlich jüngeren Ursprungs.

Auf Grund des verfügbaren Beweismaterials waren die ältesten Bedecktsamer wahrscheinlich Bäume, die in den wärmeren Gegenden der Erde wuchsen und tropische Wälder bildeten, die den heutigen ziemlich ähnlich sahen. Aus ihnen entwickelten sich dort Kletterpflanzen vom Typ der Lianen, Sträucher und schließlich krautige Pflanzen. Diese haben keine verholzten Stengel, sie sterben alljährlich bis zur Wurzel ab, haben kürzere Lebenszyklen und infolgedessen eine größere Wandlungsfähigkeit. Einjährige Pflanzen, die ebenfalls Kräuter sind, erschienen wahrscheinlich erst später; sie haben natürlich die Möglichkeit, sich sehr schnell zu verändern. Was die Bäume selbst betrifft, bildeten sie abweichende Formen, die von Arten mit großen fleischigen und für Tiere begehrenswerten Früchten bis zu jenen mit kleineren trockenen Samen reichen. Diese konnten in Gebiete außerhalb des Tropenwaldes verschleppt werden und besiedelten stetig weniger günstige Standorte. Daher haben alle Bäume subarktischer Gebiete heute trockene Samen. Weitere Veränderungen wurden durch das Erscheinen von Weidetieren veranlaßt, die Baumwuchs hemmten und solche Pflanzen förderten, die wie die Familie der Gräser dauernd neu aus den Wurzeln nachwuchsen.

Die Entwicklung und Ausbreitung der Bedecktsamer fiel mit der letzten bedeutenden Phase geologischer Veränderung auf der Erde zusammen. Dazu gehörten im Miozän die Bildung von Gebirgen einschließlich der Alpen und des Himalaja und im Pliozän die Gestaltung von Kontinenten und Ozeanen in ihren ungefähren heutigen Umrissen. Solche Bedingungen legen Zeugnis ab für die Fähigkeit der Blütenpflanzen, sich anzupassen und Neuland zu besiedeln.

Wie schon angedeutet, gehören die ältesten fossilen Pflanzen zu jenen, die wir heute als die primitivsten Blütenpflanzen ansehen. Es sind die Hahnenfußpflanzen (*Ranales*). Beispiele dafür sind die Familien der Hahnenfußgewächse (*Ranunculaceae*) und der Seerosen (*Nymphaeaceae*), auch die Magnolien (*Magnolia*) und die Tulpenbäume (*Liriodendron*), obwohl sie in vieler Hinsicht sehr voneinander abweichen. Wahrscheinlich erschienen die hochentwickelten Korbblütler, Orchideen (*Orchidaceae*) und Gräser (*Gramineae*) gegen Ende der Kreidezeit.

Im Eozän hatten sich schon viele im wesentlichen neuzeitliche Pflanzentypen gut eingebürgert. So sind die Blätter des kleinen Katsurabaums (*Cercidiphyllum*) aus dieser Zeit bei den heutigen Arten fast unverändert, und ein fossiler Feigenkaktus (Opuntia), der den jetzigen Arten sehr ähnelt, ist in Utah gefunden worden. Damals begannen auch Laubbäume vorzuherrschen. Diese Zeitalter sind überhaupt Perioden, in denen auf der Erde ein anderes Klima herrschte. So enthalten die Mergel von London aus dem Eozän eine beachtliche Anzahl von Früchten und Samen, die beweisen, daß die Flora von Südengland damals der jetzigen von Indien und der Malaiischen Halbinsel ähnelte. Am heutigen Polarkreis existierte eine ähnliche Pflanzenwelt wie jetzt in Europa. Nördlich davon gediehen riesige Wälder von *Metasequoia glyptostroboides* – einem 1941 in China entdeckten, zuvor nur fossil bekannten Nadelbaum – zusammen mit Laubbäumen.

Im Miozän begannen die Wälder kleiner zu werden. Graslandgebiete breiteten sich aus, während die Bedeutung der Säugetiere, die sie abweideten, zunahm. In dieser Periode treten viele ganz neue Pflanzenfamilien auf. Aber unter den Pflanzen finden sich auch Prärie-Gräser unserer Zeit, Rohrkolben (*Typha*) und eine Menge vertrauter Laubbäume wie Buchen (*Fagus*), Ahorn-Arten (*Acer*), Walnußbäume (*Juglans*), Eichen (*Quer-*

cus), Amberbäume (*Liquidambar*), Wald-Tupelobäume (*Nyssa sylvatica*), Judasbäume (*Cercis siliquastrum*), Pfeifensträucher (*Philadelphus*) und andere. Nadelhölzer blieben bestehen, und Kiefern-Arten (*Pinus*), Küstensequoien (*Sequoia sempervirens*) und Zedern (*Cedrus*) waren zum Beispiel in Fülle vorhanden.

Im Pliozän fanden sich in Europa immer noch Pflanzen, die heute auf China und Nordamerika beschränkt sind. Im Lauf dieser Periode nahmen allmählich die Pflanzenarten, die wir heute kennen, ihren festen Platz ein. Im zweiten Abschnitt des Quartärs kam es zur Vereisung der Polarregionen; die Tropen wurden dadurch eingeengt, und die nördlichen wie auch die südlichen gemäßigten Zonen wurden festgelegt. Dies trieb tropische und subtropische Pflanzen in den Gürtel um den Äquator. Aufeinanderfolgende Eiszeitalter zwangen Pflanzen der gemäßigten Zone, sich in viel kleinere Gebiete als vorher zurückzuziehen. Nach einer schnellen Wiederbewaldung vor etwa 8000 Jahren, kam es schließlich zu der jetzigen Verbreitung, die manchmal auffallend unzusammenhängend ist. Bei bestimmten verwandten Pflanzen, die in Südamerika, Südafrika und Australien vorkommen, aber auch in Zentralafrika und Mittelamerika, hat die Art der Verbreitung dazu beigetragen, die Theorie der Kontinentalverschiebung zu bestätigen.

Wie der letzte Teil dieses Buches beweisen wird, ist der Mensch heute der wichtigste fördernde Faktor für Evolution und Verbreitung. Seine Tätigkeit beschleunigt für manche Pflanzen diese Prozesse in hohem Grade. Davon abgesehen aber hat man keinen Anlaß, an einer fortschreitenden natürlichen Evolution zu zweifeln, weil ebenso auch neue wildwachsende Arten auftauchen.

Die Blütenpflanzen, die wir heute beobachten können, lassen sich – nach Bell und Woodcock – mit einer Gemeinschaft von erfolgreichen Menschen mittleren Alters vergleichen, deren Existenzkämpfe vorüber sind. Aber sie sind noch nicht zu alt für Experimente. Sie treten in allerlei Kostümen auf, und ihr Geschlechtsleben ist unglaublich abwechslungsreich mit Partnern jeder nur vorstellbaren Art. Sie befassen sich aus Liebhaberei mit Drogen, seltsamen Parfüms und Ölen und mit allerlei anderen komplexen chemischen Substanzen. Gerade diese gegenwärtigen Experimente und Praktiken der Blütenpflanzen bilden in besonderem Maße das Thema dieses Buches.

II Das Leben

5 Die großartige Erfindung

Die großartige Erfindung des Pflanzenreichs ist das Chlorophyll. Es ist der Faktor, der es völlig von allen beliebig hochentwickelten Tieren unterscheidet. Eine Ausnahme bilden nur ein paar Grenzfälle unter den Einzellern oder Pilze. Ob es sich nun um eine einzellige Alge oder um einen riesigen Waldbaum handelt, eine Pflanze enthält stets diese Substanz.

Chlorophyll oder Blattgrün ist ein Farbstoff, der einige – nämlich die roten, orangefarbenen und blauen – Strahlen des Sonnenlichts absorbiert. Diese Strahlungsenergie nutzt das Chlorophyll, um aus Wasser und Kohlendioxid Zucker in Form von Traubenzucker, von Glukose, zu erzeugen. Gleichzeitig wird Sauerstoff abgegeben. Die Produktion wird durch die verfügbare Lichtmenge reguliert. Doch sind manche Pflanzen imstande, schlechtes Licht besser zu verwerten als andere. Man nennt diesen chemischen Prozeß Photosynthese. Er ist einzigartig, nur Pflanzen eigen und macht sie unabhängig von äußeren Quellen für Kohlenhydrate.

Normalerweise ist die Photosynthese in den Blättern lokalisiert. Aber bei vielen Pflanzen, wie etwa bei Ginster (*Cytisus, Genista*) und bei Kakteen (*Cactaceae*) übernehmen an Stelle der Blätter die Stengel die Photosynthese. Manchmal sind sogar Wurzeln grün. Chlorophyll bildet sich fast unmittelbar in Sämlingen, die ans Licht kommen, und auch sehr schnell in Blättern, die künstlich im Dunkeln gehalten werden, wie etwa bei Hyazinthen und anderen Zwiebelpflanzen, die wir im Winter frühzeitig zum Blühen zwingen.

Recht merkwürdig ist, daß ein Teil des Chlorophyllmoleküls einem Teil des Blutfarbstoffs Hämoglobin der Säugetiere ähnelt. Aber das Eisen im Hämoglobin wird bei den Pflanzen durch Magnesium ersetzt. Grundsätzlich ist Chlorophyll grün, aber es kann durch verschiedene andere Farbstoffe überdeckt werden.

Die Chloroplasten, in denen das Chlorophyll sich befindet, hat man als »die kleinen grünen Sklaven« bezeichnet, die es einer Pflanze ermöglichen, ein stilles, passives Dasein zu führen. Dagegen muß etwa ein Löwe Kraft für die Jagd und das Töten der Beute aufwenden, um Nahrung zu bekommen. In Wirklichkeit ist aber die Pflanze, wie ich in diesem Buch zu beweisen hoffe, keineswegs still und passiv.

Die Chloroplasten haben eine verblüffende Ähnlichkeit mit den Stäbchen-Zellen der Netzhaut im Wirbeltierauge, und die Teile des Sonnenlichts, die sie absorbieren, entsprechen ganz deutlich dem Sehbereich des menschlichen Auges.

Ein Netzhautstäbchen ist, technisch gesehen, eine Kombination von Umwandler und Verstärker, da es einen Lichtreiz in ein Nervensignal umsetzt. Der Chloroplast ist ein Energie-Umwandler, der Lichtenergie in chemische Energie umsetzt. In beiden Fällen geht es um sehr schnelle photochemische Reaktionen. Der Chloroplast wirkt wie ein Halbleiter, vergleichbar jenen, die bei einem Raumschiff benutzt werden, um Strahlungsenergie in elektrische Energie umzuwandeln. Wie man nachgewiesen hat, sind die Prozesse im Chloroplasten reversibel. Pflanzen senden für kurze Zeit, im Augenblick des Wechsels von Licht zu Dunkelheit, tatsächlich, wenn auch sehr schwach, selbst Licht aus.

Der bei der Photosynthese hergestellte Traubenzucker, die Glukose, ist der Ausgangspunkt für den gesamten Stoffwechsel der Pflanze, für die Erzeugung von Wachstumsenergie. Die Photosynthese verbindet mit der vom Licht gelieferten Energie 6 Moleküle Kohlendioxid mit 6 Molekülen Wasser zu einem Molekül Glukose, wobei 6 Moleküle Sauerstoff abgegeben werden. Die in der Glukose enthaltene Energie ist sofort verfügbar, und ein Großteil davon wird schleunigst in einer Kette komplizierter Reaktionen in 38 Moleküle Adenosintriphosphat – kurz ATP – umgewandelt. Dieser universelle, im Umlauf befindliche »Energiespender« ist die aktivierende Grundsubstanz für die gesamte Zelltätigkeit und alle Wachstumsprozesse.

Im Dunkeln hört die Photosynthese natürlich auf, und nachts gibt die Pflanze Kohlendioxid ab und verbraucht genauso wie ein Tier Sauerstoff. Der Verbrauch von Sauerstoff, die Oxidation, befähigt die Pflanze, die tagsüber gespeicherte Energie zu nutzen. Die dabei freigesetzte Energie dient dazu, den Pflanzenkörper durch Zellvermehrung so aufzubauen, daß Wurzeln sich ausbreiten, Äste mehr Blätter für die Photosynthese tragen, und Stengel oder Baumstämme dicker werden. Die Flüssigkeiten und anorganischen Stoffe, die ebenfalls für dieses Wachstum nötig sind, werden durch die Röhren der Leitungsgewebe transportiert, das Netzwerk von Nachschublinien wird in Betrieb gehalten, die Fortpflanzungsorgane kommen zur Reife.

Überschüssige Nährstoffe werden als Vorräte eingelagert. Dabei werden die Zucker in komplexere Kohlenhydrate – etwa in Stärke – umgewandelt, in denen die Energie sozusagen eingesperrt werden kann. Ein weiterer großer »Aktivposten« ist die Produktion von Fetten, die beim Aufbau von Zellen, von Proteinen oder Eiweißstoffen und der Hauptkomponenten des Protoplasmas mithelfen.

Energie zu verbrauchen, bedeutet im Endeffekt zu atmen. Diese Atmung geht manchmal auch tagsüber weiter, aber in viel geringerem Maße. Das Kohlendioxid, das sie produziert, wird sogleich wieder von der Photosynthese aufgebraucht, die sozusagen die Atmung verschleiert. Diese Atmung, die man auch als »Photorespiration« bezeichnet, kann die Hälfte des durch die Photosynthese assimilierten Kohlenstoffs vergeuden. Die von einer durchschnittlichen Pflanzenmenge in einer bestimmten Zeit erzielte Umwandlungsrate der gesamten verfügbaren Strahlungsenergie in chemische Energie beträgt im Mittel weniger als ein Prozent. Bei Pflanzen, die einen Teil des Jahres ruhen, ist sie noch geringer. Selbst bei dieser niedrigen Zahl sind Zeiten mit eingerechnet, in denen diese Pflanzenmenge ihre Blätter nicht voll entfaltet oder auf einige der Blätter, wenn sie herangewachsen sind, Schatten fällt; aber auch klimatische Bedingungen sind berücksichtigt, unter denen vielleicht die Lichtintensität durch Bewölkung stark vermindert wird.

Einer der begrenzenden Faktoren für die Photosynthese ist die niedrige Konzentration von Kohlendioxid mit der chemischen Formel CO_2 in der Luft. Sie beträgt durchschnittlich nur 0,03 Prozent. Manche Pflanzen, wie etwa Zuckerrohr (*Saccharum officinarum*) und andere tropische Gräser, können eine viel leistungsfähigere Photosynthese auch bei niedrigerer CO_2-Konzentration durchführen. Diese Pflanzen, manchmal 4C- oder C_4-Pflanzen genannt, wachsen stets in tropischen oder subtropischen und häufig in ariden Regionen und können Trockenheit ertragen. Man kennt mehrere Pflanzengattungen, zu denen tropische 4C-Arten und Arten gemäßigter Zonen mit normalen Reaktionen gehören. Sehr wahrscheinlich ist dies ein evolutionärer Fortschritt, denn die Atmosphäre ist heute weniger reich an CO_2, als in der Zeit, aus der die Kohlenflöze stammen.

Dies läßt sich hier klar beweisen, wenn man die Produktionsraten verschiedener Pflanzen vergleicht und sie an dem Kohlenstoffgewinn innerhalb eines bestimmten Gebiets mißt. Pflanzenplankton, das im wesentlichen aus einfachen Zellen besteht, ist am wenigsten produktiv. Nur um ein geringes besser schneiden die Gräser der gemäßigten Zone ab. Ein Birkenwald ist ungefähr 6½mal leistungsfähiger. Das Zwanzigfache produziert ein tropischer Regenwald, während Mais und Zuckerrohr sich 25mal beziehungsweise 35mal soviel Kohlenstoff einverleiben.

Eine Pflanze braucht zum Wachsen aber nicht nur Nährstoffe, die mit Hilfe von Strahlungsenergie durch Photosynthese gewonnen werden. Sie benötigt dazu auch bestimmte Mineralstoffe und natürlich Wasser. Weltweit betrachtet, sind die Ergebnisse dieser Arbeitsleistung schwindelerregend. Man hat errechnet, daß das jährliche Wachstum von Pflanzen, einschließlich des mikroskopischen Algenplanktons der Ozeane, rund 14×10^{10}, das sind 140 Milliarden, Tonnen organischer Stoffe liefert, woran allein die Landpflanzen einen hohen Anteil haben. Energiemäßig entspricht das ganz grob gerechnet der Leistung von 2000 Millionen großen Kraftwerken.

6 Die Natur als Ingenieur

Ein Tier hat Blut, das Hämoglobin enthält, eine Pflanze Saft mit dem teilweise ähnlichen Chlorophyll. Tiere besitzen Augen, Pflanzen Chloroplasten. Diese Organe reagieren auf Licht und funktionieren auf ähnliche Weise. Tiere verfügen über ein Nervensystem, außerdem über Drüsen, die mit ihm zusammenarbeiten und eine zweite Kommandozentrale bilden. Pflanzen haben Methoden, um Wachstum, Bewegung, ja jede Einzelheit in ihrem Organismus durch chemische Stoffe zu steuern, die sozusagen als Boten dienen. Aber eine Pflanze besitzt feste Zellwände, die sie hindern, Nahrung auch nur im geringsten so ähnlich wie Tiere aufzunehmen. Selbst die fleischfressenden Pflanzen gleichen nur oberflächlich Tieren. Pflanzen und Tiere haben Skelette. Eine Pflanze besitzt keine Muskeln, aber sie ist fähig, Flüssigkeit hochzupumpen. Die sexuellen Vorgänge bei Pflanzen lassen sich in ihrer Kompliziertheit mit denen bei Tieren vergleichen. Eine verwundete Pflanze wird wahrscheinlich verlorene Teile regenerieren. Das können nur wenige Tiere.

Die Pflanze kann es sich nicht aussuchen, wo sie sich ansiedelt und Nahrung findet. Wo der Samen gekeimt hat, dort muß sie gedeihen oder verderben, denn sie ist zwar auf eine Weise verankert, die der bei einem festsitzenden Polypen der Tierwelt ähnelt, aber sie läßt sich keineswegs mit irgendeinem beweglichen Tier vergleichen.

In diesem Kapitel möchte ich eine »ideale« Pflanze in ihrer Gesamtheit skizzieren. Der Einfachheit halber werden wir eine Bedecktsamige Blütenpflanze oder eines der Nadelhölzer betrachten. Denn sie gehören zu den Pflanzenformen, die den meisten Menschen vertraut sind und die Hauptmasse der heutigen Vegetation bilden.

Selbst bei dieser Vereinfachung bleiben uns noch sehr viele wechselnde Eigenschaften, die Pflanzenwachstum, Lebensweise und die Stellung in der gesamten Ordnung der Natur betreffen. Da ist zuerst einmal die Lebensdauer. Manche Pflanzen, Annuelle genannt, sind einjährig, sie leben nur einen einzigen Sommer lang oder weitgehend innerhalb dieser Jahreszeit. Andere sind zweijährig. Diese Biennen beginnen ihr Dasein in einem

Jahr, überwintern und blühen im nächsten Jahr, bilden Samen und sterben dann ab. Arten, die mehrere Jahre leben und, sobald sie erwachsen sind, jedes Jahr blühen, nennt man mehrjährige, ausdauernde oder perennierende Pflanzen. Manche davon bilden jeden Frühling fleischige Stengel, die nach dem Blühen im Winter verwelken. Die Pflanze verbringt diese Zeit oder jede Ruheperiode, die ihr das Klima diktiert, als ein Büschel oder Schopf, der mehr oder weniger unter der Erde bleibt, während die Wurzeln kaum arbeiten. Das sind die krautigen, mehrjährigen Arten. Viele Wasserpflanzen verhalten sich ähnlich. Sie verbringen kalte Winter in einem Ruhezustand als fleischige Knollen ohne Blätter und Stengel. Andere Pflanzen sind verholzt und dauerhafter. Man kann diese Pflanzen grob in Sträucher und Bäume einteilen, obwohl sich diese Kategorien stets überschneiden. Sträucher haben eine Menge relativ kurzer Äste oder Stämme, Bäume nur einen einzigen Stamm, meist mit einer Krone aus Zweigen.

Bestimmte Pflanzen, die mehrere Jahre leben, sind nur imstande, einmal zu blühen und Samen zu tragen. Die meisten von ihnen, wie etwa viele Ananasgewächse (*Bromeliaceae*) sind Kräuter. Doch gibt es eine Anzahl von Zwischenformen, die halb krautige Pflanzen, halb Sträucher sind, wie etwa die Rosetten bildenden Agaven (*Agave*) und *Puya*-Arten Nord- und Südamerikas. Einige davon brauchen ein Jahrzehnt, bis sie voll erwachsen sind, andere noch viel länger. Deshalb werden die Agaven oft Jahrhundertpflanzen genannt.

Unter den krautigen und verholzten Pflanzen, die ein- oder mehrjährig sein können, findet man viele Kletterpflanzen. Sie entwickeln lange, schnellwachsende Stengel mit verschiedenen Vorrichtungen oder zeigen ein besonderes Wachstumsverhalten. Beides dient dazu, sich an der Oberfläche anderer Pflanzen anzuklammern, festzuhaken oder auszubreiten. Es gibt auch sehr verschiedenartige Parasiten, die in späteren Kapiteln ausführlicher behandelt werden. Denn sie sind wahrlich faszinierende Ausnahmen von der allgemeinen Regel. Das gilt auch für die weniger bösartigen Saprophyten.

Will man die Funktionen der Organe einer Pflanze verstehen, muß man deren Stoffwechsel und die daraus entstehenden Bedürfnisse bedenken. Eine Pflanze kann durchaus beträchtliche Zeit nur mit Wasser und den darin gelösten Mineralstoffen existieren, solange die Blätter die Photosynthese durchführen. Doch für ein normales, gesundes Wachstum sind anorganische Salze in größerer Menge nötig. Die drei Hauptelemente sind

Riesenwurzeln einer Würgerfeige Australiens, die dort »Curtain Fig« (Vorhangfeige) genannt wird.

Oben: Königliche Seerose (*Victoria regia = amazonica*) aus Südamerika; unten: Das Blatt der Königlichen Seerose ist, wie man hier sieht, an der Unterseite durch stark vortretende lufthaltige Rippen versteift.

Stickstoff, Phosphor und Kalium. Zu den übrigen, in weit geringeren Mengen benötigten, gehören Schwefel, Kalzium, Magnesium, Natrium, Eisen und bestimmte andere Metalle sowie Bor. Fehlen sie, kann eine Pflanze absterben, obwohl die notwendigen Mengen äußerst gering sind. Landwirte, Forstleute und Gärtner bemühen sich, diese Mineralstoffe in den »richtigen« Mengen im Gleichgewicht zu halten. Denn die Pflanze ist ausgesprochen wählerisch in dem, was sie wirklich aufnimmt. Die verhältnismäßigen Anteile von anorganischen Stoffen innerhalb der Pflanzenzelle sind meist sehr verschieden von denen draußen im Boden. Auf welche Weise eine Pflanze Mineralstoffe aufnimmt und absorbiert, ist ein verwickelter elektrochemischer Vorgang, der als Ionentransport bezeichnet wird. Uns kommt es hier darauf an, daß diese Stoffe überhaupt aufgenommen werden.

Wasser wird durch Osmose absorbiert. Dies bedeutet: Wo eine durchlässige Membran vorhanden ist, wie etwa die Wand eines Wurzelhaares, entzieht eine Lösung mit einer hohen Salzkonzentration, wie sie im Innern des Wurzelhaares besteht, einer Lösung mit einer niedrigeren Konzentration, wie sie für Bodenwasser typisch ist, Wasser. Dieses einfache Naturgesetz ist an vielen Stellen, einschließlich der Zellen im Innern, wirksam.

Der Hauptgrund für die Aufnahme von Wasser ist, daß es bei der Photosynthese mitwirkt. Aber es wird von der Pflanze viel mehr, als dafür nötig ist, aufgenommen und abgegeben. Dieser Wasserverlust wird Verdunstung genannt, und es geht dabei um riesige Mengen.

Wasser wird auch gebraucht, damit in den Pflanzenzellen der Turgor, das heißt der Druck, den der Zellinhalt auf die Zellwand ausübt, erhalten bleibt. Es kommt dabei nicht nur darauf an, daß die Pflanze ihre feste Form behält, sondern auch daß Gesundheit und Leistungsfähigkeit der Zellen bewahrt bleiben. Unter einem Wassergehalt im Pflanzengewebe von 70 bis 95 Prozent können die Zellen nicht genügend wachsen, und von einem bestimmten Punkt an ist Wasserverlust tödlich.

Die Wurzeln müssen daher sehr große Wassermengen aufnehmen und weiterleiten, obwohl weniger als ein Prozent des absorbierten Wassers in der Pflanze zurückbehalten wird. Doch das Wasser kommt nicht etwa zu den Wurzeln hin, die es aus dem Boden saugen, so kräftig sie können. Sie müssen vielmehr dauernd auf der Suche nach Feuchtigkeit weiterwachsen. Infolgedessen sind Wurzelsysteme, verglichen mit dem Wachstum über der Erde, oft riesig. Einzelne Maiswurzeln haben sich nachweislich an einem Tag 5 bis 6 cm weiter ausgebreitet, und die durchschnittliche Längenzunahme des Wurzelsystems einer reifen Roggenpflanze hat man insgesamt auf 5 km pro Tag geschätzt. Nicht inbegriffen sind dabei die Wurzelhaare, für die bei einer einzelnen Roggenpflanze der durchschnittliche Zuwachs pro Tag 90 km beträgt!

Der Grundtyp einer Pflanze hat also drei deutlich ausgeprägte Zonen von verschiedener Funktion. Die Wurzeln nehmen nicht nur aus der Erde das lebenswichtige Wasser und lösliche anorganische Nährstoffe auf, sie verankern auch die Pflanze im Boden. Selbst das kleinste einjährige Kraut braucht diesen Halt. Die Wurzeln führen empor zum Stengel oder Stamm, manchmal über einen Wurzelhals oder eine Sammelstelle, wenn es sich um viele Stengel handelt. Die Stengel oder Stämme, die mehr oder weniger verzweigt sind, tragen die Blätter, die Photosynthese-Fabriken. Manchmal fehlt, wie etwa bei einigen alpinen Arten der Stengel, und die Blätter sprießen aus dem Wurzelhals. Von ihm oder von den Zweigen gehen die sexuellen Fortpflanzungsorgane aus, die meist für die Erhaltung der Art verantwortlich sind.

Diese drei Zonen gehören zu einem Organismus, der die Leitung von Flüssigkeiten mit Festigkeit kombiniert. Er gleicht dem Traum eines Architekten von einem Rohrleitungssystem, das ein ganzes Haus trägt. Im Prinzip wird Wasser zusammen mit Mineralstoffen an die Blätter nach oben weitergegeben, während ein entgegengesetzter Strom Zuckerlösungen und andere organische Stoffe aus den Blättern zu den Wurzeln und zu anderen Pflanzenteilen, die Nahrung brauchen, befördert. In dem Strom werden auch chemische Hormone und andere »Botenstoffe« übermittelt.

Das Leitungsgewebe für den Aufwärtsstrom ist grundsätzlich der Holzteil, das Xylem, für den Abwärtsstrom der aus Siebröhren bestehende Siebteil, das Phloëm. Die zwei großen Klassen der Blütenpflanzen, die Einkeimblättrigen und die Zweikeimblättrigen unterscheiden sich etwas in der Anordnung der Leitungsgewebe. Zumindest in den Wurzeln beginnen Phloëm (griech. phloios = Rinde) und Xylem (griech. xylon = Holz) bei beiden als ein zentrales Leitungsbündel. Bei den Zweikeimblättrigen bildet das Xylem ein kreuzförmiges oder radiales Muster, bei dem zwischen zwei nach außen gesteckten Holzteilen ein Strang Siebteil eingeschlossen ist. Bei den Einkeimblättrigen sind dagegen die zweierlei Leitungsgewebe meist konzentrisch abwechselnd in Gruppen um ein inneres Mark angeordnet. Bei den

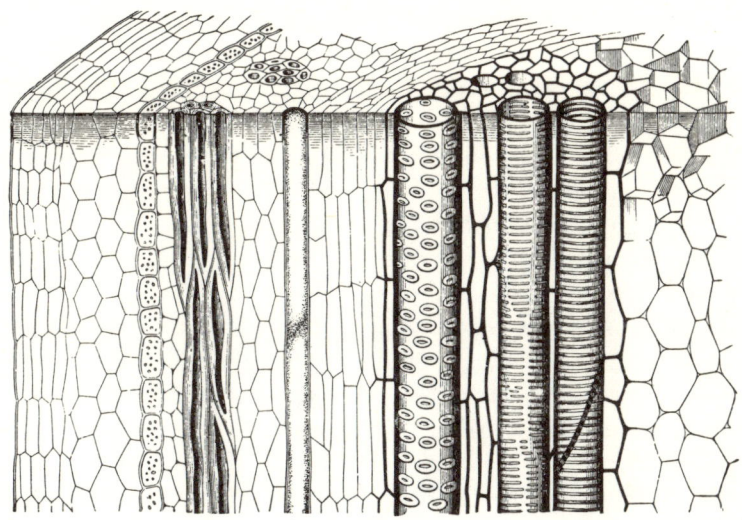

Stark vergrößerte dreidimensionale Ansicht eines Baumzweigs, schematisch dargestellt.

Zweikeimblättrigen entwickeln ältere Wurzeln ebenfalls einen zentralen Xylemkern und einen äußeren Phloëmring.

Anfänglich wachsen die Wurzeln nach unten, da sie geotropisch sind, das heißt: der Anziehung der Schwerkraft der Erde gehorchen. Bald jedoch müssen sie auf der Suche nach Feuchtigkeit seitwärts weiterwachsen. Während sie das tun und auch weiter in die Tiefe dringen, bewegen sie sich spiralförmig voran. Wurzeln brauchen grundsätzlich Sauerstoff und gehen in wassergetränktem Boden zugrunde. Wo Pflanzen dennoch in solchen Böden wachsen, können besondere Einrichtungen vorhanden sein, die dafür sorgen, daß Sauerstoff in das Wurzelsystem aufgenommen wird.

Die Spitzen der Wurzeln sind zart und fein. Sie schützen sich vor Verletzungen und Beschädigung durch eine Haube, die einem Fingerhut sehr ähnelt. Sie besteht aus entbehrlichen Zellen, die sich ständig von der Wurzelspitze ablösen. Die Wände dieser Zellen werden schleimig und liefern ein Gleitmittel, wenn sich die Wurzelspitzen stetig zwischen den Erdteilchen vorantasten. Der absorbierende Teil der Wurzel liegt dicht hinter den Spitzen in Form einer Masse kleiner Härchen, die hier dauernd neu hervorsprießen und absterben, wenn sich die Wurzel weiter verlängert. Hinter der Spitze wird die Wurzel dicker. So hilft sie mit, eine Spalte im

Boden zu erweitern, in die dann die Wurzelspitze eindringen kann. Krautige Pflanzen setzen ihre Leitgewebe in den Stengeln und Zweigen in einem System von Leitbündeln fort, die Xylem und Phloëm vereinen. Bei den Zweikeimblättrigen sind diese Bündel typischerweise in einem äußeren Ring angeordnet, der das zentrale Mark umgibt. Aber bei den Einkeimblättrigen liegen die Leitbündel in den Geweben verstreut, und das ist selbst bei großen Arten wie den Palmen der Fall.

Ein Diagramm der Leitbündel einer Zweikeimblättrigen Pflanze ähnelt sehr dem des Blutkreislaufs bei einem Menschen. Im Stengel bilden diese Bündel, im Kreis angeordnet, eine Art offene Hülle mit Abzweigungen, die zu Nebenstengeln führen und sich dauernd gabeln, bis sie in die Blätter gelangen. An der Spitze des Sprosses dringen sie in die noch unentwickelten Gewebe ein und fördern deren Wachstum oder bilden je nach den Umständen die Blüten. Bei den Einkeimblättrigen stellt sich heraus, daß die scheinbar wahllos verstreuten Leitbündel, die ein Querschnitt zeigt, in einem senkrechten Schnittpräparat ein sehr klar definiertes Muster aufweisen. Sie wachsen auf eine Weise schräg, daß der Stengel – sehr vereinfacht ausgedrückt – von der Basis eines äußerst verwickelten Netzwerks ausgeht, das sich senkrecht nach oben verlängert. Dabei teilen sich die Leitbündel an verschiedenen Punkten, um mit denen in den Blättern Verbindung aufzunehmen. Das Muster erinnert an die Flußsysteme auf einer Landkarte. Es trägt viel zur Festigung des Gewebes bei und hat sich deshalb selbst bei großen Pflanzen gut bewährt.

Bei verholzten zweikeimblättrigen Arten, einschließlich der Nacktsamer, führt ein Vorgang, der sekundäres Dickenwachstum genannt wird, zu einer Anordnung, bei der sich ein ständig breiter werdender innerer Kern aus Xylem entwickelt. Im Querschnitt entdeckt man, daß dieser Kern Ringe aufweist, die abwechselnd aus größeren und kleineren Zellen bestehen. Die größeren werden im Frühling gebildet, wenn das Wachstum den Höhepunkt erreicht und die ganze Pflanze sich weiter entfaltet; die kleineren und dichter gedrängten Zellen entstehen im Sommer und Winter, wenn das Wachstum sich verlangsamt. Alljährlich wird ein neuer Ring gebildet, und seine Breite verrät uns, wie günstig der Frühling war. Die Anzahl der Ringe gibt uns das genaue Alter eines Baums an.

Außerhalb des zentralen Xylemkerns befindet sich eine Hülle von Kambium, wie man ein Gewebe nennt, das nach innen zu neues Xylem, nach außen Phloëm bildet. Es besteht aus einer einzelligen Schicht, in der sich wunderbarerweise dauernd Zellen teilen. Praktisch verkörpert das Kambium, selbst beim größten Baum, das gesamte Wachstumsprinzip.

Ein Schnitt durch einen Baumstamm zeigt auch schmale radiale Linien, die quer über die Jahresringe verlaufen. Sie werden Markstrahlen genannt und bestehen aus nicht verholzten Zellen, die Nährstoffe quer zum Durchmesser des Stammes weiterleiten können. Wenn ein Baum älter wird, sind nur noch die äußersten Jahresringe aktive Leitungsgewebe. Die leitenden Xylemzellen sind meist verholzt und ohne lebenden Zellinhalt. Sie ähneln wasserdichten, vor Fäulnis geschützten Leitungsrohren, deren Wände mit leistenförmigen Ringen, Spiralen oder Netzen verstärkt oder ganz verdickt und nur von sogenannten Tüpfeln durchbrochen sind. Man nennt sie allgemein Gefäße, genauer Tracheen, wenn sie weit sind, Tracheiden, wenn sie nur schmale Röhren bilden. Manche sind an jedem Ende offen, andere haben nicht nur an ihren Enden, sondern auch an den Längsseiten Tüpfel und Poren, so daß Flüssigkeiten auch seitwärts durch benachbarte Zellen weitergeleitet werden können. Das ist sehr wichtig, falls es zu einer Blockierung, Druckstauung oder sonstigen Beeinträchtigung der Leitung kommt. Der Durchmesser dieser röhrenförmigen Gefäße reicht von 20 bis zu ausnahmsweise 600 Mikron (1 Mikron = 1 tausendstel Millimeter), die Länge von wenigen Zentimetern bis zu vielen Metern. Ein Baum hat manchmal einige Gefäße, die von der Wurzel bis zur verzweigten Krone führen.

Wie wird nun das Wasser im Stengel einer Pflanze aufwärts geleitet oder hochgepreßt? Man könnte sich vorstellen, daß dafür Kapillarkräfte verantwortlich sind. Es handelt sich dabei um ein Phänomen, bei dem die Oberflächenspannung bewirkt, daß Flüssigkeiten in extrem dünnen Röhren hochsteigen. Aber die Höhengrenze dafür ist ein Meter. In manchen Fällen pumpen Wurzeln zweifellos, wie man unter Versuchsbedingungen gemessen hat, auch Flüssigkeiten mit einem Druck von rund 8 Atmosphären hoch.

Aber dieser Wurzeldruck hängt weitgehend von guten Wachstumsbedingungen, vor allem für die Wurzeln, ab. Nahrungs- und Sauerstoffmangel, Trockenheit und niedrige Temperaturen setzen ihn herab. Jedenfalls können nicht bei allen Arten die Wurzeln Flüssigkeit hochpumpen. Bei Laubbäumen der gemäßigten Zone etwa verschwindet die Fähigkeit dazu nach dem anfänglich so starken und plötzlichem Wachstum im Frühling.

Die Lösung dieser Frage scheint schließlich zu sein, daß eine Zugspannung mit der Kohäsion des Wassers zusammenwirkt. Eine Wassersäule in einer engen Röhre kann gehalten werden, wenn am oberen Ende eine angemessene Zugspannung besteht. Diese wird von einer riesigen Anzahl von Blättern, die Wasser verdunsten, über die Gefäßbündel auf den Hauptstrom des Xylems ausgeübt. Damit eine solche Zugspannung oder Saugwirkung über den normalen atmosphärischen Druck hinaus, unter dem nur eine Höhe von 10 m zu erreichen ist, aufrechterhalten werden kann, muß man die gegenseitige, Kohäsion genannte Anziehungskraft der Wassermoleküle mit einbeziehen. Sie bewirkt, daß eine zusammenhängende Flüssigkeitssäule nicht abreißt. Es war möglich, mit einer Spezialmethode Zugspannungen an abgeschnittenen Zweigen annähernd festzustellen. Dabei hat man bis zu 80 Atmosphären gemessen. Eine Spannung von 30 Atmosphären genügt jedoch, Wasser 150 m hochsteigen zu lassen. Da die höchsten Bäume nachweislich bis 150 m groß werden, reicht in dieser Hinsicht die Leistungsfähigkeit von Pflanzen aus. Zu diesen hohen Bäumen gehören etwa ein Eukalyptusbaum (*Eucalyptus regnans*) aus Australien, der schätzungsweise 140 bis 150 m hoch werden kann, und eine Douglasie (*Pseudotsuga menziesii* = *P. taxifolia*) von 129 m Höhe, die im Jahre 1895 gefällt wurde.

Die Verfrachtung von Nährstoffen ist vielleicht noch ungewöhnlicher, weil Phloëmzellen einen lebenden Inhalt haben. Unter diesen Zellen fallen die sogenannten Siebröhren auf. Das sind lange, schmale Zellen, an deren beiden Enden sich eine Wand mit kleinen siebähnlichen Löchern befindet. Diese Wände stehen sehr oft in einem schiefen Winkel zu den Längsseiten der Zelle und berühren sich mit denen benachbarter Zellen. Neuere Forschungsarbeit läßt stark vermuten, daß diese Sieblöcher nicht offen sind, sondern Verbindungsgänge für längs verlaufende Stränge aus Proteinfasern bilden. Eine der daraus resultierenden Annahmen ist, daß die Faserbündel in den Strängen wie Muskeln arbeiten und sich rhythmisch zusammenziehen, um die Zuckerlösung entlang den untereinander verbundenen Phloëmzellen voranzutreiben. Eine andere Theorie nimmt an, daß die Zucker durch Weiterströmen des Zellinhalts – des Zytoplasmas – zwischen den Zellen befördert werden. Nicht die geringste Besonderheit der Siebröhren ist, daß offensichtlich Stoffe in beiden Richtungen gleichzeitig durch sie hindurch wandern können.

Wachstum und Wurzeltätigkeit werden weitgehend aktiviert von den Zuckern, die von den Blättern nach unten geleitet werden. Die Mineralstoffe aus dem Boden verbinden sich auf verschiedene Weise mit organischen Substanzen. Dies ist das Wesentliche eines sehr komplizierten Vorgangs. Denn der Saft, die Flüssigkeit, die aufwärts steigt, kann vor allem im Frühling, wenn die Bäume sich belauben, ebenfalls einen hohen Zukkergehalt haben, während der Saft in den Blättern viele Mineralstoffe, vor allem Phosphor und Kalium, enthält, obwohl 9 Zehntel der festen Substanzen darin Zucker sind. Der Saftstrom im Frühling ist so zuckerreich, daß man ihn bei bestimmten Bäumen abzapfen kann. Das tut man etwa beim Zuckerahorn (*Acer saccharum*) und verkauft den Saft. Man bohrt dabei in jeden Baum bis zu vier Löcher, aus denen durchschnittlich 37 Tage lang der Saft strömt. Ich kenne auch einen irischen Stiftsherrn, der jeden Frühling die Birken (*Betula*) der Gegend auf die gleiche Weise anzapft und aus dem zuckerhaltigen Saft Wein bereitet.

Festigkeit erreicht eine Pflanze am leichtesten, indem sie sich mit Wasser vollfüllt. Die Zellen schwellen dadurch an wie ein aufgepumpter Gummireifen. Ist ein Innenschlauch aber wirklich prall aufgeblasen, läßt er sich nur schwer biegen und eindrücken. Das gleiche Prinzip gilt auch für die angeschwollene Zelle. Allerdings läßt es sich nur auf kleine Pflanzen oder kleine Teile größerer Gewächse, wie etwa auf Blattstengel anwenden. Wie jeder andere Organismus, ist auch eine Pflanze bestimmten Naturgesetzen unterworfen. So ist etwa die Festigkeit eines Stengels genau proportional seinem Querschnitt, aber Volumen und Gewicht nehmen entsprechend der 3. Potenz seiner äußeren Größe zu. Daher kann ein Stengel eine doppelt so große Querschnittsfläche haben und zugleich zweimal fester werden; aber das zieht eine achtfache Gewichtszunahme nach sich.

Bei krautigen Pflanzen beruht die Festigkeit, wie bereits angedeutet, weitgehend auf der Stärke, Anzahl und Art der Anordnung der Gefäßbündel, die im typischen Fall an ihren äußeren Rändern eine Gruppe von Fasern aufweisen. Diese Fasern ähneln in ihrer Funktion den unsichtbaren, relativ dünnen, aber sehr starken Stahlträgern in einem Gebäude aus Eisenbeton. Zahl und Anordnung der Träger sind unendlich variabel. Sie können getrennt oder miteinander verbunden sein; oft sind sie auch mit vorspringenden Kanten oder Leisten kombiniert, und sie sind immer symmetrisch angeordnet.

Eine der wirkungsvollsten Röhrenkonstruktionen findet sich bei Bambussen (*Bambusoideae*). Wie die Palmen sind sie Einkeimblättrige, und ihre Gefäßbündel sind daher nicht streng in einem Ring angeordnet. Aber sie drängen sich außerhalb eines relativ schmalen Rohrs aus Gewebe zusammen, das ein hohles Zentrum umgibt. In Abständen bilden die Stengel Knoten oder Gelenke, an denen eine feste Scheibe das Rohr verschließt. Ferner haben die äußeren Zellen Wände, die so viel Kieselsäure enthalten, daß man manchmal an einem Bambusstengel ein Zündholz anstreichen kann. Darin ähneln sie anderen Sproßpflanzen, wie etwa Gräsern, vor allem Getreide, aber auch Schachtelhalmen, die so voll Kieselsäure sind, daß man sie früher zum Scheuern von Kochtöpfen verwendet hat.

Eine weitere Methode der Festigung ist die Bildung von sogenannten Sklerenchymzellen, die meist als Steinzellen auftreten. Das sind verholzte, dickwandige Zellen von verschiedener Gestalt und normalerweise ohne lebenden Inhalt. Oft sind sie bei Blättern wie auch bei Stengeln, nahe der Oberhaut, die von der Kutikula bedeckt ist, zu einer relativ steifen, unbiegsamen Schicht zusammengeballt. Eine verwandte Form toter Zellen sind die Sklerenchymfasern, die Bündel bilden. Die einzelnen Zellen sind langgestreckt mit zugespitzten Enden, so daß sie sich mit den Nachbarzellen eng verbinden können. Die Festigkeit dieser Sklerenchymfasern ist schon daraus ersichtlich, daß wir von Flachs (*Linum usitatissimum*), Jute (*Corchorus capsularis*) und Hanf (*Cannabis sativa*) diese Fasern verwerten, die bei den beiden letztgenannten Arten verholzt sind. Viele dieser Zellen sind relativ lang. Beim Flachs können sie eine Länge von 20 bis 40 mm, bei der Weißen Ramie (*Boehmeria nivea*) Ostasiens bis zu 30 cm erreichen. Solche Kombinationen von äußeren Sklerenchymzellen und inneren Sklerenchymfasern können eine erstaunlich große Elastizität bewirken, auf die eine Pflanze, die lediglich auf ihre Gefäßbündel angewiesen ist, nicht zählen kann.

Beginnt eine Pflanze einen verholzten Kern zu bilden, vereint der ganze Stamm praktisch die Fähigkeit, Säfte zu leiten, mit Stabilität. Fast alle Pflanzen bemühen sich, Festigkeit und geringes Gewicht zu kombinieren. Man findet dieses Bestreben auch bei tierischen Stoffen wie Knochengewebe und Chitin.

Bei krautigen Pflanzen sind die Stengel von einer Haut, der Kutikula bedeckt, deren Hauptaufgabe es ist, isolierend zu wirken und Wasserverlust zu verhindern. Die Kutikula besteht meist, wenn auch nicht immer, aus verschiedenen Anteilen von Wachs und Kutin, einem korkähnlichen Stoff, der auch Zellulose und Pektin enthält. Die Isolierung kann noch durch Haare verstärkt werden.

Bei Sträuchern und Bäumen verholzt der Stengel, und es bildet sich schließlich die Rinde. Diese Schutzschicht liegt unmittelbar außerhalb des Siebteils. Gewöhnlich besteht sie aus toten Korkzellen, die dauernd von innen her neu gebildet werden. Auf diese Weise verursacht die stetige Ausweitung des Stamms keine Spaltung der innersten Schicht. Die äußere

Schicht dagegen reißt auf oder zerbricht in Platten oder Schuppen, die schließlich abfallen, wie man deutlich bei Kiefern und Platanen (*Platanus*) beobachten kann. Bei anderen Bäumen ist die Rinde faserig oder hautähnlich. Das Korkgewebe kann Luft oder andere Substanzen enthalten wie etwa Kalziumoxalat, Tannin bei Eichen oder das hochgeschätzte Chinin beim Fieberrindenbaum (*Cinchona*). Manchmal sind die Rindenzellen auch schleimhaltig, wie bei einer nordamerikanischen Ulmenart (*Ulmus fulva*). Möglicherweise sind diese Substanzen Abfallprodukte, die sozusagen am blinden Ende der Leitung ausgeschieden werden. Aber zumindest in manchen Fällen wirken sie sicher auch als Abschreckungsmittel großen Tieren gegenüber, die diese Bäume anknabbern wollen, oder kleinen gegenüber, wie Käfern, die sie anbohren würden. Auch Pilzbefall können sie abwehren.

Rinde kann eine ungemein verschiedene Dicke haben. Diese beträgt bei manchen Bäumen, wie etwa Buchen oder Kirschbäumen (*Prunus cerasus*), nur 1 bis 2 mm. Bei einer Kiefer können die unregelmäßigen Schuppen über 2,5 cm dick sein, und beim Mammutbaum (*Sequoiadendron giganteum*) ist die Rinde oft über 30 cm tief und so voll Luft, daß man ungestraft mit der Faust auf sie einschlagen kann.

Einkeimblättrige haben meist einen einfachen Stamm oder Stengel. Aber in manchen Fällen entwickeln auch sie ein Kambium und eine Schicht Korkgewebe. In vielen Gruppen bilden die Stümpfe alter Blattstiele eine Schutzschicht. Sterben die Blattstiele ab, entsteht bei zahlreichen Palmen eine geradezu beängstigende Menge von allseits abstehenden faserigen Stacheln.

Stengel und Baumäste verzweigen sich häufig, um Blätter und Blüten zu tragen. Diese Verästelung kann so minimal sein, wie es gerade nötig ist, um an einer einjährigen Pflanze mehrere Blüten zu entwickeln. Denn selten trägt ein Stengel nur eine Blüte. Bei krautigen und bei vielen einjährigen Pflanzen sitzen die Blätter oft an den Stengeln. Bei einer großen Gruppe von Pflanzen entspringen diese Blätter tragenden Stengel aber aus dem Wurzelstock, während die Blütenstiele unabhängig davon gebildet werden. Das ist etwa beim Pontischen Rhabarber (*Rheum raponticum*) und bei den Ampfer-Arten (*Rumex*) der Fall.

Sträucher tragen ebenfalls meist die Blätter an den Zweigen und die Blüten entweder an den Zweigspitzen oder in verschiedener Weise an ihnen gruppiert. Typisch für Bäume ist es dagegen, daß der Stamm sich erst ziemlich hoch oben verzweigt, wobei sich die Äste wiederholt gabeln, bis sie in dünnen Zweigen enden, die Blätter und Blüten hervorbringen. Die Äste, die neu hervorsprießen, halten sich dabei genau an ein bestimmtes Muster, das fast unabänderlich eine Spirale ist. Die primitiveren Bäume, wie die Nadelhölzer, zeigen dies deutlich, obwohl einige auch wirtelig wachsen. Unter den Bäumen der Bedecktsamer finden sich ebenfalls vergleichbare Beispiele. Aber bei den meisten von ihnen ist die Spirale nur undeutlich zu erkennen, weil die Entwicklung eines jeden Zweiges sehr stark von der des Nachbarzweiges wie auch von äußeren Faktoren – etwa vom Licht – abhängt. Die Anordnung scheint daher formlos zu sein, obwohl sie ein harmonisches Gesamtbild ergibt. Sie kann bei solchen Bäumen zunehmend unregelmäßiger aussehen, weil die Äste gegen die Spitzen zu dünner werden und sich in immer kleinere Zweige gabeln.

Bäume sind ungemein verschieden in ihrer Form oder – wie der Gärtner und Botaniker sagt – in ihrem Habitus, den Häufigkeit, Größe des Winkels und Umfang der Verzweigung gestalten. Aber wie die Anordnung auch aussehen mag, sie ist dazu bestimmt, jedes Blatt in eine Stellung zu bringen, in der es ein Maximum an Licht erhält; ebenso sollen dadurch die Blüten und Früchte, je nachdem, auf welche Weise sie bestäubt, beziehungsweise verbreitet werden, möglichst vorteilhaft präsentiert werden.

7 Das Kraftwerk

Ohne Chlorophyll wäre eine Pflanze keine Pflanze; und allgemein ausgedrückt, könnte ohne Blätter das Chlorophyll nirgends untergebracht werden. Gewiß ließe die Photosynthese sich auch an anderen Stellen durchführen, vor allem unter besonderen Umständen in den Stengeln. Aber das Blatt ist eine hochspezialisierte Schöpfung eigener Prägung. Jedes Blatt ist ein Miniatur-Kraftwerk, das die übrige Pflanze mit Energie versorgt.

Die Blätter variieren ungemein stark in Gestalt und Größe von fadenartigen bis zu kugeligen Formen. Sie sind gelappt, eingekerbt und gezähnt und liefern eine Formenreihe, die sich nur in einer endlosen Liste erfassen ließe. Die meisten Blätter sind symmetrisch beiderseits einer Mittelrippe ausgebreitet, aber manche sind auch unregelmäßig, und ein paar, wie fast alle in der großen Sippe der Begonien (*Begonia*) sind asymmetrisch und manchmal spiralig angeordnet. Auch in der Festigkeit variieren Blätter enorm. Die meisten sind weich und biegsam, aber manche, wie im allgemeinen die von Palmlilien (*Yucca*), Agaven und Ananasgewächsen, sind äußerst hart; wenn sie in einer scharfen Spitze enden, könnten sie fast zu einer tödlichen Waffe werden. Ebenso sind Blätter unterschiedlich dick. In ihrer typischen Form bleiben sie ziemlich dünn, aber besonders bei Sukkulenten sind sie manchmal dick, fleischig und saftreich oder sogar kugelig.

Die Blätter können mit einem Hauptsproß oder einem Zweig durch einen Stiel verbunden sein; meist befindet er sich an einem Ende, gelegentlich auch mehr oder weniger in der Mitte des Blattes. Die Ansatzstelle ist relativ schmal, und von ihr aus verbreitert sich dann das Blatt. An dieser Gelenkstelle sind die Gefäßbündel konzentriert, die sich in den Blattadern fortsetzen. Häufig ist eine Mittelader oder Mittelrippe vorhanden, oder in regelmäßig gelappten Blättern eine Reihe von Rippen, die sich bis zum Blattende erstrecken. Von den Mittelrippen aus können sich kleinere erhabene Rippen ausbreiten, und die restliche Blattfläche wird in jedem Fall kreuz und quer von kleineren Adern oder ganz feinen Äderchen durchzogen. Diese Pflanzenadern bilden das Bewässerungssystem des Blattes. Bei Zweikeimblättrigen bestehen sie aus einem unregelmäßigen Netzwerk, aber bei den meisten Einkeimblättrigen verlaufen sie parallel.

In jeder Blattader sind Holzteil und Siebteil zusammengefügt, so daß die Zucker aus den Blattzellen in die übrige Pflanze weitergeleitet werden können. Wasser, das für die Photosynthese und die Verdunstung unentbehrlich ist, ebenso Mineralstoffe, die beim Aufbau der Zellen mithelfen, werden in diese Blattzellen befördert.

Als Grundtyp ist das Blatt flach. Es erhält dadurch die größte Oberfläche und das geringste Volumen. Auf diese Weise ist es bestens dafür gebaut, möglichst viel Licht und Kohlendioxid aufzunehmen, ohne Zellen im Innern ungenützt zu lassen. Das Blatt hat beiderseits eine lichtdurchlässige, wasserdichte Haut oder Kutikula. Darunter befindet sich eine Schicht farbloser, manchmal toter und meist wasserhaltiger Zellen – die Oberhaut oder Epidermis. Eine dichte Lage von Zellen, die eine Menge Chloroplasten beherbergen, bildet darunter eine weitere Oberflächenschicht. Das Zentrum und die unteren Teile des Blatts bestehen aus einem schwammigen Gewebe, dessen Hauptmerkmal weite unregelmäßige Lufträume zwischen den Zellen sind.

An der Unterseite des Blattes liegen die Spaltöffnungen oder Stomata. Im Längsschnitt betrachtet, haben sie beiderseits des Spalts zwei Schließzellen. Diese sind so gebaut, daß der Spalt sich öffnet, wenn sie mit Wasser, das aus den benachbarten Hautzellen aufgenommen wird, prall gefüllt sind. Geben sie Wasser an die umgebenden Zellen ab, schließt sich der Spalt. Durch die Spaltöffnungen strömen den äußeren Umständen und den inneren Vorgängen im Blatt entsprechend Gase und Wasserdampf ein oder aus.

Wie bereits bemerkt, ist die Haut wasserdicht. In vielen Fällen kann sie dick und von Wachs bedeckt sein, um dies zu gewährleisten. Die äußere Wachsschicht regelt die Durchlässigkeit der Haut für Wasserdampf. Als man sie zum Beispiel vom Blatt eines kultivierten Apfelbaums entfernte, erhöhte sich die Durchlässigkeit von 15 mg pro cm² auf 107 mg. Ohne Wachs müßte ein Blatt sehr schnell verwelken, weil es seine innere Feuchtigkeit in die Luft abgeben würde.

Blätter können ihre Isolierung auch mit Haaren erzielen, durch die sie kühl gehalten werden. In heißem Klima reflektieren Haare oft das Sonnenlicht oder in großen Höhen dessen ultraviolette Strahlen. Von den lichtdurchlässigen Hautzellen wird eine genügend feste Schicht gebildet,

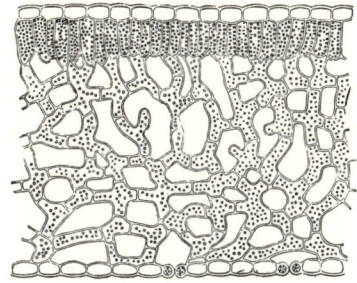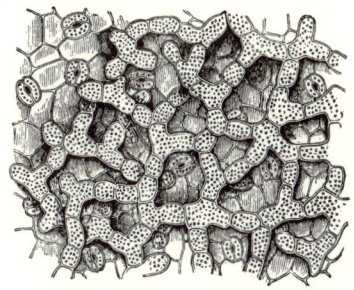

Grundgewebe oder Parenchym von Blättern. Links im Schnitt von *Franciscea eximia;* rechts von Lorbeer-Seidelbast *(Daphne laureola),* von oben gesehen nach Entfernung der Deckzellen (stark vergrößert).

um das zarte Gewebe zu schützen. Ferner werden die Blattränder noch verstärkt durch mehrere Schichten von Hautzellen, die dem lichtdurchlässigen »Sack« festen Halt geben und eine Beschädigung dieses verwundbaren Bezirks abwehren.

Die Anzahl der Spaltöffnungen ist normalerweise so groß, daß das Blatt – wenn diese Stomata dauernd offen wären – fast soviel Wasser verdunsten würde wie ohne seine Haut. Weil sie jedoch imstande sind, sich zu öffnen und zu schließen, kann die Oberfläche fast ganz undurchlässig für Wasserdampf werden. Die Wirksamkeit der Spaltöffnungen ist unterschiedlich. Aber grundsätzlich regeln sie die Verdunstung aus dem Blatt bei trockenen und windigen Umweltbedingungen, so daß sich um die Spaltöffnungen kein Wasserdampf ansammeln kann.

Pflanzen, die in feuchter Umgebung wachsen oder Blätter besitzen, die leicht feucht werden, können Spaltöffnungen haben, die wie etwa bei der Gurke *(Cucumis sativa)* auf Stielen aus Hautzellen sitzen. Jeder Gärtner weiß, daß diese Pflanze eine sehr feuchte Atmosphäre im Glashaus bevorzugt, da die Blätter die Abgabe von Wasser fördern müssen, um einen angemessenen Gasaustausch zu erzielen. Umgekehrt besitzen Pflanzen, die unter trockenen Bedingungen leben, sehr oft Spaltöffnungen, die tief in die Blattoberfläche eingesenkt sind, damit die ständige Verdunstung so niedrig wie möglich bleibt. Denn in dieser Vertiefung über der Spaltöffnung bleibt meist ein geringer Vorrat an Wasserdampf vorhanden. Solche versenkten Stomata können zusätzlich noch von einer Haarmasse überdeckt sein, um die Verdunstung noch weiter zu reduzieren. Man muß immer bedenken, daß diese Öffnungen nicht allein dazu dienen, den Verlust durch Verdunstung in Grenzen zu halten; sie regeln auch die Aufnahme des lebenswichtigen Kohlendioxids. Sind sie bei Trockenheit geschlossen, verlangsamt sich die Photosynthese und hört vielleicht ganz auf. Dann gehen die Pflanzen nicht nur an Wassermangel zugrunde, sondern sie verhungern auch. Der allerwichtigste Zweck der Spaltöffnungen ist es, Kohlendioxid aufzunehmen, um Nährstoffe zu erzeugen. Das ist eine harte Arbeit, wenn man bedenkt, daß die Luft nur 0,03 Prozent CO_2 enthält und durch das innere Blattgewebe daher eine Menge Luft strömen muß. Um Kohlendioxid entsprechend aufnehmen zu können, müssen die Spaltöffnungen so weit wie möglich geöffnet sein. Aber dann entweicht auch Wasserdampf, und von den Wurzeln muß daher mehr Wasser aufgesaugt und durch den Stamm oder Stengel hochbefördert werden. Dieses verhältnismäßig unzulängliche System ist ein notwendiges Übel, aber unter normalen Bedingungen funktioniert es.

Wie ich bereits erwähnt habe, tragen die kleinen Zweige am Ende eines Baumastes die Blätter auf solche Weise, daß jedes Blatt das Höchstmaß an Licht und Luft erhält. Manchmal handelt es sich nur darum, alle Blätter im rechten Winkel zur Lichtquelle zu halten, ein andermal wird ein »Blattmosaik« gebildet. Palmen (*Palmae*) und andere Pflanzen, wie etwa Baumfarne (besonders *Cyatheaceae*) und Palmfarne (*Cycadaceae*) mit einer ausgebreiteten Krone von Blättern oder Wedeln, verschaffen durch strahlenförmige Anordnung, vor allem wenn sie gefiedert sind, jedem Blättchen Licht. Viele tropische Bäume haben sehr langstielige Blätter, die von einer Krone radiär ausgehen, wobei jedes Blatt ringsum noch in tief eingeschnittene Lappen unterteilt ist. Die eindrucksvollsten Beispiele für Blattmosaike finden sich meist bei Pflanzen schattiger Plätze.

Blätter sind besonders imstande, eine für die Lichtaufnahme günstige Stellung einzunehmen, wenn sie lange Stengel besitzen. Denn am Grunde eines jeden Blattstiels befindet sich häufig ein verdickter Abschnitt, das sogenannte Blattkissen, das je nach Bedarf das ganze Blatt drehen kann. Ein kleiner Zellknoten wirkt dann wie ein Stellmotor. Eine Verlängerung des Stiels sorgt dafür, daß ältere Blätter immer weiter von den neuen weggeschoben werden. Solche Anordnungen werden sehr auffallend von Wasserpflanzen mit schwimmenden Blättern demonstriert, die natürlich ihr Blattwerk in einer Ebene ausbreiten müssen. Wasserpflanzen, die in fließendem Wasser leben, haben dagegen oft fadenartige oder stark eingeschnittene Blätter, die so die Gefahr, zerrissen zu werden, vermindern.

In sehr heißen Gebieten wäre es vielleicht kein Vorteil, wenn die Blätter der vollen Intensität des Sonnenlichts ausgesetzt sind. Es gibt eine Pflanzengruppe, größtenteils Verwandte des Lattichs (*Lactuca*), die ihre flachen aufrecht stehenden Blätter daher so drehen, daß die Mittagssonne nur auf den Blattrand fällt. Man nennt sie Kompaßpflanzen, und die Genauigkeit, mit der sie die Himmelsrichtung anzeigen, machten sich einst die Jäger der amerikanischen Prärie zunutze. Manche Pflanzen stellen ihre Blätter in der Sonne senkrecht und im Schatten waagerecht, wie etwa die Silberlinde (*Tilia tomentosa*), die an einem sonnigen Tag mit ihren weißen Blattunterseiten eine faszinierende grün-weiße Farbwirkung erzielt. Wo die Sonne, wie etwa in Australien, sehr grell scheint, lassen die Eukalyptusbäume (*Eucalyptus*) am Tag die Blätter senkrecht herunterhängen. Viele Einkeimblättrige, darunter Gladiolen (*Gladiolus*), haben lange schmale Blätter, die entlang der Mitte gefaltet sind, so daß die obere Fläche die meiste Zeit vor der Sonne geschützt ist. Blätter, deren unteres Ende flügelartig an den Stengeln abwärts verläuft, zeigen einen ähnlichen Kunstgriff, um der Sonne auszuweichen.

Schließlich sterben die Blätter ab. Bei einjährigen Pflanzen gehen sie mit der Pflanze zugrunde, bei mehrjährigen verwelken sie zugleich mit den oberirdischen Stengeln. Viele Laubbäume und Sträucher werfen alljährlich ihr Laub im Herbst ab. Bei immergrünen Arten und bei Laubbäumen tropischer Wälder, in denen es keinen jahreszeitlichen Rhythmus gibt, fallen ständig ein paar Blätter ab und werden dauernd wieder ersetzt. Bei Palmen, Ananasgewächsen, Agaven und dergleichen Pflanzen, die oft sehr harte, steife Blätter haben, erfolgt ein solcher Blattwechsel äußerst langsam.

Würde ein Blatt einfach absterben und vertrocknen, bliebe es als unerwünschtes Überbleibsel auf dem Baum. Doch sobald es alt wird, bildet sich an der Basis des Blatts oder des Blattstiels eine Schicht aus besonderen Zellen, ein sogenanntes Trennungsgewebe. Es besteht aus kleinen Zellen, die außen gallertartig werden, ein Zustand, in dem jeder Windhauch oder manchmal allein schon die Schwerkraft das Blatt loslöst. Gleichzeitig bilden die Zellen auf der Seite der Schicht, die dem Stengel oder dem Zweig zugekehrt ist, eine wasserdichte Lage, so daß die Wunde wirksam verschlossen wird.

Die jährliche Beseitigung der Blätter ist lebenswichtig für den Laubbaum oder für die Pflanze, die Winterruhe hält. Doch das Altern von Blättern kann man bei jedem Baum beobachten. Solange sie jung sind, leuchten sie hellgrün, weil das Licht geradewegs in die Zellen dringt, wo innere

Reflexion jeden Chloroplasten voll arbeiten läßt. Aber wenn die Monate verstreichen und Abfallstoffe aus dem Protoplasma sich in den Zellen anhäufen, werden deren Wände dicker und das Grün dunkler. Nadelhölzer, die wie die Lärchen (*Larix*) oder *Metasequoia glyptostroboides* ihr Laub abwerfen, gehen so weit, ganze Zweiglein abzustoßen. Früher oder später sind die energieerzeugenden Einheiten jeder Pflanze auf die eine oder andere Weise »ausgebrannt« und müssen ersetzt werden. Sobald dieser Prozeß beginnt, nimmt der Eiweißgehalt des Blattes ab, und Abfallstoffe sammeln sich in ihm an. Bei vielen Pflanzen werden dadurch die Blätter gelb. Einige Laubbäume zeigen dann jene großartigen goldenen, flammend roten, purpurnen oder sogar rosa Farbtöne, die so unvergeßlich sind. Sie verleihen dem Herbst seine besondere Schönheit, ehe die kahlen Äste den langen Wintermonaten preisgegeben sind.

8 Ungewöhnliches und Bizarres

»Als mein Verstand aufgehört hatte, in seinem Fundament zu wanken, gellte mein Triumphgeschrei durchs Himmelsgewölbe... und in ehrfurchtsvoller Scheu betrachtete ich zum ersten Mal sinnend und stumm... die wundervollste Pflanze auf allen Bergketten der Alpen. Es war ein herrlicher Augenblick – gewaltig und atemberaubend.« So schrieb überschwenglich Reginald Farrer, ein »Pflanzenjäger« zu Anfang dieses Jahrhunderts. Das große Ereignis war, daß er zum ersten Mal den »alten König«, eine seltsame, nur in den Seealpen endemische Steinbrech-Art (*Saxifraga florulenta*) gefunden hatte.

Aber im allgemeinen ist dies für »Pflanzenjäger« keineswegs charakteristisch. Die meisten von ihnen berichten höchst lakonisch darüber, wenn sie zum ersten Male unerwartet auf eine der vielen erstaunlichen Erscheinungen der Pflanzenwelt stoßen, die uns sogar heute noch – erblicken wir sie in einem Garten – den Atem verschlagen. Selbst der für gewöhnlich alles bombastisch schildernde Schomburgk konnte, als er zum ersten Mal weite Wasserflächen mit den riesigen Blättern der Königlichen Seerose (*Victoria regia* = *V. amazonica*) sah, nur schreiben: »Seht! Ein vegetabilisches Wunder.« Aber er war weniger nüchtern als Dr. Santos, ein ortsansässiger Botaniker, der erklärte:

»Der Anblick, den die *Victoria* in ihren heimischen Gewässern bietet, ist so neuartig und außergewöhnlich, daß ich in Verlegenheit bin, womit ich sie vergleichen könnte. Mir fällt dabei kein poetisches Gleichnis ein, sondern die Pflanze vermittelte ausgesprochen den Eindruck... daß eine Anzahl grüner Teetabletts herumschwimmt, zwischen denen hier und da Blumensträuße herausragen.«

Er gab jedoch zu, »daß die Blätter, wenn man sie genau betrachtete, wegen ihrer immensen und vollkommenen Symmetrie die höchste Bewunderung erregten«.

Wie Botaniker sich auch dazu stellen mögen, es existieren doch viele wunderliche und bizarre Variationen über das Grundthema des Pflanzenbaus, ganz abgesehen von den Unterschieden, auf Grund derer wir Pflanzen in

Familien, Gattungen und Arten einordnen. Solche Variationen sind fast immer hochspezialisierte Anpassungen an verschiedenartige Umstände. Doch in manchen Fällen scheinen sie, wie etwa die *Victoria regia*, einfach nur einen idealen Standort auszunutzen.

Beginnen wir mit den Wurzeln. Sie verbinden die Aufgabe der Ernährung damit, für Verankerung und Standfestigkeit zu sorgen. Viele tropische Bäume bilden dünne brettförmige Stützwurzeln. Manchmal beginnen sie ziemlich hoch oben am Stamm, führen schräg bis zum Boden herab und erinnern an die Strebebogen einer Kathedrale. Ein andermal ragen sie gerade noch aus dem Boden hervor und schlängeln sich meterweit über die Erdoberfläche dahin. Von ihnen aus dringen senkrechte Wurzeln in den Boden ein. Zu solchen Bäumen gehören verschiedene Feigenarten, der Echte Kapokbaum (*Ceiba pentandra*), ein südamerikanischer Baumwollbaum (*Cavanillesia tuberculata*) und die Sumpfzypresse (*Taxodium distichum*). Viele Familien haben sich diese Methode zu eigen gemacht, die den oft ziemlich seicht wurzelnden Bäumen die Mühe, sich festzuhalten, abnimmt. Bei Sumpfzypressen werden diese »Strebepfeiler«, die schmal sind und sich anmutig am Stamm abwärts schwingen, bei alten Exemplaren hohl. Obwohl das Wort Strebepfeiler sehr treffend für das Bild ist, das diese Stützwurzeln bieten, wirken sie eher wie Ankertaue, da sie mehr Zug als Druck aushalten müssen.

Ein weiterer kleiner technischer Trick, um Standfestigkeit zu erzielen, ist die Bildung von Stelzwurzeln, die sich ebenfalls bei tropischen Bäumen finden. Typische Schraubenbäume (*Pandanus*) haben an der Basis ein Gebilde, das an einen Wigwam erinnert und aus einer Reihe von Wurzeln besteht, die schräg vom Stamm aus in den Boden hinunterwachsen. Wird der Baum älter, bilden sich höher oben weitere Wurzeln. Sie stützen den ziemlich schwachen Stamm und die große Blätterkrone.

Auch Mangroven (*Rhizophora mangle*, *Rh. mucronata*) entwickeln Stützwurzeln, um sich in schlammigen Sümpfen und Ufergebieten am Meer aufrecht zu halten. Diese Wurzeln bilden eine wirre, ineinander verschlungene Masse. Bei solchen Bäumen tragen die Stelzen den größten Teil der feinen Würzelchen und können neue hervorbringen, wenn die unteren von Schlamm bedeckt werden.

Bei einer sehr merkwürdigen Gruppe von Bäumen, zu der der Musangabaum (*Musanga smithii*) gehört, sind die Stelzwurzeln zeltförmig, und es ist überhaupt keine zentrale Wurzel mehr vorhanden. Ja, der Fuß des Stammes beginnt oft erst ein paar Meter über dem Boden. Der Sämling hat zwar eine normale Wurzel, aber wenn der Baum älter wird, treten die Stelzwurzeln an ihre Stelle, und der Stammteil, der dicht über dem Boden liegt, stirbt ab.

Zusätzliche Wurzeln anderer Art werden von den Banyanbäumen (*Ficus benghalensis*), einer Feigenart, gebildet. Wenn die Zweige sich ausbreiten, senden sie senkrechte Wurzeln abwärts, die schließlich den Boden berühren. Können sie in ihn eindringen, werden sie schnell dicker und säulenähnlich. Dies ermöglicht dem Baum, sich mehr oder weniger unbegrenzt auszubreiten und mehrere Morgen Land zu überwuchern. In Indien gelten Banyanbäume als heilig. Der Mensch hilft dort den Luftwurzeln oft, sich in die Erde zu senken, und Buddha soll unter einem solchen Baum meditiert haben. Wer im Mittelpunkt eines alten Banyanbaums verweilt, befindet sich gleichsam in einem heiligen Hain. Man kennt eine Anzahl riesiger Exemplare. Ein typischer solcher Baum in Ceylon spendet mit 350 großen Säulen und ungefähr 3000 schlankeren Luftwurzeln einem ganzen Dorf Schatten.

Die Luftwurzeln von Epiphyten, wie etwa von Ananasgewächsen, Orchideen und Kletterpflanzen aus der Familie der Aronstabgewächse (*Araceae*), müssen Feuchtigkeit aus der Luft und vom Stamm ihrer Wirtspflanze in sich aufnehmen und auch die Stengel in der richtigen Lage halten.

Manche Bäume, die in Sümpfen oder im Schlamm wachsen, entwickeln seltsame Atemwurzeln oder Pneumatophoren, besonders die Sippe der Mangroven, bei denen aus den Wurzeln bestimmter Arten durch den Schlamm senkrechte, spitz zulaufende Gebilde hochsteigen. Deren obere Teile enthalten Öffnungen und Luftkanäle, so daß die Luft zu den Wurzeln durchsickern kann. Es ist ein interessanter Beweis dafür, daß Luft für das Wohlbefinden der Wurzeln wesentlich ist, auch wenn sie selbst nichts mit der Atmung zu tun haben. Mehrere andere Gruppen von Bäumen besitzen ebenfalls solche Atemwurzeln. Dazu gehören *Raphia*-Palmen und wild wachsende Muskatnußbäume (*Myristica elliptica*), deren »Wurzel-Lungen« als ein Gewirr von gewundenen Pneumatophoren aus dem Grund des Sumpfwaldes auftauchen. Bei der Sumpfzypresse, deren Wurzeln in der Regenzeit völlig untergetaucht sind, werden die Pneumatophoren zu knorrigen, pyramidenförmigen »Kniewurzeln«, die manchmal 3 m hoch sind. Sie bestehen aus weichem, schwammigen Holz mit einer ebenso schwammigen Rinde und werden bei alten Exemplaren hohl. Wurzeln einzelner Bäume verwachsen oft unterirdisch, wenn sie aufeinandergepreßt werden. Ein Wald, der aus nur einer Baumart besteht, kann so ein völlig miteinander verkettetes Wurzelnetz erhalten. Aus diesem Grund treiben auch gefällte Bäume oft so leicht wieder aus. Ihre Wurzeln werden von den Blättern ihrer Nachbarn sozusagen mit Energie versorgt. Fünf Jahre nachdem von den Japanern 1945 manche Kautschukbäume (*Hevea brasiliensis*) in Malaya gefällt worden waren, wurden deren Stümpfe angezapft. Sie lieferten ebensoviel Kautschuk wie benachbarte überlebende Bäume, mit deren Wurzeln sie inzwischen eng verwachsen waren. Auch gewisse Krankheiten werden von Wurzeln übertragen, die sich von selbst miteinander vereint haben. Das gilt für Viren, die Citrus-Pflanzungen befallen, und für die Welkekrankheit, die von parasitischen Pilzen bei Eichen (Quercus) verursacht wird. Die einzige Möglichkeit, den Befall einzudämmen, ist, die scheinbar nicht infizierten Bäume rings um die erkrankten zu vernichten und dafür zu sorgen, daß alle Verbindungen zwischen den Wurzeln durchtrennt werden.

Allein die Ausdehnung von Wurzeln ist manchmal erstaunlich. So waren die Wurzeln einer vier Monate alten Roggenpflanze insgesamt 622 km lang. Selbst eine Blaue Luzerne (*Medicago sativa*) kann mit der Wurzel 10 m und damit ebenso tief reichen wie etwa ein Holzapfelbaum (*Malus sylvestris*). Im Verhältnis zum oberirdischen Wachstum breiten sich besonders unter ariden Bedingungen Wurzeln immer weiter aus. So können sich beim Baobab oder Affenbrotbaum (*Adansonia digitata*) die Wurzeln 100 m weit rund um den Baum erstrecken. Und bei Tamarisken (*Tamarix*) ist unter Wüstenbedingungen festgestellt worden, daß sie erstaunlicherweise 50 m tief in die Erde dringen können.

Obwohl ungeheuer dicke Stämme, wie etwa die von Mammutbäumen, ungewöhnlich sind, gilt das vielleicht noch mehr für die sehr hohen schlanken Stämme, wenn man die Belastungen bedenkt, die sie aushalten müssen. So wird etwa die Wachspalme der Anden (*Ceroxylon andicolum*) über 60 m hoch und hat am Fuß nur 1 bis 2 m Durchmesser. Die Guadeloupe-Palme (*Erythea edulis*) erreicht 17 m Höhe bei einer Dicke von nur 40 cm. Im Wettstreit um den relativ dünnsten Baum der Welt dürfte die Douglasie ein starker Konkurrent sein, da ein 100 m hohes Exemplar an der Basis nur 3 m dick ist.

Viele Bäume sind nicht bloß dick, sondern fett. Damit meine ich, daß sie im Verhältnis zur Höhe einen unerwarteten Umfang haben. So kann man den Baobab mit einer durchschnittlichen Höhe von 12 m und einem Durchmesser von 10 m nur als grotesk bezeichnen. Es existieren sogar

Bäume, bei denen die Höhe geringer ist als der Durchmesser. Der Stamm des Baobab ist mit einer schwammigen Masse gefüllt, die so weich ist, daß eine Gewehrkugel sie glatt durchschlägt. Dennoch können diese Bäume viel ertragen. Selbst wenn das Innere ausgehöhlt oder ausgebrannt ist, bleiben sie am Leben. Ein berühmtes Beispiel dafür ist ein Baobab, den man in Südafrika als Garage für einen Autobus benutzt.

Andere Bäume haben Namen erhalten, die ihrer Gestalt entsprechen, wie etwa der Flaschenbaum (*Moringa ovalifolia*) mit einem zylindrischen Stamm, der etwa sechsmal so hoch wie dick ist. Ähnlich proportioniert ist der Echte Kapokbaum. Die Flaschenbäume Australiens (*Brachychiton rupestris* etc.) schwellen sachte an und laufen vor der Krone spitz zu. Die Bauch-Palme von Kuba (*Colpothrinax wrightii*) ist spindelförmig. Der brasilianische Baumwollbaum sieht wie eine unförmige Steckrübe aus; sein eiförmiger Stamm ist etwa dreimal höher als breit, er erhebt sich aus einem kleinen Wurzelbündel und trägt eine flache, magere Krone. All diese dickleibigen Gebilde dienen der Wasserspeicherung. Besonders bei Wüstenpflanzen sind angeschwollene Stämme oder Stengel wichtig als Vorratsbehälter für Wasser.

Bestimmte Bäume und Sträucher haben mehr oder weniger horizontale Äste und Stämme. Man kennt niederliegende Wacholder-Arten (*Juniperus*), die große kreisrunde Matten bilden und sich manchmal mit einem Durchmesser von 20 m nahezu flach an den Boden schmiegen. Andere bauen ein undurchdringliches, etwa 1 m tiefes Dickicht aus horizontalen Zweigen auf. In Tasmanien kommt ein allbekannter Baum (*Anodopetalum biglandulosum*) vor, der dort »der Liegende« genannt wird. Er wächst als Unterholz in Wäldern, aber auch unabhängig davon. Die Stämme sind fast waagerecht mit ebenfalls waagerechten Ästen, die manchmal mehrere Meter über dem Grund ineinander verschlungen sind.

Einige liegende Sträucher schlagen neue Wurzeln, während sie weiterwuchern, und können so riesige Gebiete bedecken. Einzigartig ist darin eine strauchförmige Heidelbeer-Art (*Gaylusaccia brachycera*); sie bildet in den USA eine Pflanzenkolonie, deren Fläche auf 40 Hektar geschätzt wird und möglicherweise 13 000 Jahre alt ist.

Die Stengel von Kletterpflanzen sind deshalb bemerkenswert, weil sie so lang und schlank sind. Die Rekordlänge von Rotangpalmen (wie *Calamus daemonorops*), die zu den Kletterpalmen gehören, betrug rund 200 m; aber sicherlich gibt es noch viel längere Exemplare, deren Stengelumfang nie größer als 4 cm wird.

Lianen sind besondere Kletterpflanzen. Vermutlich sind sie ein höchst merkwürdiges und ziemlich spät entstandenes Beispiel für eine evolutionäre Anpassung. Dabei mußten sie sich trotz ihrer beträchtlich geringeren Masse im Wettstreit mit riesengroßen Bäumen ihren Anteil am Licht sichern, indem sie sich unbekümmert über und durch andere Pflanzen hochrankten. Solche Kletterpflanzen sind auch keineswegs auf die Tropen beschränkt, wie jeder Wald der gemäßigten Zone beweist, in dem die Gemeine Waldrebe (*Clematis vitalba*), Brombeeren und Himbeeren (*Rubus*), rankende Rosen- (*Rosa*) und Geißblatt-Arten (*Lonicera*) vorkommen. Sehr viele Familien weisen Arten auf, die klettern.

Solche Pflanzen gelangen auf verschiedene Weise nach oben. Die einfachste Form ist der hochdrängende, kletternde Stengel. Sehr oft trägt er Dornen oder Widerhaken, die Greifklauen gleichen, und wächst durch oder über irgendeine Pflanze aufwärts, die ihm unfreiwillig eine Stütze bietet. Manche, wie etwa die Riesenblütige Rose des Himalaja (*Rosa gigantea*), die 10 bis 20 m lange bogenförmige Triebe aussendet, haben eine erstaunliche Wachstumsfähigkeit. Manchmal bringt diese Rose Seitentriebe hervor, die ihr helfen, in der übrigen Vegetation festen Halt zu finden. Andere Kletterpflanzen winden sich spiralig und kommen mit weit ausgreifenden »Suchbewegungen« in Kontakt mit Stützen, wobei ihnen oft Borsten oder Widerhaken beistehen. Einige Kletterpflanzen pressen sich gegen einen Baumstamm und heften sich mit Luftwurzeln an ihn. Eine weitere Anpassung besteht darin, viele kleine Zweige hervorzubringen, die miteinander verschmelzen, wenn sie zusammentreffen. Dies führt bei den tropischen *Clusia*-Arten Südamerikas zur Bildung eines leiterähnlichen Gitterwerks. Es kann manchmal den Stützbaum ganz einhüllen.

Andere Kletterpflanzen besitzen jedoch besondere Klettervorrichtungen. Dies können Ranken sein, die korkenzieherartig um alles wachsen, was sie berühren. Solche Ranken sprießen etwa bei den Kürbissen (*Cucurbita*, *Lagenaria*) oder bei den Passionsblumen (*Passiflora*) aus dem Stengel und werden bis zu 75 cm lang. Andere Ranken sind verlängerte Blätter. Das ist der Fall bei der Glockenrebe (*Cobaea scandens*), einer krautigen Kletterpflanze, die in einem Sommer 10 m wachsen kann. Bei manchen kletternden tropischen Bignoniengewächse (*Bignoniaceae*) ähneln die Blattverlängerungen einer dreigabeligen Klaue, die Halt sucht und sich an allem, was sie erreicht, festhakt. Die Pflanze streckt dann auch lange Luftwurzeln aus, die sich auf der Oberfläche der Stützpflanze anheften. Bei anderen Kletterpflanzen tritt an die Stelle der Ranken die Basis des

Blattstiels. Sie hat dann die Fähigkeit, sich sehr schnell um etwas zu winden und sich an allem festzuklammern, auf das sie stößt, solange das Blatt noch nicht voll entwickelt ist. Auf diese Weise klettern Waldreben-Arten (*Clematis*).

Eine andere Methode ist die Entwicklung von Ranken mit Haftscheiben an den Enden, die klebrige Substanzen ausscheiden, sobald sie eine Oberfläche berühren. Das ist etwa der Fall bei Jungfernreben, wie dem Wilden Wein (*Parthenocissus quinquefolia*), oder bei Scheinreben-Arten (*Ampelopsis*) und den verschiedenen Weinreben (*Vitis*). Dies ermöglicht ihnen, auch auf völlig glatten Oberflächen hochzuklettern.

Sehr oft werden diese Haftscheiben größer, wenn sie eine Oberfläche berühren, und breiten sich flach aus. Wie beim Korkenziehertyp folgt auf den Kontakt gewöhnlich ein spiralförmiges Zusammenziehen der Ranke. Dadurch wird der Hauptstengel der Pflanze nahe an die Haftoberfläche herangezogen. Häufig weichen solche Ranken dem Licht aus. Sie befinden sich also eher auf der Schattenseite des Stengels und nahe einer geeigneten Stütze, statt ziellos in der Luft herumzutasten. Oft spüren sie dunkle Spalten auf, und bei manchen Arten schwillt die Ranke, die eine Ritze findet, darin so auf, daß sie unbeweglich verankert bleibt.

Nach ihrer weiten Verbreitung und ihren ebenso weitgehenden Verwendungsmöglichkeiten zu urteilen, gehören die Rotangpalmen zu den erfolgreichsten Kletterpflanzen. Sie haben sehr lange, oft über 1 m messende Stengelglieder, sogenannte Internodien, die ihnen ein schnelles Wachstum ermöglichen. Eine voll erwachsene Rotangpalme kann im Jahr 3 m länger werden.

Rotangpalmen und andere Kletterpflanzen sind auch ungewöhnlich wegen der Wassermenge in den Stengeln und wegen der Geschwindigkeit, mit der sie diese Mengen befördern. Es ist kein Märchen, wenn Reisende erzählen, daß man von einer Rotangpalme einen erfrischenden Trunk erhalten kann. Wird ein etwa 3 m langes Stück des Stengels der Liane abgeschnitten und hochgekippt, liefert es 2 bis 3 Tassen klares Wasser. Da die sehr langen leitenden Gefäße netzartig ineinandergreifen – sie können 3 bis 6 m lang werden –, läßt sich überdies der Stengel weiter abschneiden, und er wird weiterhin Wasser spenden. Durch den Stengel kann in der Stunde mindestens ein Drittel Liter Wasser mit einer Geschwindigkeit von 1 bis 1 1/2 m pro Minute strömen. Das ist die Höchstgeschwindigkeit, die je bei einer Pflanze verzeichnet worden ist. Vergleichsweise beträgt sie etwa bei Nadelhölzern pro Minute 2 cm, bei Laubbäumen, wie Buchen-

und Ahorn-Arten, 7 cm und bei Eichen und der Gewöhnlichen Esche (*Fraxinus excelsior*) 70 cm.

Übrigens gibt es auch andere Bäume, die Wasser auf diese Weise produzieren. So hat man wegen dieser Fähigkeit etwa die australischen Kasuarinen oder Känguruhbäume (z. B. *Casuarina equisetifolia, C. tuberosa, C. glauca*) auch als »blutende Bäume« bezeichnet oder den Afrikanischen Tulpenbaum (*Spathodea campanulata*) als »Quellenbaum«. Aus Südamerika kennt man sogar einen »Milchbaum« (*Brosimum galactodendron*). Schneidet man ihn an, liefert er, wie der berühmte Forschungsreisende Alexander von Humboldt sagt »eine überreichlich fließende Menge klebriger, dicklicher Milch, der es an Schärfe mangelt und die einen angenehmen balsamischen Duft ausströmt«. Wie Humboldt betont, ist es ungewöhnlich, daß der Milchsaft einer Pflanze nicht scharf schmeckend und giftig ist. Ein käseähnlicher Quark wird aus dieser »Milch« eines Baums hergestellt, den Edwin Menninger die »Imbißstube des Waldes« genannt hat. Auch viele Palmen werden wegen ihres zuckerhaltigen Safts angezapft, den man oft zu Palmwein vergären läßt.

Stengel sehen ganz anders aus, wenn als Reaktion auf einen ariden Standort die Pflanze nur noch verkümmerte oder gar keine Blätter mehr besitzt. Der Stengel wird dann grün, übernimmt die Photosynthese und hat Spaltöffnungen für die Atmung. Sehr oft, so etwa bei Ginster-Arten, bleiben die Stengel lang, dünn und peitschenförmig, deshalb nennt man sie manchmal auch Rutenpflanzen. Eine afrikanische Verwandte (*Adenia globosa*) der Passionsblumen besitzt eine kuppelförmige oberirdische Knolle, die an der Spitze ein Büschel von Dornzweigen trägt. In anderen Fällen werden die Stengel blattförmig umgestaltet. Das ist beim wohlbekannten Mäusedorn (*Ruscus aculeatus*) der Fall oder bei der bizarren, wie ein Ornament aus Dreiecken aussehenden *Colletia cruciata* Südamerikas. Bei ihr sind die Stengel abgeflacht und mit scharfen Spitzen versehen, während die blattähnlichen Teile, die man Phyllokladien nennt, in einem alternierenden Kreuzmuster angeordnet sind. Man kann feststellen, ob ein Stengel sich wie ein Blatt verhält: er hat dann keinen deutlich ausgeprägten Blattstiel und trägt Blüten, was ein echtes Blatt normalerweise niemals tut. Andere Pflanzen entwickeln statt der Blätter auch Stacheln, in denen die Photosynthese erfolgt. Eine weitere *Colletia*-Art (*C. armata*) ist dafür ein Beispiel.

Die Hülle oder Rinde von Bäumen ist oft bemerkenswert. Sie variiert von dem seidigen hautähnlichen Material australischer Myrtenheiden (*Mela-*

leuca), das sich anscheinend endlos schälen kann, bis zu der steiferen, pergamentartigen Rinde von Birken-Arten, zu den abfallenden Platten von Eukalyptusbäumen und Platanen und zu der tief gefurchten Borke von Eichen und Kiefern. Die weiche, schwammige und feuerfeste Rinde des Mammutbaums kann 60 cm dick werden, bei der Korkeiche (*Quercus suber*) wird die äußere Rinde bis zu 20 cm dick. Der im Handel verkaufte Kork besteht aus der 3 bis 5 cm tiefen äußeren Schicht, die in großen Stükken abgeschält werden kann.

Das dritte wichtige Pflanzenorgan ist das Blatt. Wie ich im vorigen Kapitel angedeutet habe, sind die Blätter in Gestalt und Größe unendlich verschiedenartig. Sie variieren von schuppenförmigen Organen, die für das bloße Auge fast unsichtbar sind, über die 3 bis 4 mm großen Blätter der kleinen Wasserlinse (*Lemna minor*) – der winzigsten Blütenpflanze – bis zu dem gigantischen Wedel der Palme *Raphia taedigera* mit einem bis zu 5 m langen Blattstiel und einer Blattspreite, die in bis zu 22 cm breite Fiedern zerteilt ist. Dies ist das nachweislich größte Blatt, jedes andere Riesenblatt erscheint winzig dagegen. Die Blätter von Pflanzen tropischer Wälder sind meist breit und von ähnlicher Größe. In ariden Mittelmeerregionen und in kalten Gebieten sind sie fast immer kleiner.

Man bedenke jedoch, daß exotische Pflanzen keinen Alleinanspruch auf enorme Blattgröße haben. In der englischen Presse wurde 1971 von einem gewöhnlichen eßbaren Kohlkopf (*Brassica oleracea*) berichtet, der über 3 m breit und 1,2 m hoch war: eine einst wohlbekannte Spielart, der Riesenkohl der Kanalinseln, wird 6 m hoch, der Kopf hat 1 1/2 bis 2 m Durchmesser. 20 Pflanzen könnten über ein Jahr lang genügend Futter für eine Kuh liefern. Die sehr harten Stengel wurden für Zäune, ja sogar als Dachsparren für Schuppen verwendet, und man verarbeitet sie auch zu Spazierstöcken.

Nicht vergessen darf man auch die großen Seerosen-Arten der Gattung *Victoria* (*V. regia*, *V. cruziana*), deren schwimmende, kreisrunde Blätter gut über zwei Meter breit sein können. Eine Pflanze kann davon in einer Wachstumsperiode 40 bis 50 Stück bilden. Sie haben bis zu 20 cm hohe, senkrecht stehende Ränder; an der Unterseite zeigen sie ein System von balkenähnlichen Rippen, die für Festigkeit und für Schwimmfähigkeit sorgen, da sie voller Luftkammern sind. Eine Reihe großer, vorspringender Rippen verläuft strahlenförmig, und überdies ist noch eine Anzahl kleinerer Querrippen vorhanden. Sie sind stark genug, ein Gewicht bis zu 90 kg zu tragen. Ein voll entwickeltes Blatt hat eine Fläche von rund

2 $^1/_2$ m², und in den Anfangsstadien kann es täglich $^1/_3$ bis $^1/_2$ m² größer werden. Der Bau dieser Blätter brachte Sir Joseph Paxton sogar auf den Gedanken, einen gebogenen, hohlen Metallrahmen für das Gewächshaus zu verwenden, in dem diese Pflanze – die erste, die in England blühte – untergebracht werden sollte.

Die gleiche Konstruktion benutzte er etwas später für den großen Kristallpalast der Londoner Weltausstellung. Er schrieb: »Die Natur war der Ingenieur – die Natur hat das Blatt mit horizontalen und transversalen Balken und Stützen ausgestattet, die ich nachgeahmt und in diesem Gebäude übernommen habe.« Decimus Burtons Palmenhaus in Kew bei London ist nach dem gleichen Prinzip gebaut.

Größe und Gestalt von Blättern stehen in Wechselbeziehung zum Standort, wobei das Ausmaß, in dem die Pflanze dem Wind ausgesetzt ist, eine große Rolle spielt. Große Blätter können in Abschnitte unterteilt sein, von denen jeder wahrscheinlich nicht so leicht vom Wind verletzt wird. Selbst wenn ein Teil beschädigt wird, bleibt der Rest unversehrt. Die riesige Menge kleiner Blätter der meisten Bäume gemäßigter Breiten ist ebenfalls ein Mittel, das Risiko zu verteilen. Das ist ebenso der Fall bei den stark gefiederten Blättern so grundverschiedener Pflanzen wie Farne, Götterbaum (*Ailanthus altissima* = *A. glandulosa*) und Palmen. Die Obstbanane (*Musa sapientium*) hat ursprünglich ein ungeteiltes, längliches Blatt, das nicht besonders kräftig oder steif ist. Doch beiderseits der Mittelrippe liegen parallele Querstreifen aus schwächerem Gewebe, so daß das Blatt bei starkem Wind in schmale Segmente zerreißt, die weiterhin ihre Aufgabe erfüllen.

Viele Blätter sind stark gelappt, aber bei *Monstera*-Arten haben sie nicht nur Einkerbungen, sondern zwischen den Seitenrippen noch ein Gitterwerk aus unregelmäßigen Löchern, manchmal mehr Lücken als Gewebe. Das hat einer Art den volkstümlichen Namen »Fensterblatt« eingetragen. Es ist denkbar, daß dieser Kunstgriff vor starken Winden schützt, da diese Pflanzen manchmal über freie Felsen hochklettern. Man hat aber auch angenommen, daß die Löcher – ähnlich den tief eingeschnittenen Lappen anderer Blätter – Licht zu den darunter liegenden Blättern durchlassen. Überdies sitzen die Blätter mehr oder weniger senkrecht an den kletternden Stengeln. Dazu wäre noch zu sagen, daß sich dieses besondere Experiment der Natur nur auf diese Pflanzengattung und auf ein paar verwandte *Philodendron*-Arten beschränkt. Bemerkenswert sind oft die äußeren Hüllen von Blättern, vor allem bei jenen, die Haare als Schutz vor zuviel Sonneneinstrahlung und der infolgedessen starken Verdunstung entwickeln. Viele Alpenpflanzen schützen sich auf diese Weise, ebenso Arten im mediterranen Klima. Im Mittelmeergebiet hat man von der Flora wirklich den Eindruck, daß sie weitgehend grau ist, weil sie so viele haarige Blätter hat. Diese Haare sind hohl und lufthaltig, gewöhnlich auch sehr klein, und man braucht schon ein Mikroskop, um ihren sinnreichen Bau, oft auch ihre Schönheit, zu würdigen. Sie können aufrecht und borstig sein oder flach liegen und seidig wirken. Manche sind spiralig und sehen unter dem Mikroskop wie ein Medusenhaupt aus. Andere ähneln winzigen Dornen. Viele sind sternförmig oder tragen auf sehr kleinen Stielen »Schilder«. Wieder andere sind T-förmig, einige gleichen verzweigten Bäumen im Miniaturformat. Natürlich gibt es auch Pflanzen, deren Haare mit dem bloßen Auge zu sehen sind. Königskerzen (*Verbascum*) sind oft von einem dichten Pelz bedeckt. Manche Arten, wie das Bilsenkraut (*Hyoscyamus niger*), haben sehr lange seidige Haare, und einige *Rhododendron*-Arten besitzen einen so dicken »Filz«, daß die Tibetaner sie als Lampendochte verwendeten. Bei dem kleinen Schwimmfarn (*Salvinia natans*) verhindern die Haare, daß das Blatt mit Wasser durchtränkt wird.

Eine andere Methode, die Oberfläche zu schützen, haben sich manche Sukkulenten zugelegt, wie etwa die südafrikanischen *Rochea*-Arten unter den Dickblattgewächsen (*Crassulaceae*). Bei ihnen sind statt der lufthaltigen Haare der Blattoberfläche große rundliche Zellen dicht aufgelagert. Sie sind wiederum hohl, und ihre Wände sind gefüllt mit Kieselsäure, die sie steinhart wie einen Panzer macht.

Eine der seltsamsten Schutzschichten findet sich bei den Wachspalmen. Viele von ihnen kommen in Brasilien in Gebieten mit sehr heißem Wind vor, und die Blätter scheiden so dick Wachs aus, daß man es sammelt und verkauft.

Wie wir in anderem Zusammenhang sehen werden, können Blätter den Umständen entsprechend umgeformt oder rückgebildet werden. Das ist vor allem bei Sukkulenten der Fall, bei denen das Endergebnis ein mehr oder weniger kugeliger Pflanzenkörper ist, der manchmal aus einem Blätterpaar besteht, das nahezu oder gänzlich miteinander verschmolzen ist. Manche Sukkulenten und viele Rutenpflanzen haben sehr kurzlebige Blätter, die entweder nur an jungen Trieben gebildet werden oder in der Trockenzeit abfallen. Die merkwürdigsten Umwandlungen von Blättern finden sich bei den insektenfressenden Pflanzen. Bei ihnen können sich, wie im 24. Kapitel beschrieben, die Blätter zu fallenartigen Kannen entwickeln, oder sie besitzen klebrige, bewegliche Fangfäden.

Einige Stengel und Baumstämme, die sehr dick werden und als Wasserspeicher dienen, habe ich bereits geschildert. Aber auch Wurzeln können anschwellen. *Ceiba parvifolia*, ein mexikanischer Verwandter des Echten Kapokbaums hat die Eigentümlichkeit, in Trockenzeiten zu blühen und Früchte zu tragen. Dieser Baum ist dazu imstande, weil an seinen Wurzeln kleine »Fässer« hängen, rundliche Gebilde bis zu 30 cm Durchmesser aus weichem, schwammigen Gewebe, in denen sich Wasser während der Regenfälle ansammelt und in Dürreperioden verbraucht wird. Eine Annonen-Art, die Netzannone (*Annona reticulata*) aus dem nordöstlichen Brasilien, hat einen unterirdischen Wurzelstock, der über einen Meter breit ist. Wenn die Trockenheit kommt, sterben alle oberirdischen Teile – wie Zweige und Blätter – ab und werden am Ende abgeworfen. Manchmal kann es zwei Jahre dauern, ehe es richtig regnet, und nur dann sprießen aus dem Wurzelstock frische Triebe, werden Blüten und Früchte gebildet.

Wenn diese Annone die oberirdischen Teile abwirft, erinnert das an den malaiischen Baum *Oroxylum indicum*, der wegen der übelriechenden, von Fledermäusen bestäubten Blüten »*Midnight Horror*«, Mitternachtsgreuel, genannt wird. Der schlanke Baum wird bis 20 m hoch und trägt riesige, über 2 m lange und breite, zusammengesetzte Blätter, die sich nahe den Zweigenden zusammendrängen. Junge Bäume, die sich selten verzweigen, ehe sie 5 m hoch sind, sehen wie unförmige Schirme aus. Wenn die Zeit für eine Ruheperiode kommt, zerstückelt sich der Baum buchstäblich selbst. Jedes Blatt zerfällt in Raten, zuerst kommen die Blättchen dran, dann jeder Seitenstiel und zum Schluß der Hauptstiel. Auf diese Weise ist der Baum bald von einem Haufen aus Einzelteilen umgeben, was ihm noch den zweiten Namen »Broken Bones Plant«, Gebrochene-Knochen-Pflanze, eingetragen hat. Die stangenähnlichen Zweige bleiben übrig, sie tragen nur noch eine Ansammlung von 60 bis 120 cm langen Früchten; aus ihnen werden schließlich flaumige Samen entlassen und vom Wind verweht. Etwa einen Monat nachdem die Stengel abgefallen sind, beginnen wieder die neuen Blätter zu wachsen.

Die meisten Vorräte werden in der Form gespeichert, daß Nährstoffe zusammen mit Feuchtigkeit eingelagert werden. Sie helfen den Pflanzen, eine Ruheperiode zu überstehen. Solche Vorratsspeicher können einfach angeschwollene Erdsprosse oder Wurzelstöcke, sogenannte Rhizome, sein, wie beim Salomonssiegel (*Polygonatum multiflorum*) oder bei Schwertlilien (*Iris*), aber auch angeschwollene Wurzeln von verschiedener Gestalt und Größe, die allgemein als Knollen bezeichnet werden. (Eine knollige Hauptwurzel nennt man übrigens eine Rübe.) Knollen können oft in ganz trockenem Zustand gehandhabt und umgepflanzt werden. Eine besondere Form sind unterirdische Sproßknollen, die man von Gladiolen und Krokussen (*Crocus*) kennt. Sie werden jedes Jahr aufgebraucht, während eine neue Sproßknolle oberhalb der alten gebildet wird. Oft sind sie mit kontraktilen Wurzeln verbunden. Das ist wichtig, wenn über der alten Sproßknolle die neue gebildet wird, die sonst aus dem Boden auftauchen würde. Die kontraktile Wurzel zieht sie auf die Ebene der alten Sproßknolle hinunter. Knollen können riesengroß werden. Bei den eßbaren Yams-Arten (*Dioscorea*) können sie ein Gewicht von 45 kg erreichen, und bei dem Aronstabgewächs *Amorphophallus titanum* wog eine Knolle 54 kg und hatte einen Durchmesser von 60 cm. Selbst die westeuropäische Schmerwurz *(Tamus communis)* bildet eine 60 cm lange Knolle, die einst als »falsche Alraunwurzel« sehr geschätzt wurde, weil sie angeblich fast jedes Leiden kurierte.

Schließlich haben wir noch die Zwiebel. Sie besteht aus fleischig angeschwollenen Blättern, die dicht um eine Zentralachse gepackt sind; ihre Fähigkeit, Nährstoffe zu erzeugen, hat sie aufgegeben und speichert nun Vorräte. Bei den meisten Zwiebeln werden Blüten und einsatzbereite Blätter für das nächste Jahr in einem Embryo vorgebildet.

Nahrung zu speichern, ist gewöhnlich notwendig, um eine Trockenzeit zu überwinden wie im Mittelmeergebiet und im Mittleren Osten. Dort verbringt eine große Anzahl Pflanzen mit fleischigen Wurzeln, etwa Orchideen (*Orchidaceae*), Tulpen (*Tulipa*), Blaustern (*Scilla*) und andere den heißen Sommer viele Zentimeter tief versteckt in der von der Sonne ausgedörrten Erde. Manchmal überspringen solche Pflanzen auch eine Wachstumsperiode und bleiben über ein Jahr still unter dem Boden liegen.

Viele Blätter sind besonders in warmem Klima nicht grün gefärbt. Sie können rot oder purpurn sein, regelmäßige Muster oder Adern von abstechender Färbung haben oder beides vereinen. Eine durchschnittliche Sammlung von Zimmerpflanzen liefert dafür eine Fülle von Beispielen. In dieser Hinsicht zeichnet sich vor allem die Sippe der Pfeilwurzgewächse (*Marantaceae*) mit den *Maranta-* und *Calathea*-Arten aus. Eine davon, (*C. ornata*), hat ein satt bronzefarbenes Blatt, auf dem die Adern in unwahrscheinlich hellem Rosa sich abheben, als habe man sie mit einem nicht sehr sicheren Pinsel gemalt. Die Kanonierblume (*Pilea cadierei*) ist deshalb eigenartig, weil das Silbermuster von Lufträumen zwischen der Kutikula und dem Inneren des Blattes herrührt. Manche dieser Pflanzen haben sich in Kultur phantastisch entwickelt. So zeigen die Spielarten der Königsbegonie (*Begonia rex*) eine breite Palette, die von sattesten Purpurtönen bis zu rosigen und silbern schimmernden Farben reicht, oft noch gemischt mit Grün. Einige *Croton*- und *Codiaeum*-Arten, von den Gärtnern »Wundersträucher« genannt, vereinen leuchtende Rot-, Orange- und Gelbtöne mit einer außerordentlichen Vielfalt von Blattformen.

In manchen Fällen ist eine solche Färbung wahrscheinlich ein Schutz und dämpft übermäßig starkes Sonnenlicht, das sonst das Chlorophyll schädigen würde. Ein andermal dient die Färbung vielleicht dazu, das rote Licht zu absorbieren, das durch den Filter eines Walddachs fällt. Doch die regelmäßigen Muster und die Aderfärbungen lassen sich schwerer erklären.

Man hat gemeint, daß sie Anlockungsmittel für Insekten sein könnten, die unscheinbare Blüten bestäuben sollen. Aber man kann auf viele Pflanzen hinweisen, die ähnlich kleine Blüten und nur schlichte grüne Blätter haben, und dann auf andere, wie die bekannte *Aphelandra squarrosa*, die leuchtend cremefarbene Adern und dazu noch eine kühne, gelbe Kokarde von Hochblättern besitzt, um die Aufmerksamkeit auf die Blüten zu lenken.

Eine solche Färbung darf man nicht mit Fleckenbildung verwechseln, die gewöhnlich auf Chloroplasten-Mutation zurückzuführen ist und selten in der freien Natur bestehen bleibt. Jedoch wird sie von uns geschätzt und als Zierde durch Züchtung noch verstärkt.

Das Schlußwort über Blätter soll die Schilderung einer der bizarrsten Pflanzen, *Welwitchia bainesii* = W. *mirabilis*, sein, die praktisch nur aus Blättern besteht. Sie ist eines der anomalen Relikte und steht irgendwo zwischen den Nacktsamern und den Bedecktsamern, obwohl sie – vielleicht glücklicherweise – für die künftige Evolution der Flora im Grunde ein mißlungenes Experiment war.

Die *Welwitchia* ist abwechselnd beschrieben worden als eine riesige Steckrübe, als Polyp der Wüste, als ein pflanzlicher Quastenflosser. Sie wächst nur in einem schmalen Wüstenstreifen nahe dem Meer in Südwestafrika, wo Nebel von der See und gelegentlicher Nachttau den Großteil zu ihrer Wasserversorgung beitragen. Denn Regen fällt dort nicht nur sehr spärlich, er kann auch mehrere Jahre lang überhaupt ausbleiben. Eine voll erwachsene Pflanze hat eine sehr dicke, bis zu 2 m lange Pfahlwurzel, die über dem Grund etwas angeschwollen ist, und eine Unmenge von Seitenwurzeln. Bald nach der Keimung verwelkt die Sproßspitze, so daß sich am Wurzelhals überhaupt nur zwei vollentwickelte Blätter bilden, die im Lauf der Jahrhunderte länger und breiter werden. Man nimmt an, daß alte Exemplare seit 2000 Jahren existieren. Am Ende zerfransen die Blätter im Wind und werden auf dem Wüstensand buchstäblich versengt. Sie spalten sich dabei allmählich der Länge nach in eine unregelmäßige Masse aus Bändern auf. Die größten Blätter sind, wie man festgestellt hat, fast 2 m breit und 8,8 m lang. Das lebende Gewebe war hier 7,3 m lang, aber dieser Anteil ist unverhältnismäßig hoch. Weil diese Pflanzen die Nebel, wenn sie vom Meer hereinziehen, ganz schnell absorbieren müssen, befinden sich auf beiden Blattseiten Millionen Spaltöffnungen – 22 200 pro cm^2 –, die bei Trockenheit außergewöhnlich fest geschlossen werden. Diese Riesenblätter, die endlos – alljährlich 8 bis 15 cm – wachsen, erinnern an Schlangenzungen. Männliche und weibliche Blüten stehen getrennt auf kegelförmigen Gebilden um eine kraterähnliche Vertiefung, die in Ausnahmefällen fast 2 m Durchmesser hat. Es ist daher nicht erstaunlich, daß Sir Joseph Hooker sagte: »Sie ist die wundervollste, aber auch die häßlichste Pflanze, die jemals in dieses Land (nach England) gebracht wurde.«

9 Die Blüte

Die Blüte ist das am höchsten spezialisierte Organ, das die Pflanzenwelt jemals hervorgebracht hat. Wie wir gesehen haben, ist die Blüte das Produkt oder das Symbol der Pflanzengruppe, die sich am spätesten entwickelt hat. Kurz gesagt ist sie ein Gebilde, in dem eine aus abgewandelten Blättern geschaffene äußere Schutzhülle mit den Organen für die sexuelle Vereinigung kombiniert ist. Die Blüte enthält die Geschlechtszellen der Pflanzen, den männlichen Pollen und die weiblichen Eizellen.

Die typische Blüte der Bedecktsamer hat einen äußeren Ring oder Wirtel. Dies ist der Kelch, dessen Hauptaufgabe darin besteht, die Knospe zu schützen, manchmal auch die offene Blüte gegen Nektarräuber unter den Insekten. Sind beim Kelch deutlich getrennte Abschnitte vorhanden, nennt man sie Kelchblätter. Innerhalb des Kelchs liegt die Blumenkrone, deren Teile die Blütenblätter sind. Die in der Mitte befindlichen Sexualorgane bestehen aus den männlichen Teilen, meist aus Staubgefäßen, die in den Staubbeuteln den Pollen tragen, und aus den weiblichen Teilen, mit einem Sammelnamen als Stempel bezeichnet. Am Grunde des Stempels liegt der Fruchtknoten, von dem ein oder mehrere Griffel zu den Narben führen. Diese bilden die Aufnahmeflächen, auf denen der Pollen keimt, um die Eizellen im Fruchtknoten zu befruchten.

Alle diese Bestandteile variieren auf vielerlei Weise. Die Kelchblätter, die normalerweise grün und fest sind, können kurzlebig sein, oder sie werden in Farbe und Gestalt so prächtig wie die Blütenblätter, um bestäubende Tiere anzulocken. Sie können auch an die Stelle der Blütenblätter treten oder, wie etwa bei Einkeimblättrigen, von diesen nicht mehr zu unterscheiden sein. Bei manchen Familien sind diese Blütenteile kaum mehr zu erkennen. So findet sich bei Eukalyptus-Arten ein becherförmiger Behälter, der die Sexualorgane umgibt, sein Rand entspricht den Kelchblättern, während sich statt der Blütenblätter eine Art – später entbehrliche – Schutzkappe für die unentwickelte Blüte bildet. Der Pollen wird manchmal, wie etwa bei den Orchideen und den Seidenpflanzengewächsen (*Asclepiadaceae*), nicht von Staubfäden getragen, sondern ist in großen Pollenmassen verpackt. Die Narben ragen manchmal auch nicht auf Griffeln heraus. So bildet etwa bei Mohn-Arten (*Papaver*) die Narbenoberfläche nur strahlenförmige Furchen auf dem späteren Samenbehälter.

Obwohl Blüten meist zwittrig sind, gibt es viele, die jeweils nur ein Geschlecht beherbergen. Solche eingeschlechtliche Blüten können bei beiden Geschlechtern gleich aussehen. Aber in manchen Fällen sind sie sehr verschiedenartig. So hat der allgemein bekannte Haselstrauch (*Corylus avellana*) ein herabhängendes Kätzchen, in dem viele männliche Blüten vereint sind, während die weibliche Blüte ein einzelnes, kleines und rotes Büschelchen ist. Bei *Pentagnia saniculifolia*, einem italienischen Doldengewächs (*Umbelliferae*), trägt die große weibliche Blüte an Stielen, die von ihrer Außenseite abzweigen, die dienstbereiten männlichen Blüten, die sie buchstäblich umtanzen.

Die Größe der Blüten variiert vom Bruchteil eines Millimeters etwa bei der Wasserlinse *Wolffia punctata* bis zu über 1 m bei der parasitischen Riesenblume (*Rafflesia*). Die Blütenformen sind fast unbegrenzt variabel. Die Anzahl der Teile reicht von einer großen unbeschränkten Menge bis zu einem einzigen. So hat *Pimelea*, eine mit dem Seidelbast (*Daphne mezereum*) verwandte Gattung, ihre Blüten zu einer einzigen Blütenröhre, einem Staubgefäß, einem Griffel, einer Narbe und einem Fruchtknoten reduziert.

Im Altertum wußte man schon Bescheid über das Geschlecht bei den wichtigen Dattelpalmen (*Phoenix dactylifera*), bei denen sich männliche und weibliche Blüten auf getrennten Bäumen befinden oder, wie man sagt, zweihäusig sind. Im Jahr 1694 war die Sexualität der Pflanzen bereits experimentell bewiesen worden. Aber erst der schwedische Botaniker Linnaeus (1707 bis 1778), meist Linné genannt, machte alle Welt darauf aufmerksam. Die Grundlage seines Systems der Pflanzen bildete die Anzahl der Sexualorgane. Demnach könnte eine Familie *Diadelphia Decandria* oder *Polyandria Pentagynia* genannt werden. (Aus dem Griechischen: *Diadelphia* zwei weibliche, *Decandria* zehn männliche, *Polyandria* viele männliche und *Pentagynia* fünf weibliche Organe.) Die Ansicht Linnés über Geschlechtlichkeit war nüchtern und ausgesprochen modern. Um seine Pflanzenklassen zu erklären, beschrieb er *Monandria* als »ein Ehemann in einer Ehe« und endete mit *Polyandria*, wobei sich »20 männliche Wesen im gleichen Bett mit einem weiblichen befinden«. Manchmal verlor er etwas die Kontrolle über dieses System. So hatte er eine Klasse *Syngenesia Polygamia Necessaria* genannt. Das bedeutet etwa »Gemeinsame Zeugung mit unumgänglicher Vielweiberei«. Das traf zum Beispiel auf die Ringelblume (*Calendula officinalis*) zu mit ihren fruchtbaren Strahlenblüten und unfruchtbaren Scheibenblüten. Hier beschrieb Linné die Situation so: »Die Betten der verheirateten okkupieren die Scheibe und jene der Konkubinen den Außenrand; die verheirateten weiblichen Wesen sind unfruchtbar und die Konkubinen fruchtbar.« Diese Betonung der Geschlechtsorgane von Blumen schockierte viele seiner Zeitgenossen. So schrieb etwa Hochwürden Samuel Goodenough, der spätere Bischof von Carlisle, in einem Brief: »Es ist völlig unnötig, Ihnen zu sagen, daß nichts der schändlichen Lüsternheit von Linnaeus' Sinn gleichkommt.« Auch Goethe machte sich Sorgen über die Verwirrung, die botanische Lehrbücher bei keuschen jungen Menschen anrichten könnten. Linné bewies der Welt sicherlich, daß Pflanzen ein Geschlechtsleben haben, das, ohne viel Phantasie zu Hilfe nehmen zu müssen, mit dem der Tiere auf eine Stufe gestellt werden konnte, und zwar, wie Wilfrid Blunts es gelehrt ausdrückt, »mit all seinen Begleiterscheinungen wie Polygamie, Polyandrie und Inzest«.

Blüten können einzeln oder in Gruppen, weit auseinander oder eng gedrängt stehen. Die größte Anzahl in einer Gruppe, einem Blütenstand, hat wahrscheinlich die Talipotpalme (*Corypha umbraculifera*) mit 100000 Einzelblüten. Palmen haben oft einen ungewöhnlichen Blütenstand, der sich aus der Krone des Baums fast wie eine gesonderte Pflanze erhebt. Bei manchen Familien stehen die Blüten auch in zusammengesetzten Köpfen und sind von einer äußeren Schicht aus überlappenden Schuppen umgeben. Dieser Hüllkelch, auch Involucrum genannt, schützt sie. Das Ergebnis sieht oft aus wie eine einzige größere Blüte. Aus diesem Grund wird diese Familie Korbblütler (*Compositae*) genannt. Ein Hüllkelch umschließt bei ihnen oft mehrere verschiedene Arten von Einzelblütchen.

Normalerweise werden Blüten meist am Ende von eigenen Stengeln gebildet. Nur ganz selten einmal sprießen sie unmittelbar aus Blättern hervor, häufiger aus den mehr oder weniger blattähnlichen Stämmen von Pflanzen, die wie etwa die Kakteen (*Cactaceae*) auf Blätter verzichtet haben. Ab und zu sitzen die Blüten, besonders bei tropischen Bäumen, auf den Hauptzweigen oder auf den Stämmen und brechen unerwarteterweise aus der Rinde hervor. Eine solche Art ist der Kakaobaum (*Theobroma cacao*). Aber das kommt bei einigen Feigen wie auch bei bekannteren Blütenpflanzen ebenfalls vor.

In manchen Fällen werden die Blüten sogar unterirdisch gebildet. So treiben etwa gewisse malaiische Feigenbäume nahe der Stammbasis schlanke Zweige, die abwärts in den Boden weiterwachsen und dort auf seilartigen Ausläufern Bündel von Feigen tragen. Einige andere Bäume sind ebenso ungewöhnlich, weil sie zwar den üblichen Stamm mit einer verzweigten Krone besitzen, jedoch die Blüten auf schlanken waagerechten Ausläufern hervorbringen, die auf dem Boden liegen. Dazu gehört zum Beispiel die 10m hohe westafrikanische *Caloncoba flagelliflora*, bei der solche 10m lange Ausläufer strahlenförmig vom Stamm ausgehen.

Die Blüten von Feigen gehören zu den wunderlichsten, die man kennt. Sie sind winzig und einfach gebaut und bedecken in großer Zahl die innere Wand eines hohlen Behälters, den wir später als Frucht essen. Zugang zur Außenwelt gewährt an einem Ende nur eine winzige Öffnung. D. H. Lawrence nannte dies »die Frucht des weiblichen Mysteriums, die verborgen im Innern ruht«. Bei den verwandten *Dorstenia*-Arten kann man ein Übergangsstadium beobachten, da bei ihnen winzige Blüten in die Oberfläche einer fleischigen Scheibe eingebettet sind. Manchmal gleicht diese Scheibe einem Kraken, der auf eine gewisse Weise eine Blüte nachahmt, um Bestäuber anzulocken, ein andermal scheint sie bereit zu sein, sich zu einem feigenähnlichen Sack zusammenzufalten.

Die Blüten haben eine höchst unterschiedliche Lebensdauer. Orchideen können 80 bis 90 Tage halten, wenn sie nicht befruchtet werden. Die farbenfrohen mediterranen Zistrosen (*Cistus*) werfen ihre Blütenblätter am ersten Nachmittag ab, Prunkwindenblüten (*Ipomoea*, *Pharbitis*) schließen sich am Abend und verwelken. Selbst die Blüte der Königlichen Seerose bleibt nur 24 Stunden bestehen. Als die mexikanische Tigerblume (*Tigridia pavonia*) früher einmal im »Botanical Magazine« charakterisiert wurde, pries der Verfasser des Artikels zuerst deren einzigartige Schönheit und ereiferte sich dann: »Wir beklagen, daß dies unseren schönen Landsmänninnen eine weitere Lektion darüber erteilt, wie äußerst früh die Lieblichkeit der Gestalt verblüht; dazu geboren, ihre Herrlichkeit nur für ein paar Stunden zur Schau zu stellen, schmilzt sie buchstäblich dahin.«

Für das Auge des Durchschnittsmenschen ist die Blüte, wie kurzlebig sie auch sein mag, etwas, das man kultiviert, damit es im Garten oder in der Vase als Zierde dient. Und in der freien Natur betrachtet, erregt eine Blüte Bewunderung, Staunen und gelegentlich auch Abscheu. Für den Systematiker ist sie das Hilfsmittel, um die Stellung der Pflanzen im System und ihre Verwandtschaft mit anderen Formen im Pflanzenreich festzustellen.

Für den wißbegierigen Geist hat jede noch so unbedeutende Blüte, wenn man sie gründlich untersucht, einen komplizierten, sinnreichen Bau und eine zweckmäßige Harmonie, die ihr eine Schönheit und einen Reiz eigener Art verleihen.

Ein Chinese, der im 19. Jahrhundert den Jangtsekiang aufwärts fuhr, übernachtete in einem Gasthof, der inmitten eines Hains von Riesenbambussen stand.

»Ehe der Morgen dämmerte, wurde er von einem schrecklichen Knarren, Wimmern und leisem Kreischen geweckt, das aus dem Bambushain kam. Beunruhigt weckte er seinen Begleiter. Der erklärte ihm, daß die Geräusche durch das Wachstum der Schößlinge von jungen Riesenbambussen hervorgerufen würden, wenn sie sich den Weg durch die Deckblätter und Blattscheiden rings um den Fuß eines jeden Schößlings bahnten. An warmen, feuchten Morgen wächst ein Bambus verblüffend schnell, und Reibung erzeugt dabei diese beängstigenden Geräusche.«

Diese faszinierende Geschichte wurde von dem Botaniker Blossfeld veröffentlicht. Manchmal kann man auch die Wachstumsgeräusche von viel kleineren Pflanzen entdecken. Ich erinnere mich, daß ich mich an einem Wintermorgen, während ich arbeitete, verwundert fragte, was denn da so quietschte. Als ich dem Geräusch nachging, stammte es von einer Schale mit Hyazinthen (*Hyacinthus*), deren Knospen sich an den steifen Blättern vorbeidrängten.

Allerdings möchte ich da Professor G. E. Fogg, einen hervorragenden Botaniker, zitieren: »Obwohl die meisten Leute recht genau wissen dürften, was sie unter dem Wort ›Wachstum‹ verstehen, so entspricht das im streng wissenschaftlichen Sinn kaum dem, was es exakt bedeutet.«

Bei allen Pflanzen, ausgenommen die Einzeller, kann man Wachstum gleichsetzen mit der Größenzunahme und mit der Entwicklung verschiedener Organe, die ihren Höhepunkt mit der Bildung von Fortpflanzungsorganen erreicht. Bei den Tieren entwickeln sich die Organe frühzeitig und werden eingegliedert in Kreislauf-, Nerven- und Hormonsystem, und jedes Organ wird normalerweise nur einmal gebildet. Bei den höheren Pflanzen werden dagegen Organe wiederholt und mehr oder weniger unbegrenzt durch die dauernde Erneuerung von Bildungsgeweben, von Meristemen, geschaffen. Die »Programmierung« einer Pflanzenform beruht auf der Geschwindigkeit und Richtung des Wachstums. Ein sehr simples Beispiel dafür ist ein Apfel. Er ist rund, weil das Wachstum, wenn er reift, gleichmäßig in alle Richtungen weitergeht. Eine Birne wächst dagegen schneller entlang der Längs- als der Querachse.

Die Hauptgesichtspunkte des Wachstums habe ich schon kurz erörtert. Die Wurzeln suchen sich im Boden auszubreiten, die Stengel wachsen aus ihm aufwärts, die Blätter entfalten sich. Die reizempfindlichen Wurzeln schieben sich kraftvoll durch verschiedene Bodenarten. Dabei müssen sie mit Problemen fertig werden, wie mit Steinen und anderen undurchdringlichen Oberflächen, oder sie bahnen sich gewaltsam den Weg in die engsten Spalten. Die Sprosse durchstoßen die Erde, vielleicht vor Schädigung geschützt, weil sie den Hals krümmen, so daß die Wachstumsstelle nicht unter Druck steht, oder weil sie starke, scharfe oder dicke Hüllen besitzen.

Manchmal ist das Wachstum weniger gut geregelt. Bei Pflanzen wie den afrikanischen Blutblumen (*Haemanthus*) durchbohren neue Triebe die Schichten der alten. Bei manchen Bäumen brechen die Knospen aus der Rinde von Stamm und Zweigen hervor, und bei einer Sukkulente, der formlosen *Muiria*, bahnen sich die Blüten den Weg aus dem weichen Gewebe auf eine höchst schmerzhaft wirkende Weise. Doch stets ist man beeindruckt von der Unerbittlichkeit des Wachstums. Außer festem Gestein gibt es kaum etwas, das eine zum Wachsen entschlossene Wurzel nicht durchdringen kann. Ist auch nur ein winziger Spalt vorhanden, erzwingt sie bald den Weg in ihn hinein. Das haben viele Hausbesitzer erfahren, wenn sie etwa Pappeln (*Populus*) in der Nähe der Fundamente gepflanzt haben. Die Zerstörung uralter steinerner Gebäude in tropischen Wäldern in Mittelamerika oder in Kambodscha bietet ebenfalls ein Beispiel für die gewaltigen Fähigkeiten von Baumwurzeln.

Diese Baumwurzeln spalten Steine durch unmerkliche Ausdehnung. Noch großartigere Ergebnisse kann man bei schnell wachsenden Pflanzen beobachten. Das merkwürdigste Beispiel, das ich erlebt habe, war ein Schaf-Champignon (*Agaricus arvensis*), der eine große Pflasterplatte aus Beton hochstemmte. Hier ist die Ausdehnung der Pflanze auf Wasserdruck zurückzuführen. Schon vorher gebildete Zellen nehmen Wasser auf und erweitern sich sehr schnell. Aber man kann sich nur wundern, warum der schwache Pilz nicht aufzuhalten ist oder warum er durch das Gewicht, das auf seinen anschwellenden Hut einwirkt, nicht in den Boden hinuntergedrückt wird. Schößlinge können sich manchmal in offensichtlich undurchdringliche Stoffe einbohren. Mir liegt ein Bericht vor, nach dem Narzissen (*Narcissus*) eine 8 cm dicke Makadamdecke durchstießen und reichlich blühten oder austreibende Schößlinge eines Rosenstrauches (*Rosa hispida*) durch eine Schotterunterlage und Oberschichten aus Kies und Makadam von 20 cm Dicke herauskamen. Sozusagen am entgegengesetzten Ende der Pflanzenwelt haben sich erwiesenermaßen die keimenden Sporen einer einzelligen Meeresalge in und unter den Farbanstrich eines Schiffsrumpfes gebohrt und das Metall der Korrosion ausgesetzt.

Blätter tauchen aus ihren Knospen auf, indem sich auf wunderbare Weise die zusammengepreßten Gewebe entfalten und ausdehnen und dabei von Schleim aus besonderen Drüsen gleitfähig gemacht werden. Manchmal ist das Blatt innerhalb der Knospe, zum Beispiel beim Rhabarber, buchstäblich zu einem Ball zusammengeknüllt. Es kann aber auch in schmalen oder, wie bei Buchen, in breiten Falten zusammengelegt sein. Gefiederte Blätter mit vielen gegenständigen Teilblättchen öffnen sich wie die Seiten eines Buches. Bei strahlenförmig gelappten Blättern rollt sich ein Abschnitt aus dem nächsten heraus, als wäre es ein komplizierter Zaubertrick. Wie eine Flagge entfaltet sich die große runde Scheibe der Indischen Lotosblume (*Nelumbium nelumbo*).

Der Tulpenbaum verwahrt seine Knospen in kleinen ovalen Hüllen, die abfallen, wenn das junge Blatt bereit ist, sich auszubreiten, wobei die nächste Knospe in ihrer Hülle am Blattstiel sichtbar wird. Vielleicht noch merkwürdiger sind die Knospen des Strauchs *Amicia*, die man mit einem der kniffligen chinesischen Geduldspiele vergleichen könnte. Die Knospen sind länglich und beutelförmig. Öffnet man den äußersten Beutel, befindet sich darin ein weiterer, der wieder einen enthält. Das geht so fort bis zu 7 oder 8 Beuteln mit unentwickelten Blättern.

Auf ähnliche Weise entfalten sich Blütenknospen. So gleicht die sehr große Blüte des Chinesischen Rosen-Eibischs (*Hibiscus rosa-sinensis*) anfangs einem eingerollten Regenschirm, ehe sie sich in voller Schönheit öffnet. Das erinnert an einen Schmetterling, der aus seiner Puppe auftaucht.

Die Wachstumsgeschwindigkeit variiert ungemein stark. Die am schnellsten wachsenden Bäume sind Eukalyptus-Arten. So hat man bei einem Blaugummibaum (*Eucalyptus saligna*) in Uganda einen Zuwachs von 7 m in zwei Jahren verzeichnet, obwohl man unter normalen Bedingungen in Australien nur 2 m pro Jahr erwarten darf. Diese Zahlen werden jedoch noch übertroffen von Bambussen, die an einem Tag über einen Meter

wachsen können und in nicht ganz drei Monaten 30 m Höhe erreichen.
Das langsamste Wachstum hat man bei einer Sitka-Fichte (*Picea sitchensis*)
gemessen, die an der Baumgrenze in der Arktis stand und nach 98 Jahren
nur 28 cm hoch war. Der Stamm hatte nur 2,5 cm Durchmesser. Viele
Bäume, wie etwa Buchsbaum (*Buxus sempervirens*) und Eibe (*Taxus bac-
cata*), wachsen auch im günstigsten Fall sehr langsam.
Eine Pflanze vermag im Lauf ihres Lebens beachtliche Ausmaße zu erreichen. Das Holzvolumen eines der größten Mammutbäume hat man auf
1500 m³ geschätzt und das Gewicht auf gut 1000 Tonnen. Da der Samen
weniger als 0,005 g wiegt, stellt dies eine mehr als 250000 millionenfache
Gewichtszunahme dar. Große Bäume können fast viertausend Jahre leben. Das erinnert uns daran, daß eine Pflanze anders als ein Tier in ihrem
sich ständig weiter entwickelnden Körper gleichzeitig uralte Teile mit em-
bryonalem Gewebe vereinen kann.
Einzelne Organe können wirklich sehr schnell wachsen: so vergrößern
sich Staubgefäße in bestimmten Stadien fast sichtbar, beim Weizen zum
Beispiel um 1,8 mm pro Minute, und die Blattscheide einer Banane wächst
in einer Minute 1,1 mm.
Bei jedem lebenden Organismus ist die »Programmierung«, die Gestalt
und Bau bestimmt, in den Genen enthalten, die in den Chromosomen untergebracht sind. Die Form, die der Organismus erhält, ist das Resultat
von Evolutionsprozessen, die bereits erörtert wurden. Bei Pflanzen bestimmt diese Programmierung unter anderem, ob die Spezies ein einjähri-
ges Kraut oder ein Baum wird oder ob eine Kletterpflanze sich nach links
oder rechts windet. Damit wird auch die Art und Weise festgelegt, in der
sich Sprosse und Blätter bilden. Dies geschieht immer in einer geometri-
schen Reihe. Diese Reihe läßt sich in einem Bruch ausdrücken. So zeigt
der Bruch 2/7 an, daß das 7. Blatt einer Reihe senkrecht über dem 1. Blatt
zu finden sein wird, während die dazwischen liegenden Blätter, um diese
Stellung zu erreichen, zwei Spiralen um den Stengel beschrieben haben.
Wenn man die verschiedenen Blattspiralen, die sich im Pflanzenreich
finden, in Bruchform zusammenfaßt, lassen sie sich in drei getrennte Reihen einordnen. Diese lauten: 1/2 1/3 2/5 3/8 5/13 8/21 13/34 ...; 1/4 1/5 2/9 3/14 5/23
...; und 1/4 2/7 3/11 5/18 ... Das gemeinsame Charakteristikum dieser Reihen ist, daß man jeden Bruch erhalten kann, wenn man die Nenner und
Zähler der zwei vorhergehenden Brüche addiert. Die häufigsten Brüche,
die eine Formel für die Blattstellung oder Phyllotaxis darstellen, sind: 1/2,
wobei die Blattpaare gegenständig sind, ferner 2/5 3/8 und 5/13. Vielleicht

noch merkwürdiger als die bestehende Zahlenfolge der Brüche – der keinerlei ähnliche Beziehung in der Natur entspricht – sind an der Blattstellung die auffallende Genauigkeit, mit der sie eingehalten wird, und die verblüffenden Muster, die dadurch erzeugt werden. Diese sind deutlicher bei Kakteen, Tannenzapfen und derlei kompakten Körper zu erkennen als bei einer weitläufigen Anordnung der Blätter. Die Natur versteht wahrlich etwas von Geometrie.

Auch die Blüten sind dafür außerordentlich gute Beispiele. Das weiß jeder, der im Botanikunterricht Blütendiagramme zu sehen bekam. Oft entwickeln die Blüten Teile, deren Anzahl das Vielfache einer Grundzahl – etwa von 3, 4 oder 5 – ist, aber manche zeigen eine auffallende Mißachtung einer solchen Einfacheit. Man denke an die Passionsblumen (*Passiflora*), bei denen die Blütenknospe anfänglich von drei Hochblättern geschützt wird. Wenn sie sich öffnet, enthüllt sie 10 fast nicht zu unterscheidende Kelch- und Blütenblätter, eine »Krone« aus einer unbestimmten Anzahl von strahlenförmigen Fäden und eine aufrechte Mittelsäule, die zuerst 5 Staubgefäße und dann oberhalb des Fruchtknotens 3 Narben trägt. Bei Blüten mit einer unbestimmten Anzahl von Teilen wie etwa Kakteen sind diese Teile meist in einer Spirale angeordnet. Sonst sind Blüten entweder strahlig, auch radiär genannt, oder sie sind zygomorph, das heißt, sie können, wenn man sie in der Mittellinie durchschneidet, in zwei ähnliche Hälften geteilt werden. Gerade bei den zygomorphen Arten kommt die größte Vielfalt in der Gestaltung der verschiedenen Blütenteile oder der gelappten Blütenblätter vor. Beispiele dafür sind etwa ein Löwenmaul (*Antirrhinum*) oder eine Orchidee. Welche geometrische Form der Bau von Blüten auch haben mag, sie dient, wie wir später noch sehen werden, der Bestäubung.

Die Programmierung einer Pflanze ist oft auffallend flexibel. Dies wird gut veranschaulicht durch die Fähigkeit verschiedener Organe, unter besonderen Umständen Wurzeln neu zu bilden. Das machen sich Gärtner zunutze, wenn sie Pflanzen vermehren, so daß diese Erscheinung allgemein bekannt ist. Normalerweise werden Wurzeln nicht von Stengeln und noch weniger von Blättern produziert. Dennoch kann man den Zweig einer Weide (*Salix*) in den Boden stecken, und er wird Wurzeln schlagen; oder man kann ein Blatt des afrikanischen Usambara-Veilchens (*Saintpaulia ionantha*) in einen Blumentopf drücken, und es wird Wurzeln und eine neue junge Pflanze bilden. Ein tropischer Balsambaum (*Bursera simaruba*) wird weitgehend für Zaunpfähle verwendet. In kurzer Zeit treiben diese Pfosten Wurzeln und Blätter, und in wenigen Jahren ist daraus entlang der Straße oder des Feldes eine Baumreihe entstanden. Viele Sukkulenten, wie etwa Fetthennen-Arten (*Sedum*), bilden an den Stengelgliedern Wurzeln, wenn man sie in der Luft aufhängt.

Eine Pflanze, die ihrer Blätter durch irgendein Mißgeschick beraubt worden ist, entwickelt sehr oft an unerwarteten Stellen neue. Bäume können zum Beispiel Blätter am Stamm bekommen. Die Beseitigung eines Stammes oder Schößlings wird meist zu neuem Zuwachs anregen, wie jeder weiß, der etwa Löwenzahn (*Taraxacum*) oder Ampfer (*Rumex*) ganz abgehackt hat.

Eine solche Regeneration erinnert an viele Tiere, die, wie etwa ein Seestern, neue Teile oder Glieder bilden, wenn eines beschädigt worden ist. Amphibienlarven oder Wassermolche regenerieren verlorene Gliedmaße, Eidechsen einen abgebrochenen Schwanz; aber diese Fähigkeit ist bei den übrigen höherentwickelten Tieren nicht mehr vorhanden.

Das Wachstum einer Pflanze wird ferner bedingt durch Rhythmen, die sich hauptsächlich auf den 24-Stunden-Tag gründen. Wie bei den Tieren besteht kein Zweifel, daß Pflanzen »die Zeit anzeigen« können und tatsächlich lebende Uhren sind.

Eine derartige Zeitangabe ist seit langem bekannt. Linné stellte eine Blumenuhr zusammen, die auf dem Öffnen und Schließen verschiedener Blüten beruhte. Diese Uhr soll mit einer Abweichung von einer halben Stunde genau gegangen sein.

Die ungewöhnlichste Pflanze als Chronometer dürfte der immergrüne malaiische Strauch *Wormia suffruticosa* sein, in seiner Heimat Simpoh-Strauch genannt. Wenn er voll erwachsen ist, blüht er jeden Tag sein ganzes, mehr als ein halbes Jahrhundert dauerndes Leben lang. Die Knospen öffnen sich um 3 Uhr morgens und sind eine Stunde vor Sonnenaufgang voll entfaltet. Die Blütenblätter fallen um 16 Uhr nachmittags am gleichen Tag ab. Die aus der Blüte hervorgehenden Früchte sind in genau fünf Wochen reif. Sie brechen am 36. Tag um 3 Uhr morgens auf, indem sie in schmale strahlenförmige Streifen zerreißen.

Die Hauptarten der bei den Pflanzen beobachteten Rhythmen werden durch den Tag und die Jahreszeiten bestimmt. Ebenso wie das Öffnen und Schließen der Blüten werden Duft und Nektarerzeugung zu deutlich erkennbaren Zeiten eingeschaltet oder abgestellt. Das gilt auch für die Produktion von Saft in den Wurzeln und für den »Schlaf« von Blättern in der Nacht, den man zum erstenmal 1729 festgestellt hat. Gewöhnlich stehen dann die Blätter nicht mehr aufrecht, sondern hängen herab. Das kommt bei einer großen Reihe von Pflanzen vor.

Der südamerikanische Regenbaum (*Samanea saman*) faltet seine Blätter nicht nur nachts, sondern auch bei bewölktem Himmel genauso zusammen, wie es viele sonnenempfindliche Pflanzen tun. Der Schnee-Enzian (*Gentiana nivalis*) schließt sich jedesmal, wenn eine Wolke über ihn hinwegzieht und öffnet sich erneut im Sonnenschein. Das kann er mehrmals wiederholen.

Selbst sehr einfache Pflanzen können solche Rhythmen zeigen. Unter den Algen sind Augengeißelalgen (*Euglenophyta*) wie das Schönauge (*Euglena*) und bestimmte Kieselalgen (*Diatomeae*) phototaktisch. Das bedeutet, daß sie sich in dem Schlamm, in dem sie leben, auf und ab bewegen, um das Tageslicht zur Photosynthese zu nützen und sich nachts in die Tiefe zurückzuziehen.

Wichtig ist, sich darüber klarzuwerden, daß Tagesrhythmen Ausdruck innerer Vorgänge sind. Sie werden *nicht* durch äußere Bedingungen auferlegt, und sie setzen sich auch bei völliger Dunkelheit unter künstlichen Bedingungen aus eigenem Antrieb eine Weile fort. Diese biologischen Rhythmen werden manchmal auch »zirkadian« genannt, was »ungefähr einen Tag lang« bedeutet. Dieses »ungefähr« soll uns daran erinnern, daß die Rhythmen sich nicht genau an die Dauer von 24 Stunden halten, obwohl die Wachstumsraten meist ihren Höhepunkt in einem Rhythmus von 24 Stunden erreichen. Unter künstlichen Bedingungen, unter denen die Zellen nicht vom täglichen Licht und Dunkel beeinflußt sind, können die Intervalle etwas kürzer oder länger werden. Pflanzenzellen, die dauernd dem Licht ausgesetzt sind, zeigen schließlich keinerlei Rhythmus mehr. Manchmal richten sie sich nicht genau nach der Tageslänge. Zu den Beispielen dafür gehören manche Algen, deren Rhythmen durch Gezeitenbewegung bedingt zu sein scheinen, so daß ihre Aktivität ebenso von Sonnen- wie von Mondtagen regiert wird. Manche phototaktischen Kieselalgen zeigen ebenfalls Bewegungen, die mit den Gezeiten in Beziehung stehen. So kommen sie bei Tageslicht nur an die Schlammoberfläche, wenn Ebbe herrscht. Auch das ist eine bemerkenswerte Form biologischer Zeitmessung.

Nun sind diese letzten Beispiele eindeutig nützlich für die Pflanzen und stehen sozusagen in Wechselbeziehung zu ihrem »Arbeitstag«. Doch der am häufigsten beobachtete Tagesrhythmus, der nächtliche »Schlaf« von Blättern, scheint wenig begründet zu sein. An menschlichen Maßstäben gemessen, wirkt er ganz natürlich. Darwin glaubte, daß er die Blätter vor der Einwirkung von Kälte in der Nacht schützt. Das läßt sich in gewissem Maße im Klima gemäßigter Zonen beweisen. Doch es erklärt nicht, warum auch so viele tropische Pflanzen offensichtlich schlummern. Möglicherweise verringert dies die Verdunstung bei zarten Blättern. Manchmal lassen sich Blattbewegungen anscheinend nicht vernünftig erklären. Das trifft auf die Telegraphenpflanze (*Desmodium gyrans*) zu, die nach dem altmodischen Signalmast mit beweglichen Armen, dem Semaphor benannt ist, weil sie ihre Blätter und Teilblättchen nach allen Richtungen schwenkt.

Ritchie R. Ward hat die Hypothese aufgestellt, daß ein Organismus mit einem Tagesrhythmus wie ein Computer arbeitet, der von einer Kontrolluhr überwacht wird. Solche Computer erledigen eine Reihe untergeordneter Arbeiten, die »Subroutine«, wie es im Fachjargon heißt, wobei einige Vorgänge langsamer als andere ablaufen. Wenn deren verschiedene Geschwindigkeiten zu wenig miteinander harmonieren, kann es vorteilhaft sein, sie zu »sperren«, damit sie alle wieder gemeinsam starten, wenn die »Sperre« aufgehoben wird. Eine Pause von einer ganzen Nacht würde bei einem vom Menschen konstruierten Computer kaum als wirksame Methode angesehen werden. Aber den Pflanzen macht eine solche Pause kaum etwas aus, vor allem, weil nur das morgendliche Tageslicht einen Neubeginn der Photosynthese mit sich bringen kann. Naturwissenschaftler haben die Fakten gemeistert, aber um erneut G. E. Fogg zu zitieren: »Man hat bisher sozusagen nur die Zeiger dieser biologischen Uhren studiert, während die wahre Natur des Uhrwerks selbst unbekannt ist.«

Es liegt einiges Beweismaterial dafür vor, daß Blütenpflanzen mehr von Mond- als von Sonnenperioden beeinflußt werden. Professor F. A. Brown, ein amerikanischer Forscher, ist überzeugt, daß ein auf die Mondviertel eingestellter Rhythmus bei Pflanzen und Tieren weit verbreitet ist. Eines seiner neueren Experimente zeigt, daß die Wasseraufnahme bei Bohnen (*Phaseolus*) in enger Beziehung zu den Perioden der Mondviertel steht. Nebenbei muß man erwähnen, daß auch die Anthroposophen an den Einfluß des Mondes auf den Pflanzenwuchs glauben. Manche Menschen meinen, daß bestimmte Pflanzen schneller Blätter entwickeln, wenn sie bei zunehmendem Mond gesät werden, oder bei abnehmenden Mond starke Wurzeln bilden. Im allgemeinen erhöht die Aussaat bei zunehmendem Mond in der Folge Wachstum und Ertrag.

Auf jeden Fall hat es den Anschein, daß die jahreszeitlichen Perioden bei weitem für alle Pflanzen am wichtigsten sind. Der Rhythmus der Jahreszeiten kontrolliert so langfristige Aktivitäten wie die Bildung von Knospen, die Entwicklung von Blättern, die Anlage und Entfaltung von Blüten, den Laubfall bei Bäumen oder Ruhestadien bei anderen Pflanzenarten. Ein Gärtner weiß, daß diese Aktivitäten vom Wetter nicht merklich beeinflußt werden. Eine sehr kalte Zeit kann Blätter und erste Blütenknospen eine Weile daran hindern, sich zu entfalten. Doch wenn es weiterhin kalt bleibt, werden sie sich am Ende doch entfalten, selbst wenn dies ihre sofortige Vernichtung bedeutet. Dagegen wird eine sehr warme Zeit früh im Jahr Pflanzen auch früher dazu bringen, Blätter und Blüten zu bilden. Doch die Abweichungen vom Mittel zählen meist nur nach Tagen.

In Gebieten mit gemäßigtem Klima findet sich ein ausgeprägt planmäßiger Verlauf des Wachstums, der auf einer alljährlichen Pause beruht. Das gilt hauptsächlich für einjährige Pflanzen, die innerhalb der Zeiteinheit eines Jahres leben und die Pause in Form von Samen verbringen. Aber es trifft auch für mehrjährige Kräuter zu, die jedes Jahr neue Stengel hervorbringen, und für Laubbäume und Sträucher, die im Winter die Blätter verlieren. Bei dieser merkwürdigen Umwandlung einer »Fabrik«, die in vollem Umfang Nährstoffe produziert, in einen vollkommen stillgelegten Betrieb, schränken diese Pflanzen ihren Stoffwechsel weitgehend ein. Die Wurzeln sind allerdings selten ganz untätig; sie beginnen auch schon frühzeitig in der neuen Wachstumsperiode zu arbeiten, um Nährstoffe für die austreibenden frischen Blätter und Schößlinge hochzupumpen. Bäume, die normalerweise ihr Laub abwerfen, verhalten sich in tropischem Klima recht sonderbar. So werden Birnbäume (*Pyrus communis*), die man in Java anpflanzt, immergrün, obwohl ihre Knospen noch eigene Wachstumszyklen zeigen, die zeitlich nicht aufeinander abgestimmt sind.

Tropische Bäume setzen sich oft über jede Regel hinweg. Wenn sie überhaupt ruhen, das heißt, für kurze Zeit Blätter verlieren, tun sie das jeder für sich und nicht einmal gleichzeitig mit Nachbarbäumen der gleichen Spezies. Eine Art blüht in einem zehn-, die andere in einem vierzehnmonatlichen Zyklus: manche treiben dauernd Blüten, oft an einem Zweig nach dem anderen; einige blühen vielleicht nur alle 10 bis 15 Jahre. Dies steht im Einklang mit der für sie günstigen, sich wenig verändernden Umwelt, in der es von geringer Bedeutung ist, genaue Zeiten einzuhalten. Es liegt sehr wenig Beweismaterial dafür vor, daß Pflanzen merken, wenn ein Jahr vorübergeht, und ein überzeugender Nachweis wäre jedenfalls äußerst schwierig zu erbringen. Aber wenn er nicht existiert, was ist dann das Maß, nach dem Pflanzen sich richten? Es ist die Länge der Nacht. Die Pflanze merkt genau die stetige Veränderung dieser Zeitspanne, und das befähigt sie, die vorhin angeführten Aktivitäten in den verschiedenen Jahreszeiten, vor allem den Beginn der Blütenbildung, zu steuern. Man hat festgestellt, daß sich die Pflanzen in bezug auf die Nachtlänge in drei Gruppen einteilen lassen. Allerdings ist es zweckmäßiger für deren Beschreibung das Wort »Tag« zu verwenden. So spricht man von Kurztagspflanzen, die blühen, wenn zwölf oder weniger Stunden Tageslicht herrscht, Langtagspflanzen brauchen mehr als zwölf Stunden Tageslicht, und neutral gegenüber der Tageslänge verhalten sich Pflanzen, bei denen das Blühen durch andere klimatische Faktoren als die Tages- und Nachtlänge ausgelöst wird. So wechseln in dem Teil der Anden, der am Äquator liegt, im Lauf der Jahreszeiten weder die Tageslänge noch die mittleren Temperaturen. Doch bei täglichen Temperaturschwankungen von rund 13°C haben die Pflanzen jeden Tag »Sommer« und jede Nacht »Winter«. In diesem Klima bestimmt die Regenzeit, wann die Pflanzen jedes Jahr blühen.

Diese Trennung der Gruppen ist eindeutig bedingt durch die geographische Verteilung jeder einzelnen Spezies. In den Tropen, wo die Tage stets ungefähr 12 Stunden lang sind, werden nur Pflanzen gedeihen können, die zur Kurztagsgruppe oder zu den gegenüber der Tageslänge neutralen Arten gehören. In höheren Breiten finden wir dagegen Langtagspflanzen und wiederum neutrale Arten. Dabei können ganz nahe verwandte Pflanzen völlig verschieden in den Anforderungen sein, die sie an die Dauer von Tag und Nacht stellen.

Beispiele für Kurztagspflanzen sind Wucherblumen (*Chrysanthemum*), ferner einjährige Arten tropischen Ursprungs und die meisten Arten gemäßigter Gebiete, die im Frühling und Herbst blühen. Zu den Langtagspflanzen zählen Weizen (*Triticum*), Kartoffel (*Solanum tuberosum*), Kopfsalat (*Lactuca sativa*), Zuckerrübe (*Beta vulgaris*) und im Sommer blühende Arten der gemäßigten Zone. Unter den neutralen Arten findet man Mais (*Zea mays*) und Tomaten (*Solanum lycopersicum*), sowie die vielen tropischen Pflanzen, die das ganze Jahr über Blätter und Blüten hervorbringen und sich an keinen bestimmten Jahresrhythmus halten.

Wir wissen, daß das Blühen der Pflanze, das sich nach kurzen oder langen Tagen richtet, vom Blatt gesteuert wird. Zu einigen faszinierenden Experimenten, die das beweisen, gehörte das Verpflanzen von Blättern. Pflanzen können durch Behandlung mit künstlichem Licht dazu gebracht werden, daß sie entweder bereit sind zu blühen oder nicht zu blühen. Wird ein einzelnes Blatt von der zum Blühen bereiten Pflanze auf die nicht dazu bereite gepfropft, veranlaßt es auch diese Pflanze zum Blühen. Bei einem Versuch wurde ein Blatt von einer in positiven Zustand versetzten Pflanze der Reihe nach auf sieben negativ beeinflußte verpflanzt und brachte jede zum Blühen. Wenn ein einzelnes Blatt der Dornigen Spitzklette (*Xanthium spinosum*) der Kurztagsbehandlung unterworfen wird, die nötig ist, damit die Pflanze blüht, diese aber im übrigen unter Langtagsbedingungen gehalten wird, setzt die gesamte Pflanze Blüten an. Interessant ist übrigens, daß parasitische Pflanzen darin von ihren selten mit ihnen verwandten Wirtspflanzen abhängig sind und nur blühen, wenn diese es auch tun.

Eine solche Sachlage kann nur bedeuten, daß das Blatt unter den richtigen Bedingungen einen chemischen »Botenstoff« erzeugt. Man kann ihn als »Blühfaktor« bezeichnen, er ist eine in allen nicht miteinander verwandten Pflanzen ähnliche chemische Substanz. Aber wie merkt das Blatt, daß es ihn erzeugen soll? Die Hypothese, die am meisten befriedigt, bezieht die bereits beschriebenen Tageszyklen mit ein.

Viele komplizierte Experimente sind durchgeführt worden, um eine ursprünglich von E. Bünning 1936 aufgestellte Theorie weiter auszubauen. Diese Theorie nimmt an, daß eine »Pflanzenuhr« existieren muß, die laufend die Länge aufeinander folgender Tage und Nächte mißt und eine Anweisung erteilt, Blüten hervorzubringen, wenn die Tageslänge dafür geeignet ist. Der chemische Botenstoff, der diese Anweisung übermittelt, ist noch nicht isoliert worden, aber es gibt verschiedene Theorien über seine Wirkungsweise.

Manchmal ist die Reaktion der Pflanze auf die Temperaturen, vor allem auf die in der Nacht, abgestimmt. Besonders wichtig ist die Wirkung, die bei bestimmten Pflanzen die Temperatur auf die Sämlinge ausübt. Dazu gehören winterharte Getreide-Arten. Sie blühen früher, wenn die Sämlinge Temperaturen nahe dem Gefrierpunkt überdauert haben. Werden sie im Herbst ausgesät, geschieht dies natürlich im Winter, und sie blühen im kommenden Sommer. Werden sie aber erst im Frühling gesät, blühen sie im Sommer nicht. Ähnlich wirkt Kälte bei Zuckerrüben und anderen zweijährigen Pflanzen. Bei ihnen braucht die Blattrosette, die normalerweise im ersten Jahr gebildet wird, die Abkühlung im Winter, damit sie im darauffolgenden Sommer blühen kann. Diese Abkühlung im Winter nennt man Vernalisation. Sie ist auf Pflanzen kalter und gemäßigter Regionen beschränkt. Dagegen benötigt Reis neben anderen tropischen Pflanzen zu einer bestimmten Zeit eine hohe Temperatur, damit er später blühen kann.

Hinzuzufügen wäre noch, daß Pflanzen eine gewisse Reife erreichen müssen, ehe sie überhaupt Blüten ansetzen können. Es gibt ein oder zwei Ausnahmen, darunter die frühblühende Erdnuß (*Arachis hypogaea*), die keine »Pubertät« kennt, da die Anfangsstadien der Blüte bereits gebildet werden, sobald der Same keimt.

Manche von Pflanzen eingehaltene Perioden sind schwer zu verstehen. So haben zwar viele Pilze einen 24-Stunden-Rhythmus, einige aber einen viel längeren. Pilze sind sehr altertümliche Organismen. Ein 4-Tage-Rhythmus könnte eine von den Ahnen herstammende Erinnerung sein – entweder an eine sehr abweichende Tageslänge oder an einen ungeschickten Versuch, sich auf eine 24stündige Periode einzustellen. Neuere geophysikalische Forschungsarbeit über präkambrische Fossilien, die Stromatolithen genannt werden und tägliche Wachstumsringe zeigen, läßt vermuten, daß vor 2,5 Milliarden Jahren der Mondmonat 40 bis 45 Tage gedauert hat und jeder Tag nur 5 Stunden lang war. Die Untersuchung versteinerter Korallen hat ferner ergeben, daß vor 600 Millionen Jahren im Kambrium ein Jahr wahrscheinlich 425 Tage hatte.

Am anderen Ende der fortschreitenden Entwicklung stehen viele Bambusse mit recht ungewöhnlichen, oft nach Jahrzehnten zählenden Zyklen der Blütenproduktion. Sagt man in manchen asiatischen Ländern, ein Mensch habe zweimal die Bambusblüte erlebt, so wird damit angedeutet, daß er sehr alt ist. Laut älteren Berichten sollen Bambusse nach einer konstanten Anzahl von Jahren blühen. Aber das ist in Wirklichkeit nicht der Fall, sondern es geschieht in weit auseinander liegenden, aber unregelmäßigen Intervallen. So weiß man von *Arundinaria falconeri*, daß diese Art 1876, 1890, 1929 und 1936 geblüht hat, also in Intervallen von 14, 39 und 7 Jahren. Manche Bambusse sterben nach dem Blühen ab, daher sollten wir hier überhaupt nicht von einem Rhythmus sprechen. Es handelt sich vielmehr darum, daß eine Pflanze weiter wächst, bis die richtigen Bedingungen eintreten, unter denen sie blühen kann. Das ist auch bei anderen monokarpischen, nur einmal Früchte tragenden, Pflanzen wie den riesigen Agaven der Fall. Es ist jedoch sehr ungewöhnlich, wenn Pflanzen gleicher Herkunft unter sehr verschiedenartigen klimatischen Bedingungen gleichzeitig blühen. Ist bei diesen Gruppen eine zufällige entstandene, langfristige »Uhr« eingebaut? Man hat vermutet, daß Sonnenflecken etwas mit dem Problem zu tun haben könnten; aber solche Langzeitzyklen, die an jene von Zikaden und Wanderheuschrecken erinnern, stellen ein Rätsel dar, das wir noch nicht gelöst haben. Sie gehören zu den vielen unerklärten Erscheinungen des Pflanzenwachstums.

11 Kontrolle und Kommunikation

Eine Fabrik muß einen Betriebsleiter haben, der von Tag zu Tag, aber auch langfristig die Lieferung von Roh- und Fertigprodukten überwacht und über die Vorarbeiter im Werkstattbereich auch die einzelnen Arbeitsprozesse. Ebenso muß jeder Vorgang des Pflanzenwachstums, von der einfachsten Zellvermehrung bis zum Aufbau komplizierter Organe unter Kontrolle stehen. Irgendwo müssen Befehle ausgegeben werden, mehr Wurzeln, Sprosse oder Blätter zu bilden, Blüten und Früchte hervorzubringen und dafür zu sorgen, daß zur gegebenen Jahreszeit die Blätter fallen oder daß das Ausmaß all dieser Tätigkeiten geregelt wird.

Höchst vereinfacht ausgedrückt, erfassen bestimmte chemische oder gelegentlich auch physikalische Verfahren in den Zellen die äußeren Umstände und veranlassen die Herstellung anderer Substanzen, die in winzigen Mengen als Überbringer ihrer Befehle dienen. Diese Substanzen, die das Wachstum überwachen und regulieren, werden manchmal, etwas ungenau, als Hormone bezeichnet. Denn sie lassen sich mit den Hormonen von Tieren vergleichen, die von endokrinen Drüsen in den Blutstrom abgegeben werden und ebenso Wachstum und Arbeitsweise von Organen und deren Aufbau steuern. Manche davon finden sich ebenso in Pflanzen wie in Tieren, so zum Beispiel Auxine im Harn des Menschen.

Auch Vitamine sind für Pflanzen genauso lebenswichtig wie für Tiere. Sie befähigen sie, nahrhafte Rohstoffe für das Wachstum zu nutzen, und sie müssen als Wachstumshormone anderer Art als die Auxine betrachtet werden. Es gibt auch Substanzen, die das Wachstum hemmen, darunter die Trennungssäure, die man früher anschaulicher als Dormin (Schlafstoff) bezeichnet hat. Es ist eine große Anzahl von Hormonen vorhanden, von denen manche erst noch isoliert werden müssen. Doch ohne sie lassen sich die Vorgänge in Pflanzen nicht befriedigend erklären. Zu solchen Stoffen gehören das hypothetisch angenommene Florigen, das zum Blühen anregt, und Vernalin, das nach einer Kälteperiode die Blütenbildung fördert.

Bei manchen Langtagspflanzen werden von der blühenden Pflanze

Östrogene aufgebaut, die bis vor kurzem ausschließlich als Geschlechtshormone bei Tieren galten. Unter zum Blühen ungeeigneten Bedingungen, namentlich wenn die Tage kurz sind, wird kein Östrogen erzeugt. In bestimmten Fällen wird die Anwendung dieses universellen weiblichen Sexualhormons eine Pflanze veranlassen, viel schneller als normalerweise zu blühen. Wie man weiß, sind auch andere tierische Sexualhormone weitgehend bei Pflanzen gefunden worden. Aber welche Rolle sie spielen, ist derzeit noch ungewiß.

Alle diese Substanzen stehen in Wechselbeziehung untereinander und mit den Stoffwechselvorgängen der Pflanze. Ihre äußerst komplexe Wirkungsweise hat man noch keineswegs vollkommen begriffen. Sie existieren in einfachen Pflanzen und auch in Pilzen, in denen meist Vitamine statt Auxine regulierend wirken.

Besonders die Auxine werden in den Bildungsgeweben, den Meristemen, einer Pflanze gebildet und dort am stärksten angereichert, gleichgültig, ob diese Gewebe nun zu einem Blatt, einem Sproß oder einer Wurzel gehören. Meristeme sind Bezirke von embryonalen Zellen, die sich entweder lebhaft teilen oder imstande sind, dies zu tun, wenn sie dazu angeregt werden. Aus dem Meristem wandern die Stoffe, die das Wachstum regulieren, zu anderen Teilen der Pflanze, wo sie verbraucht oder zerstört werden. Sie werden nie wieder in Umlauf gesetzt. Hauptsächlich bewegen sie sich nur in einer Richtung, in den Nährstoffe leitenden Gefäßen des Phloëms voran. Hormone für das Fruchtwachstum gehen von den Samen aus, die sich entwickeln.

Jedes Meristem kontrolliert nur einen ziemlich beschränkten Bezirk im Gegensatz zu der einzelnen Drüse eines Tieres, die mit dem Blut ihre Befehle im ganzen Körper verbreiten kann. Immerhin sorgen die Meristeme für ein harmonisches Gleichgewicht. Ein Überschuß oder Mangel an »Hormonen« an einer Stelle wird von benachbarten Meristemen ausgeglichen. Ein Beispiel, das Gärtnern wohlbekannt ist, zeigt das deutlich. An dem Schößling eines Obstbaums entwickelt sich normalerweise die Endknospe, während die Seitenknospen darunter weiterhin ruhen. Entfernt man die Knospe an der Spitze, beginnen sich sofort die nächstliegenden Seitenknospen zu entfalten. Ein wenig vereinfacht ausgedrückt, erzeugt die Knospe an der Spitze Auxin in hoher Konzentration. Dieses fördert von der Knospe aus das Wachstum des Schößlings, gleichzeitig verteilt es sich über den Zweig abwärts und hemmt jede Entwicklung der Seitenknospen. Verschwindet dieser hemmende Einfluß, sobald die Knospe an der Spitze entfernt wird, fangen die tiefer sitzenden Knospen an, selbst Auxin zu bilden, ihre Triebe werden angeregt zu wachsen. Das überschüssige Auxin, das den Zweig hinunterwandert, verhindert nun, daß sich die noch weiter unten befindlichen Knospen entfalten. Ein Gärtner kann oft eine Knospe veranlassen zu wachsen, indem er oberhalb von ihr ein halbmondförmiges Stückchen Rinde entfernt und so verhütet, daß das hemmende Auxin bis zu ihr vordringt. Umgekehrt kann er das Wachstum einer Knospe hemmen, wenn er unterhalb von ihr etwas Rinde entfernt oder auch nur mit einem Messer zusammendrückt, weil sich dann Auxin anhäuft. Auxine sind auch mit im Spiel, wenn Zweige waagerecht gezogen werden. Dadurch werden mehr Blüten produziert und später auch mehr Früchte.

Wir sehen also, daß diese chemischen Botenstoffe, die Befehle übermitteln, verschiedenartige, aufeinander abgestimmte Aufgaben erfüllen. Sie haben eine Fernwirkung und – was das wesentliche Kriterium für eine Substanz ist, die das Wachstum reguliert – sie sorgen für einen Ausgleich mit den äußeren Faktoren, die auf die Pflanze einwirken. Dazu gehören Ernährung, Wasserversorgung, Temperatur und Licht. Dementsprechend regeln die Botenstoffe die Wachstumsrate und die Entwicklung verschiedener Teile der Pflanze – zum Beispiel das Wachstum von Schößlingen im Gegensatz zur Blütenbildung. Sie befassen sich, um einen Ausspruch von L. J. Audus, dem großen Experten auf diesem Gebiet, zu übernehmen, mit der Verteilung des Kapitals der Pflanze, nämlich mit den Rohstoffen, die Protoplasma, Zellwände etc. herstellen.

Die Pflanzenhormone sorgen auch dafür, daß die Teile einer Pflanze die richtige Stellung einnehmen, daß Wurzeln nach unten und Sprosse aufwärts wachsen; sie passen die Wachstumsrichtung dem Licht, der Temperatur, der Feuchtigkeit und anderen äußeren Reizen an; sie veranlassen Ranken oder andere Haftorgane, sich anzuklammern, und sie bewirken, daß die Fangfäden von fleischfressenden Pflanzen ihre Opfer packen; sie bilden Gewebe, das Wunden schützt; sie sind die Ursache für die Entwicklung von Blüten und – wenn diese eingeschlechtlich sind – bestimmen deren Geschlecht; sie regeln das Blühen entsprechend der Tageslänge, lenken Pollenschläuche zu den Fruchtknoten, regen die Bildung von Früchten an und lassen sie und das Laub zur rechten Jahreszeit abfallen. Es gibt keinen Teil der Pflanzenentwicklung, den sie nicht kontrollieren.

Die damit zusammenhängenden Einrichtungen und Mechanismen sind kompliziert, wenn nicht verwirrend. Ein gutes Beispiel dafür bieten diejenigen, die den Laubfall verursachen. Bevor er eintritt, nimmt die Auxin-Konzentration im Blatt ab, und in der »Trennungsschicht«, wo sich der Blattstiel unter Beteiligung benachbarter Zellen ablöst, wird Äthylen erzeugt. Auch die Trennungssäure ist an dem Vorgang beteiligt. Sie scheint die Eiweißsynthese zu hemmen und so den Verfall des zum Tode verurteilten Blattes zu beschleunigen. Diese Säure wirkt auch bei der Bildung von ruhenden Knospen und von Speicherorganen mit.

In diesem Zusammenhang ist Äthylen eine merkwürdige chemische Verbindung. Es ist ein einfacher Kohlenwasserstoff ($C_2 H_4$), der Pflanzenwachstum noch in einer Konzentration von 0,06 Teilen pro Million in der Luft beeinflussen kann. Er tut dies bei allen Wachstumsvorgängen, bei der Keimung von Samen, bei dem Längenwachstum von Zellen und Schößlingen, beim Beginn des Blühens und beim Reifen der Frucht. Äthylen steht normalerweise in einem sehr fein ausgewogenen Gleichgewicht mit der Auxin-Konzentration. Beim Laubfall nimmt man an, daß die Erzeugung von Äthylen von einem weiteren hypothetischen Stoff, dem sogenannten Alterungsfaktor, ausgelöst wird.

Eine noch ungewöhnlichere Reaktion von Pflanzen in bezug auf Äthylen, zeigt sich in einer Äthylen-Produktion, wenn die Pflanze verletzt wird. Durch nur leichtes Streichen mit einer feinen Bürste wird die Erzeugung von Äthylen binnen einer halben Stunde bis zum 30fachen der normalen Konzentration gesteigert. Da Äthylen auch die Krümmung von Stengeln regelt, ist dies wahrscheinlich der Grund, aus dem Ranken sich um eine Stütze winden, sobald sie diese einmal berührt haben. Aber die Ursachen für eine zusätzliche Produktion von Äthylen nach einer Verletzung sind noch unklar.

Nebenbei bemerkt fallen Früchte nicht einfach ab, wenn sie reif sind. Wie Besitzer von Obstgärten wissen, können auch neugebildete unreife Früchte abfallen, was oft im Juni vorkommt. Dies ist häufig die Methode der Pflanze, die Menge der Früchte in einem für sie tragbaren Ausmaß zu regulieren, das von der zu diesem Zeitpunkt vorhandenen Nahrung und Feuchtigkeit abhängt.

Einer der interessantesten Wachstumsregler, der die Zellteilung aktiviert, ist das Kinetin. Es findet sich in der Milch der Kokusnuß und ist das einzige natürliche Pflanzenprodukt, das bei herausgelösten Stücken von Pflanzengewebe das Wachstum anregt. Man kann es auch konzentriert aus Hefe und Fisch-Sperma gewinnen, und es besteht Grund zu der Annahme, daß winzige Mengen in allen höheren Pflanzen enthalten sind. Zellen müssen an einem gewissen Punkt aufhören, sich auszudehnen. Der gesamten Pflanze kann eine obere Grenze für die Größe gesetzt sein, und ein wichtiger Faktor ist, daß sie sich dann voll entwickelt hat. Um einen übertrieben großen Einfluß von Auxinen zu verhindern, wird wahrscheinlich ein Enzym erzeugt, sobald die Auxinmenge eine bestimmte Grenze überschreitet. Wenn Auxine und dieses Enzym, das sie unwirksam macht, ein gewisses Gleichgewicht erreichen, zerstört das Enzym weiteres Auxin und beendet damit den von ihm gesteuerten Prozeß. Sicherlich existieren auch noch andere Einrichtungen, die für diese lebenswichtige Ausschaltung der Auxine sorgen. Über die Reaktionen, die überhaupt erst die Bildung von Auxinen auslösen, habe ich wenig gesagt, hauptsächlich deshalb, weil der Vorgang immer noch in Geheimnis gehüllt ist.

Elektrische Potentiale machen die Erforschung der Wachstumsregler noch komplizierter. So glaubte man einstmals, daß die Auxine, die für die durch die Schwerkraft veranlaßten Bewegungen verantwortlich sind, unter dem Einfluß elektrischer Impulse wirken; denn sobald ein Pflanzenorgan waagerecht gestellt wird, entwickelt es an der Unterseite eine deutlich feststellbare positive elektrische Ladung. Man hat jedoch kürzlich nachgewiesen, daß diese Ladung eine Folge der Auxinbewegung, nicht aber deren Ursache ist. Man hat auch angenommen, daß solche elektrischen Aktionspotentiale bei sehr schnellen Pflanzenbewegungen, wie dem Zusammenklappen der Blätter der Sinnpflanze (*Mimosa pudica*), von Bedeutung sind. Vor kurzem ist auch bewiesen worden, daß es bei Pflanzen regelrechte elektrische Spannungsschwankungen gibt, die pulsartig in Intervallen von 1 bis 10 Sekunden auftreten. Doch ob diese Potentiale die Produktion von Wachstumsreglern steuern oder deren Resultat sind, ob sie überhaupt etwas anderes sind als eine Nebenerscheinung der Energieproduktion in Pflanzen, das ist alles rein spekulativ.

Man muß daraus zuletzt folgern, daß chemische Wachstumsregler bei Pflanzen jeder Art die einzigen wahren Übermittler von »Botschaften« sind. Pflanzen brauchen kein Nervensystem dazu. So einfach ist das. Die Natur verwendet selten Sorgfalt und Mühe auf irgend etwas, das gänzlich überflüssig ist.

12 Empfinden Pflanzen etwas?

Größere Tiere empfinden Hitze und Kälte, Wind und Regen, Müdigkeit und Schmerz, ebenso in verschiedenem Grade Vertrauen, Zuneigung und Vergnügen an sexueller Betätigung. Bei menschlichen Wesen kommen dazu noch alle Arten emotionaler und intellektueller Empfindungen und Wahrnehmungen und, wie man hinzufügen könnte, Verwirrungen. In diesem Sinne kann man bei Pflanzen nicht von Empfindungen sprechen. Wenn es aber heißt: »Auf niederen Bewußtseins- und Entwicklungsstufen haben sie (die Empfindungen) vorwiegend Signalcharakter zur Auslösung lebenswichtiger Reaktionen« (Deutsches Wörterbuch der Psychologie), so empfinden Pflanzen ganz bestimmt etwas.

Am Anfang der Stufenleiter finden wir einfache einzellige Pflanzen, die sich auf das Licht zu und von ihm weg bewegen und die manchmal auch auf Temperatur- und chemische Reize mit Bewegung reagieren. Die Hauptreize, von denen Bewegungen oder Tropismen, wie der Fachausdruck lautet, verursacht werden, sind bei höheren Pflanzen Schwerkraft und Licht. Die Reaktion auf die Schwerkraft kann sich positiv oder negativ ausdrücken, sie läßt Wurzeln abwärts wachsen und Triebe von Sämlingen aufwärts. Sie ist die Ursache von vergrabenen Wurzelstöcken wie den Rhizomen der Schwertlilien, sie läßt die oberirdischen Ausläufer von Erdbeeren (*Fragaria*) waagerecht wachsen und fleischige unterirdische Sprosse von Geißfuß oder Gichtkraut (*Aegopodium podagraria*) in einer merkwürdig gleichbleibenden Tiefe. Schwerkraft beeinflußt auch die Rankenbewegungen von Kletterpflanzen und bedingt die Stellung der Blütenstiele, die sich entsprechend dem Wachstumsstadium ändern kann. So ist der Blütenstiel der Erdnuß anfangs negativ geotropisch, das heißt: er wächst aufwärts. Nachdem die Blüte befruchtet worden ist, tritt die umgekehrte Reaktion ein, der Stiel biegt sich abwärts und drückt die Frucht in den Boden. Genau auf die gleiche Weise versucht das Efeublättrige Leinkraut (*Cymbalaria muralis*) seine Früchte in die Spalten senkrechter Felsen oder Wände zu schieben, auf denen es wächst.

Als Reaktion auf Licht streben die Pflanzen normalerweise auf die Quelle oder die Stelle größter Intensität des Lichts zu oder steuern die Orientierung der Pflanzenteile gegenüber der Lichtquelle. Die einzellige schwimmende Alge *Chlamydomonas* bewegt sich genauso dem Licht zu, wie Blätter ihm prinzipiell eine möglichst große Oberfläche zukehren. Der Winkel, in dem der Blattstiel steht, ist durch das Licht bedingt. Das ist der Fall bei Kapuzinerkresse (*Tropaeolum majus* etc.), bei der das runde Blatt sich im rechten Winkel zur Lichtquelle stellt. Ranken von Kletterpflanzen, die sich anheften, bewegen sich vom Licht weg, weil sie so die beste Aussicht haben, eine Oberfläche zum Anklammern zu finden und die übrigen Pflanzenteile dem Licht auszusetzen, und die Luftwurzeln von Efeu (*Hedera helix* etc.) werden auf der dunklen Seite des Stengels gebildet.

Befinden sich Wurzeln einmal unter der Erde, werden sie zum Teil von der verfügbaren Feuchtigkeit angetrieben, eine bestimmte Richtung einzuschlagen. Geändert wird die Richtung von der Wurzelspitze, um Wasser zu suchen und Hindernissen auszuweichen. Darwin war so beeindruckt davon, daß er schrieb: »Es ist schwerlich eine Übertreibung zu sagen, daß die solcherart begabte Spitze des Würzelchens, die auch die Macht hat, die Bewegungen der angrenzenden Teile zu lenken, sich wie das Gehirn von einem der niederen Tiere verhält.«

Parasiten-Sämlinge, die eine Wirtspflanze suchen, reagieren auf chemische Ausscheidungen von ihr, obwohl manchmal dafür Feuchtigkeit allein genügt.

Die Reaktion einer Pflanze auf Berührung erwartet man vielleicht weniger als eine auf Licht oder Schwerkraft. Diese Reaktion ist jedoch für viele Kletterpflanzen lebenswichtig. Jene Arten, die mit weiten, schwungvollen Bewegungen eine Stütze zu finden suchen, beginnen sich sofort um sie zu winden, wenn sie mit ihr in Kontakt kommen, dabei bilden sie eine Spirale von ganz anderer Größe, um sich eng herumwickeln zu können. Eine Ranke oder ein Blattstiel, der sich anklammert, zeigen eine ähnliche, sehr schnelle Reaktion, wenn eine geeignete Oberfläche erreicht wird. Ihre Sensibilität ist dabei häufig auf ein kurzes Stück nahe der Spitze beschränkt. Ein interessanter Umstand bei allen diesen Reaktionen auf Berührung ist, daß einfacher Druck sie selten auslöst. Um einen Reiz auf die Pflanze auszuüben, muß noch ein bißchen Reibung oder Bewegung dazukommen. Bewegung veranlaßt auch die tentakelartigen, klebrigen Verdauungshaare von Sonnentau-Arten (*Drosera*), sich über lebender Beute zusammenzukrümmen.

Die rapide Reaktion von Ranken auf einen Berührungsreiz wird durch die

Wachstumsgeschwindigkeit bewirkt, mit der die spätere Außenseite des Rankenbogens sich bis zu 200mal schneller verlängert als normalerweise. Die Innenseite des Bogens kann indessen überhaupt zu wachsen aufhören. Die klassische Pflanze mit »Gefühl« ist die Sinnpflanze (*Mimosa pudica*). Tatsächlich kennt man mehrere derartig reizempfindliche Pflanzen, vorwiegend Verwandte von *Mimosa*; aber auch der Waldsauerklee (*Oxalis acetosella*) gehört dazu. Diese Pflanzen »schlafen« nicht nur nachts, wie vorhin geschildert, sondern sind auch empfindlich gegen Berührung. In der Natur erfolgt sie normalerweise durch Regentropfen, starken Wind oder Kontakt mit Tieren. Im Zimmer entdeckt man, daß die Hitze einer Zündholzflamme sie auch zusammenklappen läßt. Das Blatt der Sinnpflanze besteht aus mehreren kleinen Blättern, die von der Spitze eines Blattstiels ausgehen, und jedes kleine Blatt setzt sich aus zahlreichen gegenständigen Teilblättchen zusammen. Ein zartes Antippen kann nur die Bewegung von einem dieser Teilblättchen verursachen. Zunehmende Störung läßt das ganze kleine Blatt die Fiederchen zusammenfalten, und normalerweise folgen die benachbarten Blätter diesem Beispiel. Ist der Schock stark genug, erstreckt sich dies auf den Blattstiel und auf andere Blattgruppen am Zweig. Es kommt dann eindeutig zu einer Reizübertragung, die auch bei allen anderen sensitiven Pflanzen eintritt.
Die Einzelheiten des Vorgangs sind wohlbekannt. Tatsächlich handelt es sich nur um eine zusätzliche Aufgabe der Bewegung, die das sogenannte Blattkissen, die verdickte Stelle an der Basis des Blattstiels, bei anderen Pflanzen durchführt. Diese Bewegung regelt »Schlafstellungen« oder die viel weniger dramatische, aber notwendige Lage der Blätter zum Licht. Bei reizempfindlichen Pflanzen enthält das Blattkissen Zellen mit sehr dünnen Wänden, die dann die biegsamen unteren Fasern des sonst steifen Blattstiels umgeben. Ein Reiz läßt Wasser in die großen leeren Räume zwischen den Zellen einfließen. Das Blattkissen wirkt nun nicht mehr steif wie ein prall gefüllter »Ballon«, und der Blattstiel sinkt nach unten. Dieser Mechanismus ist ähnlich dem, der das Öffnen und Schließen der Spaltöffnungen (Stomata) reguliert. Nach einiger Zeit nehmen die Zellen des Blattkissens wieder Wasser auf, es wird wieder steif, und die Teilblättchen sowie der Blattstiel nehmen erneut ihre aufrechte Position ein. Man kann beweisen, daß die Geschwindigkeit, mit der das Zusammenklappen sich über eine ganze Pflanze erstreckt, bis zu 3 cm pro Sekunde beträgt. Die Übertragung des Impulses kann durch Abschnitte des Stengels erfolgen, die abgetötet worden sind, sogar auch über schmale Spalten unter Wasser.

Das Beweismaterial deutet überzeugend auf einen chemischen Botenstoff hin, obwohl auch elektrische Ladungen beteiligt zu sein scheinen. Man sollte jedoch nachdrücklich auf den sehr beträchtlichen Unterschied hinweisen, der zwischen einer Übertragung von 3 cm pro Sekunde bei diesen Pflanzen und den 10 000 cm pro Sekunde in den Nerven des Menschen besteht.

Es ist nicht nur die Wirkungsweise, sondern auch deren Wert, der hier zur Debatte steht. Nun läßt sich beweisen, daß unter ungewöhnlichen Umständen, etwa wenn es hagelt, die Blätter von Sinnpflanzen Schaden vermeiden, den ihre Nachbarn erdulden müssen; aber es gibt ebenso zarte Pflanzenarten, die unter ähnlichen Bedingungen wachsen und ohne diese Einrichtung völlig wohlbehalten überleben. Die Sinnpflanze ist ein wie Unkraut verbreiteter Strauch, der sehr viel abgeweidet wird. Die Annäherung von Rindern zum Beispiel läßt Blätter und Stengel herabfallen, so daß die verblüffte Kuh einen leuchtenden Fleck von saftigem Grün vor sich zu haben meinte, wo jetzt nur noch dünne graue Zweiglein zu sehen sind. Die Pflanze hat sich unsichtbar gemacht. Aber im allgemeinen muß man eine solche schnell reagierende Reizempfindlichkeit als ein weiteres Experiment betrachten, das im Pflanzenreich unternommen, aber nicht sehr weit fortgesetzt worden ist.

Viel nützlichere Bewegungen sind jene, die ausgeführt werden, wenn die Pflanze Licht oder Hitze im Übermaß »fühlt«. So verschiedene Arten wie Silberlinde und Waldsauerklee lassen ihre Blätter im grellen Sonnenlicht sinken, damit sie nicht versengt werden, und bei anderen, darunter bei Bohnen und Bäumen aus der Familie der Hülsenfrüchtler (*Leguminosae*), stellen sich die Blätter in der heißesten Zeit des Tages senkrecht. Besonders merkwürdig ist das Öffnen und Schließen von Grasblättern, um unter ariden Bedingungen übermäßige Verdunstung zu vermeiden. Das Blatt ist langgestreckt und grundsätzlich flach, obwohl die Innenfläche in typischer Weise gerippt ist, wobei die Spaltöffnungen in den dadurch entstehenden Furchen liegen. In feuchter Luft bleibt das Blatt flach, so daß die Photosynthese gut weitergeführt werden kann. In trockener Luft rollt sich das Blatt röhrenförmig ein, das zarte Gewebe, in dem die Photosynthese erfolgt, ist in der Mitte versteckt, und durch die Spaltöffnungen strömt wenig Luft ein oder aus. Die Außenseite ist durch einen Panzer aus dicker Haut und Deckzellen gut geschützt.

Diese Bewegung wird nicht von den Blattkissen geregelt, sondern Zellgruppen um den Grund der Furchen auf der Blattunterseite sorgen dafür durch Aufnahme oder Abgabe von Wasser. Jede Blattrippe besitzt eine Querschicht aus starkem, nicht zur Photosynthese fähigem Gewebe, das wie der Drehkern einer Türangel wirkt, wenn die Zellen zu beiden Seiten das Blatt durch Ausdehnung öffnen oder es schließen, indem sie Feuchtigkeit verlieren. Gräser sind nicht so sensationell wie die insektenfressende Venusfliegenfalle (*Dionaea muscipula*), eine weitere Pflanze, die ganz gewiß etwas empfindet und unglaublich schnell reagiert. Ihr wie eine Türangel wirkender Mechanismus läßt sich jedoch mit dem der Gräser vergleichen. Diese Einrichtungen sind vielleicht etwas, das bei einer Pflanze dem Besitz von Muskeln und Gelenken am nächsten kommt.

Pflanzenbewegungen werden zum Großteil, wie für Ranken schon erläutert, durch unterschiedliche Wachstumsgeschwindigkeiten erreicht. Dies gilt zum Beispiel für jene Blüten, die sich jeden Tag öffnen und schließen. Das Öffnen erfolgt im typischen Fall, weil die Blütenblätter einen Temperaturanstieg »fühlen«. Eine Temperaturzunahme von 10°C bewirkt normalerweise eine 2- bis 5fache Zunahme des Wachstums. Aber an der Innenseite von Blütenblättern steigert sich das Wachstum sogar um das 20- bis 30fache des Normalen, wenn die Temperatur einen Reiz ausübt. Das Blütenblatt biegt sich dann zurück, und die Blüte öffnet sich, wenn die Sonne sie erwärmt. Nachts ist das im Verhältnis zur Innenseite stärkere Wachstum der Außenseite des Blütenblatts die Ursache dafür, daß sich die Blüte schließt. Manche Pflanzen öffnen und schließen ihre Blüten mehrmals am Tag, wenn Wolken und Sonne abwechseln. So die prächtigen *Gazania*-Arten, ferner Mittagsblumengewächse (*Aizoazeae*) wie *Mesembryanthemum criniflorum*, *Doreanthus criniflorus* und ähnliche südafrikanische Pflanzen.

Solche Reaktionen auf Berührung und auf weniger unmittelbare Reize zeigen, daß die Pflanzen ein Wahrnehmungsvermögen haben und auf das, was sie empfinden, auch reagieren. Manche tun dies in einer Weise, als handelten sie einer ganz ungewohnten Situation gegenüber vollkommen zielsicher. So können sie etwa auf Baumstämmen Blätter hervorbringen, wenn die existierenden Blätter vernichtet worden sind, oder, wenn Stengel und Blätter von ihren normalen Wurzeln abgetrennt wurden, von ihnen aus Wurzeln bilden.

In den Augen der meisten Pflanzenphysiologen lassen sich die mannigfaltigen Reaktionen von Pflanzen fast immer angemessen mit Tropismen (Bewegungen) und einem System chemischer Botenstoffe erklären, selbst wenn man viele Einzelheiten dieser Vorgänge immer noch nur unvollkommen versteht. Mehrere Forscher haben jedoch nachzuweisen versucht, daß Pflanzen noch etwas besitzen, das über ihr chemisches Kommunikationssystem hinausgeht, etwas, das einem echten Nervensystem nahekommt. Der Inder J. Chandra Bose führte zu Beginn dieses Jahrhunderts zur Stützung dieser These Hunderte von Experimenten durch. Sie fielen für ihn befriedigend aus und bewiesen ihm, daß Pflanzen ein Nervensystem besitzen, das sich seiner Ansicht nach in den Leitungsgefäßen des Phloëms befindet. Er meinte auch, daß »die Übertragung des erregenden Impulses bei Pflanzen im wesentlichen denen des Nervenimpulses bei Tieren ähnlich ist«. Bei seinen Versuchen stach und schnitt er Pflanzen und hemmte dadurch für verschiedene Zeitspannen das Wachstum. Wenn er eine Pflanze anschnitt, konnte das eine »krampfartige Kontraktion« bewirken. Bose injizierte Pflanzen auch Anregungs- und Beruhigungsmittel. Nach seiner Auffassung ließ Alkohol Pflanzen wie jeden Betrunkenen taumeln, Koffein machte sie munter, Chloroform beruhigte sie so stark, daß er einen großen Baum ohne die üblichen Vorsichtsmaßnahmen umpflanzen konnte.

Ähnliche Arbeiten sind in neuerer Zeit von verschiedenen Forschern durchgeführt worden. Im Jahr 1970 veröffentlichte Berichte über solche Untersuchungen in der Landwirtschaftlichen Akademie von Moskau legten den Gedanken nahe, daß bei Pflanzen ähnliche elektrische Impulse existieren wie in den Nerven des Menschen. Man ging so weit anzunehmen, daß Pflanzen ein Erinnerungszentrum am Wurzelhals besitzen, das Meldungen zufolge wie das Herz eines Tieres schlug. Zeitungsberichte, die sogar in der *Prawda* erschienen, haben das weiter ausgesponnen, was nicht verwunderlich war. Die elektronischen Aufzeichnungen winziger elektrischer Ladungen bei Pflanzen wurden zu Sprache und zu Schreien. Die jüngsten Berichte, die angeblich aus Rußland kommen, deuten an, daß diese Forschungsarbeit dazu bestimmt ist, dem Programm der Weltraumfahrt zu dienen. Wenn elektronische Verständigungsmittel versagen, hofft man, daß Astronauten Botschaften vielleicht über Pflanzen austauschen können, die sie im Raumschiff mitführen.

Die Russen behaupten auch, daß sie auf elektronischem Wege – ohne jede genetische Information – herausfinden können, welche Pflanzen erwünschte Eigenschaften für die Züchtung haben.

In den Vereinigten Staaten erschienen 1972 Berichte eines Fachmanns für Lügendetektoren, auch Polygraphen genannt, der ähnliche Experimente durchführte. Seine Instrumente veranlaßten ihn zu glauben, daß Pflanzen, die er gepflegt hatte, mit ihm in Verbindung blieben, wenn er sie verließ, und Erregung zeigten, wenn er beschloß, nach Hause zurückzukehren. Über die weiteren Versuche dieses Experten berichtet ein Reporter des *Wall Street Journal*: »Sie scheinen darauf hinzudeuten, daß Pflanzen neben einer Art telepathischem Nachrichtensystem auch über etwas verfügen, das Gefühlen oder Emotionen nahe verwandt ist... Sie schätzen es, wenn man sie gießt. Sie ängstigen sich, wenn ihnen ein Hund nahekommt. Sie werden ohnmächtig, wenn Gewalttätigkeit ihr Wohlbefinden bedroht. Und sie zeigen Mitgefühl, wenn größeren Tieren und Insekten in ihrer Nähe ein Leid geschieht.« Bei einem Experiment wurden die Elektroden des Polygraphen mit drei Pflanzen verbunden. Eine davon wurde herausgerissen und in siedendes Wasser geworfen. *Bevor sie noch berührt wurde*, verzeichnete die dafür ausgewählte Pflanze auf dem Registrierblatt des Polygraphen eine heftige Aufwärtsbewegung, unvermittelt gefolgt von einer geraden Linie, die als ein Zeichen gedeutet wurde, daß die Pflanze ohnmächtig geworden war. Ein vergleichbares Experiment, bei dem man ein Kohlblatt verbrühte, hatte man schon viel früher in der Royal Society angestellt, und es hatte Bernard Shaw überzeugt, daß Pflanzen vielleicht doch fühlen können. Bei einer weiteren, neueren Forschungsarbeit ging es darum, daß ein Student in einem Raum eine von zwei Pflanzen vernichtete, indem er sie in Stücke zerriß. Ein Polygraph, der an die überlebende Pflanze angeschlossen war, zeigte keine Reaktion, als später andere Studenten den Raum betraten, registrierte aber eine »Ohnmacht«, sobald der »Mörder« hereinkam.

Ein Chemiker der Forschungsabteilung von IBM, der diese Experimente wiederholte, berichtete, daß die Pflanzen nicht reagierten, wenn seine Studenten über ihre Arbeit diskutierten. Drehte sich aber das Gespräch um Sex oder um Gespenster, ließen die Pflanzen die Schreibspitze des Polygraphen herumspringen. Ein Ingenieur von ITT konnte seine ausdrucksvollen Pflanzen dazu bringen, wilde Reaktionen zu verzeichnen, wenn er mehrere Meilen von ihnen entfernt mit seiner Freundin einen Orgasmus erlebte.

Bei anderen Experimenten soll laut Bericht ein Philodendron als Reaktion »geschmollt« haben, wenn er auf telepathischem Wege »beleidigt« wurde. Ein japanischer Wissenschaftler wiederum schloß einen Polygraphen an einen Kaktus an, den er mit Akupunkturnadeln behandelte und mit Erfolg dazu brachte, eine Liste von Zahlen zu addieren. Die Antworten erschienen als eine Reihe von Wellen, die auf dem Registrierapparat des Polygraphen mit der Schreibspitze aufgezeichnet wurden.

Es ist leicht, solche Experimente ohne weiteres abzutun, da manche davon lächerlich erscheinen. Sie stellen bei Pflanzen Telepathie fest, die selbst beim Menschen noch ein unerklärtes Phänomen ist, und scheinen auch Werturteile einzubeziehen, wenn sie bei ihnen Abscheu registrieren. Überdies lassen neuere englische Experimente vermuten, daß der Großteil der amerikanischen Arbeitsergebnisse auch erzielt werden kann, wenn ein feuchtes Tuch an die Stelle der Pflanze tritt. Damit erhält der ganze Sachverhalt ein erheblich anderes Gesicht.

Dennoch spielt Elektrizität sicherlich in Pflanzenzellen auf einer molekularen Stufe ebenso eine Rolle wie in Tierzellen. Auch zum grundlegenden Prozeß der Photosynthese gehört die Bewegung von Elektronen, wenn Lichtenergie in potentielle chemische Energie umgewandelt wird.

Es ist auch einwandfrei bewiesen worden, daß sich elektrische Potentiale in den Blättern von Venusfliegenfallen und in den klebrigen Drüsenhaaren – nicht jedoch in den Blättern selbst – von Sonnentau-Arten feststellen lassen. Ebenso gleichen die sichtbar aufgezeichneten Impulse solcher Potentiale in starkem Maße jenen der peripheren Nerven von Wirbeltieren. Die Aktivität, die von Zellen ausgeht, die im Bau Nervenzellen überhaupt nicht gleichen, erinnert an ähnliche Aktivität bei urtümlichen Tieren wie den Nesseltieren, vielleicht auch den Schwämmen. Die Nesseltiere besitzen einfache Nervenfasern, die Schwämme aber keine. Solche Potentiale existieren wahrscheinlich in vielen Pflanzenzellen und pflanzlichen Organismen. Etwas Ähnliches hat man bei Blütennarben nach der Bestäubung entdeckt. Wahrscheinlich werden auch primitive bewegliche Zellen mit Wimpern oder Geißeln, und zwar nicht nur Geschöpfe des Planktons, sondern auch bewegliche Geschlechtszellen von niedrigeren Pflanzen auf diese Weise aktiviert. Pflanzen besitzen tatsächlich ein »primitives nervenähnliches System«, wie es Forscher genannt haben. Was sie jedoch nicht besitzen, ist ein Nervenzentrum irgendwelcher Art, genauso wenig wie es bei einem Nesseltier vorhanden ist. Wir müssen auch den quantitativen Unterschied bedenken zwischen dem zeitlichen Ablauf eines Potentials, das bei einer Pflanze in Sekunden gemessen wird – und nicht wie beim Nerv eines Tiers in Tausendstelsekunden. Übrigens hat auch noch niemand vermutet, daß Schwämme und Nesseltiere unhörbare Schmerzensschreie von sich geben, wenn sie vernichtet oder zerschnitten werden.

Es scheint kein Grund vorhanden zu sein, warum solche elementaren Übertragungssysteme nicht ebenso in Pflanzen wie in einfachen Tieren existieren sollten, da anfangs die Evolution bei beiden parallel verlief. Man kann auch darauf hinweisen, daß bei höher entwickelten beweglichen Tieren ein Nervensystem von brauchbarem Wert für sie ist, während dies bei Pflanzen nicht der Fall zu sein scheint. Für sie ist die Notwendigkeit, eine gewisse Form von Empfindungen zu haben, unter völlig anderen Umständen entstanden. Schmerzempfindungen zu entwickeln, scheint ihrem ganzen Lebensstil zu widersprechen, bei dem sie so leicht Schaden durch äußere Einflüsse erleiden können. Diese reichen von Sturm und Blitzschlag bis zum Raupenfraß und dem Abweiden durch pflanzenfressende Tiere; all dem können sie sich nicht aktiv entziehen.

Schließlich muß noch gesagt werden, daß es wie ein anthropomorphes Wunschdenken klingt, wenn man bei Pflanzen von Ohnmacht und Telepathie spricht. Es ist der Wunsch des Menschen, die Ähnlichkeit mit anderen Organismen auf so vielerlei Weise wie möglich zu betonen, vermutlich deshalb, weil sie für ihn dadurch weniger fremd, vielleicht auch weniger furchterregend werden. Es klingt auch wie Science-fiction. Man erinnert sich an eine Geschichte von Roald Dahl über einen Mann, der das Gras schreien hörte, wenn er es mähte.

Und sollten Pflanzen wirklich fühlen, schreien und in Ohnmacht fallen, bezweifle ich, ob dies die meisten Menschen davon abhalten würde, Gemüse zu essen oder Blumen abzuschneiden. Wie ein Korrespondent in einer englischen Zeitschrift schrieb, nachdem ein Bericht von den russischen Experimenten im Jahre 1970 erschienen war: »Die Leute werden sagen ›Wenn du so heftige Gefühle bezüglich der Empfindungen von Pflanzen hegst, warum ißt du sie dann?‹ Meine Antwort lautet ›Weil ich hungrig bin und mein Gehirn stärker ist als die Pflanzen, und ich also ihr Herr bin‹.« Ein Menschengeschlecht, das Tiere ißt, nachdem es sie getötet hat, und dulden kann, daß Hühner, Kälber und Schweine auf recht unerfreuliche Weise in Massen produziert werden, sollte sich über die lautlosen Schreie von Möhren und Kohl wahrlich nicht aufregen.

Natürlich gibt es eine riesige Anzahl von Gärtnern, die absolut sicher sind, daß Pflanzen reagieren, wenn sie sich mit ihnen unterhalten, ihnen gut zureden, schmeicheln, drohen, ja sogar etwas vorsingen. Das illustrieren weitere Auszüge aus Korrespondentenberichten: »Selbstverständlich lieben Pflanzen es, wenn man mit ihnen spricht. Wie viele Male habe ich erlebt, daß eine kränkelnde Pflanze auf eine ermutigende Plauderei reagierte. Die meisten Frauen werden es instinktiv bedauern, wenn sie zufällig eine Pflanze schädigen.« – »Sehen Sie nur, wie zärtlich jeder richtige

Gärtner seine ›Babys‹ behandelt. Beobachten Sie, wie ein Gärtner sich sorgt, wenn er von zu Hause fortgehen und Pflanzen jemand anderem anvertrauen muß.« – »Alle begeisterten Gärtner glauben, daß Pflanzen Gefühle haben, und sie unterhalten sich mit ihnen, nicht immer laut, sondern auch in Gedanken.« In einem derartigen »Gesprächs-Experiment« hat man zwei Gruppen von gleichartigen Sämlingen unter gleichen Bedingungen großgezogen. Mit einer Gruppe sprach man »lieb«, die andere beschimpfte man. Die erste Gruppe wuchs schneller und besser.

Auch Gebet ist als Verständigungsmittel für Pflanzen zu Hilfe genommen worden. Es gibt Verfechter dieser Idee, die glauben, daß sie Pflanzen durch Gebet gedeihen oder absterben lassen können. Das erinnert an primitive Stämme, die behaupten, durch ein Ritual die Obstbäume ihrer Feinde vernichten zu können.

Man könnte nun dazu bemerken, daß solche Gefühle und gläubige Annahmen uns mehr über die betreffenden Menschen verraten als über ein Nervensystem bei Pflanzen; verwundert fragt man sich auch, was als Gehörorgan bei einer Pflanze dienen und wie sie unsere Sprache erlernen sollte. Manche Gärtner haben sicherlich eine sehr starke Sympathie für Pflanzen, die sich in der Art und Weise widerspiegelt, in der diese Pflanzen bei ihnen gedeihen. Solche Menschen haben kurz gesagt »Grüne Daumen«. Aber das ist sicherlich nicht mehr als ein Wissen, geboren aus wechselnden Anteilen von Erfahrung und Intuition. Man könnte dies mit einer Person vergleichen, die ohne offensichtliche Mühe gut mit einem Computer umgehen, Musikinstrumente spielen oder fremde Sprachen lernen kann.

Doch obwohl man herablassend über Frauen lächelt, die mit ihren Usambara-Veilchen reden, könnte in dem Vorgang ein Körnchen Wahrheit enthalten sein. Es hat nichts zu tun mit Kommunikation, sondern sehr wahrscheinlich können Pflanzen manchmal durch äußere Schwingungen, wie sie die Sprache erzeugt, zum Wachsen angeregt werden. Auch hier wieder hat die Art, in der man die Experimente durchgeführt hat, Spott herausgefordert. Die leichteste Methode, Schallwellen zu erzeugen, von denen die Luft in Schwingungen versetzt wird, besteht darin, Musikinstrumente oder Schallplatten zu spielen. Das Bild einer indischen Forscherin, die jeden Tag fünfzehn Minuten lang zwischen Ringelblumen-Töpfen einen althergebrachten Tanz aufführte und dadurch eine 60prozentige Höhenzunahme gegenüber Kontrollpflanzen zu erreichen behauptete, entlockt wohl den meisten von uns ein Lächeln. Wir fragen uns auch, ob

Aufgeschnittene Blüte eines Aronstabs (*Arum maculatum*). Angelockt durch einen Aasgeruch, rutschen die kleinen Insekten, die sie bestäuben, in diese Kesselfalle.

Eine Biene landet auf einer Blüte des Klebrigen Salbeis (*Salvia glutinosa*). Dabei drückt sie auf der Suche nach Nektar auf eine Hebelvorrichtung, von der die Staubbeutel auf ihren Hinterleib geklappt werden. Den Pollen kann sie dann zur nächsten Blüte tragen und sie bestäuben.

die Pflanzen Beethoven oder – vielleicht am besten für Kakteen – Strawinsky bevorzugen. Ein Experiment läßt vermuten, daß Blumen lieber eine Violine hören, Gemüse dagegen Musik von geringerer Tonhöhe. Ein anderer Versuch zeigte, daß Pflanzen tatsächlich am besten auf Bach und die klassische indische Sitarmusik reagierten. Bei »hartem Rock« zucken sie jedoch (sieh da!) zusammen, beugen sich heftig von dem Geräusch weg und sterben in wenigen Wochen ab. Werden dereinst, so fragt man sich verwundert, spezielle Landarbeiter für bestimmte Feldfrüchte ein passendes Konzertprogramm zusammenstellen?

Scherz beiseite, es sind sicherlich einige bemerkenswerte Ergebnisse erzielt worden. Forschungsarbeit in Indien befaßte sich 1958 auch mit Schwingungen, die von einem Elektromotor erzeugt wurden. Behauptet wurde, daß man dadurch gegenüber Kontrollpflanzen einen Höhenzuwachs von 30 bis 50 Prozent, eine Beschleunigung des Blühens bis zu zwei Wochen und eine vierfache Zunahme des Ernteertrags erzielte.

Darauf folgten anscheinend ergiebige Experimente, bei denen man Reisfelder mit Musik »berieselte«. Nebenbei bemerkt, besteht bei den Indern eine lange Tradition, die diesem Prinzip huldigt. Alte indische Handbücher für Gärtnerei geben Anweisungen für »dohada«. Es besteht darin, daß man Bäumen oder anderen Pflanzen etwas vorsingt oder vorspielt und sie gelegentlich auf verschiedenartige Weise behandelt, sie sogar mit Füßen tritt, um das Wachstum anzuregen. Im Jahr 1972 wurde aus den USA gemeldet, daß der Ertrag von Äckern bedeutend gesteigert werden konnte, wenn man Feldfrüchte mißtönenden Geräuschen aussetzte.

Höchst überzeugendes Beweismaterial dafür, daß Vibration wirklich Pflanzenwachstum fördert, stammt durch Zufall von Leuten, die auf einem ganz anderen Gebiet arbeiteten und eine Unstimmigkeit bei Ergebnissen beobachteten, die sich anderweitig nicht erklären ließ. Experten für Pflanzenzüchtung benutzen oft geschlossene Rahmen, in denen die Erde von unten durch Heizdrähte erwärmt wird. Dies kann entweder mit niedriger oder hoher Voltspannung geschehen. Verschiedene Forscher verzeichneten ziemlich unterschiedliche Resultate in der Geschwindigkeit, mit der unter anscheinend ähnlichen Bedingungen Wurzelbildung und späteres Wachstum erfolgten. Es stellte sich heraus, daß sich die besseren Resultate durchweg mit Heizdrähten bei niedriger Spannung erzielen ließen, da diese schwingen, was sie bei hoher Spannung nicht tun.

Man schließt aus alledem, daß Pflanzen in gewissem Sinne wirklich etwas empfinden und daß noch vieles von der Art und Weise, wie das geschieht, zu entdecken bleibt. Es wäre denkbar, daß dies der Welt helfen könnte, in Zukunft mehr Feldfrüchte zu produzieren. Die Reaktionen von Pflanzen lassen sich mit denen vieler tierischer Organismen vergleichen, vor allem mit denen der einfacheren. Bei diesen haben die Menschen, da sie selten etwa mit Amöben oder selbst mit Würmern in so engem Kontakt stehen wie mit Pflanzen, es nicht für nötig befunden, ihnen emotionale Reaktionen und telepathische Fähigkeiten zuzutrauen. Pflanzen gedeihen, wenn die Bedingungen geeignet sind, aber sie empfinden dabei weder Vergnügen noch Freude. Wo ein Mensch sagen kann: »Ich denke, also bin ich« (Cogito ergo sum, Descartes), wird sich eine Pflanze mit einem »Ich wachse, also bin ich« zufrieden geben.

13 Geschlechtliche Fortpflanzung

Blumen hat man in Literatur, Dichtkunst und symbolischen Darstellungen oft als Sinnbild für Unschuld, Unverdorbenheit und vergängliche Schönheit verwendet. Aber wie ich im 9. Kapitel geschildert habe, sind Blumen nach Linné nichts anderes als Geschlechtsorgane, die meist marktschreierisch zur Schau gestellt werden und, um Croizat zu zitieren, »sich wie Ehemänner und Ehefrauen in unbekümmerter Zwanglosigkeit benehmen«.

Die Vereinigung der Geschlechter ist für die meisten Pflanzen wichtig, da dadurch Schwächen ausgeglichen werden. Die kraftvolleren Nachkommen werden wahrscheinlich besser überleben als die schwachen, und ein Austausch der Gene bei der sexuellen Fortpflanzung wird mit weit mehr Wahrscheinlichkeit als nicht-sexuelle Methoden Spielarten mit neuen Eigenschaften oder Fähigkeiten hervorbringen, die mit wechselnden Bedingungen fertig werden.

Bei den höherentwickelten und im allgemeinen uns vertrauteren Pflanzen werden die männlichen Gameten innerhalb von Pollenkörnern gebildet, die für den Transport bestimmt sind. Bei einfacheren Formen, wie etwa den Kiefern, wird der Pollen dem Wind überlassen; manchmal verleihen besondere Luftsäcke dem Pollenkorn Auftrieb, und wenn es die festsitzenden weiblichen Organe erreicht, geschieht dies zufällig, ist aber dank der Massenproduktion von Pollen möglich. Sie ist der Preis, den die Pflanze für diese unsichere Methode bezahlen muß, die auch von einigen höherstehenden Bäumen, von Birken und Haselsträuchern mit ihren wohlbekannten Kätzchen, angewendet wird. Windbestäubung tritt vor allem dort hervor, wo bestäubende Insekten wegen eines kalten, feuchten Klimas oder einer exponierten, windigen Lage spärlich sind.

Bestäubung nennt man die Mittel und Wege, durch die männliche Gameten in Kontakt mit den weiblichen Zellen gebracht werden. Die Bestäubung ist nicht Selbstzweck, sondern das Vorspiel zur geschlechtlichen Vereinigung, zur Befruchtung. Wenn die Pollenkörner zur Oberfläche des weiblichen Organs gelangen, werden sie von dessen Sekret – das für jede Pflanze spezifisch ist – ähnlich wie ein winziger Samen angeregt zu keimen; vielleicht gleicht dies sogar mehr noch der Keimung und dem Wachstum einer Pilzspore. Innerhalb des Pollenschlauchs, der daraus hervorgeht – wobei gelegentlich mehr als einer gebildet wird –, entwickeln sich die männlichen Gameten. Bei Nadelhölzern werden diese Gameten in eine Höhlung oberhalb der Eizellen entlassen. Bei den Bedecktsamigen Blütenpflanzen muß sich der Pollenschlauch anfangs den Weg durch das Gewebe des weiblichen Organs, des Stempels, bahnen, das ihn währenddessen ernährt. Erst wenn sich der Schlauch dem weiblichen Gameten innerhalb der Samenanlage ganz genähert hat, werden die männlichen Gameten entlassen, und es kommt zur geschlechtlichen Vereinigung.

Weil Selbstbefruchtung die Möglichkeit des früher erwähnten Genaustauschs bei der sexuellen Fortpflanzung zunichte macht, hat man vermutet, daß, vom Standpunkt der Evolution aus gesehen, Pflanzen mit selbstbestäubten Blüten zum Aussterben verurteilt sind, so gut sie sich auch gegenwärtig am Leben zu erhalten scheinen. Darwin schrieb einmal: »Die Natur... schreckt vor dauernder Selbstbestäubung zurück.« Dennoch hatte er nicht ganz recht. Selbstbestäubung kann vorkommen, wo bestäubende Insekten spärlich sind, und, wie im 21. Kapitel erläutert wird, bei bestimmten Pflanzenklassen kann sie echte Vorteile bieten. Das ist auch einer der Gründe für den Erfolg mancher Unkraut-Arten. Zu erwähnen wäre noch, daß viele zwittrige, d. h. zweigeschlechtliche Blüten kunstvolle Einrichtungen besitzen, um Selbstbestäubung zu verhindern. Zu den einfachsten davon gehört, daß die Staubgefäße zu einer anderen Zeit reif werden, als die Narben bereit sind, Pollen aufzunehmen. Bei einigen solcher Blüten ist jedoch eine Einrichtung vorhanden, die in jedem Fall die Befruchtung sichert. Die Staubgefäße können sich auf die Narbe zu bewegen, so daß als letzter Ausweg die Selbstbefruchtung gewährleistet ist. Denn es ist besser, einen Samen durch Selbstbestäubung zu erhalten als gar keinen.

Eine weitere Sicherheitsvorrichtung ist Kleistogamie. Das bedeutet wörtlich übersetzt »Befruchtung bei verschlossenen Blüten«, Blüten, die sich niemals öffnen, können sich ohne äußere Hilfe selbst befruchten. Unsere einheimischen Veilchen-Arten und der Waldsauerklee tun dies, wenn im Sommer das Laubdach der Bäume, unter dem sie wachsen, so viel Schatten gibt, daß ihre Bestäuber sie nicht besuchen können. Im Frühling bringen sie dagegen normale Blüten hervor. In manchen Wäldern im zentralen Westafrika ist es viel zu heiß, als daß Insekten in Bodennähe bei 70° bis

80° C existieren könnten. Doch in den Baumwipfeln bleibt die Temperatur unter 40° C, und eine große Wespe und viele Vögel wirken mit, um jede Baumart zu befruchten. Die Blüten, die sozusagen im Untergeschoß wachsen, sind alle kleistogam, obwohl sie in einer weniger schwierigen Umwelt meist offene Blüten haben.

Eine einfache Methode, Selbstbestäubung zu vermeiden, ist eine wechselnde Anordnung von Staubgefäßen und Narben. Sie findet sich unter anderem bei der Schaftlosen Schlüsselblume (*Primula vulgaris*), die durch Darwin berühmt wurde. Bei ihr kommen langgriffelige Blüten vor, aus deren röhrenförmiger Blumenkrone die Narbe herausragt, während die Staubgefäße in halber Höhe darunter stehen. Dagegen finden sich bei anderen Blüten – genau umgekehrt – herausragende Staubgefäße und eine tiefer liegende Narbe. Darwin bewies, daß es für ein Insekt viel leichter ist, für Fremdbestäubung bei zwei verschiedenartigen Blüten zu sorgen als bei zwei ähnlichen. Andere Blüten können sogar dreierlei, in Länge und Stellung deutlich verschiedene, Narben und Staubgefäße haben. Das trifft für den Blutweiderich (*Lythrum salicaria*) zu. In solchen Fällen sind häufig auch verschieden große Pollenkörner vorhanden, die jeweils am besten zu einem Narbentyp »passen«, und zwar zu dem, bei dem in höchstem Maße für Kreuz- oder Fremdbestäubung gesorgt ist. Bei bestimmten Pflanzen, so etwa beim Flachs, kann Pollen niemals auf der Narbe der gleichen Blüte keimen.

In jedem Fall muß jedoch betont werden, daß selbst ausgesprochen auf Fremdbestäubung eingestellte Pflanzen sehr wahrscheinlich von nahen Artgenossen bestäubt werden, denn der Pollen legt im Durchschnitt keinen sehr weiten Weg zurück. Bei Bäumen werden wahrscheinlich »sexuelle Beziehungen« zu dem nächststehenden Nachbarbaum bestehen. Aber auch wenn das so ist, gehört doch die Lösung des Problems der Pollenübertragung zu den großartigsten Errungenschaften des Pflanzenreichs. Wie wir früher erfahren haben, führte die Entwicklung der Insekten zu der kunstvollen Ausgestaltung der einfachen, Pollen erzeugenden Blüten. Dadurch konnten die Insekten bewogen werden, die Blüten zu besuchen und den Blütenstaub gegen eine angemessene »Belohnung« von einer Blüte zu den weiblichen Organen einer anderen zu tragen. Vögel, Fledermäuse und ein paar andere Tiere beteiligten sich auf ähnliche Weise an der Bestäubung.

Solche Bestäuber aus der Tierwelt können viel leichter dafür sorgen, daß Blüten verschiedener Pflanzen besucht werden. Das Problem dabei war stets, den Bestäuber dazu zu bringen, daß er die gleiche Blütenart besuchte und nicht wahllos umherwanderte, weil seine Mitwirkung dann nur wenig besser gewesen wäre als die des Windes. Aber es ist möglich, in Tieren Instinkte zu entwickeln, die sie veranlassen, regelmäßig zur gleichen Blütenart zurückzukehren. Die Blüte prägt diese Instinkte nachhaltig, indem sie ihre äußere Erscheinung und andere Eigenschaften so weiterentwickelt, daß sie sich möglichst deutlich von benachbarten Arten unterscheidet. Worin die Belohnung für die Tiere auch bestehen mag, sie können sich, um sie zu bekommen, vom Aussehen oder vom Duft, häufig von beidem, leiten lassen.

Wird die Bestäubung von Tieren durchgeführt, muß sich der Pollen selbst verändern. Vom Wind beförderter Blütenstaub ist so klein und so leicht wie möglich. Jedes Körnchen muß sich vom anderen trennen lassen, damit eine maximale Verbreitung erzielt wird. Pollen kann ausnahmsweise 5000 km weit fliegen, oft in über 2000 m Höhe. Sobald Tiere beteiligt sind, muß der Pollen geschickt dort angebracht sein, wo er mit einem Körperteil des Besuchers in Berührung kommt. Aber er muß auch klebrig, zäh haftend, faserig oder sogar zu einer kompakten Masse geballt sein. Auch im Grundplan der Blüte tritt ein Wandel ein. Windblütige Pflanzen haben viele männliche Organe, die reichlich Pollen erzeugen, aber nur wenige weibliche. Häufig besitzen sie eine Narbe mit großer Oberfläche, wie etwa die federartigen Narbenfäden von Mais, und nur wenige Samenanlagen oder sogar nur eine, da vielleicht nur ein einziges Pollenkorn zu ihnen gelangt. Bei Blüten, die vom Wind bestäubt werden, erreicht die Pollenproduktion astronomische Ausmaße. So erzeugen Birken und Haselsträucher Millionen von Pollenkörnern pro Kätzchen.

Umgekehrt ist bei den von Tieren bestäubten Blumen meist relativ weniger Pollen vorhanden, aber der weibliche Teil kann zahlreiche Samenanlagen enthalten. Denn solange der »Postbote« anklopft, ist eine vielfache ausgiebige Befruchtung wahrscheinlich. Die Narben sind verhältnismäßig kräftig und stämmig, so daß sie das Tier nicht behindern, aber von ihm auch voraussichtlich nicht beschädigt werden. Unter den bestäubenden Tieren sind Insekten am zahlreichsten, und wir können Blüten unterscheiden, die in ihrem Bau ganz auf Käfer, Bienen, Hummeln, Nachtfalter, Schmetterlinge, Wespen und Fliegen abgestimmt sind. Man kennt Insekten aller Typen und Größen, die Blüten bestäuben, von riesigen Nachtfaltern bis zu winzigen Schmetterlingsmücken, ja sogar flügellose, kriechende Arten.

Muß das Insekt oder ein anderes Tier sich anhängen oder in die Blüte eindringen, wie etwa eine Biene, besitzt die Blüte eine »Landeplattform« oder irgendeinen festen Teil zum Anklammern. Kann das Tier vor der Blüte schweben, so entfällt das Hilfsmittel.

Die ältesten Blüten, die wir kennen, darunter die von Magnolien, werden von relativ primitiven Insekten, gewöhnlich von Käfern bestäubt. Meist haben sie große und robuste weibliche Organe. Die Familie der Annonengewächse (*Annonaceae*) verläßt sich auf kleine Käfer, die Staubgefäße fressen, während bei der Königlichen Seerose Verwandte des Maikäfers die Staubgefäße zerknabbern. An den schmausenden Käfern bleibt genügend Pollen haften, den sie an den Narben abstreifen können. Um sicher zu gehen, daß die Feinschmecker dies tun und so für ihr Mahl bezahlen, wenn sie einen Weg nach draußen suchen, schließen sich viele Blüten über ihnen, darunter auch die der Königlichen Seerose. Bei solchen Blüten dient der Pollen nur seinem eigentlichen Zweck. Aber viele andere Pflanzen, wie etwa Kassien-Arten (*Cassia*), bieten ebenso unechten, nährstoffreichen Pollen wie befruchtenden an. Verwandte der Tibouchine (*Tibuchina*) haben zwei deutlich verschiedene Arten von Staubgefäßen, eine mit echtem Pollen, der sich an das Insekt anheftet, während es sich den Futter-Pollen schmecken läßt.

Flache, offene Blüten, wie manche Rosen und die Anemonen (*Anemone*), werden wahrscheinlich von Käfern bestäubt. Doch Käfer fressen oft den gesamten Pollen und liegen wie bei einem römischen Gelage in der Blüte herum, ohne zu anderen Blüten weiter zu wandern. Sie sind daher unter den Tieren die am wenigsten brauchbaren Bestäuber.

Die große Pollensammlerin ist die Biene. Sie besucht natürlich sehr häufig Blüten, um ihren eiweißhungrigen Larven Pollen zu bringen. Vom Energieaufwand her ist es viel verschwenderischer, wenn eine Blüte übermäßig viel Pollen erzeugt statt Nektar, von dem später noch berichtet wird. Aber die Evolution der Bienen hat die Blüten offensichtlich dazu gezwungen.

Wie locken Blüten ihre Besucher an? Das augenfälligste Mittel ist eine sichtbare Verschönerung. Die Blüten werden größer, prächtiger, leuchtender und einladend farbenfreudig. Sie können auch zusätzliche Gebilde hervorbringen, die wie Banner in der Luft flattern. Diese scheinen besonders attraktiv für Fliegen zu sein, da sie manchmal wie bei den Verwandten des Aronstabs (*Arum maculatum*) auch noch einen starken Geruch ausströmen. Man könnte sie daher als »Riechflaggen« bezeichnen. Manchmal befinden sich die Banner außerhalb der Blüten, so bei den scharlachroten Hochblättern des Weihnachtssterns (*Poinsettia pulcherrima*) und bei den oft farbigen Hochblättern um die Blüten anderer Wolfsmilchgewächse (*Euphorbiaceae*). Der Taubenbaum (*Davidia involucrata*) hat kleine kugelige Köpfchen aus echten Blüten, die als Signal für Besucher zwei weiße Hochblätter – ein sehr breites und ein viel kleineres – besitzen. Im Englischen hat ihm das den Namen »Taschentuchbaum« (Pocket-Handkerchief Tree) eingetragen.

Bei bestimmten Ananasgewächsen – darunter *Nidularium* – und *Neoregelia*-Arten – färbt sich das Zentrum der sonst grünen Rosetten rot, wenn die Blüten darin erscheinen, und viele andere Pflanzen dieser Familie, wie die *Vriesea*- und *Tillandsia*-Arten tragen kleine Blüten in einem spießförmigen oder keulenartigen Blütenstand, bei dem die leuchtende Färbung zum Großteil von den äußeren Hochblättern herrührt.

Blüten können auch ein Muster aus Flecken oder Linien tragen, das den Insekten den Weg zum Nektar und damit auch zu den Geschlechtsorganen weist. Es wirkt fast wie der Leuchtpfad, der auf einem Flugplatz als Leitstrahl dient. Beispiele sind: die Roßkastanie (*Aesculus hippocastanum*), Gauklerblumen (zum Beispiel *Mimulus moschatus*) und Augentrost-Arten (*Euphrasia*). Solche Leitlinien sind für uns nicht immer sichtbar, weil viele Insekten, vor allem Bienen, auch ultraviolettes Licht wahrnehmen. Im ultravioletten Licht haben sich tatsächlich bei Pflanzen vorher nicht vermutete Muster dieser Art offenbart. Pflanzen »wissen« anscheinend, was ihre Besucher sehen können. Der Mittelteil der Blüte, manchmal auch die Staubgefäße, werden auf diese Weise für Insekten »beleuchtet«. Die Blütenfarbe kann für den Menschen oder das Insekt sehr verschieden aussehen. So ist etwa der Löwenzahn offensichtlich für Bienen purpurfarben. Besonders Bienen schätzen lebhafte Farbkontraste, während Insekten im allgemeinen selbst geringe Abweichungen in Farbtönen noch zu unterscheiden vermögen. Insekten können auch durch die Gestalt von Blüten beeinflußt werden. Man hat bewiesen, daß Honigbienen radial symmetrische Blumen bevorzugen, während Hummeln gern die in der senkrechten Ebene symmetrischen aufsuchen. Honigbienen haben eine Vorliebe für Blüten mit eingeschnittenem Rand und mögen kreisrunde oder leicht gelappte weniger gern.

Außer Leitlinien, die man sieht, können auch nur bei Berührung erkennbare vorhanden sein. Sie beginnen häufig auf der Landeplattform mit verschiedenartigen Buckeln, Haaren, Fransen oder Furchen, die dazu bestimmt sind, das Insekt in die richtige Stellung zu manövrieren. Noch näher dem Blütenmittelpunkt können auch Führungskanäle für die Insektenzunge liegen, besonders dann, wenn Nektar innerhalb einer schmalen Öffnung oder in einem Sporn dargeboten wird.

Ein weiteres Anlockungsmittel für Tiere sind von verschiedenen Teilen der Blüte erzeugte Gerüche. Sie sind manchmal auch für Menschen anziehend, manchmal jedoch abstoßend. Zu denen, die wir als angenehm riechend empfinden, gehören das Maiglöckchen (*Convallaria majalis*), die viel betäubenderen Parfüms von Flieder (*Syringa vulgaris*), Jasmin (*Jasminum*) und Frangipani *(Plumiera alba, P. rubra)*. Die Schmalblättrige Ölweide (*Elaeagnus angustifolia*) mit silbern schimmernden Blättern wird in Persien Zinzeyd oder Zungeed genannt. Sie verbreitet einen süßen Duft, den man einst für so berauschend hielt, daß persische Männer ihre Frauen einsperrten, wenn der Baum zu blühen begann. Einen für uns widerlichen Geruch verbreiten der Aronstab und die mit ihm verwandten Arten. Von ihnen wächst *Helicodiceros* in den Wüsten des Mittleren Ostens und hat rissige, rotbraune Spathen – wie man die Hüllblätter für klobige Blütenstände nennt –, die wie geronnenes Blut aussehen, und schließlich der 2 m hochsteigende Koloß des tropischen Verwandten *Amorphophallus titanum*, bei dem sich als Blütenstand ein riesiger kegelförmiger Kolben aus einer vasenartigen, von einem Wulstring umrandeten Spatha herausschiebt. Er verströmt einen Gestank, den man mit einer Mischung aus verfaulendem Fisch und verbranntem Zucker verglichen hat. Die Käfer, die dieses Monstrum bestäuben, werden durch einen steilen Überhang daran gehindert, vor der Bestäubung davonzukrabbeln; die Blüte beginnt nämlich zu welken, ehe sie entkommen können. Außer seiner Blüte besitzt dieser stinkende Gigant 2 m lange Blätter und Knollen von 1,5 m Durchmesser.

Die afrikanischen Aasblumen (*Stapelia*) sind Sukkulenten. Sie sind meist wie ein Seestern gezackt, ihr Durchmesser beträgt bis zu 40 cm, und sie locken durch Gestank, verbunden mit einem Aussehen, das an faulendes Fleisch erinnert, Schmeißfliegen und deren Sippe an. Die Fliegen lassen sich manchmal so täuschen, daß sie tatsächlich ihre Eier auf die Blüten ablegen. Ein Maler mit der Phantasie eines Salvador Dali wäre nötig, sich solche Aasblumen vorzustellen, hätte sie nicht die Natur bereits »erfunden«. Bei ihnen wirken Farbe und Gewebsstrukturen zusammen, oft sind sie von Haaren bedeckt oder eingesäumt, die Schimmelpilzen auf vermodernden Stoffen ähneln – und dazu kommt noch der Geruch. In manchen Fällen bewegen sich winzige Härchen im leisesten Lufthauch, und das sieht dann aus, als wimmle es auf der Blüte von ganz kleinen Fliegen. Das ist übrigens ein Trick, der sich auch bei einigen verwandten Formen und ein paar Orchideen findet. Und das in einer Familie, die uns auch so köstlich duftende Arten wie die Kranzschlinge (*Stephanotis floribundus*) und die Wachsblumen (*Hoya*) geschenkt hat! Die größte von Fliegen bestäubte Blüte der Welt, mit einem Meter Durchmesser, ist die der tropischen Schmarotzerpflanze *Rafflesia*, die auch Riesenblume genannt wird. Diese Blüte ist dunkelrot bis rötlich braun, mit unregelmäßigen, etwas erhöhten weißlichen Bezirken, die auf ihr verstreut sind.

Ich habe schon Sinnestäuschung erwähnt, die Fliegen veranlaßt, tatsächlich ihre Eier auf Aasblumen abzulegen. Das nützt dem Insekt nichts, denn die ausschlüpfenden Maden werden überhaupt nicht mit Futter versorgt. Aber in manchen Fällen ist Nahrung für die jungen Insekten vorhanden, so beim Kakaobaum, dessen verfaulende Samenbehälter Brutstätten für die bestäubenden Mücken liefern. Solche Maßnahmen sorgen dafür, daß immer Bestäuber in der Nähe der Pflanzen vorhanden sind.

Man kennt zwei klassische Fälle einer Beziehung zwischen Bestäubern und Pflanzen, die praktisch Beispiele einer Symbiose, eines Zusammenlebens zu gegenseitigem Nutzen sind.

Feigenbäume tragen winzige, eingeschlechtliche Blüten auf der Innenseite von hohlen, fleischigen Behältern, die nur über eine winzige Öffnung mit der Außenwelt verbunden sind. Die »Frucht« der Feige, die wir essen, ist in Wirklichkeit ein Blütenstand. Es gibt drei deutlich verschiedene Blütenformen, die männlich, weiblich oder neutral sind. Der Bestäuber ist eine winzige, nur 1 mm lange Feigengallwespe. Fast jede Feigenart scheint ihre eigene Spezies einer solchen Wespe zu haben.

Das Weibchen der Feigengallwespe legt mit einer sehr langen Legeröhre seine Eier in den neutralen Blüten, die in Wirklichkeit unechte weibliche Blüten sind, innerhalb der sogenannten Gallenfeige ab. Dabei scheidet die Wespe einen Tropfen von einer besonderen Flüssigkeit aus, die nun die Blüte veranlaßt, eine Galle zu bilden, deren fleischiges, größer werdendes Gewebe die sich entwickelnde Wespenlarve ernährt.

Diese Larven schlüpfen aus, wenn die Feige reif ist, und bringen männliche und weibliche Feigengallwespen hervor. Die Männchen sind flügellos und sterben bald, ohne die Feige zu verlassen, nachdem sie in deren Innerem die Weibchen in einer kleinen Orgie im Dunkeln befruchtet haben. Die Weibchen drängen sich durch die Öffnung der Feige nach außen, streifen dabei an den männlichen Blüten vorbei und werden mit Pollen eingestäubt.

Einige der Weibchen fliegen zu den »Gallenfeigen« und wiederholen den Zyklus. Andere finden echte weibliche Feigen. Doch die Blüten sind hier anders und vereiteln die Bemühungen der Wespen, Eier zu legen. Verblüfft darüber wandern die Wespen über die ganzen Blüten und übertragen den Pollen auf sie. Das Resultat ist, daß samentragende Feigen heranreifen. Was sich nun auch abspielen mag, die Weibchen der Feigengallwespen gehen in den Feigen zugrunde, da sie seit ihrer Geburt nichts gefressen haben.

Die zweite klassische Bestäubungssymbiose findet sich bei den amerikanischen Palmlilien (*Yucca*) und bestimmten Motten, von denen die meisten auf eine dieser *Yucca*-Arten beschränkt sind. Die weibliche *Yucca*-Motte, von der Blüte angelockt durch deren hauptsächlich nachts verbreiteten Duft, klettert der Reihe nach an mehreren Staubgefäßen hoch und scharrt deren Pollen zu einem Ball zusammen. Dann transportiert sie diesen Pollenklumpen zu einer anderen Blüte, die sie sorgfältig untersucht, um sich zu vergewissern, daß die Narbe aufnahmebereit ist und nicht schon eine andere Motte schneller war. Ist alles in Ordnung, legt die Motte 1 bis 4 Eier in jede der drei Kammern des Fruchtknotens und drückt dann den Pollen auf die Narbe.

Die Samenanlagen, in die Eier gelegt worden sind, werden abnorm groß und bilden das Futter für die ausschlüpfende Mottenraupe. Aber es bleiben eine Menge Samenanlagen übrig, die sich zu Samen entwickeln können. Wenn diese reifen, kriecht die nun herangewachsene Raupe über die Pflanze hinunter, um sich im Boden zu verpuppen.

Die voll entwickelten Motten schlüpfen nicht nur aus, wenn die Palmlilien in ihrem Gebiet in Blüte stehen, sondern die Puppen verteilen das Ausschlüpfen über drei Zeiten, für den Fall, daß die Palmlilien einmal ein Jahr mit dem Blühen aussetzen. Die Pflanze gewährleistet, daß die Mottenraupen Nahrung und Unterkunft haben. Die Motte garantiert die Bestäubung der Palmlilie. Beide sind vollkommen voneinander abhängig.

Aber ich muß mich nun wieder anderen Methoden zuwenden. Ein weiteres wichtiges Mittel der Blüten, Insekten anzulocken, ist der Blütenhonig oder Nektar, ein Sekret mit unterschiedlichem Zuckergehalt, der in Ausnahmefällen bis zu 70 Prozent beträgt. Das ist natürlich für viele Insekten, einschließlich der Ameisen, aber auch für Fledermäuse und Vögel ein köstliches Futter. Viele Pflanzen scheiden an verschiedenen Stellen, nicht immer nur in den Blüten, den Zucker mit Nektar erzeugenden Drüsen, den Nektarien, aus. Wird Nektar nur in den Blüten produziert, befindet er sich dort, wo das Insekt ihn mit der Zunge herausholen kann. Manchmal, wie bei Doldengewächsen (*Umbelliferae*), Palmen und anderen Pflanzen, bei denen viele kleine Blüten dicht beisammen stehen, ist in jeder Blüte nur ein wenig Nektar enthalten. Dadurch muß das Insekt von einer Blüte zur anderen wandern, um eine reichliche Mahlzeit zu erhalten, und sorgt so besser für die Bestäubung.

Aber Nektar kann auch im Überfluß erzeugt werden, so daß weniger Blüten nötig sind. Die südafrikanischen *Melianthus*-Arten – wörtlich übersetzt »Honigblumen« – verdienen diesen Namen. Denn sie sondern soviel Nektar ab, daß ein süßer Regen niedergeht, wenn man sie schüttelt.

Das alles läuft auf eine Spezialisierung hinaus, und es geht dabei auch um den Grad, in dem im Lauf der Evolution durch Anpassung eine »Zuverlässigkeit« in der Erfüllung der Aufgabe erreicht wird. Je versteckter und unzugänglicher der Nektar, um so länger werden wahrscheinlich die Mundwerkzeuge des Insekts und um so angepaßter wird das Zusammenspiel mit der Blüte sein. Nektar in einem röhrenförmigen Sporn wie bei der wohlbekannten Akelei (*Aquilegia vulgaris* etc.) deutet meist auf eine einzige Insektenart als Bestäuber hin. Darwin sah einst eine *Angraecum sesquipedale* genannte Orchidee, die in Madagaskar vorkommt. Sie hatte einen 30 cm langen Sporn, von dem nur die letzten 4 cm mit Nektar gefüllt waren. Darwin stellte nun die Behauptung auf, daß es einen Nachtfalter mit entsprechend langem Rüssel geben müsse. Obwohl Entomologen das damals lächerlich fanden, wurde dann dieser Nachtfalter mit dem dazugehörigen langen Rüssel entdeckt. Überdies ergab sich die genau umgekehrte Sachlage in Südamerika. Dort wurde ein Nachtfalter mit einem über 30 cm langen Rüssel entdeckt, aber erst viele Jahre später fand man die dazu passende Blüte mit einem 30 cm langen Sporn bei einer auf dem Boden wachsenden *Habenaria*-Orchidee.

Zu den merkwürdigsten Nektarien gehören jene der Kaiserkrone (*Fritillaria imperialis*). Am Grund der hängenden, glockenförmigen Blumenkrone stehen sechs glitzernde Tropfen in weißen »Kugeln« von etwa 5 mm Durchmesser, die der Schwerkraft zu spotten scheinen.

Im Aussehen sind die tropischen *Marcgravia*-Arten noch merkwürdiger. Sie sind epiphytische Sträucher, deren herabbaumelnde Blüten aussehen, als seien sie eine Zirkusdekoration. Die zahlreichen Blüten stehen in einem radförmigen, waagerechten Wirtel, unter dem fünf längliche Nektartaschen senkrecht herabhängen. Kolibris, die diese Zuckerspender besuchen, können nur abfliegen, wenn sie hochsteigen und dann mit ihrem

Kopf die Blüten berühren und so deren Bestäubung sichern.

Viele Insekten – aber auch Vögel – kennen Mittel und Wege, Nektar zu stehlen, ohne ihre »Pflicht« zu tun. Vor allem stechen oder beißen sie Löcher in die Blüte oder stecken ihre Zunge in Schlitze, die nicht für sie bestimmt sind. Einige Bienenarten haben sich auf Pollenraub bei Blüten verlegt, die eigentlich nicht für Befruchtung durch Pollensammler gebaut sind. Bei manchen Blüten finden sich Schutzeinrichtungen, wie etwa harte oder dicke Kelche, gegen solche Plünderer. Die simple Veränderung, die Blüte abwärts zu neigen, ist für Bienen ein Anreiz, aber schreckt Fliegen ab. Manchmal werden unechte Nektarien gebildet, um unerwünschte Insekten von den Blüten fernzuhalten; hin und wieder fangen klebrige Haare herankriechende Insekten ab, die Nektardrüsen über den Stengel zu erreichen hoffen.

Außer verlockendem Duft, Pollen und Nektar erzeugen manche Blüten auch Wärme. Obwohl diese Wärme ein typisches Nebenprodukt von Gestank ist – man bedenke aber, daß auch Gestank für Insekten attraktiv sein kann –, wird sie doch nicht ohne Zweck erzeugt. So wird der Kotgestank, den der auch in England heimische europäische Aronstab ausströmt, um bestäubende Schmetterlingsmücken anzuziehen – die ihre Eier sonst in verfaulende Exkremente legen –, innerhalb des aufrechten Blütenkolbens produziert, wobei dessen Temperatur sich bis zu 15°C erhöht. Die von der Spatha umschlossene Kammer der Blüte darunter ist nur ein wenig wärmer als die Außenseite, aber sie bietet ein für viele Insekten verlockendes Obdach. Diese »Blütenkammer«, die in Wirklichkeit eine Kessel-Falle ist, wird an der Basis der großen, bootförmigen und senkrecht stehenden Spatha gebildet, die den Kolben umhüllt. Die Blüten befinden sich am Fuß des Kolbens, eine Gruppe weiblicher Blüten in einem Streifen am Grund, eine Gruppe männlicher Blüten darüber. Das alles wird oben am Hals des Kessels von einem Gürtel aus Haaren gekrönt, die sich nach abwärts beugen, so daß Insekten hinunter, aber nicht wieder nach oben gelangen können. Die Mücken begeben sich zuerst zu dem am kräftigsten riechenden Bezirk, der unmittelbar oberhalb der Blütenkammer liegt. Die Oberfläche dieses Bezirks und der untere Abschnitt der Spatha scheiden Öltröpfchen aus, so daß die Insekten unvermeidlich an den Haaren vorbeigleiten, die ebenfalls fettig sind und wie eine Hummerfalle wirken. Sind die Insekten einmal drinnen, nehmen die Narben den Pollen auf, den diese vielleicht bereits mit sich tragen. Am nächsten Tag trocknen die Narben ein, und dabei scheidet jede von ihnen ein winziges Tröpfchen

Nektar aus, als eine Art Entgelt für die vorübergehende Einkerkerung des Insekts. Dann werden die darüber befindlichen Staubgefäße reif. Bei jedem öffnen sich zwei Schlitze, aus denen Blütenstaub herabregnet. Ist dies – gewöhnlich am dritten Tag – geschehen, schrumpfen die Haare zusammen, die mit Pollen bedeckten Mücken können herauskommen und werden von einer anderen empfangsbereiten Blüte angelockt.

Normalerweise werden in einer Blüte nur etwa ein Dutzend Insekten in dieser Falle zurückgehalten, aber manchmal sind es sehr viel mehr. Eine Rekordzahl waren nicht weniger als 4000 Mücken im Kessel. Selbstverständlich gehen in solchen Fällen die meisten Besucher, aber auch die nur herumwandernden Insekten, zugrunde. Es sind hauptsächlich Käfer, die eine Unterkunft gesucht haben. Die höchste bekannte Kolbentemperatur bei einem Aronstab – zugleich der bemerkenswerteste Fall von Wärmeentwicklung im Pflanzenreich – betrug bei *Arum orientale* 43°C, bei einer Außentemperatur von rund 15°C.

Wie ich bereits erwähnt habe, kann für Bestäuber die Gefahr, erstickt zu werden, bestehen. Die einer Kobra ähnlichen Feuerkolben-Arten (*Arisaema*) gehen dabei noch weiter. Sie haben getrennte weibliche und männliche Blüten, die von Pilzmücken bestäubt werden. Wenn alles richtig verläuft, dringen die Insekten in die kannenförmige männliche Blüte ein und gleiten auf der schlüpfrigen Innenwand hinunter. Während der Rutschpartie bepudern sie sich mit Pollen und werden durch eine Öffnung am Grund der Blüte wieder hinausgelassen. Genau der gleiche Mechanismus ist bei den »Blumendamen« wirksam, nur ist bei ihnen kein Ausgang vorhanden. Die grausame Pflanze läßt ihre Bestäuber umkommen, wenn sie ihr erst einmal den unfreiwilligen, aber notwendigen Dienst erwiesen haben.

Sehr ähnliche Fallenmechanismen existieren bei den nicht verwandten Osterluzei-Arten (*Aristolochia*). Hier führt eine Landeplattform, die an die einer Weltraumstation erinnert, in eine lange Röhre, die oft wie bei einer Pfeife gekrümmt und innen ganz mit nach abwärts gerichteten Härchen besetzt ist. Sie gleicht in der Anordnung genau einer Aalreuse. Ein Geruch, der Insekten anzieht – bei der Großblütigen Osterluzei (*A. grandiflora*) erinnert er an verfaulenden Fisch –, lockt kleine Fliegen zu den Geschlechtsorganen hinunter, von denen, wie beim Aronstab, die weiblichen zuerst reifen. Die männlichen Organe verstreuen den Pollen später, und die Härchen welken dann, so daß die mit Pollen beladenen Insekten wieder entfliehen können. In vielen Fällen neigt sich die Blüte dann gleichzeitig abwärts, so daß die Insekten richtig hinausgeworfen werden. Bei den Osterluzei-Arten können die Besucher jedoch mit noch größerer Wahrscheinlichkeit erstickt werden als bei den Aronstab-Verwandten. Die Osterluzei-Arten sind fast schon zu schlau geworden.

Eine Falle ganz anderer Art, als die bereits erwähnten, haben die Seidenpflanzengewächse (*Asclepiadaceae*), darunter die Arten der Seidenpflanze (*Asclepias*) selbst und die Schwalbenwurz (*Vincetoxicum = Cynanchum*). Hier sind die paarigen Pollenmassen untereinander verbunden durch eine klebrige Drüse und genau über Schlitzen angebracht, die zu der Narbe führen. Insekten werden durch Nektar in großen Vertiefungen angelockt. Wenn sie herumwandern und davon trinken, gerät unvermeidlich eines ihrer Beine, manchmal auch ihr Rüssel, in einen Schlitz. Theoretisch zieht der Schmetterling sein Bein mit dem daran klebenden Pollen wieder heraus, um ihn, wenn er zu einer anderen Blüte gelangt, dort auf die Narbe zu drücken. Aber der Schlitz ist so tief und eng, daß schwächere Insekten Bein und Rüssel nicht wieder herausziehen können und in dieser Falle herumflattern, bis sie verenden. Eine im Volksmund »Grausame Pflanze« genannte Art (*Araujia sericofera*) hat ihren Namen erhalten, weil sie oft Nachtfalter gefangen hält, die mit dem Rüssel in die Falle geraten.

Viele Blüten verzichten auf passive Fallen und schreiten lieber zur Tat. Man kennt mehrere Arten, bei denen die Staubgefäße so angeordnet sind, daß sie, von einem Insekt berührt, sich ganz schnell schütteln. Dadurch wird Pollen über den Bestäuber geschleudert. Australische *Stylidium*-Arten nennt man in ihrer Heimat wegen dieser Reaktion »Drückerpflanzen«. Mehrere Berberitzen (*Berberis vulgaris* etc.) haben ähnlich reagierende Staubgefäße. Viele Hülsenfrüchtler besitzen ebenfalls höchst sinnreiche Mechanismen. Einige, darunter Ginster und Luzerne, haben eine spiralig gewundene »Staubgefäßröhre«, mit der auch der Griffel – der Stiel, der die Narbe trägt – verwachsen ist. Er läßt ein Insekt »stolpern«, wenn es sich den Weg in die Blüte bahnt. Es erhält dadurch einen Klaps auf den Rücken und schnellt hoch. Gleichzeitig werden die Staubgefäße hochgeschleudert und pudern die Unterseite des Insekts mit Pollen. Von Honigbienen weiß man, daß sie den Luzerne-Blüten Nektar rauben, indem sie diese anstechen. Das könnte einfach eine Methode sein, Futter zugewinnen, ohne dauernd lästige Schläge auf das Hinterteil erdulden zu müssen.

Wenden wir uns nun anderen Geschöpfen zu. Viele Vögel sind ebenso wie

Insekten in hohem Maße angepaßte Bestäuber. Meist lieben sie Nektar, aber sie werden nicht vom Duft angelockt. Von Vögeln bestäubte Blumen haben überwiegend lebhafte, reine, sogar grelle Farben, oft in Rottönen, manchmal auch in auffallender Zusammenstellung mit Grün, Gelb und Rot und zeigen oft Leitmale. Sie sind häufig kräftig gebaut und scheiden reichlich einen ziemlich wässerigen Nektar aus, der manchmal für recht große Vögel die Hauptquelle für Flüssigkeit ist. So werden Korallenbäume (*Erythrina indica*), die sehr viel Nektar liefern, in der Trockenzeit, wenn sie blühen, ausgiebig von Vögeln besucht. Von Vögeln bestäubte Blumen sind vorwiegend röhren- oder kegelförmig und können daher viel Flüssigkeit enthalten. Manche Vogelblumen, darunter Fuchsien (*Fuchsia*) hängen herab, andere, wie die Klettertrompeten (*Campsis radicans*), stehen aufrecht, so daß Kolibris Nektar saugen können, während sie in der Luft schweben. Die riesigen Blütenrispen der 10 m hohen *Puya raimondii* bieten den Kolibris der Anden 200000 metallisch glänzende Saugstellen an. Nebenbei bemerkt, können Kolibris ebenso wie die Bienen Farben sehen, die das menschliche Auge nicht wahrzunehmen vermag.

Andere Vogelblumen sind robust gebaut, so daß der Besucher auf ihnen landen kann oder öfter noch auf einem kahlen Stengel, auf einem Stiel oder Hochblatt oder auf einer Knospe in geeigneter Stellung sitzen kann. Manche, so etwa die mit den Schwertlilien verwandte südafrikanische Art *Antholyza ringens*, haben richtige »Sitzstangen« entwickelt. Bei ihnen sind die Blütenstiele über die Blüten hinaus verlängert, so daß Honigsauger sich daran festklammern und ihre Schnäbel in die nach oben gerichteten Blumen stecken können. Honigsauger sind Vögel, die auf der Nektarsuche geradezu akrobatische Kunststücke vollführen. Bei der Paradiesvogelblume (*Strelitzia reginae*) steht der Vogel auf einer festen trogförmigen Plattform und holt sich Nektar aus dem Zentrum der Blume. Er weiß kaum, daß die Staubgefäße dabei Pollen auf seine Füße pressen, der auf die in gleicher Stellung befindliche Narbe einer anderen Blüte übertragen werden soll. Es entwickeln sich der Reihe nach mehrere Blüten, die aus dem »Trog« aufsteigen, so daß eine voll entwickelte Paradiesvogelblume wie ein halbgeöffneter Fächer aussieht.

Tropische Mistel-Arten (*Loranthus*) lassen ihre leuchtenden Blüten an der Unterseite der Zweige ihrer Wirtspflanze hervorsprießen, wo sie in Büscheln stehen oder herabhängen und so vollendet geeignet für den Besuch von Vögeln sind. Eine Gruppe dieser Misteln besitzt Knospen mit kleinen Öffnungen, die Blütenpicker der Gattung *Dicaeum* als eine verborgene

Einzelblüte des Großen Zweiblatts *(Listera ovata)*, einer auch in Deutschland heimischen Orchidee.

Oben links: Früchte eines Springkrauts *(Impatiens)*. Eine Frucht ist bereits aufgesprungen.
Oben rechts: Eine stachelige »Wollklette«, die Frucht eines Schneckenklees *(Medicago)*.
Unten links: Kapselfrucht eines Löwenmäulchens *(Aulirrhinum)*, die vorne von selbst aufspringt.
Unten rechts: Die Frucht eines Waldweidenröschens *(Epilobium = Chamaenerium angusti-folium)* hat sich geöffnet, und die Samen mit ihren Haarschöpfen fliegen heraus.

Nektarquelle erkannt haben. Sie stecken ihre Schnäbel in die Blüten, die daraufhin buchstäblich explodieren und sie mit Pollen überschütten. Dies ist eine weitere sehr enge Beziehung zwischen Blüten und Tieren. Denn wie wir noch erfahren werden, fressen und verbreiten die gleichen Vögel auch die Samen.

Sehr oft entdecken wir, daß tropische Mitglieder einer Pflanzenfamilie von Vögeln bestäubt werden, während ihre Verwandten in gemäßigten Zonen auf Insekten angewiesen sind. Weil die Evolution der Blüte mit ziemlicher Sicherheit in den Tropenwäldern begann, hat man vermutet, daß die Bestäubung durch Vögel am Anfang stand, ehe die Insekten sie übernahmen. Heute glaubt man jedoch, daß alles mit den Insekten begann. Denn Vögel haben oft nebenbei noch eine zweite Futterquelle in den Insekten, die in enger Beziehung zu den Blüten stehen.

Viele Insekten sind Nachttiere. Daher öffnen sich auch die Blüten, die sie besuchen, nachts, und meist haben sie einen sehr starken Duft, der nur in der Nacht »eingeschaltet« oder zumindest verstärkt ausgeströmt werden kann. Sie besitzen auch Nektar, um einen stetigen Besuch zu garantieren.

In der Nacht werden die Vögel, die den Insekten als Bestäuber gleichwertig sind, weitgehend durch Fledermäuse ersetzt. Die Blumen, die diese Tiere besuchen, öffnen sich nachts. Häufig wirkt als erstes Anziehungsmittel ein starker Geruch, der manchmal für Menschen widerlich ist. Er kann moderig, muffig oder fischähnlich sein, aber man hat auch Gerüche festgestellt, die an Gurken oder saure Milch erinnern. Fledermäuse sind farbenblind, daher sind die Blüten häufig schwarz oder weiß oder zeigen eine Farbenskala von purpurnen, braunen und dunkelroten Tönen, die dann noch mit einem Verwesungsgeruch verbunden sind. Die Blüten können für die schnabellosen, unbeholfenen Fledermäuse große Öffnungen haben. Doch sie müssen kräftig gebaut sein, um den Krallen dieser Geschöpfe standzuhalten. Im typischen Fall hängen die Blüten an langen Stielen, weil Fledermäuse sich zwar anklammern können, aber nicht sicher zu landen imstande sind. Das extreme Beispiel dafür ist der tropische Baum *Mucuna gigantea*, eine Bohnenart, die 20 m groß wird und deren Blütenstiele tief unter den Zweigen, manchmal höchstens einen Meter über dem Boden baumeln. Wenn auf Blüten an so langen Stielen so große Früchte folgen wie beim Leberwurstbaum (*Kigelia africana* = *K. pinnata*), auf den der Name wirklich paßt, so ist der Effekt doppelt bizarr. Viele Fledermausblumen sind kugelig oder haben wie beim Baobab

Staubgefäße, die runde Massen bilden, so daß die Fledermäuse sie packen können. Von Fledermäusen bestäubte Blüten müssen Unmengen von Nektar für ihre gierigen Besucher erzeugen und ebensoviel Pollen, der auch gern gefressen wird. Baobab, südamerikanischer Baumwollbaum, Durianbaum (*Durio zibethinus*) und viele Bäume aus der Familie der *Bignoniaceae* werden von Fledermäusen bestäubt. Der berühmte nachts blühende Säulenkaktus »Königin der Nacht« (*Selenicereus grandiflorus*) wird von der kleinen Vampir-Fledermaus besucht und der riesige Saguaro-Kaktus (*Carnegiea gigantea*) von einem Langzungen-Vampir. Beide Fledermäuse heißen zwar »Vampire«, sie sind aber keineswegs Blutsauger. Sie sind Beispiele für Fledermäuse, die lieber schwebend saugen, statt sich dabei festzuklammern. Manche der von diesen Flattertieren bestäubten Blüten sind sehr groß. Beim Balsabaum (*Ochroma lagopus*) sind sie 12 cm lang und 8 cm breit, beim Leberwurstbaum 7 cm lang und 12 cm breit.

Andere kleine Tiere haben bei der Bestäubung buchstäblich ihre Hand im Spiel. So besuchen die flinken Buschbabys, afrikanische Nachttiere aus der Halbaffenfamilie der Ohrenmakis, auch die hängenden, nachts geöffneten Blüten des Baobab. Eine Liane, die von Ratten bestäubt wird, ist in Hawaii *Freycinetia* aus der Familie der Schraubenbaumgewächse (*Pandanaceae*). Bei ihr sind die kegelförmigen Blütenstände von einer Anzahl von orangefarbenen Blättern umgeben, die eine fleischige und süßschmeckende Basis haben. Ratten fressen diese Hochblätter und übertragen dadurch Pollen mit Schnauzenhaaren und Pfoten von den männlichen auf die weiblichen Blütenstände. Andere solche Schraubenbaumgewächse haben ähnlich fleischige Hochblätter; sie locken damit Flughunde an, die zur großen Sippe der Fledermäuse gehören. Die australischen *Banksia*-Arten, aus der Familie der Proteusgewächse (*Protaceae*), werden von einem als »Honigmaus« bezeichneten Rüsselbeutler und von Zwerg-Flugbeutlern bestäubt, beides kleine, geschickt kletternde Geschöpfe. Mit den langen Zungen sind sie der Nektarsuche, mit dem weichen Pelz der Pollenaufnahme gut angepaßt.

Der wunderlichste Bestäuber ist eine Schnecke. Sie soll Pollen von einer schmutzigbraunen, becherförmigen Blüte der Schusterpalme (*Aspidistra elatior*) zur nächsten bringen. Die Blüten stehen in Bodenhöhe, so daß dies durchaus möglich ist. *Rhodea japonica*, aus der Familie der Liliengewächse (*Liliaceae*), wird ebenfalls von diesen Schnecken bestäubt; sie fressen die fleischige Außenseite der in Massen zusammengeballten Blüten –

die nach verdorbenem Brot riechen – und transportieren Pollen von einer Narbe zur anderen.

Blüten schließen sich gewöhnlich, wenn es regnet, weil der Pollen zu Schaden kommen könnte oder Bestäuber abgeschreckt werden. Ein paar Pflanzen machen sich aber den Regen zunutze, so zum Beispiel auf den Faröer-Inseln, wo kaum bestäubende Insekten existieren. Beim Kriechenden Hahnenfuß (*Ranunculus repens*) schlagen Regentropfen den Pollen aus den Staubbeuteln, die flüssige Blütenstaubmasse läuft in das becherförmige Zentrum der Blüte und wirbelt um die Narben, auf denen sich Pollen niederschlägt. Beim Beinbrech (*Narthecium ossifragum*) wird der Regen von den langen Haaren der Staubfäden aufgefangen. Das Wasser bildet zwischen Staubbeutel und Narbe eine Brücke, über die der Pollen schwimmen kann.

Echte Wasserpflanzen haben besondere Probleme, aber es gibt wenige, die ihre Blüten unter dem Wasserspiegel tragen. Dies sind hauptsächlich jene merkwürdigen Pflanzen wie die Seegras-Arten (*Zostera*), die wieder ins Meer zurückgekehrt sind und dort den Algen, ihren Urahnen, Konkurrenz machen. Unter solchen Umständen brauchen die Blüten weder Farben noch Duft oder Nektar und werden häufig sehr klein. Die Hauptanpassung besteht hier darin, Pollen zu erzeugen, der gegen Wasser unempfindlich ist und in langen Strängen erzeugt wird, die sich, nachdem sie übertragen worden sind, um die langen, dünnen Narben wickeln.

Die Wasserpflanze, die auf die ungewöhnlichste Weise blüht, ist vielleicht die Wasserschraube (*Vallisneria spiralis*). Sie entwickelt riemenförmige bis zu 80 cm lange Blätter und lebt in Wasser von ungefähr gleicher Tiefe. Die weiblichen Blüten stehen an dünnen Stielen, die vom Blattgrund ausgehen, und die Knospen werden gut gesichert in einer luftdichten Blase aus Hochblättern nach oben befördert. Sind die Blüten erst einmal auf dem Wasserspiegel angelangt, öffnen sie sich in drei kahnförmigen Lappen. In jedem davon befindet sich eine bürstenartige Narbe. Die männlichen Blüten werden ebenfalls in Blasen, aber viel tiefer unten gebildet. Sobald sie reif sind, öffnet sich die Blase, die Knospen lösen sich ab und steigen wie Taucher an die Oberfläche. Denn jede Knospe trägt, fest zwischen den Blütenteilen eingeschlossen, eine Luftblase. Sind diese Blütenteile an die Luft gelangt, drehen sie sich so herum, daß sie als Schwimmkörper für die zwei Staubgefäße dienen, die schräg nach aufwärts gerichtet sind. Wenn die kleinen »Flöße« eine weibliche Blüte berühren, werden sie wahrscheinlich zwischen zwei von deren Lappen eingeklemmt, und der Pollen wird dann auf die herausragende weibliche Bürstennarbe übertragen. Diese erstaunliche Pflanze verfügt noch über einen weiteren Trick: Ist die Bestäubung vollzogen, wird die weibliche Blüte durch den Stengel, der sich zu einer Spirale einrollt, wieder zum Fuß der Wasserschraube hinuntergezogen.

Bei jeder Pflanze spielt die Blüte nach der Bestäubung und der Befruchtung keine weitere Rolle mehr. Sie verwelkt schließlich oder wirft die Blumenkrone ab. Einige sind imstande, späten Besuchern kundzutun, daß sie bestäubt worden sind, so daß diese sich anderen Blüten zuwenden und keine Zeit vergeuden. Der Peyotl (*Lophophora williamsii*), ein Kaktus, schließt seine Blüten nach der Befruchtung innerhalb von fünf Sekunden. Der Gamander-Ehrenpreis (*Veronica chamaedrys*) verändert die Farbe von Blau zu Purpur, wenn der Nektar aufgezehrt ist, während der Zwergbuchs (*Polygala chamaebuxus*) rot wird, wenn er befruchtet worden ist. Duftende Blüten verlieren nach der Bestäubung sehr schnell den Geruch, der Insekten anzieht. Bei Pflanzen mit Blüten, die in einer Gruppe stehen, könnte die veränderte Farbe der bestäubten Blumen auch als Lockmittel wirken, das Insekten zu den noch unbestäubten bringt. So sind beim Bastardklee (*Trifolium hybridum*) die neuen Blüten weiß, die bestäubten kräftig rot gefärbt. Bestäubte Blüten einer Gruppe können auch so weiterwachsen, daß sie sich abwenden von den unbestäubten, zu denen dann die Insekten ohne weiteres ihren Weg finden.

»Wenn die Natur jemals ihr spielerisches Wesen bei der Gestaltung von Pflanzen zeigte, wird dies auf die eindrucksvollste Weise bei den Orchideen sichtbar... Sie nehmen die Form von kleinen Vögeln, von Eidechsen und Insekten an. Sie sehen aus wie ein Mann, eine Frau, manchmal wie ein rauher, böser Krieger, ein andermal wie ein Clown, der uns lachen macht. Sie bieten uns das Abbild einer trägen Schildkröte, einer melancholischen Kröte, eines behenden, ständig plappernden Affen. Die Natur hat Orchideenblüten so geformt, daß sie, wenn sie uns nicht zum Lachen bringen, gewißlich unsere größte Bewunderung erregen.«

So schrieb der deutsche Botaniker Breynius im 17. Jahrhundert. Aber er hat nicht ganz so gut beobachtet, wie man vermuten würde. Hinter dieser »spielerischen Gestaltung« von Orchideen verbirgt sich ein in allen Einzelheiten so vollendetes Geschlechtsleben, daß es an das Kamasutra, das indische Lehrbuch der Liebe, erinnert. Obwohl bei vielen anderen Pflanzenfamilien eine enge Verbindung mit den bestäubenden Insekten besteht, sind Orchideen konsequent und in ungewöhnlicher Weise dabei viel weiter gegangen als die übrigen Pflanzen. Die Orchideenblüte kann man fürwahr als eine Einrichtung ansehen, die Insekten regelrecht übervorteilt. Legen wir menschliche Maßstäbe an, könnten wir behaupten, daß zwar das Insekt meist irgendeine Belohnung erhält, aber nur um den Preis, daß es ihm schlecht ergeht oder es sich ausgesprochen lächerlich macht.

Die Orchideen bilden eine der größten Pflanzenfamilien mit etwa 35 000 Arten. Vom Standpunkt der Evolution aus sind sie eine jüngere Familie, die sich wahrscheinlich noch lebhaft weiterentwickelt. Viele Menschen denken, wenn von Orchideen die Rede ist, nur an die prächtigen gezüchteten Hybriden, jene durch Kreuzung entstandenen Mischformen in den Blumenläden, die ein Gärtner einmal »Ansteck-Orchideen« nannte. Aber in Wirklichkeit sind sie von enorm unterschiedlicher Größe, die von Monstern bis zu Blumen von wenigen Millimetern Durchmesser reicht. Die Pflanzen tragen meist zahlreiche Blüten in Ähren, Trauben, oder an herabhängenden Stielen. Ein Züchter berichtet von einem Exemplar des

Oncidium carthaginense, das einen Blütenstiel von 4 m Länge mit mehreren hundert Blüten hatte.

Orchideenblüten unterscheiden sich von allen anderen Blüten in der Form, vor allem in der Anordnung von Narben und Staubgefäßen. Diese sind zu einer »Säule« verwachsen, die zwei einsatzbereite Narben und einen, gelegentlich auch zwei leistungsfähige Staubbeutel trägt. Einer der sechs Blütenabschnitte ist zur meist verhältnismäßig großen Lippe umgestaltet.

Bestäuber von Orchideen sind fast ausschließlich Insekten, und viele einzelne Orchideen-Arten sind so weitgehend angepaßt, daß sie dabei auf eine einzelne Insekten-Art angewiesen sind. Ein paar andere Tiere, einschließlich kleiner Schnecken, können sie hin und wieder ebenfalls bestäuben. Das wichtigste Lockmittel für die Insekten ist häufig der Duft, der gewöhnlich auch für die Menschen sehr reizvoll ist. Manche Orchideen wechseln ihr Parfüm je nach dem Kunden, den sie zu verschiedenen Zeiten anzulocken hoffen. Eine Nachtfalter-Orchidee (*Phalaenopsis*) bietet am Tag Maiglöckchenduft, nachts Rosenduft. Eine *Dendrobium*-Art riecht am Morgen wie das Gartenheliotrop (*Heliotropium*), das wegen des vanilleähnlichen Dufts beliebt ist, und im Dunkeln wie Flieder. Einige Orchideengerüche sind wie die mancher anderer Blüten für uns auch widerlich. Eine Art riecht wie Mottenkugeln, und manche stinken wie Aas. Die meisten Orchideenblüten halten lange Zeit – wenn sie nicht bestäubt werden, nicht selten drei Monate, und ich habe gehört, daß einige im Gewächshaus sogar sechs Monate nicht verwelkten; wieder andere sind sehr kurzlebig. Sind Orchideen einmal bestäubt, strömen sie keinen verlockenden Duft mehr aus, manche wechseln dann die Farbe, und die meisten verwelken sehr schnell.

Geruch von Orchideen ist äußerst spezifisch für eine Art oder Gruppe von Insekten. Einige Orchideen verbreiten einen Gestank wie faulendes Fleisch, der Fliegen anzieht, und gleichen in der Farbe den im vorigen Kapitel geschilderten Aasblumen.

Mit dem Geruch ist fast immer irgendein Futter als Belohnung verbunden. Das kann schlicht Nektar in einem simplen Sporn oder Becher sein, oder aber der Nektar kann auch wie beim Großen Zweiblatt (*Listera ovata*) in einer Furche in der Mitte der Lippe hinunterfließen. Er oder andere Nahrung wird auch auf oder in Geweben abgegeben, in denen das Insekt sie erst aufspüren muß, oder sogar ein Blütenteil dient als verlockendes Futter. Manche Orchideen haben besondere eiweißreiche Haare, andere besitzen Wülste oder sonstige Fortsätze, die von Insekten angeknabbert werden. Hin und wieder zerkauen die Besucher einfach die Blüte selbst, die dann sozusagen das eigene Fleisch dem opfert, der für die sexuelle Fortpflanzung sorgt.

Orchideen locken Insekten auch durch ihr Aussehen an – mit Farbe, Muster, Haarsäumen, Massen von zuckenden Härchen oder mit langen herabbaumelnden Teilen. Am eindrucksvollsten sind wohl die 75 cm langen bandförmigen Blütenblätter der »Chinesischen Schnurrbart-Orchidee« (*Phragmipedium caudatum*), die oft bis zum Boden herunterhängen. Häufig besitzen die Blüten auch Leitpfade für Insekten. Dies können sichtbare, im Bau angelegte oder nektarhaltige Leisten oder Kanäle sein. Der ganze Apparat ist als eine Art Laufgang bezeichnet worden, bei dem das Insekt Hindernisse nur in einer Richtung überwinden kann. Dabei gerät es unfehlbar in eine Lage, in der es gar nichts anderes zu tun vermag, als Pollen zu sammeln oder, wenn dies bereits geschehen ist, ihn auf die Narbe zu bringen. Abgesehen davon, daß dieser Laufgang das Insekt zwingt, einen vorgeschriebenen Weg einzuschlagen, ist er auch dazu bestimmt, ungeeignete Besucher fernzuhalten, damit sie nicht in die Blüte eindringen, sich die Belohnung holen oder zumindest an den Pollen herankommen.

Ein zusätzlicher Grund, warum Orchideen in ihrem sexuellen Fortpflanzungsverhalten so interessant sind, ist die Mühe, die sie aufwenden, um Selbstbestäubung zu vermeiden. In den meisten Fällen befinden sich zwar beide Geschlechtsorgane in der gleichen Blüte, und ein paar Arten werden sich selbst bestäuben, wenn alles andere fehlschlägt, doch wo die Geschlechter getrennt sind, sehen die betreffenden Blüten so verschiedenartig aus, daß Botaniker sie ursprünglich für eine andere Spezies gehalten haben. Dieser Irrtum wurde nur aufgeklärt, weil in seltenen Fällen auf der gleichen Pflanze weibliche und männliche Blüten auftreten. Das war so bei der Schwanenorchis (*Cygnoches*) und bei *Catasetum*.

Das erste Bollwerk gegen Selbstbefruchtung ist ein Schnäbelchen oder Rostellum genannter unpaarer Narbenfortsatz. Bei anderen Arten ist eine kleine Klappe oder ein Deckel vorhanden, der die Narbe verdeckt, während der Pollen von dem Insekt abtransportiert wird. Nebenbei bemerkt, ist der Pollen meist untrennbar zu kleinen festen Klümpchen vereinigt, die Pollinien genannt werden. Sie sind häufig mit einem stielähnlichen Gebilde an einer klebrigen Scheibe befestigt oder werden mit einem Klebstoff aus einem aufplatzenden kleinen Sack versorgt.

In vielen Fällen, so etwa auch bei dem in England verbreiteten Knabenkraut (*Orchis maculata*) und dessen Verwandten, heftet sich, wie man beobachten kann, die klebrige Scheibe an den Saugrüssel des Insekts, etwa eine Hummel, die mit ihm in den Sporn der Blüte eindringt. Die Scheibe hat an der Unterseite ein leimartiges Material, das in wenigen Minuten sehr hart wird. Aber das hornähnliche Pollinium steht fast senkrecht oberhalb des Rüssels, und wenn das Insekt nun eine andere Blüte besucht, würde es lediglich das erste Pollinium auf das nächste, nicht aber auf die Narbe darunter drücken. Um das zu verhindern, hat die Orchidee noch einen Trick auf Lager: Der Stiel des Polliniums biegt sich binnen einer halben Minute, nachdem es sich an das Insekt geheftet hat, fast im rechten Winkel nach vorne. In dieser Lage wird das Pollinium aber auf die Narbe der nächsten besuchten Blüte gepreßt. Wie Charles Darwin feststellte, kann man diese faszinierende Vorrichtung mit einem Bleistift testen.

Bei manchen Orchideen, so etwa bei den Waldhyazinthen (*Platanthera*), deren weiße Farbe und starker nächtlicher Duft Nachtfalter anlockt, werden die Pollinien seitlich an den Kopf des Schmetterlings geklebt, gelegentlich auch auf die Augen.

Bei den meisten Orchideen landet das Insekt auf dem Blütenabschnitt, der Lippe genannt wird. Obwohl sie in Wirklichkeit nur eines von drei Blütenblättern ist, hat sie oft eine ganz besondere Form und ist gewöhnlich viel größer als die übrigen Teile. Manchmal spielt sie auch eine aktive Rolle. So dreht bei *Pterostylis* ein Gelenk die Lippe nach oben, um das Insekt am Verlassen der Blüte zu hindern und im Innern auf den Weg zum »Pollenkuchen« zu zwingen. Nach ungefähr einer halben Stunde nimmt die Lippe wieder die ursprüngliche Stellung ein, bereit für einen neuen Besucher. Bei den australischen *Caleana*-Arten, auch »Fliegende Enten-Orchideen« genannt, werden Insekten, die sie besuchen, ebenfalls für eine Weile eingesperrt, nachdem sie durch einen Ruck der Lippe des »Entenkopfs« in die Mitte der Blüte hineingestoßen worden sind. *Bulbophyllum*-Arten wiederum haben so bewegliche Lippen, daß ein Insekt, das auf ihnen landet, buchstäblich ins Zentrum der Blüte gekippt wird. Bei der Sumpfwurz (*Epipactis palustris*) und verwandten Arten liegt das Gelenk in der Mitte der Lippe. Das Insekt läßt sich darauf nieder und drückt das äußere Ende merklich hinunter, es krabbelt vorwärts und schlürft Nektar. Aber es hat die Vorrichtung schon einschnappen lassen. Sobald es abzufliegen versucht, klappt der Endteil der Lippe scharf gegen seinen Hinterleib, und es kann sich nur noch aufwärts bewegen. Mit dem Hinterkopf zerreißt es den »Leimsack« und bricht beim weiteren Aufwärtskriechen die Pollinien ab, die nun an seinem Kopf klebenbleiben. Wenn es sich in der nächsten Blüte Futter holt, kommt es genau an die richtige Stelle, um die Narbe mit Pollen zu beschmieren.

Die hängenden *Gongora*-Blüten haben einen anderen Mechanismus. Die Biene, von einem süßen Duft angelockt, der ihr Nektar verheißt, merkt bald, daß sie sich an der Blüte nicht festhalten kann, weil deren Oberfläche ganz glatt ist. In einem kurzen, jähen »Abstieg« rutscht die Biene auf dem Rücken den gekrümmten Säulenschacht hinunter und stößt auf seinem Grund gegen die Pollinien. Diese heften sich an die Kehrseite der Biene, von der sie wie Hörner abstehen. Beim Besuch einer anderen Blüte geht es wieder holterdiepolter abwärts, und die Pollinien werden auf die klebrige Narbe gerammt, die sich ebenfalls an der Basis der Säule befindet.

Die beutelförmige Lippe von Frauenschuh (*Cypripedium*) und Venusschuh (*Paphiopedium*) scheidet Nektar an ihrem Außenrand ab. Bienen, die in den Beutel schlüpfen, entdecken, daß sie nicht mehr dort hinauskrabbeln können, wo sie hereingekommen sind. Die Stelle ist zu rutschig und überhängend. Doch durchscheinende Fenster führen das Insekt zur Säule, neben der einige steife Haare den Füßen Halt geben. Das Insekt schiebt sich an der Narbe und dann an der Pollenmasse vorüber, die in die zwei einzig möglichen Ausgänge zu beiden Seiten hereinragt.

Die allerseltsamste Vorrichtung der Lippe ist die »Erfindung« der mittelamerikanischen Helmblume (*Coryanthes*). Die Lippe, die viele Zentimeter breit sein kann, hat sich buchstäblich in eine Art Eimer verwandelt, der an einem steifen, rechtwinklig abstehenden Hochblatt hängt und eine schmale trogähnliche Tülle hat. Unmittelbar oberhalb dieser Tülle befindet sich ein weiterer stabförmiger Teil der Lippe, der rechtwinkelig gebogen ist und auf der Unterseite in Nischen Pollinien und Narbe trägt. Höher oben an diesem Stab liegt einDrüsenpaar, das Tropfen einer Flüssigkeit absondert.

Der Schauplatz ist bereit: Hummeln, angelockt von den farbenprächtigen, stark duftenden und herunterhängenden Blüten, fühlen sich zu einem Abschnitt von eßbarem Gewebe hingezogen, aus dem sie eine parfümierte Lösung saugen. Sie macht die Hummeln buchstäblich so betrunken, daß sie in die Flüssigkeit im Eimer plumpsen. Aber dessen Wände sind steil, und es gibt nur einen Ausweg über die Tülle. Die Insekten müssen sich unrühmlich zwischen dem Trog und dem rechtwinkligen Stab durchwinden, und dabei können sie entweder auf ihrem Rücken Pollen sammeln oder ihn, wenn sie ihn vorher schon erhalten haben, auf der Narbe ablegen.

Die erste Hummel, die in eine jungfräuliche Blüte gelangt, muß sich schwer plagen, um zu entkommen, weil das Rostellum sie meist an ihrem Platz festzuhalten sucht. Manchmal braucht die Hummel 30 Minuten, ehe sie es schafft, sich herauszuschlängeln. Nachdem die Pollinien jedoch entfernt worden sind, ist das Rostellum nicht mehr so lästig, und die nachfolgenden Hummeln, von denen manche mit Pollinien von anderen Blüten ankommen, können ganz schnell die Blüte passieren. Meist bildet sich eine regelrechte Prozession von Hummeln, die sich beschwipst und mit nassen Flügeln aus dem Bad herausarbeiten.

Die Blüte scheint den Duft ausschalten zu können, wenn eine Hummel zu lange für ihre Flucht braucht. Ein Beobachter stellte fest, daß eine Hummel 45 Minuten für ihren »Houdini-Akt« benötigte. Inzwischen strömte die Blüte keinen Duft mehr aus und nichts würde daher das Insekt bewegen, erneut in sie zurückzukehren. Am nächsten Morgen war der Blütenduft wieder vorhanden. Dies könnte gut eine Einrichtung sein, die Selbstbestäubung verhindern soll.

Auch andere Orchideen machen aus ihren Bestäubern Trunkenbolde. Zu ihnen gehören Arten von *Gongora*, *Stanhopea*, *Catasetum* und die Schwanenorchideen; in jeder von ihnen werden die Pollinien auf einen Körperteil des Insekts geschossen. Meist ist für das alles auch ein Grund vorhanden. Hummeln sind derb und tolpatschig. Wenn die Blüten sie betrunken machen oder betäuben, können sie leichter dazu gebracht werden, den Blüten »zu Willen zu sein«, so daß die Pollinien mit größter Exaktheit auf die Narbe gebracht oder für eine andere Blüte mitgenommen werden.

Der berauschende Stoff ist offensichtlich den betreffenden Hummeln höchst angenehm, denn sie sammeln ihn und speichern ihn in Taschen aus schwammigem Gewebe an den Beinen. Eine Theorie nimmt an, daß die Hummelmännchen das ätherische Öl dazu verwenden, die Territorien zu markieren, in denen sie um die Weibchen werben, wie es manche größere Tiere mit Duftdrüsen oder mit Harn tun. Anderes Beweismaterial läßt vermuten, daß das Öl an einem geeigneten Platz abgegeben wird, wo es Hummeln beiderlei Geschlechts anlockt.

Manche Orchideen gleichen in Gestalt und Färbung auffallend den Insektenfallen der Aronstabgewächse. Beispiele dafür sind *Pterostylis falcata* und *Masdevallia muscosa*. Bei ihnen verzahnen und überlappen sich die Blütenteile so, daß ein krugförmiger Behälter mit einer Haube entsteht.

Die stark verkleinerte Lippe ist eine Kombination von einer Art Stolper-draht mit einer Falle, die 30 Minuten lang geschlossen bleiben kann. Die Eingangsstelle ist oft recht leuchtend gefärbt. Frauen- und Venusschuh sind ebenfalls Fallenblumen, wenn auch von etwas anderer Art.

Vielleicht die am wenigsten erwartete Bestäubungsmethode zeigt die Sippe der Ragwurz (*Ophrys*), auch Kerfstendel genannt, die zu den Ver-wandten der europäischen und mediterranen Bienen-Ragwurz gehört. Die gleichen Lebensgewohnheiten haben die australischen *Cryptostylis* – und die südamerikanischen *Paragymnomma*-Arten, möglicherweise auch noch ein bis zwei andere Orchideen. Sie besitzen keinen Nektar, kein Öl, keinen eßbaren Teil. Dennoch werden sie bereitwillig von Bienen, Fliegen und anderen Insekten besucht.

Hier haben wir tatsächlich Pflanzen vor uns, die man nur als »Prostituierte« bezeichnen kann. Die Blüten sind so gebaut, daß sie mit ihrem allgemeinen Aussehen Insektenmännchen anlocken. Oft haben sie einen Fleck, der Licht reflektiert, um das Insekt sicher »landen« zu lassen. Sie haben glän-zende augenähnliche Flecke, stark rückgebildete Blütenblätter mit nachge-ahmten Fühlern und oft seitliche Lappen an der Lippe, die den gefalteten Flügeln eines Insekts gleichen. Aber die Hauptattraktion für die Insekten-männchen, die sie nahe genug heranbringt, um »heimzufinden«, ist ein Ge-ruch, der dem von Weibchen der gleichen Insektenart entspricht. So stark ist dieser Duft, daß die Männchen sogar Blüten zu finden versuchen, die in Papier eingewickelt sind. Die Männchen von zumindest einer Insektenart bevorzugen sogar die Orchideen gegenüber ihren echten Weibchen. Ist das Insekt erst einmal auf der Orchidee angelangt, findet es dort die richtigen Rundungen, Körperfortsätze und Behaarung vor, die es überzeugen, daß es wirklich ein Weibchen entdeckt hat. Es versucht sich mit ihm zu paaren – man nennt das Pseudo-Kopulation –, und es führt sein Vorhaben in allen Einzelheiten und mit aller Energie aus.

Die Mimikry dieser Ragwurz-Arten, die Gestalt und Haare von Tieren nachahmen, aber auch den Duft weiblicher Insekten erzeugen, ist eine der bemerkenswertesten Anpassungen, die in der Evolution zu verzeichnen ist. Sie ist so merkwürdig, daß man sich kaum die Stadien zwischen der heutigen Spezies und einer ersten »Ur-Orchidee« vorstellen kann, die vielleicht mit Duft und Nektar jede Biene anlockte. Nachdem ich über dieses Thema einen Vortrag gehalten hatte, kam tatsächlich ein Mann zu mir, der sagte, er habe niemals eine bessere Beweisführung für seinen Glauben an eine »unmittelbare Schöpfung« gesehen und gehört.

Die Natur ist ungeheuer verschwenderisch mit Fortpflanzungsmaterial, vor allem bei manchen niedrigeren Pflanzen. Ein gewöhnlicher eßbarer Pilz erzeugt, wie man berechnet hat, 16000 Millionen Sporen, von denen pro Stunde 100 Millionen in Freiheit gesetzt werden. Ein Riesenbovist (*Calvatia gigantea*) von etwa 30 cm Durchmesser kann 7 Milliarden Sporen produzieren. Die Zahl der Sporen für das größte jemals gefundene Exemplar ist fast nicht zu berechnen. Der 24 cm hohe Bovist hatte an der breitesten Stelle einen Durchmesser von 1,6 m und war an der schmalsten Stelle noch 1,35 m breit. Nach Schätzungen können Sporen von Bovisten in Luftströmungen fast eine halbe Million km weit getragen werden. Die doch viel größeren Sporen von Farnen beschränken sich dabei auf vielleicht 20000 km. Man vergleiche das mit der Durchschnittsentfernung von 10 km für die schwebenden Samen eines Löwenzahns, obwohl sie bei einem Sturm auch 200 km zurücklegen können.

Eine Verbreitung auf weite Entfernung ist in Wirklichkeit nicht unbedingt erwünscht. So können vielleicht Sporen oder Samen ins Meer hinaus, zu ungeeigneten Standorten oder fort von den Plätzen getragen werden, wo die Tiere existieren, die Bestäuber sind.

Sporen sind im typischen Fall die aus der ungeschlechtlichen Phase niedrigerer Pflanzen stammenden Gebilde, aus denen Nachkommen hervorgehen. Sie werden auf vielerlei verschiedene Weise in Freiheit gesetzt. Pilze, wie die Boviste, sind einfach sackförmige Gebilde; wenn sie reif sind, welken sie und platzen auf, um ihre staubförmige Sporenlast freizugeben. Erdsterne (*Geaster*), ebenfalls Pilze, haben zwei Schichten, von denen die innere der Sporensack ist. Sobald er reif ist, wird er bei manchen Arten dadurch hochgeschoben, daß die äußeren Schichten strahlig aufreißen und ihre Innenseite nach außen kehren. Blätter- oder Lamellenpilze wie der Wiesenchampignon (*Agaricus campestris*) tragen die Sporen auf den Seitenflächen der Lamellen, von denen aus sie mit einer sehr sorgfältig berechneten Explosion ungefähr 0,1 mm weit geschossen werden; diese Entfernung ist bedingt durch den winzigen Spalt zwischen den Lamellen, in den die Sporen dann fallen. Tintlinge (*Coprinus*) haben Lamellen, die zerschmelzen, wobei die Kappe allmählich »selbstverdaut« wird und sich in eine zerfließende Masse verwandelt, die dann die Sporen enthält.

Die winzigen Nestpilze (*Cyathus, Crucibulum*) sind eine faszinierende kleine Gruppe, bei der die Sporenbehälter, die sogenannten Peridiolen, die Sporen nicht entlassen, ehe die Bedingungen dafür richtig sind. Diese Pilze haben entdeckt, wie sie die Kraft eines Regentropfens nutzen können. Sie haben eine solche Form, daß ein Wassertropfen von durchschnittlicher Größe und Geschwindigkeit abprallt, die Seitenwand des »Nestes« hinaufrollt und die Peridiolen dabei mit sich reißt. Bei *Cyathus*-Arten werden sie mindestens 60 cm weit und manchmal bis zu 2 m hoch geschleudert.

Eine berühmte Art der Sporenverbreitung findet sich in einer Pilzgruppe mit dem treffenden Namen *Phalloidaceae*. Sie erzeugen die Sporen an der Außenseite in einem Schleimfilm, der wie bei der Stinkmorchel einen Kot- oder Aasgeruch hat. Botaniker nennen das Kind gern beim richtigen Namen und so ist *Phallus impudicus*, die lateinische Bezeichnung dieser Pflanze, sehr passend. Denn aus einer weichen, unterirdischen und eiförmigen Masse geht ein Fruchtkörper hervor, der in auffallender Weise wie ein menschlicher Penis geformt ist und aus einem spröden Material gebildet wird. Nicht zuletzt ist die Geschwindigkeit bemerkenswert, mit der alles vor sich geht: Der Fruchtkörper kann in nur 1 1/2 bis 2 Stunden aus dem Boden auftauchen. Natürlich geschieht dies nur durch Ausdehnung eines schon vorgebildeten Körpers, wie es auch bei Pilzen, etwa dem Wiesenchampignon, der Fall ist. Es handelt sich dabei nicht um echtes Wachstum.

Der Schleim wird auf der kegelförmigen Kappe der Stinkmorchel erzeugt. Fliegen sammeln sich um diesen begehrenswerten Leckerbissen, genauso wie sie die stinkenden Blüten von Aronstabgewächsen oder Aasblumen umschwirren und verschlingen den Schleim mit allen darin befindlichen Sporen. Die Sporen passieren unbeschädigt den Fliegendarm und werden in einem anderen Teil des Waldes ausgeschieden. Solcher Fliegenkot kann jeweils über 20 Millionen Sporen enthalten. Auch Schnecken lassen sich den Schleim schmecken. Sie können eine Stinkmorchel dank ihres Geruchs aus einer Entfernung von 5,5 m bis etwa 6,5 m ausfindig machen. Ist der Schleim nicht mehr da, hat der Pilz einen ziemlich süßlichen Geruch.

Er hat viele tropische Verwandte, von denen manche eine Art »Spitzenreifrock« oder Schleier unterhalb der Kappe tragen. Es ist nicht verwunderlich, daß primitiven Stämmen die Ähnlichkeit mit ihren eigenen Geschlechtsteilen auffiel und sie diese Pilze für Fruchtbarkeitsriten verwendeten. Zu einem dieser Riten gehörte es auch, daß die Asche solcher Pilze auf die Vagina unfruchtbarer Frauen gerieben wurde.

Eine größere Zuverlässigkeit bei der Sporenverbreitung findet sich bei den Moosen. Sie tragen die Sporen in hübschen Kapseln, die manchmal einen schön geformten kleinen Deckel haben. Bei den Torfmoosen (*Sphagnum*) werden der Deckel und die von ihm verschlossenen Sporen durch den Luftdruck herausgeblasen, der in der Kapsel ansteigt, wenn ihre untere Hälfte austrocknet. Die Klaffmoose der Gattung *Andraea* haben Kapseln mit Schlitzen, die sich nur unter trockenen Bedingungen öffnen. So gewährleisten sie, daß Sporen nur bei trockenem Wetter entlassen werden, weil sie dann leichter durch die Luft schweben. Wechselnde Luftfeuchtigkeit wird ebenfalls von jenen Moosen genutzt, bei denen die Kapsel unter dem Deckel eine Reihe von Zähnen besitzt. Veränderungen im Feuchtigkeitsgehalt der Luft wirken sich auf eine innere Spannung in den Zähnen aus. Das führt dazu, daß sie sich plötzlich so krümmen, daß die Sporen in Bewegung geraten und ausgeschleudert werden. Widertonmoose (*Polytrichum*) haben im Rand der Kapsel, auf dem die »Kapuze« ruht, bis zur Reife einen Ring von kleinen Löchern. Dann wirkt die Kapsel wie ein Pfefferstreuer, und dies gleicht auffallend dem Mechanismus der Samenverbreitung bei Mohn-Arten (*Papaver*).

Spannungen, die infolge von Trockenheit entstehen, werden auch von verschiedenartigen Farnen genutzt. Oft dienen sie nur dazu, Schlitze in den Sporenbehältern, den Sporangien, zu öffnen. Doch bei dem Wurmfarnen (*Dryopteris*) setzen sie einen faszinierenden Katapult-Mechanismus in Gang, der an eine Ballista, ein römisches Wurfgeschütz, erinnert. Ein Streifen besonderer Zellen an einer Seite und am oberen Ende der Kapsel übt einen solchen Druck aus, daß der Oberteil der Kapsel, der die Sporen enthält, sich allmählich von seiner Basis wegbeugt. Ein plötzliches Nachlassen der Spannung läßt den Oberteil wieder vorschnellen, und die Sporen werden aus ihm herausgeschleudert. Diese jähe Bewegung wird durch die sofortige Umwandlung von Wasser in Wasserdampf in den besonderen Zellen verursacht.

Bei den höheren Pflanzen werden die Sporen von den Samen abgelöst. Ein solcher Samen hat viel mehr Zellen als die Spore, er enthält grundsätzlich einen Embryo und besitzt eine äußere Schutzhülle. Sowohl der Embryo wie auch die Hülle sind in verschiedenem Grade entwickelt. Manche Samen haben eine Nahrungsreserve, während andere, wie etwa die von Orchideen, sie nicht besitzen. Manche Orchideen-Embryonen haben für den Start ins Leben nur 120 Zellen. In Ausnahmefällen, so beim Gingkobaum (*Gingko biloba*), werden die Samenanlagen sogar erst befruchtet, nachdem sie vom Elternbaum gefallen sind.

Samen variieren enorm in der Größe. Die kleinsten – wieder einmal aus der Familie der Orchideen – sind weniger als ¼ mm lang und so leicht, daß 3 Millionen auf ein Gramm gehen. Solche winzige Samen werden oft in ebenso unglaublichen Mengen erzeugt. Eine einzige Kapsel von *Angouloa*-Arten der Anden oder von der Schwanenorchis enthalten fast 4 Millionen Samen, und die von Blumenhändlern gewöhnlich angebotenen *Cymbidium*-Arten können 1½ Millionen staubartige Samen haben.

Am anderen Ende der Skala stehen Pflanzen, die nur ein paar sehr große Samen produzieren, von denen der allergrößte die Malediven-Nuß (*Lodoicea moldirica = L. seychellarum*) ist. Sie wird auch Doppel-Kokosnuß oder »Coco de mer« genannt, weil sie gelegentlich auf dem Meer um die ganze Welt geschwommen ist. Einst erzielte sie einen enorm hohen Preis, weil sie als ein seltenes Aphrodisiakum galt. In Wirklichkeit handelt es sich um den riesengroßen Samen einer Palme, der bis zu 45 cm lang und über 30 kg schwer sein kann. Er braucht mehr als zehn Jahre, bis er reif wird. Das Bemerkenswerte an ihm ist die Ähnlichkeit mit dem Becken einer Frau, ob man ihn nun von vorn oder von rückwärts ansieht – weshalb man ihn scherzhaft auch »Podex botanicus« genannt hat. Da überdies der männliche Blütenstand ein ährenförmiger Kolben von über 1 m Länge ist, sind naturgemäß diese Organe zu sexuellen Symbolen geworden.

Genaugenommen ist dieser Riesensame eine Frucht. Aber das ist eine Frage der Terminologie, da die ganze Außenhülle der »Nuß« von einem einzigen Embryo ausgefüllt wird. In diesem Kapitel werde ich die Bezeichnung »Frucht« etwas großzügiger in der allgemein geläufigen Bedeutung von Samen gebrauchen, die in einer viel größeren Masse von eßbarem Gewebe eingebettet sind. Den größten Samen in streng wissenschaftlichem Sinn hat wahrscheinlich die südamerikanische Baum-Art *Mora excelsa*. Er ist ganz flach und hat Ausmaße von 12 cm zu 7 cm.

Die Größe des Samens ist kein Maßstab für die Zeit, die er braucht, um reif zu werden. Bei manchen Orchideen dauert es bis zu 18 Monaten, ehe die Kapseln, in denen die Samen enthalten sind, die volle Reife erlangen. Am schnellsten erfolgt die Samenproduktion natürlich bei einjährigen Pflanzen, die innerhalb einer kurzen Jahreszeit keimen, blühen und Samen hervorbringen müssen. Das ist auch bei mehrjährigen Pflanzen so, wenn die äußeren Bedingungen eine kurze Wachstumszeit diktieren. Den Rekord hält meiner Ansicht nach ein norwegisches Exemplar des Berghahnenfußes (*Ranunculus nivalis = R. montanus*). Er blühte innerhalb von fünf Tagen, nachdem er aus der winterlichen Schneedecke aufgetaucht war, und hatte 17 Tage später reife Samen gebildet. Der mexikanische Riesenkaktus (*Pseudomitrocereus*) hat nach der Blüte binnen 27 Tagen vollentwickelte Samen.

Hat eine Pflanze einmal Samen hervorgebracht, seien es nun wenige oder viele, muß sie dafür sorgen, sie soweit wie möglich zu verbreiten. Wie im Lauf der Evolution die Befruchtung passiv erfolgte oder vom Zufall abhing oder das Ergebnis der Anpassung an Tiere war, so trifft es auch für die Samenverbreitung zu. Es ist interessant zu beobachten, daß in vielen Fällen Pflanzen mit hochentwickelten Bestäubungsmechanismen – ein Hauptbeispiel dafür sind die Orchideen – für die Samenverbreitung keine besonders angepaßten Einrichtungen besitzen.

Eines der wichtigsten Beförderungsmittel ist der Wind für Samen, von denen manche in Ausmaß und Gewicht wieder so staubfein geworden sind wie Sporen. Sie können daher über weite Entfernungen getragen werden. Sehr viele Pflanzen haben geflügelte Samen mannigfaltiger Art entwickelt, obwohl deren Flugbereich oft nur sehr begrenzt ist. Diese aerodynamischen Erfindungen können eine einfache Membran sein, die in einer Ebene den Samen umgibt, oder sie können sich zu richtigen Tragflächen entwickeln wie bei der Gewöhnlichen Esche oder bei den heruntertrudelnden Samen des Bergahorns (*Acer pseudoplatanus*).

Auch die Samen mancher Nadelhölzer sind geflügelt. Andere bleiben merkwürdigerweise in große holzige Zapfen eingebettet, bis diese verrotten oder durch Feuer geöffnet werden. Bei einer Kiefer (*Pinus attenuata*) werden die Zapfen von der Borke überwuchert und können erst frei werden, wenn der Baum abgestorben, umgefallen und vermodert ist.

Bei Skabiosen (*Scabiosa*) und Grasnelken (*Armeria maritima* etc.) werden die Samen von gekräuselten Häutchen getragen, die aus dem trockenen Kelch hervorgehen und wie kleine Federbälle aussehen. Viele Klee-Arten haben aufgeblasene Kelche. Solche Vorrichtungen wirken wie Ballons, aber wahrscheinlich purzeln sie auch viel über den Boden dahin. Der Blasenstrauch (*Colutea arborescens*) hat aufgeblasene Hülsen, und *Cardiospermum* wird wegen der kugelig aufgeblasenen Samenkapseln Ballonpflanze genannt. In beiden Fällen lösen sich die Früchte von der Pflanze und schweben umher.

Diese Federbälle und Ballons bilden den Übergang zu dem Fallschirm der uns von Löwenzahn und Bocksbart (*Tragopogon*) vertraut ist, aber sich auch bei allerlei anderen Familien findet. Sehr viele Pflanzen, darunter Weidenröschen (*Epilobium = Chamaenerium*), Waldreben, Baldrian (*Valeriana*), Wollgras (*Eriophorum*), Weiden und Rohrkolben haben Samen, die sehr klein sind, weil sie von einer Masse feiner Härchen in Luftströmungen meilenweit transportiert werden. Haarbüschel und Fallschirme sorgen viel wirksamer für die Verbreitung als Flügel.

Manche Pflanzen vertrocknen nach der Samenbildung, werden entwurzelt und umhergeweht und verstreuen dabei ihre Samen. Im Buch Jesaja (40,23 und 22,17/18, Lutherbibel) wird darauf angespielt, wenn es heißt: »...als hätte ihr Stamm keine Wurzel in der Erde, daß sie, wo ein Wind unter sie weht, verdorren und sie ein Windwirbel wie Stoppeln wegführt.« Oder: »Siehe der Herr... wird dich umtreiben wie eine Kugel auf weitem Land.« Der Prophet Jesaja war ein guter Naturbeobachter, denn es gibt viele Arten solcher Kugeln, die heute von den Botanikern »Steppenhexe« genannt werden und vor allem in Steppen und Wüsten vorkommen.

Meist haben diese Steppenhexen Stengel oder Zweige, die eine rauhe Kugel formen, und sobald sie vertrocknen, werden sie so hart, daß diese Kugel vom Wind verweht werden kann. Das stachelige Kalisalzkraut und verwandte Arten (*Salsola kali, S. volkensii* etc.) sind typische Steppenhexen. Nicht selten sieht man deren ineinander verstrickte Massen so groß wie ein Heuhaufen werden. Viele Disteln verhalten sich ebenso. Bei *Gundelia tournefortia* aus dem Nahen Osten – einer Art Artischocke des armen Mannes – brechen die stacheligen Köpfe ab, verfangen sich ineinander und bilden große dahinrollende Klumpen. Sie hat Jesaja wahrscheinlich gemeint. Ein Bericht schildert, »daß zur richtigen Jahreszeit Tausende... dieser pflanzlichen Globusse... über die Ebene treiben, rollend, hopsend, abprallend und mit riesigem Radau, zum Entsetzen von Pferd und Reiter«. In Indonesien und Australien verzahnen sich die strahlenförmigen Samenbehälter von Spinifex oder Igelgräsern (*Spinifex, Plectrachne, Triodin*) zu »Windbällen«.

Ein solcher »Windball« im wahrsten Sinne des Wortes ist die Frucht der Koloquinte (*Citrullus colocynthis*) in Nordafrika und in den Wüsten des Nahen Ostens. Wenn die 10 cm großen melonenähnlichen, aber bitteren Früchte reif sind, trennen sie sich von den verdorrten Stengeln und werden trocken und leicht. Ihre glatte kugelige Oberfläche ermöglicht es dem Wind, sie über den Sand zu rollen. Kommen sie in Vertiefungen zur Ruhe, oder stoßen sie auf Sträucher und Steine, platzen sie schließlich auf und verstreuen in der heißen Sonne die schwarzen Samen.

Eine weitere Methode ist natürlich die Beförderung von Samen durch das Wasser. Ein Hauptbeispiel dafür ist die Ausbreitung einer eingebürgerten Springkraut-Art aus dem Himalaja (*Impatiens glandulifera*) an englischen Wasserläufen im Lauf der letzten paar Jahrzehnte. Diese Methode setzt allerdings voraus, daß der Samen schwimmfähig ist und nicht einfach keimt, weil er feucht wird. Solche Samen besitzen für gewöhnlich nicht benetzbare oder wasserabstoßende Oberflächen, wie das bei der gelbbärtigen Deutschen Schwertlilie (*Iris germanica*) der Fall ist. Sie enthalten Luft, manchmal in kleinen Gruben an der Oberfläche oder in inneren Hohlräumen, oder sie haben ein Korkgewebe, das sie trägt. Die Indische Lotosblume besitzt einen kegelförmigen, floßähnlichen Samenbehälter mit Öffnungen an der Oberfläche, in denen man die einzelnen Samen herumrollen sehen kann. Der Behälter bricht vom Stengel ab und treibt so lange auf dem Wasser, bis er zerfällt. Dann kann jeder Same, der noch darin festgehalten worden ist, einzeln davonschwimmen. Mikroskopisch kleine wächserne Fortsätze verhindern, daß er untergeht.

Samen, die weniger in Flüssen als im Meer transportiert werden, müssen Salz vertragen und viel kräftiger sein, damit sie eine rauhe Behandlung und ein lange Zeit dauerndes Dahintreiben überstehen. Die am meisten bekannte Frucht, die vom Meer befördert wird, ist vielleicht die gewöhnliche Kokosnuß der Kokospalme (*Cocos nucifera*). Sie besitzt nicht nur eine dicke Faserhülle, mit der sie besser schwimmt, sondern auch eine besondere Nahrungsreserve in der Kokosmilch, die ihr selbst an trockenen Küsten ermöglicht, zu keimen und sich anzusiedeln. Aber auch viele bedeutend kleinere Samen werden vom Meer verbreitet. Einige australische Arten der Gattung Ehrenpreis (*Veronica*) mit ganz kleinen Samen haben Chile besiedelt, weil sie so ausdauernde Schwimmer waren. Zwei Arten der Gattung *Caesalpinia* aus der Familie der Hülsenfrüchtler haben sehr harte kieselähnliche Samen, die buchstäblich jahrelang im Meer treiben können, ohne ihre Keimfähigkeit zu verlieren. Daher haben sich diese Pflanzen über fast alle tropischen Gebiete verbreitet.

Zu den Mangroven, die Wasserläufe, vor allem aber die Meeresküsten in den Tropen besiedeln, gehören die Arten des Manglebaums, besonders *Rhizophora mangle* in Amerika, *Rh. mucronata* in Asien und Ostafrika.

146

Sie tragen große, wie langgestreckte Birnen geformte Früchte. Lange ehe sich diese Frucht vom Baum trennt, bringt sie schon einen Keimling hervor, der aber keine echte Hauptwurzel entwickelt. Das röhrenförmige Gebilde, das aus ihm herausragt, ist nur das unterste Sproßglied zwischen Wurzeln und Keimblättern und wird wissenschaftlich Hypokotyl genannt. Es wächst sieben bis neun Monate, bis es etwa 50 cm lang und 3 cm breit ist, wobei das untere Ende dicker wird. Dicht unterhalb der Ansatzstelle der Frucht befindet sich ein Ring aus Zellen, die zerreißen und die Frucht fallen lassen, wenn das Gewicht des Hypokotyls groß genug geworden ist. Wenn alles gut geht, bohrt sich das dicker gewordene Hypokotyl wie ein Dolch in den Schlamm unter ihm und pflanzt sich so geschickt selbst ein. Am oberen Ende entfalten sich dann Blätter, unten bilden sich Wurzeln, und ein neuer Manglebaum beginnt zu wachsen. Faktisch landen viele der Samen nicht richtig, oder sie fallen ins Wasser, denn diese Mangroven sind Pflanzen der Gezeitenzone, und die schwimmende »Birne« ermöglicht es, daß der Samen von den Strömungen weitergetragen wird, bis er sich an einem für seine Entwicklung geeigneten Platz festsetzen kann.

Ein paar Pflanzen, insgesamt etwa 30 Arten, verbreiten ihre Samen mehr oder weniger dadurch, daß sie sie nach dem Blühen buchstäblich gewaltsam in den Boden pressen. Am stärksten ist diese Tendenz bei der Familie der Hülsenfrüchtler entwickelt. Die Erdnuß ist dafür ein klassisches Beispiel. Aber auch in mehreren überhaupt nicht mit ihr verwandten Familien findet sich ein solches Verhalten. Auf den ersten Blick mag es unbefriedigend erscheinen, wenn eine große Menge Samen vorhanden ist, die alle an einem Ort heranwachsen und miteinander konkurrieren. Aber vor allem bei Wüstenpflanzen trägt das dazu bei, in den so unwirtlichen Gebieten unter bestmöglichen Wachstumsbedingungen Kolonien zu bilden.

Für Pflanzen ist es unter wirklich ariden Bedingungen offensichtlich höchst wichtig, daß Samen nur freigesetzt werden, wenn Regen fällt. Das trifft auf *Anastatica hierochuntica* aus der Familie der Kreuzblütler (*Cruciferae*) zu, die oft »Rose von Jericho« genannt wird. Dieser Name spielt auf eine Legende an, nach der diese Pflanzen sich alle öffneten und blühten, als Christus geboren wurde. Es handelt sich um eine Art mit holzigen Zweigen, die sich bei Trockenheit zu einem korbartigen Ball zusammenrollen. Werden sie feucht, breiten sie sich aus und entlassen die Samen. Die ausgesprochen sukkulenten Angehörigen der Gattung *Mesembryan-*

themum, der Mittags- oder Faserblumen, bilden sehr schöne Samenkapseln, die in ihrem komplizierten Aufbau fast den chinesischen ineinandergeschachtelten Kugeln gleichen. Bei trockenem Wetter bleiben sie fest verschlossen. Aber Feuchtigkeit treibt sie dazu, ihre radiären Klappen in einem sternförmigen Muster zu öffnen. Dabei handelt es sich wiederum um eine hygroskopische, d. h. auf Feuchtigkeit reagierende, Vorrichtung. Aber das ist nur der Anfang. Die Kapsel ist so gebaut, daß ein Regentropfen, der eine der Klappen trifft, wenn sie sich geöffnet hat, einen Druck auf das bereits darin vorhandene Wasser ausübt. Es wird dadurch hinausgepreßt und schwemmt die Samen meterweit mit sich fort. In der Familie der Kreuzblütler kennt man Arten mit waagerechten Schoten, die wie Hebel wirken, um die Samen auszuwerfen. Vom Stengelumfassenden Hellerkraut (*Thlaspi perfoliatum*) ist ein Wurf bis zu 80 cm verbürgt. Zu der Familie Lippenblütler (*Labiatae*) gehört die Gattung Taubnessel (*Lamium*). Bei ihr ist oft eine Lippe des Kelches so erweitert, daß sie als Hebel wirkt, der durch Regentropfen betätigt wird. Bei einer Salbei-Art (*Salvia lyrata*) hat man zum Beispiel festgestellt, daß Samen bis zu 2 m hoch geschleudert wurden.

Viele Samen werden vom Regenwasser über die Erdoberfläche gespült. Dies geschieht weitgehend in Wüsten, wo die seltenen heftigen Regengüsse bewirken, daß Flüsse Hochwasser führen und es zu Überschwemmungen kommt.

Sehr viele Pflanzen besitzen Kapseln, Hülsen, Schoten und dergleichen Früchte, die sich öffnen, wenn die Samen reif sind. Die Samen werden dann massenweise ausgeschüttet oder, was typischer ist, erst nach und nach, während der Samenbehälter vom Wind verweht wird. Ein klassisches Beispiel dafür sind die an Pfefferstreuer oder Weihrauchfässer erinnernden Mohnkapseln mit einem Ring aus Löchern am oberen Rand, aus denen die Samen weithin verstreut werden können.

Die Beförderung durch Tiere spielt bei der Samenverbreitung ebenfalls eine Rolle. In der einfachsten Form werden dabei Samen, die auf den Boden gefallen sind, von einem schmutzigen Fuß oder Huf zufällig mitgenommen. Das ist besonders wirksam, wenn der Fuß einem Vogel gehört, weil er weit fliegen kann. Vögel sind oft wichtig, wenn es um die »Bepflanzung« von Inseln geht. So sind die Samen von 35 Pflanzen auf den Macquarie-Inseln, die 950 km südwestlich von Neuseeland liegen, nur durch Vögel hingelangt, auf deren Füßen oder dadurch, daß sie sich an den Federn festhakten oder anklebten.

Eine Menge Samen besitzen Haken, Stacheln oder sind mit feinen Borsten bedeckt, so daß sie sich leicht an Pelz, Haare oder Federn von größeren Tieren heften können. Bemerkenswert sind in dieser Hinsicht die Samen von Gräsern. Oft haben sie keine einfachen Vorrichtungen, sondern können doppelt und dreifach mit Haken versehen sein oder noch zusätzlich abwärts gerichtete Stacheln besitzen. Zu den größten »Hakenträgern« gehören die Samenkapseln der amerikanischen *Prospodicea*-Arten aus der Familie der Gemshorngewächse *(Martyniaceae)*. Manchmal werden sie als Kuriosität verkauft. Sie sind über 15 cm lang und besitzen zwei lange, gekrümmte Haken, die sich in der Wolle von Schafen festsetzen können.

Die am wenigsten erfreuliche Vervollkommnung in dieser Hinsicht sind die »Trampelkletten«. Sie finden sich fast ausschließlich bei der Familie der Gemshorn- und Sesamgewächse *(Pedaliaceae)*. In der einfachsten Form haben sie große, sehr scharfe Stacheln, die aus dem Samen herausragen und sich in die Füße von Tieren einbohren. Eine Gruppe von Früchten gleicht der Fußangel oder dem »Krähenfuß«, der in vergangenen Jahrhunderten im Krieg verwendet wurde. Er war aus Eisen mit vier Spitzen, und wo er auch landete, zeigte eine davon stets nach oben und bohrte sich in die Hufe der Kavalleriepferde. Seiner stacheligen Klettfrucht verdankt auch der Burzeldorn *(Tribulus terrestris)* seinen Namen, der oft Schaden an den Füßen von Schafen anrichtet. Eine besonders tückische Vorrichtung haben die in Madagaskar und Südafrika heimischen »Enterhaken-Bäume« *(Harpagophytum grandidiere* etc.). Ihre Samenkapseln sind mit elastischen, sich überkreuzenden Haken bedeckt, zwischen die der Huf einer Gazelle rutschen kann; dann treiben sie ihre scharfen Spitzen immer tiefer in das Fesselgelenk des Tieres, wenn es das schmerzende Ding abzuschütteln versucht.

Die bisher geschilderten Vorrichtungen sind grundsätzlich passiv, wie sinnreich auch der Mechanismus sein mag. Viele Pflanzen haben noch vollkommenere Apparate erfunden und verbreiten ihre Samen auf explosive Weise. In den meisten Fällen kommt es zur Explosion infolge der Spannung, die in den Samenbehältern entsteht, wenn sie reif werden und austrocknen. Ein einfaches Beispiel dafür ist der Stechginster *(Ulex europaeus)*, der wie viele andere Arten der Familie der Hülsenfrüchtler harte Hülsen bildet. Sobald diese trocken geworden sind, platzen die beiden Seitenwände auf, rollen sich spiralig ein und schleudern die Samen nach verschiedenen Richtungen hinaus.

Bei manchen tropischen Hülsenfrüchtlern klingt es wie Gewehrsalven, wenn ihre großen Hülsen explodieren. Viele Springkraut-Arten, von denen eine »Rühr mich nicht an« *(Impatiens noli tangere)* heißt, verhalten sich ähnlich. Die reifen Früchte bersten bei der leisesten Berührung durch Drehung mehrerer besonderer Zellstränge.

Beim Akanthus *(Acanthus)* wird der Druck der explodierenden Kapsel noch durch eine Art Schleuder ergänzt. Sie ist ein starres hakenförmiges Gebilde, das sich aus der Trennwand in der Mitte der Frucht erhebt. Die Kapsel explodiert mit einem lauten Knall, und die Haken sorgen dafür, daß die 3 cm großen Samen in eine bestimmte Richtung fliegen; sie können neun bis zehn Meter weit geschossen werden.

Zu den Pflanzen, die ihre Samen besonders lärmend verbreiten, gehört der tropische Sandbüchsenbaum *(Hura crepitans)* aus der Familie der Wolfsmilchgewächse *(Euphorbiaceae)*. Die 2 cm langen Samen können bis zu 14 m hoch geworfen werden, wenn die gerippte 8 cm große Kapsel in scharf getrennte Abschnitte zerplatzt. Sie heißt »Sandbüchse«, weil sie früher als Behälter für den Sand benutzt wurde, mit dem man Tinte auftrocknete.

Die mediterrane Spritzgurke *(Ecballium elaterium)* und einige ihrer tropischen kürbisähnlichen Verwandten stoßen ihre Samen auf lautlose Weise aus. Die Spritzgurke hat Blätter und kleine gelbe Blüten, die denen der Gartengurke *(Cucumis sativa)* gleichen, und die 5 cm langen Früchte sehen auch aus wie eine kleine haarige Gurke oder vielleicht wie ein behaartes grünes Ei, das an einem gebogenen Stielchen hängt. Wenn die Frucht heranreift, wird eine Zellschicht im Innern straff gespannt, und die Gewebe am Stielende werden weich, so daß sich das einem Spundzapfen ähnliche Ende des Fruchtstiels lockern kann; es löst sich völlig ab, wenn die Frucht schwer genug geworden ist oder ein Tier daran stößt. Sobald der »Spundzapfen« sozusagen herausgezogen wird, dehnt sich die straff gespannte Zellschicht aus, drückt plötzlich die Frucht zusammen und spritzt dadurch heftig den scharf schmeckenden Schleim, der die Samen enthält, in einem Strahl durch das Spundloch hinaus – angeblich 7 bis 8 Meter weit.

Bei den meisten Samen, die explosiv verbreitet werden, ist jedoch die letzte Ursache, die die Vorrichtung in Betrieb setzt, die Sonnenhitze. Sie läßt in den Endstadien der Reife die Früchte trocknen und macht sie zur Samenabgabe bereit.

Die Samen tragen meist eine Nahrungsreserve in sich, damit der Sämling für den Anfang versorgt ist. In den Früchten finden wir häufig auch einen Nahrungsvorrat anderer Art, in den die Samen eingebettet sind. Dieses Fruchtfleisch hat den Zweck, Tiere anzulocken, die es fressen und dadurch entweder die Samen verstreuen oder öfter noch sie verzehren und wieder ausscheiden, nachdem sie die Verdauungsorgane passiert haben. Die Samen werden daher mit Kot vermischt sein, der sie für den Eintritt ins Leben mit Dünger versorgt.

Eulen und Fledermäuse würgen auch unerwünschte harte Nahrungsbestandteile, zu denen Samen gehören, wieder heraus. Früchte haben einen Geruch und Geschmack entwickelt, die auf die Geschöpfe abgestimmt sind, die sie fressen. So riechen wahrscheinlich von Fledermäusen begehrte Früchte muffig. In gewisser Weise ähnelt dies der Beziehung zwischen Blüten und den Tieren, die sie bestäuben. Übrigens hat die größte fleischige Frucht der Jackfruchtbaum (*Artocarpus integra*). Sie kann über 30 kg wiegen.

Fledermäuse verzehren in reichlichem Maße vielerlei Früchte. Sie können sie über beträchtliche Entfernungen, manchmal auch zwischen Inseln transportieren, und sie sind für die Verbreitung besonders wichtig, weil die in Frage kommenden Früchte oft von Vögeln verschmäht werden.

Bei manchen Früchten ist nicht ohne weiteres erkennbar, ob sie für Menschen eßbar sind. So haben viele tropische Hülsenfrüchtler lederartige, aber in Wirklichkeit nahrhafte Hülsen und oft äußerst harte Samen, die sich nicht zerkauen lassen. Andere von Tieren, sogar von Affen gefressene Früchte können uns widerlich, zu herb oder ekelhaft vorkommen. Hin und wieder sind Früchte unglaublich süß, wie die einen recht komischen Namen tragende »Serendipidity-Beere« (*Discoreophyllum cumminsii*). Ihr süßer Geschmack stammt von Eiweißstoffen, die Gramm für Gramm 300mal süßer sind als Zucker.

Einige Samen besitzen einen Samenmantel, der als Arillus bezeichnet wird. Meist ist er fleischig und schmackhafter als etwa das Fruchtfleisch von Hauspflaumen (*Prunus domestica*) oder Äpfeln (*Malus*). Die bei uns heimische Eibe und tropische Früchte wie die Litschipflaume (*Litchi chinensis*) und die Mangostanen (*Garcinia mangostana*) haben Samenmäntel, die bei der erstgenannten Art leicht zugänglich, bei den übrigen beiden aber von einer äußeren Schale umgeben sind. Manchmal, so etwa bei bestimmten Lianen – wie bei der Familie der *Connaraceae* –, ragen die Samen schließlich aus dem Arillus heraus oder baumeln sogar von ihm herab. So fallen sie wahrscheinlich dem Blick eines Vogels mehr auf. Sehr oft sind solche Früchte leuchtend orangefarben oder rot, und die Samen können zweifarbig – schwarz und rot oder schwarz und gelb – sein. Wenn die Tiere, auf die es ankommt, an das Arillusfleisch gelangen, lösen sie dabei leicht die Samen von der Elternpflanze.

In manchen Gebieten, in denen viele Früchte Samenmäntel haben, ahmen andere Pflanzen sie nach: sie erzeugen ähnlich gefärbte Samen, die jedoch faktisch ungenießbar und sehr hart sind. Ein ähnliches Täuschungsmanöver läßt sich auch dort beobachten, wo viele Pflanzen mit eßbaren Beeren wachsen.

Bei dem legendären Durianbaum stinkt das äußere Fleisch unter der harten Schale »wie eine Mischung aus Zwiebeln, Senkgrube und Leuchtgas« (nach Corner), aber der zarte weiße Samenmantel ist geruchlos und hat einen ganz köstlichen Geschmack, in dem sich das Fruchtaroma mit einer unbeschreiblichen Sahnigkeit verbindet. Dr. Corner möge mir verzeihen, wenn ich ihn hier wieder zitiere, aber er stellt diese Frucht so ausgezeichnet in ihrer tropischen Umwelt dar:

»Meist lösen sich die Früchte, wenn sie reif sind, ab und plumpsen zu Boden, wo das Fruchtfleisch in ein bis zwei Tagen ranzig wird. Auf der Malaiischen Halbinsel lockt der Geruch Früchte tragender Bäume im Wald Elefanten an, die sich zur ersten Auswahl versammeln. Dann kommen Tiger, Schweine, Hirsche, Tapire, Flußpferde und Menschen, die im Dschungel hausen. Gibbons, andere Affen, Bären und Hörnchen holen sich die Früchte vielleicht von den Bäumen. Auf Sumatra und Borneo sind sie vermutlich überwiegend eine Mahlzeit für den Orang-Utan. Ameisen und Käfer räumen die Überbleibsel auf dem Boden weg.«

Sonderformen von Früchten mit Samenmantel finden sich bei Arten, die von Ameisen verbreitet werden. Solche Samen besitzen einen fleischigen, oft klebrigen und eßbaren Anhang, der Elaiosom genannt wird. Für gewöhnlich enthält er Fettsäuren, die für Ameisen besonders anziehend sind. Diesen Anhang fressen die Ameisen, nachdem sie die Samen in ihre Nester über oder unter der Erde geschleppt haben. Die wild wachsenden Alpenveilchen (*Cyclamen europaeum*) sind dafür ein Beispiel, das noch sinnreicher wird dadurch, daß der Fruchtstiel sich wie eine Spiralfeder so weit nach abwärts einrollt, bis er die Samenkapsel auf gleiche Ebene mit dem Boden gebracht hat.

Wie erwähnt, lockt die Frucht des Durianbaums eine große Reihe von Geschöpfen an, und zwar, weil sie ölhaltig ist, was ebenso Fleisch- wie Pflanzenfresser veranlaßt, solche Früchte zu vertilgen. So suchen Wildkatzen und Jaguare nach herabgefallenen Avocatobirnen (*Persea americana*), Zibetkatzen und Hörnchen fressen die Nüsse von Ölpalmen (*Elaeis guineensis*). Derlei Früchte werden auch von Geiern geschätzt, und südamerikanische Fettschwalme werden so genannt, weil sie ebenfalls eine Vorliebe für ölhaltige Früchte haben. Wildkatzen und Hunde, aber auch Krähen und Elstern fressen gern Oliven des Ölbaums (*Olea europaea*). Ölhaltige, auch Fleischfresser anlockende Früchte, vermehren nicht nur die Reihe der unabsichtlichen Verbreiter, sie deuten auch auf Verbindungsglieder mit alten Zeiten hin, in denen Reptilien Samen fraßen und verbreiteten. Das war der Fall beim Gingkobaum und anderen alten Nacktsamern. Man hat fossile Reptilien entdeckt, die eine Menge solcher Samen unverdaut im Magen hatten.

Fische fressen ebenfalls viele Samen, wiederum jene, die ölhaltig sind. Vom Thunfisch wird berichtet, daß er die olivenähnlichen Früchte des Neptungrases (*Posidonia*) verschlingt, das eine der wenigen Blütenpflanzen des Meeres ist. Man weiß jedoch nicht sicher, ob von Fischen verzehrte Samen unbeschädigt deren Körper passieren, obwohl dies durchaus möglich ist.

Es leuchtet ein, daß es für eine Frucht nicht wünschenswert ist, gefressen zu werden, bevor die Samen reif sind. Die roten und purpurnen Farben reifer Früchte prägen sich den Tieren ein. Unreife Früchte sind grün, um sie zu tarnen, sie sind bitter und manchmal stachelig. Der bittere Geschmack, der oft durch Alkaloide, Säuren und besonders von Tannin genannten Gerbsäuren hervorgerufen wird, hilft mit, Samenkäfer und Raupen fernzuhalten, aber auch allzu neugierige Affen. Die zylindrischen Früchte des Fensterblatts (*Monstera deliciosa*), auch Zimmer-Philodendron genannt, enthalten, ehe sie reif werden, scharfe kristallähnliche Teile. Durianfrüchte besitzen eine Hülle aus dichten Stacheln. Dr. Corner gibt uns davon wiederum eine anschauliche Beschreibung: »Wenn eine junge Frucht nicht gut getarnt, bewehrt oder ungenießbar ist, kann sie nicht überleben. Haben Sie schon einmal Affen gesehen, die unablässig von Aufgang bis Untergang der Sonne nach Futter gesucht haben, und haben sie bemerkt, was alles heruntergeworfen wird?« Selbst in Europa wissen wir, welche Verwüstung Eichhörnchen anrichten können. Aber meist lassen sie unreife Früchte doch unberührt.

Man kann leicht verstehen, daß ein sehr harter Samen, wie der einer Eibe, den Körper eines Vogels passiert. Kirschen- (*Prunus cerasus*) und Pflaumenkerne können manchmal verdaut oder beiseite geworfen werden, nachdem das Fruchtfleisch verzehrt worden ist. Manche Pflanzen wie der Gemeine Weißdorn (*Crataegus oxyacantha*) haben eine Fülle von sehr kleinen Samen im Fruchtfleisch und verlassen sich darauf, daß Vögel und andere Tiere sie, wie üblich, hinunterschlingen und ein Gutteil davon unversehrt den Darm passiert. Gelegentlich ist mehr als ein Tier daran beteiligt. So berichtete Darwin, daß Fische gierig Samen von Gräsern wie von den verschiedenen Hirse-Arten am Flußufer fressen; die Fische werden dann von Störchen verspeist, und die Samen keimen, nachdem sie von diesen Vögeln ausgeschieden worden sind. Auf die gleiche Weise können Regenwürmer, die sicherlich mit der Erde kleine Samen zu sich nehmen und sie unter den Boden verschleppen, von Vögeln aufgepickt werden. Die Samen tauchen dann wieder in deren Kot auf.

Nüsse sind eigentlich nicht dazu bestimmt, gefressen zu werden. Das Innere, das wir so lecker finden, ist von einer harten äußeren Schale umgeben, die für viele Tiere schwer zu knacken ist. Aber zahlreiche Tiere fressen sie dennoch, und wie bei allen Samen findet sich die Natur damit ab, daß ein Teil davon verlorengeht. Glücklicherweise haben viele Tiere, die Nüsse knabbern, den Trieb, Vorräte anzulegen. Sie schaffen einen Großteil der gesammelten Früchte beiseite, vergessen aber dann die meisten Verstecke. Eichen, Buchen, Walnußbäume, Kastanienbäume, Haselsträucher, Kiefern und Chilenische Araukarien (*Araucaria araucana*) werden von Tieren verbreitet, die solche verborgenen Vorratskammern haben. Zu ihnen gehören Eichhörnchen, Ratten, Känguruhratten, Hamster und Stachelschweine.

Zahlreiche Vögel, vor allem Eichelhäher, horten ebenfalls Nüsse. Beobachtungen in Deutschland haben ergeben, daß in einem Sommer von jedem Eichelhäher durchschnittlich 4600 Eicheln versteckt werden, und die Vögel dabei bis zu 4 km weit fliegen. Der Kalifornische Sammelspecht stopft unter anderem Pecannüsse (*Carya illinoiensis*) in rissige Baumrinde. Für die betreffenden Samen ist das von geringem Nutzen, aber ein Teil davon wird doch von Nagetieren gestohlen und im Boden vergraben.

Am ungewöhnlichsten liegt der Fall beim Paranußbaum (*Bertholletia excelsa*) und dessen Verwandten. Bis zu zwei Dutzend Nüsse sind fast so hübsch wie Orangenspalten in eine runde »Schachtel« verpackt, deren Deckel herunterfällt, wenn die bis zu 2 kg schwere Frucht krachend zu Boden stürzt. Hier spielt der Hamstertrieb der Agutis, der großen südamerikanischen Nagetiere, die Hauptrolle bei der Verbreitung. Jede Nußschachtel, die beim Aufprall auf den Boden nicht zerbricht, kann jedoch jahrelang unversehrt bleiben, ehe sie verfault und die Nüsse freigibt. Einige Samen verhindern es überhaupt, gefressen zu werden. So verhält es sich bei der Baum-Art *Sloetia streblus*, einer tropischen Verwandten der Brennessel (*Urtica*). Wenn die Samen reifen, schwellen die Blütenzipfel an und werden fleischig und süß. Knabbert ein Vogel oder ein anderes Geschöpf daran, wird die Nuß explosionsartig weggeschleudert. So entgeht sie der Gefahr, durch das Tier irgendwie Schaden zu erleiden, und wird gleichzeitig ziemlich weit vom Baum weggeschossen.

Aus alledem läßt sich klar erkennen, daß die Mechanismen und das Zusammenspiel mit anderen Geschöpfen bei der Samenverbreitung ebenso spezialisiert sind wie bei der Bestäubung und auch deutliche Entwicklungstendenzen zeigen. Die primitivsten Samen haben Bäume in tropischen Regenwäldern. Ungefähr die Hälfte davon steckt in eßbaren Früchten wie beim bereits geschilderten Durianbaum; und die meisten Samen solcher Bäume bleiben unter dem Elternbaum liegen, wenn die Tiere die Früchte aufgebrochen haben, deren Fleisch sie sehr schätzen. So können etwa die riesigen flachen Samen von *Mora excelsa* nicht weiterrollen oder auf andere Weise verstreut werden. In solchen Fällen sprießen Sämlinge hervor, aber ihre Entwicklung verzögert sich, und sie bleiben in diesem Zustand, bis zunehmendes Alter oder der Zufall Licht zu ihnen dringen läßt. Dann wachsen sie schnell heran, und die kräftigsten und die am günstigsten Standort gewinnen das Rennen. Die Evolution führte auch zu Samen, die Kälte und Dürre standhalten können. Die meisten davon sind klein und ermöglichen Bäumen, in Gebieten fern von Tropenwald heranzuwachsen. Die am höchsten spezialisierten Verbreitungsmethoden für Samen finden sich bei Schmarotzerpflanzen, die im 23. Kapitel beschrieben werden.

Es muß auch betont werden, daß in vielen Fällen mehr als eine einzige Vorrichtung mitwirken kann. So werden die Samen des Springkrauts aus dem Himalaja durch einen explosiven Mechanismus ausgeschleudert und können dann vom Wasser weiterbefördert werden. Die Samen der Binsenquecke (*Agropyron junceiforme*), die zur Festigung von Sanddünen an der Meeresküste verwendet wird, verweht zuerst der Wind, aber dann werden sie von küstennahen Strömungen am Ufer entlanggetragen. Kaktusfrüchte werden von Vögeln, Nagetieren oder Ameisen gefressen, aber auch von Regen und Wind transportiert.

Bei manchen Pflanzen kann der gleiche Blütenstand ganz verschiedene Vorrichtungen ausbilden. Einige Korbblütler (*Compositae*) haben zwei oder, wie die Acker-Ringelblume (*Calendula arvensis*), sogar drei verschiedene Arten von Blütchen. Die inneren besitzen einen Pappus genannten Federkelch für die Verbreitung durch die Luft, die äußeren aber keinen; sie bleiben viel länger im Blütenkopf und werden dann rund um die Elternpflanze verstreut. Der kleine mediterrane und einjährige Afrikanische Baldrian (*Fedia cornucopiae*) bringt dreierlei unterschiedliche Früchte hervor, die von Wind, Wasser, großen Tieren und Ameisen verbreitet werden können.

In den meisten Fällen läßt sich auch feststellen, daß die Natur übermäßig viele Samen produziert und vergeudet. Ungeheuer große Gefahren bedrohen ja Samen und Sporen, die sich weder den Ort noch die Bedingungen aussuchen können, unter denen sie sich schließlich festsetzen. Aber wenn ein winziger Anteil der Samen – das kann bei einer Orchidee einer in einer Million Samen sein – erfolgreich keimt, reicht das aus für die Erhaltung der Art.

16 Die Geburt

Wenn jede Spore von einem Riesenbovist durchschnittlicher Größe zur vollen Reife heranwüchse, könnten, wie man errechnet hat, die daraus hervorgehenden Boviste einen fünffachen Ring um die Erdkugel bilden. Und wenn jeder von ihnen wieder ganz erfolgreiche Sporen erzeugte, wäre das Ergebnis eine Masse, die das Gewicht der Erde um ein Vielfaches überträfe. Aber glücklicherweise gelangt nur ein winziger Bruchteil der Sporen zur Reife und sichert die Erhaltung der Art.

Die Zeit zwischen der Samenproduktion und der Keimung – der »Geburt« – ist nicht nur der Verbreitung und dem Auffinden eines geeigneten Platzes für die Keimung gewidmet. Diese Zeit kann sehr lang sein, und ob der Samen überhaupt keimen kann, hängt von bestimmten äußeren Faktoren ab. In den meisten Fällen dienen diese Perioden, die verstreichen, und die äußeren »Auslöser« dazu, die Keimung in einem günstigen Moment zu sichern oder sie über eine lange Zeitspanne zu verteilen.

Aus den einfachen Sporen von Algen, Moosen, Farnen oder Pilzen mit geringen Nahrungsreserven, sprießt ein mageres, hohles Gewächs hervor, ohne besondere Ausbildung verschiedener Zellen. Allmählich entwickelt es sich zur Pflanze der nächsten Phase im Zyklus. Diese Ausdrucksweise verwende ich, weil, wie wir gesehen haben, viele niedrigere Pflanzen eine geschlechtliche und eine ungeschlechtliche Phase haben.

Im Gegensatz dazu besitzen die meisten Samen einen Nahrungsvorrat. Beim Getreide und bei vielen Hülsenfrüchtlern kann er bis zu 90 Prozent des Samengewichts ausmachen. Diese Reserve kann die Pflanze mehrere Wochen lang zum Selbstversorger machen, aber auch Tieren und ebenso uns Menschen als Nahrung dienen. Selbst bei ziemlich kleinen Samen, wie bei denen des Kopfsalats, erlaubt es die Nahrungsreserve dem Embryo, sich ein paar Tage lang ohne Hilfe zu entwickeln. Am anderen Ende der Skala hat die Kokosnuß eine so enorme Reserve, daß Sämlinge, die im Dunkeln gezogen werden und daher unfähig sind, einen neuen Vorrat zu schaffen, erst nach 15 Monaten die Hälfte ihrer eingelagerten Nährstoffe verbraucht haben. Die Kokosnuß kann sich also selbst an Orten ansiedeln, wo es nur sehr wenig Süßwasser gibt.

Aber in einem Samen ist auch meist schon eine Art Pflanzenembryo vorhanden. Im typischen Fall kann man schon die Anfangsstadien von Wurzel und Sprossen zusammen mit den Keimblättern, den Kotyledonen, erkennen. In diesen Keimblättern kann die Nahrungsreserve ebenfalls gespeichert sein, und sie sehen oft ganz anders aus als die Blätter der erwachsenen Pflanze. Die höchstentwickelten Samen haben die Gräser, bei denen sich in einem Embryo bereits Wurzeln, Blätter und Halme finden, die schon die Anordnung der Knoten der erwachsenen Pflanzen zeigen. Diese Körner lassen sich in ihrem Entwicklungsstadium mit dem Fötus der Säugetiere vergleichen.

Bevor Samen keimen, ist in ihrem Innern praktisch keinerlei Aktivität zu bemerken. Das ist auf den äußerst geringen Wassergehalt zurückzuführen. Er beträgt 5 bis 20 Prozent, im Gegensatz zu den 80 bis 90 Prozent in den Geweben lebhaft wachsender Pflanzen. Überdies wird das Wasser in einem Samen von inneren Kräften festgehalten, die erst überwunden werden, wenn der »Auslöser« für die Keimung wirksam geworden ist. Samen können im Grunde nicht erfrieren, und normalerweise kann ihnen das Wasser nur künstlich entzogen werden, wenn man sie stark erhitzt oder im Vakuum einem niedrigen Druck aussetzt. Beides wird in der Natur kaum vorkommen. Aus diesem Grund verkaufen fortschrittliche Samenzüchter viele Samen in luft- und wasserundurchlässigen Packungen, damit sie vor Feuchtigkeit geschützt sind. Der Wassergehalt so verpackter Samen beträgt etwa 4 Prozent.

Der anfänglich reaktionsträge Zustand von Samen und Sporen bedeutet, daß sie eine Weile auch schwierige Bedingungen überstehen können. Die meisten Sporen können schnell keimen und tun dies auch, obwohl das keineswegs wesentlich ist. Sporen von Bärlappen sind zum Beispiel bis zu 8 Jahren am Leben geblieben. Samen können über sehr verschiedene Zeiträume haltbar bleiben. Manche sind nur wenige Wochen lebensfähig, das heißt keimfähig. Viele Unkraut-Arten können Jahrzehnte lebensfähig bleiben, und eine große Reihe von Samen sind noch nach ein bis zwei Jahrhunderten zu keimen imstande. Samen der indischen Lotosblume, die sicher nicht weniger als 1000 Jahre alt waren, haben noch gekeimt. In Japan fand man 1951 drei solche noch lebensfähige Samen zugleich mit den Überresten eines Kanus auf dem Grund eines Sees. Das Holz des Bootes war, nach der Zerfallszeit von radioaktivem Kohlenstoff berechnet, über

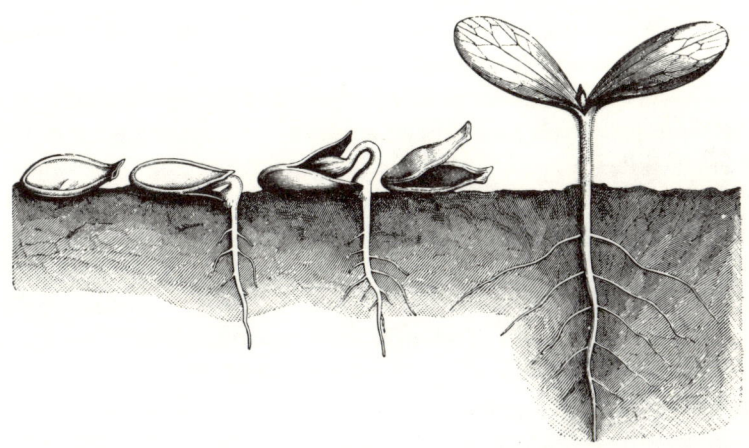

Stadien der Entwicklung der Keimblätter eines Gartenkürbisses *(Cucurbita pepo)*, die aus dem Samen sprießen.

3000 Jahre alt, und sehr wahrscheinlich hatten die Samen das gleiche Alter. Aber die derzeit längste Keimfähigkeit ist von Samen der Arktischen Lupine (*Lupinus arcticus*) bekannt. Man hat sie in Dauerfrostboden entdeckt, der 6000, vielleicht sogar 10000 Jahre alt war.

Wenn es um Dauerhaftigkeit geht, muß man auch an die Bakterien denken: Bewegliche Formen, die man gefroren in der Antarktis entdeckt und auf ein Alter von etwa 1 Million Jahre geschätzt hat, ließen sich erfolgreich wiederbeleben. Ein Same kann aus vielen Gründen die Lebensfähigkeit verlieren, aber das braucht uns hier nicht zu kümmern, besonders, da man Altern und Tod von Samen noch keineswegs völlig versteht.

Damit ein Same keimen kann, benötigt er Wasser, Sauerstoff und die richtige Temperatur. Manche, vor allem tropische Samen, wie die vom Durian- oder Manglebaum, keimen, sobald sie reif sind. Viele andere tun das nicht unbedingt, auch wenn gerade die idealen Bedingungen vorhanden sind, und die Gründe für diese Ruheperiode sind ebenso interessant wie ein Rekord an Lebensfähigkeit. Manchmal geht es lediglich darum, sicherzustellen, daß Samen in dem Frühling keimen, der auf ihr Reifwerden folgt. Denn dann stehen die Aussichten gut, daß sie heranwachsen, während unter gleichen Bedingungen im Herbst der Winter zarte Sämlinge von einjährigen oder von den meisten alpinen Pflanzen vernichten würde. Im typischen Fall wird dies durch eine kalte, aber ziemlich feuchte Zeitspanne reguliert. Viele mediterrane Pflanzen werden am Keimen gehindert, wenn eine Zeit mit hoher Temperatur beginnt. Dadurch wird verhütet, daß die Sämlinge der sengenden Sommerhitze ausgeliefert sind. In vielen anderen Fällen trägt auch ein hinausgezögerter Ruhezustand dazu bei, daß ein Teil der Samenmenge jedes Jahr eine lange Zeit über keimt. Bei vielen Pflanzen, so bei manchen Klee-Arten, ist ein Prozentsatz der Samen dafür »programmiert«, sogleich zu keimen, während andere eine Art Verzögerungsmechanismus haben. Der Gute Heinrich (*Chenopodium bonus-henricus*), ein wohlbekanntes Unkraut, hat eine Samenart, die groß ist und sofort keimt, aber auch drei ungleichartige kleine Samenformen, die nach unterschiedlichen Zeitspannen keimen.

Ein Aufschub im Winter ist gewöhnlich auf einen Vorgang zurückzuführen, der Nachreifung genannt wird. Er kann durch die Temperatur geregelt werden, die bei weitem der häufigste Faktor ist, oder durch stufenweisen Zerfall von eingebauten chemischen Hemmstoffen, die entweder ausgewaschen werden oder sich verflüchtigen. Im Tierreich findet sich nichts, das sich damit vergleichen ließe. Denn hat bei Tieren einmal die Befruchtung stattgefunden, bringen sie unausweichlich nach einer bestimmten Zeit Nachkommen zur Welt, ob die Bedingungen nun gut oder schlecht dafür sind. Wie P. A. Thompson geschrieben hat… »haben viele Pflanzen Einrichtungen entwickelt, die ihnen vor allen Dingen ermöglichen, sich um die Gegenwart nicht zu kümmern und die Zukunft im voraus zu planen, dann abzumessen, wieviel Zeit verstreicht, und festzustellen, wann der Winter kommt und vorübergeht«. Obwohl die Winterkälte die Hauptrolle bei der Nachreifung spielt, ist auch der Unterschied zwischen den Tages- und Nachttemperaturen oft von entscheidender Bedeutung. In Wüsten regeln die durch die Jahreszeit bedingten Temperaturen die Keimung der geeigneten Pflanzen. Wenn es in der Wüste von Colorado regnet und eine Temperatur von 10°C herrscht, keimen hauptsächlich einjährige Winterpflanzen. Zwischen 26° und 30°C sprießen die einjährigen Sommerpflanzen hervor. Kakteen keimen in so heißen Regionen am besten zwischen 30° und 40°C. Das geht alles sehr schnell vor sich, damit sich die Pflanzen festsetzen können, ehe die Bodenfeuchtigkeit versickert ist.

Erstaunlicherweise ist auch Licht für die Keimung vieler Samen erforderlich, unter anderem für die Tabakpflanze (*Nicotiana tabacum*), den Roten Fingerhut (*Digitalis purpurea*), für viele Primeln (*Primula*) und einige Spielarten des Gartensalats (*Lactuca sativa*). Der durch Dunkelheit bewirkte Ruhezustand etwa von Kopfsalat-Samen kann aufgehoben werden, wenn man sie nur eine Minute lang schwacher Beleuchtung aussetzt. Manche durch Licht aktivierte Samen brauchen lange oder kurze Tage, ehe sie keimen. So müssen Samen von Birken 16 Stunden Licht am Tag erhalten, damit sie austreiben. Andere Samen können Licht nicht ertragen. Ein vertrautes Beispiel dafür ist die Küchenzwiebel (*Allium cepa*).

Wenn der Rote Fingerhut auf Waldlichtungen keimt, ist das oft ein großartiges Schauspiel. Es zeigt uns, daß die Samen imstande sind, unterschiedliche Lichtstärken wahrzunehmen, denn für einen Roten Fingerhut ist es zwecklos, unter einem dichten Laubdach hervorzusprießen. Wie bei einer Fotozelle ist hier tatsächlich die Fähigkeit vorhanden, verschiedene Lichtarten richtig einzuschätzen und bei rotem Licht, das durch das Laub sickert, für die Beibehaltung des Ruhezustands zu sorgen.

Ein altes englisches Gärtner-Sprichwort lautet: »Eines Jahres Saat bringt Unkraut von sieben Jahr zutag.« Unkraut-Arten sind absolute Meister darin, ihre Keimung über Jahrzehnte zu verteilen. Wenn sie bei der Bestellung des Ackers an die Erdoberfläche gebracht werden, ist der Hauptanlaß für ihre Keimung das Licht. Das bewies im Ersten Weltkrieg alljährlich das phantastische Schauspiel, wenn in Flandern der Mohn blühte, weil die Artilleriegeschosse die Erde aufgewühlt hatten. Nach Schätzungen sind im Kulturland pro Hektar bis zu einer Milliarde Unkrautsamen enthalten, die in der feuchten Erde nur auf das Licht warten, das sie aus der Einkerkerung befreit. Eine ganz wichtige Rolle spielen auch die Temperatur und der Gasgehalt in verschiedenen Bodenebenen.

Harte Samenhüllen, die undurchlässig für Wasser und manchmal auch für Sauerstoff sind, können durch wechselnde Temperatur und Feuchtigkeit aufgeweicht werden, oder sie müssen vielleicht erst über harte Flächen gleiten, die sie abscheuern. Andere zerfallen infolge der Verwesung, die durch Bakterien oder Pilze verursacht wird. Manche Samen, wie etwa die der Gelben Lotosblume (*Nelumbo lutea*) der östlichen USA enthalten sogar antibiotische Substanzen, um diesen Vorgang hinauszuzögern. Viele Samen müssen erst die Eingeweide eines Tieres passieren, ehe sie bereit sind zu keimen. Das ist bei vielen Arten der Fall, die von Vögeln gefressen werden. Wenn sie den Darm durchwandern, werden meist die Hemmstoffe für die Keimung entfernt. Eines der seltsamsten Beispiele dafür ist eine Tomaten-Art, die nur auf den Galapagos-Inseln vorkommt. Sie keimt erst, wenn sie von einer der dortigen Riesenschildkröten – aber sonst von keinem anderen Tier – verzehrt und ausgeschieden worden ist.

Versengen durch Feuer – auf natürliche Weise entzündet durch einen Blitz – ist ein weiterer Auslöser für die Keimung. Beispiele dafür liefern viele Pflanzen, darunter auch die Australische Prachtwicke (*Clianthus dampieri*), die in Unmengen nach einem Waldbrand keimt und ihn mit ihren später leuchtend gefärbten Blüten nachzuahmen scheint. In den Tropen beherrschen bestimmte Akazien (*Acacia*) und Albizzien (*Albizia*) das Bild der Landschaft, weil dort regelmäßig Brände wüten, und auch die Keimung dieser Arten durch Feuer angeregt wird. Feuer ist auch eine der Methoden, durch die Samen von einigen sehr festen Kiefernzapfen, die sich nicht auf die übliche Weise öffnen, erst frei werden.

Wüstenpflanzen scheinen bezüglich der Samen über mehr »Tricks« zu verfügen als die meisten anderen Pflanzen, vielleicht, weil sie es am nötigsten haben. Viele von ihnen haben zweierlei Samenformen. Ein Salzkraut (*Salsola volkensii*) entwickelt eine Form, die grün ist, mit einem Embryo, der Chlorophyll enthält, und eine zweite Form, die keines besitzt und gelb ist. Der erste Samentyp keimt nach einem Regen, der andere kann jedoch bis zu fünf Jahren in einem Ruhezustand verharren, wobei er aber die volle Keimfähigkeit bewahrt. Die zwergförmigen Korbblütler der Gattung *Gymnarrhena* haben zwei verschiedenartige Früchte. Eine Art wird durch die Luft verbreitet, die andere unterirdisch. Die meisten Früchte gehören der erstgenannten Form an. Sie besitzen einen kleinen »Fallschirm« oder Pappus, der sie im Wind davonträgt. Sie keimen überall, wo und wie sie können, wobei ziemlich viele zugrunde gehen, aber trotzdem gut für die Verbreitung gesorgt ist. Die unterirdischen Früchte werden von Blüten erzeugt, die unmittelbar unter der Erdoberfläche stehen. Sie besitzen keinen Pappus, sind größer, verbleiben im Gewebe der abgestorbenen Elternpflanze und keimen an Ort und Stelle. Aus ihnen gehen viel größere und gegen Trockenheit resistentere Sämlinge hervor als aus den durch die Luft schwebenden Samen. Ihre Entwicklung wird noch dadurch gefördert, daß die Wurzeln der toten Elternpflanze schrumpfen und wie Raupen im Boden liegen. Selbst bei einem recht schwachen Regen, füllen sich die abgestorbenen Wurzeln schnell mit Wasser, quellen auf und halten die Feuchtigkeit fest.

Die Keimung beginnt mit der Aufnahme von Wasser, ohne das sie nicht stattfinden kann. Das erste Stadium dieser Wasseraufnahme wird nicht unbedingt durch den Samen geregelt. Selbst abgestorbene Samen können Wasser aufnehmen, und es kann auch geschehen, wenn kein Sauerstoff für die Entwicklung des Samens da ist. Wo eine sehr harte oder undurchlässige Samenhülle vorhanden ist, hemmt sie natürlich die Wasseraufnahme. Der Gärtner kann die Entwicklung beschleunigen, wenn er die Hülle entfernt oder abraspelt. Das geschieht üblicherweise bei der Wohlriechenden Wicke (*Lathyrus odoratus*). In dieser Entwicklungsphase sind sehr starke Saugkräfte am Werk. Man hat bis zu 2000 Atmosphären verzeichnet. Hat der Samen einmal einen angemessenen Wassergehalt – der 50 bis 60 Prozent des Gewichts beträgt –, wird diese sogenannte kolloidale Durchtränkung von osmotischen Kräften abgelöst. Ungefähr um diese Zeit beginnt für den Samen der erneute Start ins Leben, und die betreffenden Gewebe werden auf verschiedene Weise aktiviert. Die Stadien dieser Aktivierung, die durch die allmählich stärker befeuchteten Gewebe und durch die daraus resultierende Tätigkeit bisher nicht wirksamer Enzyme verursacht werden, erinnern in gewisser Weise an die Vorgänge, die nötig sind, ehe eine Rakete abgefeuert und in ihre Bahn geschickt werden kann.

Sind erst einmal alle Systeme »startbereit«, beginnen sich die Zellen zu teilen und Organe zu bilden. Die Keimwurzeln dringen abwärts in den Boden, bedingt durch die Schwerkraft und gleichgültig in welcher Lage der Same sich gerade befindet. Ein wenig später schiebt sich die Sproßknospe des Keimlings aufwärts, die ebenso – aber in negativem Sinne – von der Schwerkraft und gleichfalls vom Licht beeinflußt wird. Sehr oft ist dieser Plumula genannte Vegetationskegel des Keimlings hakenförmig gebogen, und es ist dieser relativ kräftige Haken, der sich mühsam den Weg nach oben bahnt, bis er sich herausgearbeitet hat und sich die zartere Spitze des Vegetationskegels dann aufrichten kann. Die großen Samen von Bäumen des Tropenwaldes können eine Plumula von über 1 m Höhe, die bei einem malaiischen Baum sogar 3 m beträgt, emporsprießen lassen. Dadurch erheben sie den Sämling über den Abfall abgestorbener Pflanzen und verschaffen ihm sozusagen das Sprungbrett, um an das Licht zu gelangen, das überhaupt noch durch das dichte Laub dringt. Solche Samen besitzen auch reichliche Nahrungsreserven, die den Sämlingen ermöglichen, diese schwierige Phase mit einem Mindestmaß an Licht durchzustehen.

Erst wenn der Schößling oder die Keimblätter zum ersten Male ans Licht kommen, beginnt sich für gewöhnlich Chlorophyll zu bilden. Bei ein paar Blütenpflanzen, so etwa bei den Spindelsträuchern der Gattung *Euonymus*, wie dem Pfaffenhütchen (*E. europaeus*), enthalten die Keimblätter bereits Chlorophyll, und Sämlinge von Nadelhölzern sind imstande, es sogar im Dunkeln zu erzeugen. Manche Samen von Nadelhölzern können schon keimen, während sie noch in den Zapfen stecken. Aber sehr befriedigend ist diese Art der Keimung nicht.

Bei ein paar Pflanzen, vor allem bei Spielarten von Citrusfrüchten kann der aus der sexuellen Fortpflanzung hervorgegangene Embryo vermehrt oder sogar unterdrückt werden durch mehrere nicht sexuell entstandene »Embryoide«, die sich aus anderen Teilen der Samenanlage bilden. Sie entwickeln sich aus Zellen, deren Kern dem der Eizellen gleicht. Die Sämlinge, die daraus hervorsprießen, sind mit der Elternpflanze identisch.

Der Erfolg von Samen hängt offensichtlich davon ab, ob die Keimwurzel entsprechende Feuchtigkeit und Vorräte an Nährstoffen vorfindet. Aber wie schon erwähnt, wird der Sämling noch unterschiedlich lange von den Nahrungsvorräten versorgt, die er in sich trägt.

17 Die Opportunisten

Opportunismus wird im Großen Duden, Fremdwörterbuch, als »Handeln nach Zweckmäßigkeit und allzu bereitwillige Anpassung an die Lage (um persönlicher Vorteile willen)« definiert. Diese Definition ist äußerst zutreffend für viele Pflanzen, die sich gegen Verluste sichern wollen und andere Mittel der Vermehrung entwickelt haben, die man im Fachjargon als vegetativ bezeichnet. Oft ergänzen sie die Vermehrung durch Samen. Gerade die vegetative Art der Verbreitung macht viele Unkraut-Arten so erfolgreich oder – je nach dem Gesichtspunkt – so bösartig.

Man findet solche Methoden oft bei Pflanzen, die ein Gebiet besiedeln. Anfangs wachsen sie in einer neuen Umwelt aus Samen heran, merken aber, daß dadurch zu wenig Blüten und Samen erzeugt werden. Manche Pflanzen werden nach Umstellung auf vegetative Vermehrung unfruchtbar.

Zu einigen dieser mehr oder weniger unfruchtbaren Pflanzen, die trotzdem zu erfolgreichem Unkraut und zu Besiedlern von Neuland geworden sind, gehört der Faden-Ehrenpreis (*Veronica filiformis*). Er ist eine wahre Plage für Rasen und völlig unfruchtbar. Auch Minzen (*Mentha*) setzen selten Samen an und vermehren sich lieber durch unterirdische Wurzelausläufer; das gilt ebenso für die Bambusse, die sich schnell ausbreiten und nur in sehr langen Abständen blühen und Samen bilden.

Pilze, jedenfalls die größeren, die Fruchtkörper verschiedener Art, darunter auch solche wie den Wiesenchampignon, hervorbringen, breiten sich meist strahlenförmig aus. Sie tun dies, weil der Boden verarmt, und daher neue Nahrung nur außerhalb der Stellen zu finden ist, an der sie ursprünglich wuchsen. Deshalb entstehen sogenannte Hexenringe, von denen manche nachweislich mehrere Jahrhunderte alt sind. Im typischen Fall findet sich außerhalb dieses Pilzringes ein Kreis von üppigerem, dunkler grünem Gras. Er wurde durch die Tätigkeit der Pilzfäden, des sogenannten Myzels, im Boden geschaffen, aus dem es sich ernährt. Dabei wird Ammoniak frei, und Salze, die sich infolgedessen bilden, regen das Wachstum von Gras an. Manchmal ist ein vollkommen kahler Ring innerhalb des dunkler grünen vorhanden. Das kommt daher, daß die Erde ganz austrocknet, wenn sie völlig mit Pilzfäden ausgefüllt ist. Dadurch entstand die Vorstellung, daß Hexen oder Elfen hier im Kreis tanzen. Wenn die Pilzfäden absterben, zersetzen sie sich, und als Folge ihrer Verwesung kann noch ein weiterer dunkelgrüner, üppig wachsender Ring entstehen.

Das ist die normale, nicht umkehrbare Ausbreitung eines erdbewohnenden Pilzes. Andere Pilze vermehren sich in lebendem wie auch abgestorbenem Holz auf ebenso unerbittliche Weise. Ein oder zwei davon haben besondere Wege eingeschlagen. Der Hallimasch (*Armillaria = Almariella mellea*), ein tödlicher Baumschmarotzer, der von Gärtnern und Forstleuten gefürchtet wird, erzeugt schwarze unterirdische »Wurzeln«, sogenannte Rhizomorphen, deren Aussehen diesem Pilz, im Englischen auch den Namen *Bootlace Fungus* (Schnürsenkel-Pilz) eingetragen hat. Auf der Suche nach neuen Baumwurzeln können diese derben Myzelstränge sich mehrere Meter weit durch die Erde voranschieben. Manchmal dringen sie dabei in die Rohre von Wasserleitungen ein. Einem verbürgten Bericht zufolge, haben solche Rhizomorphen ein 15 cm weites Rohr, 4 m unter der Erde, etwa 2 m weit blockiert.

Ein anderer sehr gefürchteter Pilz mit ähnlichen Fähigkeiten ist der Hausschwamm (*Merulius* = Serpula lacrymans), der Bauholz jeder Art auffrißt und es in Staub verwandelt, wie so mancher Hausbesitzer weiß. Auch hier werden wiederum wurzelähnliche Myzelstränge erzeugt, die sogar nicht verwertbares Material wie Mörtel viele Meter weit durchdringen können, wenn sie nach neuen Nahrungsquellen in Form von Gebälk oder von Dielenbrettern suchen.

Höhere Pflanzen haben Wurzeln, die oft imstande sind, in Abständen neu auszutreiben. Die Zitterpappel, auch Espe genannt (*Populus tremula*), Stranddorn (*Hippophaë rhamnoides*) oder Kirschbäume sind Pflanzen, die das gern tun. Neue Bäume wachsen so bis zu 30 m entfernt vom Elternbaum heran. Heimtückischer sind krautige Pflanzen solcher Art, denn sie wandern auf diese Weise noch schneller und weiter. Sie liefern uns eine Namensliste von hartnäckigen Unkraut-Arten: Adlerfarn (*Pteridium aquilinum*), Gemeine Quecke (*Agropyron repens*), Geißfuß, Winden. Auch die gefürchteten Schachtelhalme (*Equisetum*), deren unterirdische Teile mehr Sprosse als Wurzeln sind, dringen bis zu 20 m tief im Boden vor. Sie tragen in Abständen kleine Knollen. Diese lösen sich ab, wenn die Halme ausgegraben werden und sind dann Ausgangspunkt für neues Wachstum, wenn ein selektives Unkrautvertilgungsmittel den oberen Teil des Triebes zerstört hat. Es wurde auch behauptet, daß es unmöglich sei, einen einzelnen alten Adlerfarn auszumessen, weil er so weite Flächen überwuchert. Vernichtet man die Wedel, sind Knospen verschiedenen Alters bereit, wieder neue Wedel hervorsprießen zu lassen. Eine solche Pflanze kann im Jahr 1 m weit vom Zentrum nach außen wachsen, und das unterirdische Netzwerk der Wurzeln ist auf ein Gewicht von 2500 kg pro Hektar geschätzt worden.

Fleischige Knollen und zwiebelartige Gebilde sind manchmal nur Erweiterungen einer Wurzelknospe und liefern den jungen Pflanzen reichlich Nahrung. Ein Beispiel dafür ist die Erdbirne oder Topinambur (*Helianthus tuberosus*). Ihr entsprechen in den Tropen Arten der Gattung *Thladianta* aus der Familie der Kürbispflanzen (*Cucurbitaceae*). Bei diesen Arten werden Ketten von Knollen entlang unterirdischen, bis zu 50 cm langen Trieben gebildet. Verschiedene Zwiebelpflanzen bringen in ähnlicher Weise in einiger Entfernung von der Elternpflanze junge Zwiebeln hervor.

Am erfolgreichsten als Opportunisten und so mörderisch wie Unkraut sind Pflanzen, die Massen loser kleiner Neben- oder Brutzwiebeln produzieren. Besonders wirkungsvoll sind sie in kultivierten Feldern, wo durch Pflügen diese Sprößlinge weit verstreut werden. Zu ihnen gehören Verwandte der Küchenzwiebel, Scharbockskraut, auch Feigwurz genannt (*Ranunculus ficaria*), und vor allem verschiedene Sauerklee-Arten (*Oxalis*). Es ist reine Ironie, daß man die meisten davon, die zu Unkraut geworden sind, einst als Zierpflanzen in verschiedenen Ländern eingeführt hat. Das gilt in England für die rosa blühende Art *Oxalis floribunda*, im Mittelmeergebiet für *O. pes caprae*. Wer je gesehen hat, wie dieser gelb blühende »Ziegenfuß«-Sauerklee – natürlich so genannt nach einer Verbreitungsart – einen Olivenhain oder einen Weinberg überwuchert, der weiß, wie erfolgreich diese Pflanze ist. Die locker sitzenden Nebenzwiebelchen werden bei jedem Versuch, die Elternpflanze herauszuziehen, verstreut, aber auch, wenn im Sommer die Bodenkrume austrocknet. Sie können überdies am Ende der Wachstumszeit durch die Kontraktion der fleischigen, kegelförmigen Knolle der Elternpflanze in den Boden hinuntergezogen werden. Entblättert man diese Pflanzen, fördert man damit einfach nur die Bildung von Brutzwiebeln. Bis vor kurzem existierten überhaupt keine wirksamen Mittel zur chemischen Bekämpfung solchen Sauerklees, aber selbst die heute vorhandenen Mittel sind unsicher. Bevor man sie eingeführt hatte, empfahl das britische Landwirtschaftsministerium, man solle auf Land, das von dieser Plage heimgesucht werde, Jungschweine herumlaufen lassen. Jungtiere mußten es deshalb sein, weil nur sie, nicht erwachsene Schweine, die gefressenen Nebenzwiebeln bei der Verdauung vernichten. Für einen Gärtner war das nie eine sehr glückliche Lösung. Weitere Ironie ist, daß diese ursprünglich im Mittelmeergebiet auf Malta als Zierpflanze eingeführte Sauerklee-Art eine unfruchtbare Form war. Keiner ihrer unzähligen Nachkommen trägt Samen.

Die leichteste Möglichkeit für eine Pflanze, sich auf oberirdischem Wege zu verbreiten, sind Ableger oder Ausläufer. Sie sind meist in einem flachen Bogen wachsende Sprosse. Wie bei Erdbeeren können sie in Abständen neue Pflänzchen hervorbringen oder wie bei Brombeeren und Himbeeren viel länger werden, sich schließlich abwärts biegen und mit der Spitze wieder einwurzeln. Die Echte Brombeere (*Rubus fruticosus*) wurde in Neuseeland eingebürgert, wo für sie ideale Wachstumsbedingungen herrschten, und entwickelte sich zu einer der schlimmsten Unkraut-Arten des Landes. Sie war Anlaß zu der Anekdote, daß es nur zwei Brombeersträucher im Lande gebe, von denen einer die Nordinsel, der andere die Südinsel wie mit einem Netz überzogen habe. Das könnte beinahe wahr sein.

Diese Nachkommen bleiben jedoch an die Elternpflanze gebunden, bis die Ausläufer verfaulen. Obwohl sich dadurch große Kolonien bilden, führt dies in der Regel nicht zu einer weiten Verbreitung. Das tritt nur ein, wenn Ableger gebildet werden, die sich bald von der Elternpflanze lösen. Auch echte Viviparie, zu deutsch Lebendgebären, kommt vor. In diesem Fall entstehen voll ausgebildete junge Pflanzen. Mehrere Arten, darunter das Alpen-Rispengras (*Poa alpina*), bringen solche Pflänzchen hervor, die mit Blättern und teilweise entwickelten Wurzeln bereit sind, selbständig weiterzuwachsen. Manche, wie der Judenbart (*Saxifraga sarmentosa*), ein aus Ostasien stammender Steinbrech, tragen die Jungpflanzen an fadendünnen, sehr langen Ausläufern. Im Englischen heißt diese Art bezeichnenderweise »Mother of Thousands« (Mutter von Tausenden). *Tolmiea menziesii*, ebenfalls ein Steinbrechgewächs (*Saxifragaceae*), wird je nach der Gegend »Kind im Schoß«, »Henne mit Küken« oder »Huckepack-Pflanze« genannt. Ihre Nachkommen bilden sich am Grund alter Blätter und wurzeln ein, sobald sie den Boden berühren. Auch mehrere Farne besitzen derartige Brutknospen.

Einige der sukkulenten Brutblatt-Arten (*Bryophyllum* = *Kalanchoë*) tragen an den Spitzen oder Rändern der Blätter Brutknöspchen. Diese fallen leicht ab, wenn man sie berührt. Die brasilianische *Furcraea foetida* ist

Brutknöllchen oder Bulbillen auf Blättern. Links Sumpf-Weichwurz *(Malaxis paludosa)*, rechts davon stark vergrößert; Mitte links Wiesenschaumkraut *(Cardamine pratensis)*; rechts oben ein knöllchenbildender Streifenfarn *(Asplenium bulbiferum)*; rechts unten ein Brutblatt *(Bryophyllum calycinum)*.

nicht zufrieden mit ihrem 7 m hohen Blütenstand, sie produziert inmitten der Blüten auch noch Unmengen junger Pflänzchen.

Zu den erfolgreichen Unkraut-Arten in Gewässern gehören die berüchtigten Wasserhyazinthen *(Eichhornia)* und ein Schwimmfarn der Gattung *Salvinia*. Bei der Wasserhyazinthe sind die Blattstiele am Grund jeder Rosette blasig angeschwollen. Der Schwimmfarn hat kleine, flache Wedel, die paarig angeordnet sind. Beide vermehren sich durch einfache Teilung. In ihrer eingebürgerten Form, die unzählige tropische Wasserläufe verstopft hat, verzichtet die ursprünglich in Südamerika heimische Wasserhyazinthe auf geschlechtliche Fortpflanzung. Der Schwimmfarn zieht stehende Gewässer, wie den Kariba-Stausee vor, wo er dichte, buchstäblich meilenlange und sehr tiefe Matten bildet, auf denen andere Pflanzen wachsen.

Sukkulenten verfügen über einen anderen Trick. So brechen zum Beispiel Blätter von Arten der Fetthenne *(Sedum)*, der verwandten Gattung Dickblatt *(Crassula)* und ähnlicher Pflanzen sehr leicht ab. Selbst wenn sie nur auf der Erdoberfläche liegenbleiben, treiben sie am Bruchende Wurzeln, die sich zum Boden hinuntertasten, das Blatt hinter sich nachziehen und eine neue junge Pflanze bilden. Viele Stammsukkulenten besitzen ebenso erstaunliche regenerative Kräfte, wie jeder weiß, der sie zu züchten versucht hat.

Zuletzt wäre noch die Fähigkeit abgebrochener Zweige, Wurzeln zu bilden, zu erwähnen, wie bei Weiden und Stranddorn. Dazu sind auch Bruchstücke der Wurzeln von Schilf (*Phragmites communis*), Seggen (*Carex*) und ähnlichen Pflanzen imstande. Von Stürmen abgerissen, können diese Teile in einem reißenden Strom kilometerweit verschleppt werden. Sind sie schließlich an einem geeigneten feuchten Platz gelandet, sind sie fähig, Wurzeln zu schlagen und neue Pflanzen hervorzubringen. Eine solche angeborene Vitalität ist die Macht, die hinter allen Erscheinungen von Opportunismus bei Pflanzen steckt.

18 Die zugeteilte Lebensspanne

Bezeichnen wir etwa eine Erdbeerpflanze als unsterblich, weil sie sich theoretisch ohne geschlechtliche Fortpflanzung ewig vermehren kann? Oder einen Adlerfarn, dessen unterirdische Ausläufer sich unbegrenzt in der Landschaft ausbreiten; oder gilt dies für die 2 km breite Kolonie der amerikanischen Heidelbeere *Gaylusaccia brachycera*, von der man annimmt, daß sie von einem einzelnen Strauch abstammt, der sich ursprünglich dort angesiedelt hat und angeblich 13 000 Jahre alt sein soll? Wo beginnt hier die Einzelpflanze, wo hört sie auf?

Pflanzen sind so verschiedenartig, daß sie keine durchschnittliche Lebensspanne haben. Ein »normales Lebensalter« von 70 Jahren wie beim Menschen kommt nicht in Frage. Das Dasein von winzigem Plankton kann nur nach Tagen oder sogar nach Stunden gemessen werden, obwohl man kaum von Individuen reden kann, wenn Zellteilung, Knospung und andere Vorgänge so schnell neue Lebewesen aus alten hervorbringen. Aber sobald wir zu mehrzelligen Pflanzen kommen, nimmt die Lebensdauer zu. Meeresalgen mögen verhältnismäßig primitiv sein, aber eine Einzelpflanze kann eine sehr beträchtliche Zeit lang wachsen. Das gleiche gilt für Pilze und Flechten, die Jahrhunderte alt werden können. Aber wir befinden uns da immer noch im Bereich von Pflanzen, die ohne weiteres in Stücke zerfallen und aus ihnen neu heranwachsen können. Allerdings zeigte das letzte Kapitel, daß auch viele höhere Pflanzen diese beachtliche Fähigkeit bewahrt haben und dazu die, Brutknospen oder kleine Pflänzchen zu produzieren.

Sicherlich gibt es sehr alte Gartenpflanzen, die vom Menschen aus Teilstücken jahrhundertelang weiter vermehrt worden sind. Alle Organe einer solchen Pflanze sind biologisch gesehen mit denen des Originals identisch. In der Fachsprache nennt man das einen Klon, wobei gleichgültig ist, ob die Vermehrung durch Teilung, sich abtrennende Ausläufer, Ableger oder Pfropfung erfolgt. Manche in Kultur befindliche Ölbäume müssen Tausende von Jahren alt sein, und in Europa haben wir Spielarten von Apfelbäumen, die seit Jahrhunderten bestehen. Es ist offensichtlich für den Gärtner oder Farmer vorteilhaft, einen Klon zu vermehren, solange er gut gedeiht. Denn er kann entweder eine Hybride sein oder die Sonderform einer wildwachsenden Art, vielleicht das Ergebnis einer Mutation. In beiden Fällen würden sich diese Pflanzen, selbst wenn sie fruchtbar wären, aus Samen nicht rein züchten lassen.

Gutes Gedeihen ist hier das Schlüsselwort, weil manche kultivierte Klone und zweifellos auch einige wildwachsende im Lauf der Jahre sicherlich entarten. Manchmal ist das ein ganz rapider Verfallsprozeß, der oft mit übermäßig starker Vermehrung verbunden ist. Moderne Prachtformen von Chrysanthemen (*Chrysanthemum*) und Dahlien (*Dahlia*) leben für gewöhnlich nicht länger als zehn Jahre bis ihre Wachstumskraft abzunehmen beginnt.

Nur bei Pflanzen, die normal blühen und regelmäßig Samen bilden und jedes Jahr größer werden, können wir in ähnlichem Sinne wie bei Tieren von einer Lebensdauer sprechen, die ebenso durch äußere, wie durch innere, das heißt angeborene Umstände geregelt wird. Bei vielen Pflanzenklassen findet sich in ihrem Organismus kein deutliches Anzeichen für Langlebigkeit. Das Alter mancher Pilze läßt sich nur ungefähr nach dem Durchmesser ihrer »Hexenringe« schätzen. Aber bei den meisten »niederen« und sehr vielen »höheren« Pflanzen ist überhaupt kein Nachweis des Alters möglich. Das gilt für krautige Pflanzen, die keine Stämme haben, und auch für Palmen und andere Bäume aus der Gruppe der Einkeimblättrigen. Wir glauben zwar, daß das Rekordalter einer einzelnen Pflanze auf der Erde – im Gegensatz zu den sich ständig ausweitenden Kolonien etwa der amerikanischen Heidelbeere *Gaylusaccia brachycera*, des Adlerfarns oder der Echten Brombeere – die über 7200 Jahre der Japanischen Zeder (*Cryptomeria japonica*) auf der Insel Jakusima sind. Das hat man nach der sogenannten Radiokarbonmethode errechnet; sie beruht darauf, daß man aus dem Gehalt an radioaktivem Kohlenstoff in organischen Substanzen, wie etwa in Holz, auf deren Alter schließen kann. An zweiter Stelle nach dieser Zeder folgt mit 5000 Jahren eine kleine knorrige Kiefer (*Pinus aristata*). Das kann man bei ihr aus den Ringen des Stammes ablesen. Aber es ist durchaus möglich, daß irgendein Riesentang im Pazifik, irgendein Drachenbaum (*Dracaena*) auf Sumatra oder eine Malediven-Nuß-Palme von den Seychellen in Wirklichkeit noch älter sind. Man hat auch vermutet, daß manche Palmfarne an die 14000 Jahre alt sein könnten, aber das ist recht unwahrscheinlich.

Solche sehr großen Pflanzen sterben zweifellos nur an Altersschwäche. Sie haben, wie das auch bei Tieren geschieht, eine obere Grenze erreicht, die bedingt ist durch die Zunahme von Abbauprodukten und die Verlangsamung des Stoffwechsels. Denn Altern, Krankheit und Tod sind bei den Pflanzen ebenso Tatsachen wie bei den Tieren. Sie drohen ihnen, weil die äußeren Umstände, vor allem der Boden, in dem die Pflanzen wachsen, ihnen Grenzen setzen. So gesehen, könnten Algen, die buchstäblich von den Wassermassen rings um sie ernährt werden, die größte Aussicht auf ein sehr langes Leben haben.

Der Tod tritt bei Pflanzen sicherlich dadurch ein, daß sie keine Nährstoffe mehr aus dem Boden herausholen oder die Wurzeln nicht mehr weiter ausstrecken können und so tatsächlich verhungern. Der natürliche, von äußeren Elementen verursachte Verschleiß spielt ebenfalls eine Rolle. Bäume werden geknickt oder umgestürzt von Stürmen oder vom Blitz getroffen. Feuer vernichtet sie, oder sie werden von einem Erdrutsch verschüttet. Pflanzen können auch durch eine unerwartete Dürre zugrundegehen. Überschwemmung kann die Wurzeln ersticken oder sie einfach absterben lassen, wenn das Wasser salzig ist oder andere anorganische Stoffe enthält. Relativ empfindliche zarte Arten können vernichtet werden, wenn eine noch nie dagewesene Kälte hereinbricht.

Abgesehen von solchen gefährlichen Naturereignissen, haben Pflanzen auch noch sehr viele Feinde. Selbstverständlich ist ein Hauptfeind der Mensch, wie ich ausführlicher in einem späteren Kapitel schildern werde. Er ist weitgehend daran schuld, wenn Pflanzen aussterben. Dann ist aber noch eine unglaublich große Anzahl von Tieren vorhanden, die sich von Pflanzen ernähren. Sie reichen von winzigen Milben, Fadenwürmern und Insekten bis zu pflanzenfressenden großen Tieren. Zu ihnen gehören eine ganze Reihe – von Schnecken bis zum Elefanten, der zu den verschwenderischsten Pflanzenfressern zählt, die es je gab. Er reißt oft kleine Bäume nieder, um an ihr Laub zu gelangen, oder höhlt Bäume wie den Baobab aus, um an dessen Saft heranzukommen. Übrigens enthält dieser Saft, was recht ungewöhnlich ist, einen hohen Anteil an Weinsäure und scheint für Elefanten besonders wohlschmeckend zu sein. Eine Rote Spinne genannte Blattspinnmilbe, die für das unbewaffnete Auge unsichtbar ist, vermehrt sich so schnell, daß sie in kurzer Zeit den gesamten Saft des von ihr befallenen Blattes ausgesaugt hat, das dadurch gelb und nutzlos wird. Keinem Gärtner braucht man etwas von solchen Saftsaugern zu erzählen. Unter ihnen finden sich grüne, rötliche und schwarze Blattläuse und die »wolligen« Blutläuse, aber auch Mehlläuse, Weich- oder Blindwanzen und

Schildläuse, die sich wie winzige Napfschnecken an einer Stelle festsetzen. Sie alle besitzen als Mundwerkzeuge kräftige hohle Sonden, um das Blattgewebe anzubohren und seine Säfte auszusaugen.

Ein weniger bekannter Schädling, der Pflanzen aussaugt, ist einer der Fadenwürmer oder Nematoden, der Älchen genannt wird. Er besitzt ebenfalls eine Art Sonde, mit der er Pflanzen anstechen kann. Solche Älchen dringen oft in Pflanzengewebe ein und wandern darin umher. Im Boden können sie, ebenso wie in den Pflanzen, in die sie gelangt sind, in astronomischen Mengen auftreten. In einem einzigen Blütenstand einer Küchenzwiebel hat man 2 Millionen von ihnen gefunden. Sobald die Pflanze abstirbt, erzeugen die Weibchen dieser Fadenwürmer innerhalb ihres Körpers Eier. Dann gehen die Weibchen ein, und ihre Haut verwandelt sich in eine harte Hülle oder Zyste für die Eier. Diese kann viele Jahre lang reglos im Boden ruhen. Doch sobald in der Nachbarschaft Wurzeln einer geeigneten Feldfrucht auftauchen, regen die chemischen Stoffe, die von der Wurzel ausgeschieden werden, die Eier dazu an, sich zu entwickeln, und die ausschlüpfenden Würmer beginnen einen neuen Großangriff. Man hat nachgewiesen, daß die Art, die Kartoffeln angreift, die Pflanze veranlaßt, ihre äußeren Zellen in »Zapfstellen« umzuwandeln, die für den Fadenwurm jedesmal, wenn er eine Mahlzeit wünscht, den Saftfluß beschleunigen.

Zu weiteren, nur allzu vertrauten Schädlingen gehören die Arten, die in Blättern Gänge fressen, wobei es sich meist um Larven handelt. Doch andere, wie die Drahtwürmer genannten Larven von Schnellkäfern, nagen auch unterirdisch gefräßig an Pflanzengeweben. Bei einem seuchenartigen Auftreten von Raupen in einem Wald kann man manchmal das geräuschvolle Kauen von Tausenden winziger Kiefern vernehmen, aber auch das Platschen ihrer herabfallenden Verdauungsprodukte. Raupen können jedes Blatt von einem Forst oder einem Obstgarten auffressen. Eine solche Entlaubung kann Bäume völlig töten. Besonders anfällig dafür sind Nadelhölzer. Die Lage, die sich daraus ergibt, setzt eine Kette von Reaktionen in Gang. Vor allem erhöht sie das Risiko von Bränden und Erosion und zerstört überdies die Lebensräume wildlebender Geschöpfe. Seit der Mensch im Mittleren Osten und in Afrika begann, Feldfrüchte anzubauen, ist die Vernichtung der ganzen Vegetation durch Heuschreckenschwärme bittere Wirklichkeit gewesen. Wir brauchen nur an das 2. Buch Moses 10, 15 (Lutherbibel) zu denken, das vom Auszug aus Ägypten handelt: »Denn sie bedeckten das Land und verfinsterten es. Und sie fraßen alles Kraut im Lande auf und alle Früchte auf den Bäumen... und ließen nichts Grünes übrig an den Bäumen und am Kraut auf dem Feld in ganz Ägyptenland.«

Auch Schneckenarten mit und ohne Gehäuse greifen in Scharen mit ihren sich ständig erneuernden Raspelzungen Pflanzen an. Besonders gefräßig sind tropische Schnecken, die 25 cm lang werden. Nacktschnecken sind ebenfalls in riesigen Mengen vorhanden, vor allem jene Arten, die einen Großteil des Lebens unter der Erde verbringen und nachts hervorkriechen, um zu fressen. Bisher ist es praktisch unmöglich gewesen, sie auszutilgen.

Verhältnismäßig geringe Probleme werden von Insekten wie den Blattschneiderbienen verursacht, die aus Blättern fein säuberlich Teile heraussägen, um die Nester auszupolstern, in die sie ihre Eier legen. Eine große Anzahl von Insekten legt die Eier direkt in Pflanzengewebe. Die Pflanzen reagieren darauf mit der Bildung von Gallen, Körpern aus Pflanzengewebe von sehr verschiedener Gestalt und Größe, wobei aus jeder solchen Beziehung zwischen Insekt und Pflanze eine deutlich unterscheidbare Galle hervorgeht. Sie zu bilden, scheint hauptsächlich die Methode der Pflanze zu sein, einen Parasiten und alle giftigen Substanzen, die er erzeugt, zu isolieren. Diese Gallen haben ein begrenztes Wachstum und sind nicht tumorartig.

Manche Pflanzen schmarotzen mit unheilbringenden Folgen auf anderen Pflanzen. Wieder andere ersticken ihre Wirtspflanzen. Das tun unter anderem Würgerfeigen wie die Waringinbäume (*Ficus benjamina*) auf Java. Später wird noch mehr über diese Pflanzen zu berichten sein.

Auch Pilze befallen lebende Bäume. Sie sind ebenfalls Parasiten, aber sie ernähren sich nicht nur wie unsere Misteln (*Viscum album*) von der Wirtspflanze, sondern zerstören deren innere Bauelemente, sie machen das Holz weich, so daß Insekten und andere zweitrangige Schädlinge leichter eindringen können; sie hindern auch die verschiedenartigen Leitungsgewebe daran, Nahrung und Wasser so zu befördern, wie sie sollten. Diese Pilze haben große Fruchtkörper, die in Gruppen außerhalb des Baums auftauchen und ein sicheres Anzeichen dafür sind, daß sich im Innern ein Feind befindet, gegen den es meist kein Heilmittel gibt. Haben die Pilze erst einmal den Baum getötet, wird er normalerweise in einem Sturm umstürzen und seinen verfaulten Kern offenbaren. Andere, saprophytische Pilze greifen dann schnell das tote Holz an. In den Tropen sind die allgegenwärtigen Termiten die ersten, die Nutzen aus dem von Pilzen zerstörten Holz ziehen, und man findet sie bald in jedem Teil des erkrankten Baums.

Niedrigere Pilze, die erschreckend weit verbreitet sind, darunter Echte Mehltau-Pilze (*Erysiphales*), Brandpilze (*Ustilaginaceae*) und viele verwandte Arten greifen weichere Pflanzen an. Die Vermehrungsfähigkeit dieser Pilze erreicht astronomische Ausmaße. Auf einem Quadratzentimeter eines von Mehltau-Pilzen befallenen Rosenblatts kann eine halbe Million Sporen erzeugt werden. Pilze schädigen oder vernichten alljährlich auf der ganzen Welt mindestens zehn Prozent des Ertrags von kultivierten Feldfrüchten und greifen ebenso Nutzholz an. Allein in den amerikanischen Staaten Oregon und Washington sind schätzungsweise bis zu 35 Prozent aller Tannen (*Abies*) von Blasenrost (*Milesia*) befallen, und jedes Jahr gehen fast 3 Millionen m³ Holz dadurch verloren. Die Edelkastanie (*Castanea sativa*) ist durch Pilzbefall im östlichen Nordamerika ganz ausgerottet worden, wo sie einst große Wälder bildete.

Pilzsporen werden hauptsächlich durch die Luft verbreitet, und ihr geringes Gewicht gewährleistet, daß sie riesige Entfernungen zurücklegen können. Kürzlich hat man nachgewiesen, daß auch Vögel sie sehr weit befördern können. So hat man auch angenommen, daß amerikanische Getreide-Rostpilze von Stärlingen verschleppt werden, die ihre Wanderung beginnen, wenn in Mexiko die Sporen der Rostpilze übertragen werden können. Der Flug nach Norden führt die Vögel gerade zur Frühlingszeit über die wichtigsten amerikanischen und kanadischen Weizenfelder.

Pilze können durch Wunden in Pflanzen gelangen, aber auch in die Wurzeln eindringen. Arten, die Blätter befallen, scheinen sich oft durch die Spaltöffnung einzuschleichen. Möglicherweise wird die Keimung von Pilzsporen – und schließlich ihr Eindringen in die Gewebe durch die Stomata – zum Teil gesteuert von den Gaskonzentrationen um die Öffnungen. Manche Pilze haben die Macht – sozusagen ein »Sesam, öffne dich« –, die Blattstomata für sich aufzuschließen. Das ist sicherlich der Fall beim »Baumkrebs« des Mandel- und Birnbaums (*Amygdalus communis, Pyrus communis*), für den das Welken der Blätter eins der Symptome ist. Wie man nachgewiesen hat, befällt diese Krankheit gleicherweise mehrere mit diesen Bäumen nicht verwandte Arten. Fusicoccin, eine Substanz, die man aus dem Pilz der Gattung *Fusarium* isoliert hat, ist auch dazu benutzt worden, Heu der Blauen Luzerne künstlich zu welken, wodurch das Trocknen sehr beschleunigt wird.

Verschiedenartige von Insekten verursachte Gallen.

Bakterien verursachen ebenfalls Pflanzenkrankheiten, die tödlich sein können. Heilmaßnahmen oder Bekämpfung sind bei ihnen noch schwieriger als bei Pilzen. Diese sehr urtümlichen Organismen können wiederum Gallen hervorrufen. Sie sind unter dem Namen Kronen- oder Wurzelhalsgallen bekannt; die unregelmäßigen Gewächse verhalten sich wie Tumoren, da sie schneller als normale Gewebe wachsen. Sekundäre Gallen, die auf infizierten Pflanzen auftreten, scheinen von Stoffen verursacht zu sein, die in der ursprünglichen Galle gebildet wurden und im Saft kreisen. Kronengallen können einer Pflanze den Tod bringen. Sie haben eine verblüffende Ähnlichkeit mit Krebs bei Tieren.

Der heimtückischste Feind der Pflanzen ist das Virus. Diese winzigen Wesen, bei denen früher in Frage gestellt wurde, ob sie überhaupt Lebewesen sind, haben die Fähigkeit, in Zellen einzudringen und sich in ihnen zu vermehren. Manchmal wandeln sie deren Kernsubstanz so weit um, daß die Zellen sich anomal verhalten. Einige Pflanzenviren existieren im Boden und können Wurzeln unmittelbar infizieren, aber normalerweise finden sie sich nur in Zellen. Die meisten werden von einer Pflanze auf die andere durch Insekten übertragen, die den Saft saugen, manchmal auch durch Vögel, und unter der Erde durch Fadenwürmer, die ebenfalls Pflanzensäfte saugen. Gelegentlich übernimmt die Vermittlerrolle der Mensch, der mit Viren infizierte Werkzeuge zum Pfropfen oder zum Beschneiden von Pflanzen verwendet.

Fast jede Pflanze wird von Viren angegriffen oder – wenn man die Formulierung vorzieht – »bewohnt«. Dies läßt die Pflanzen dann oft gefleckt oder gestreift aussehen. Manchmal werden Laub, Zweige oder Stengel ganz verformt und die Pflanzen häufig ernstlich verkrüppelt, fast immer aber geschwächt. Es gibt eine merkwürdige Virus-Krankheit von Apfelbäumen, die deren Holz gummiartig werden läßt. Gelegentlich, wenn die bereits infizierte Pflanze noch äußerlich verletzt wird, verursachen Viren tumorähnliche Gallen. Manchmal sind keine sichtbaren Symptome vorhanden, aber vergleichende Untersuchungen an nicht infizierten Pflanzen haben gezeigt, daß solche verborgene Virusinfektionen das Wachstum und die Ertragfähigkeit verringern. Man hat die Ansicht geäußert, daß kaum ein alter Obstbaum existiert, der nicht von einem Virus befallen ist und daher weniger Früchte als normal trägt.

Es ist fast unmöglich, Viren zu vernichten, wenn eine Pflanze einmal von ihnen befallen ist. Aber bestimmte Mittel und Wege, sie zu überlisten, werden im 28. Kapitel beschrieben. Virologen haben übrigens bewiesen, daß manche Pflanzen- und Tierviren sich oberflächlich stark gleichen, und daß bestimmte Tierviren auch Pflanzen angreifen können.

In neuerer Zeit hat man entdeckt, daß andere Organismen, die nur von Tieren bekannt waren, wie Mycoplasmen und Spiroplasmen unter den Bakterien – von denen die erstgenannten eine ansteckende Lungen- und Rippenfellentzündung beim Vieh verursachen –, auch für eine Gruppe von Pflanzenkrankheiten verantwortlich sind, die man unter dem Namen »Gelbsucht« kennt und die ernste Verluste unter wichtigen Feldfrüchten verursachen. Früher meinte man, daß Viren die Erreger seien. Sie lassen die Blätter gelb werden, verkrüppeln die Pflanzen und führen zu anomalem Wuchs, vor allem zur Bildung von Blättern statt von Blüten.

Diese heimtückischen Organismen können in manchen Fällen wie bei Tieren durch Antibiotika mit breitem Wirkungskreis, wie Tetracyclin, das ja Viren gegenüber unwirksam ist, bekämpft werden. Doch wie bei Viren richtet sich der Hauptangriff bei der Bekämpfung von Mycoplasmen derzeit gegen die Insekten, die sie übertragen. In manchen Fällen ist auch Behandlung mit Hitze erfolgreich.

Viren, Mycoplasmen und Spiroplasmen sind klassische Beispiele für virulente Organismen, die fast ausschließlich durch Tiere von Pflanze zu Pflanze übertragen werden. Wir haben bereits festgestellt, daß Pilzkrankheiten durch Vögel oder andere Tiere verbreitet werden können. So ist der Ulmensplintkäfer ein Überträger für das Ulmensterben, das gegenwärtig Ulmen in England und im übrigen Europa dezimiert. Es wird durch einen Pilz verursacht, der Giftstoffe ausscheidet, aber auch die Gefäße verstopft und den Baum verhungern läßt. Die Sporen dieses Pilzes werden von einer Masse von Tasthaaren übertragen, die Mundwerkzeuge und Kopf der jungen Käfer bedecken; die Larven dieser Käfer haben zuvor in der Rinde Gänge angelegt.

Pflanzen besitzen aber auch eine erstaunliche Fähigkeit zu regenerieren, wenn ihnen Schaden zugefügt wird. Man hat oft beobachtet, daß erfrorene Ölbäume aus den Wurzeln neu hervorsprossen. Und Stümpfe von gefällten oder umgestürzten Bäumen werden oft wieder austreiben, oder aus den Wurzeln kommen bisher ruhende Knospen hervor; das gilt vor allem für Holzpflanzen. Derlei latente Knospen sind an unerwarteten Stellen zu finden, besonders an Sträuchern und Bäumen. Ich erinnere mich, daß ich während des letzten Krieges Bäume gesehen habe, die jedes Blatt und die meisten kleinen Zweige und Äste in Bombenangriffen verloren hatten. Ein paar Wochen später war der ganze Stamm mit frischen Blättern bedeckt, und nach entsprechender Zeit wurden wieder Zweige und Äste gebildet. Einer von Galileo Galileis Vorfahren hat das festgestellt, als er 1424 schrieb: »Das Holz des Baumes ist ein Bild der Hoffnung; verwundet treibt es Blätter und bedeckt sich erneut mit Laub.« Solche Wunden werden jedenfalls am Ende und vor allem bei holzigen Pflanzen geschlossen durch Bildung von Kallus. Er besteht aus einer Schicht von Korkgewebe, das von den Kambiumzellen unmittelbar unter der Rinde erzeugt wird.

Ist eine Pflanze erst einmal abgestorben, verschwindet sie gewöhnlich schleunigst und still vom Schauplatz, denn sie ist in hervorragender Weise geeignet, von anderen Lebewesen verwertet zu werden. Der größte Waldbaum zerfällt stetig und unaufhaltsam, er wird von Insekten, Pilzen und Bakterien, die sich von ihm ernähren, in Staub verwandelt. Man muß in einen Tropenwald gehen, um die ganze Wucht des Angriffs von feindlichen Organismen auf Pflanzen voll würdigen zu können.

Die weiche krautige Pflanze wird noch sehr viel schneller zu Erde. Oft genügt schon Frost, um ihre Gewebe in eine breiige Masse zu verwandeln.

Selbst faserige Stengel vermodern sehr bald, wie jeder weiß, der einen Komposthaufen angelegt hat. Dafür sorgen schon Würmer und andere große und kleine Geschöpfe im Boden.

Der Komposthaufen erinnert uns daran, daß die Überreste der toten Pflanzen die nächste Generation ernähren, denn sie sind in brauchbare Elemente zerlegt worden. Noch wertvoller ist, daß diese verfaulte organische Substanz am Ende zu Humus wird. Er ist ein Material, dessen chemische Struktur noch nicht voll erforscht werden konnte. Aber die kolloidale – gallertartige – Masse, die aufquillt, wenn sie feucht wird, und schrumpft, wenn sie austrocknet, hüllt die Bodenteilchen ein und garantiert eine gute Bodenbeschaffenheit. Humus macht den Boden schwammartig, so daß er Wasser zurückhält, aber trotzdem krümelig und daher für suchende Wurzeln offen und einladend ist. Bakterien zersetzen schließlich den Humus zu einfachen chemischen Stoffen, die Pflanzen als Nahrung aufnehmen. Auf diese Weise geht der Kreislauf des Lebens weiter.

19 Pflanzengesellschaften

Im Pflanzenreich gibt es keinerlei Diskriminierung. Die Stufe, die eine Pflanze auf der Leiter der Evolution erreicht hat, ist bei der Bildung von Pflanzengesellschaften ohne Bedeutung. In ihnen mischen sich – abgesehen von der sexuellen Fortpflanzung – die verschiedenen Gruppen uneingeschränkt und beeinflussen sich gegenseitig. Manche leben in Gruppen unter ihresgleichen, andere sind Individualisten. Bestimmte Standorte sind physiologisch für alle Pflanzen außer ganz wenigen völlig ungeeignet. So können etwa nur gewisse Blaualgen Temperaturen über 55°C ertragen. Doch selbst in Bereiche, die ihnen verschlossen zu sein scheinen, weil sie dafür offenkundig ungeeignet sind, können Pflanzen eindringen. So bildet eine Art des Neptungrases (*Posidonia oceanica*), das eine »höhere« Pflanze ist, im Mittelmeer Wiesen in einer Tiefe bis zu 60 m, in Ausnahmefällen auch 100 m.

Gleichzeitig ist keine Pflanze erfolgreich genug, daß sie mehr als einen winzigen Bruchteil des gesamten für sie geeigneten Lebensraums besetzen könnte. Manche sind allerdings über bestimmte Gebiete in reichem Maße verteilt, wobei die am weitesten verbreiteten Arten sehr anpassungsfähige Pflanzen und imstande sind, zu wandern oder die günstigen Gelegenheiten wahrzunehmen, die ihnen durch eine zufällige Verschleppung geboten werden. Äußere Faktoren begrenzen die Verbreitungsmöglichkeit, und eine sehr große Reihe aller möglichen Faktoren bestimmt, wo jede Pflanze auf der Welt ihren Platz findet.

Mit dem Studium dieser weitgehend wechselnden Faktoren befaßt sich die Ökologie, die Lehre von den Beziehungen der Organismen zu ihrer gesamten Umwelt. Als eine noch etwas erweiterte Definition könnten wir die des großen deutschen Biologen Ernst Haeckel anführen, der schrieb, die Ökologie sei »die Kenntnis der Summe der Beziehungen von Organismen zur umgebenden Außenwelt, zu den organischen und anorganischen Daseinsbedingungen; das Zusammenleben in ein und derselben Örtlichkeit, ihre Anpassung an ihre Umgebung, ihre Modifikation im Kampf ums Dasein«.

Die Faktoren, die auf die Pflanze einwirken, zerfallen in vier Hauptgruppen. Es sind dies: das Klima, die physikalischen und topographischen Merkmale (physiogeographische Faktoren), der Boden (edaphische Faktoren), und schließlich der Einfluß lebender Organismen, einschließlich anderer Pflanzen (biotische Faktoren).

Das sehr ungleiche Klima auf der Welt bedeutet vor allem, daß die Temperatur in einem enorm großen Spielraum schwankt. Wir haben daher Pflanzen, die in den drückend schwülen Tropen gedeihen, und andere, die sich unter extrem kalten Bedingungen behaupten. Obwohl manche Pflanzen Temperaturen gegenüber eine ziemlich große Toleranz besitzen, werden im großen und ganzen Arten der gemäßigten Zone nicht unter tropischen Bedingungen wachsen und umgekehrt. Man kann zwar Rosen und Apfelbäume in Afrika anpflanzen, aber nur in einer Höhe, in der die Hitze bereits gemildert ist. Das erinnert uns daran, daß sich die Auswirkungen der geographischen Breite auch auf den Höhenstufen wiederfinden. Steigt man einen Berg hinauf, hat man ungefähr den gleichen Eindruck wie bei einer Fahrt, die uns den Polen näherbringt. Dieser Eindruck ist höchst verblüffend auf tropischen Gipfeln, wie dem Kilimandscharo oder dem Kenia, wo die tropische Flora vom Fuß des Berges nahe dem Gipfel von einer alpinen Pflanzenwelt abgelöst wird. Eine typische Aufeinanderfolge der Höhenstufen sieht für einen Berg der gemäßigten Zone in Europa etwa so aus: Laubbäume verschwinden in 2000 m Höhe. Die Baumgrenze für hohe Nadelbäume liegt ungefähr bei 2500 m. Almwiesen gehen noch höher hinauf. Zwergsträucher geben bei 3500 m den Kampf auf. Und die durchschnittliche Höhe, in der Pflanzen überhaupt noch leben können, beträgt 4000 m.

Der Gegensatz zwischen tropischen und gemäßigten Zonen bedeutet auch eine unterschiedliche Anzahl von Stunden, in denen die Sonne scheint. Am Äquator sind die Tage das ganze Jahr über gleich lang und zwölf Stunden herrscht Tageslicht. Nördlich und südlich davon haben wir Jahreszeiten mit kurzen Tagen im Winter und langen Tagen im Sommer. Im äußersten Norden ist es im Sommer sogar fast ständig Tag.

Ein weiterer wichtiger Klimafaktor ist besonders in warmen Gebieten, ob Niederschläge gleichmäßig verteilt sind oder ob Trocken- und Regenzeiten abwechseln. Auch dauernder Regen wirkt klimabestimmend, ebenso Bewölkung, Verdunstung, Wind und jahreszeitlich bedingter Schneefall.

Ein erstaunlich wichtiger äußerer Faktor ist das Feuer. Beobachtungen haben klar bewiesen, daß Blitzschlag regelmäßig viele Brände verursachte, ehe noch der Mensch auf dem Schauplatz erschien. Mehr örtlich bedingt brachen Feuer auch infolge von Vulkantätigkeit aus. Ein Beispiel für einen Brand durch Blitzschlag hat man im März 1965 beobachtet. Damals wurden rund 300000 Hektar eines fast undurchdringlichen Waldes in den australischen Gippslandbergen vernichtet, nachdem bei einem starken Gewitter 75 Bäume vom Blitz getroffen worden waren.

Das regelmäßige Vorkommen von natürlichen Bränden wirkt sich noch stärker aus, wenn ein sogenanntes »Brandklima« vorhanden ist. Es entsteht, wenn die jährliche Niederschlagsmenge gering ist und zwischen 25 und 150 cm liegt und wenn eine Dürreperiode von mindestens fünf Monaten herrscht. Ein solches Klima hat Australien. Es ist sehr heiß, hat trockene Winde bei bereits hohen Temperaturen, wodurch die Vegetation verdorrt. Diese Winde können einen Funken schnell zu einem lodernden Feuer entfachen und es mit beängstigender Geschwindigkeit verbreiten. Die für Australien charakteristischen Eukalyptusbäume sind die brennbarsten Pflanzen der Welt. Sie erzeugen große Mengen von zundertrockenem Laub, Rinde und kleinen Zweigen, die zu Boden fallen und ein sehr leicht entzündbares Gas abgeben. Es ermöglicht den Flammen, zwischen den Bäumen 100 m weit überzuspringen.

Einige Pflanzen haben sich jedoch regelmäßigen Bränden angepaßt. Eukalyptusbäume können einem nicht allzu heftigen Feuer standhalten, und manche Arten scheinen tatsächlich die sengende Hitze zu brauchen, um am Leben zu bleiben. Viele Wälder in Afrika sind umgeben von Korallensträuchern (*Erythrina*), die unempfindlich gegen Feuer sind. Akazien-Arten siedeln sich dort aus dem gleichen Grund erfolgreich an. Gegen Feuer widerstandsfähige Bäume haben eine dicke Rinde mit viel Korkgewebe. Der Ohia lehua-Baum (*Metrosideros macrocarpus*) auf Hawaii kann fast völlig von roter, glühendheißer Asche verschüttet werden und trotzdem wieder austreiben. Außerdem bilden sich sehr schnell neue Wurzeln auf einer Ebene, die dicht unter der Oberfläche der frischen Asche liegt. Viele mehrjährige Pflanzen warmer Länder bilden krautige oder zum Teil auch verholzte Sprosse, sobald Regen fällt. Meist werden sie nicht über 1 m hoch. Sie blühen innerhalb weniger Wochen und brennen in jeder Trockenzeit wieder nieder. Manchmal besitzen solche Pflanzen riesige unterirdische Stämme, die alljährlich Gehölze von jungen Schößlingen hervorbringen und sich so für den Anbau von Kulturpflanzen als unerwartete Gefahr erweisen können.

In Südafrika blühen mehrere Arten der Blutblumen (*Haemanthus*) üppiger nach Bränden. Eine Art (*H. canaliculatus*) treibt überhaupt nicht ohne Feuer aus. Sie wurde erst 1961 entdeckt, als in einer Dürrezeit ein normalerweise sumpfiges Gebiet gebrannt hatte. Die Zwiebeln, die jahrzehntelang geruht haben mußten, ließen vier bis fünf Tage später ihre leuchtend roten Blütenknospen hervorsprießen.

Versengte Sträucher oder Bäume erzeugen oft eine abnorme Menge von Blüten und eine Fülle von Samen. Wie schon früher bemerkt, keimen viele Samen besser nach Bränden oder brauchen sogar Feuer, um überhaupt keimen zu können.

Sogar bestimmte Pilze werden vom Feuer angeregt. Die Speisemorchel (*Morchella esculenta*), ein Leckerbissen für Feinschmecker, gehört auch dazu. Bauern in Europa steckten früher Waldlichtungen in Brand, um diese Pilze ernten zu können. Das Feuer wurde jedoch bekämpft, wenn es auf den Wald überzugreifen drohte. Und nach dem Ersten Weltkrieg waren Plätze wie verlassene Gräben und ausgebrannte Häuser voll von diesen merkwürdigen Pilzen.

Der ausschlaggebende physiogeographische Faktor ist, ob die Landmasse ein riesiger Kontinent ist oder ob sie unter dem Einfluß des Meeres steht. Eine Rolle spielt auch, ob Berge vorhanden sind. Ebenso kann die Hanglage zu sehr verblüffenden Veränderungen führen. So ist es möglich, daß ein Höhenrücken auf der dem Wind ausgesetzten und daher regenreichen Seite einen Wald trägt, auf der anderen Seite jedoch trockenes Grasland. Wüsten, Salzsümpfe, Moore, Heideland, Savannen und Korallen-Atolle sind weitere Varianten. Wir dürfen auch das Wasser als Lebensraum nicht vergessen. Ob es nun das Meer oder Süßwasser ist, ob es ein stiller See oder ein Fluß ist, die geringer werdende Lichtmenge und die wechselnde Lichtart in zunehmender Tiefe spielen ebenso eine Rolle wie der Sauerstoffgehalt, der von Strömungen oder von den wogenden Massen des Wassers bestimmt wird.

Der Boden sorgt für eine weitere endlose Reihe von einschränkenden Bedingungen. Jeder Gärtner weiß, wie sehr die verschiedenartige Bodenbeschaffenheit seine Anpflanzungen beeinflussen kann. Es gibt all die Abstufungen von Sand oder kiesiger Erde über den »genau mittleren Lehm«, der als vorzüglich bezeichnet wird, bis zu schweren Tonböden ohne Luftgehalt, die den ganzen Winter über durchnäßt bleiben; oft ist es kaum möglich, sie umzugraben, selbst wenn das Wetter dafür geeignet ist, und an heißen Sommertagen werden sie sehr schnell steinhart. Auf die Pflanzenwelt wirken sich auch Vorhandensein oder Fehlen verwester Stoffe in Form von Humus aus, der das Gedeihen der winzigen Fauna und Flora im Boden ungemein fördert. Mikroskopische Bodentierchen bauen die Stoffe zu einfachen Verbindungen ab, die leicht assimiliert, das heißt von Pflanzen aufgenommen und in arteigene Substanzen umgewandelt werden können. Unterstützt werden diese Mikroben dabei von Bodenpilzen, Hefepilzen und Bakterien. Größere Tiere, vor allem Würmer, können einen enormen Einfluß auf den Boden haben, da sie seine Struktur oder Korngröße und Durchlüftung verbessern und Mineralstoffe für die Pflanzenwurzeln leichter erreichbar machen. Der Säuregrad, der bedingt wird durch freien Kalk bzw. Kalkmangel, ist ebenfalls von entscheidender Bedeutung. Viele Pflanzen sind entweder Kalkverächter oder lieben ihn. Sehr wichtig kann auch sein, ob andere Mineralstoffe da sind oder nicht. So vermindert etwa zuviel Salz drastisch die Zahl möglicher Bewohner. Die winzigsten Mengen mancher chemischen Stoffe können Pflanzengesellschaften beeinflussen. Man nennt sie daher Spurenelemente. So sind Bor und Molybdän in ganz geringen Mengen lebenswichtig für Pflanzen. Andere Spurenelemente sind Eisen, Kupfer, Mangan und Zink. Normalerweise wirkt zuviel von solchen chemischen Stoffen ebenso hemmend wie zu wenig.

Im biotischen Bereich, der die Organismen umfaßt, die für Pflanzen eine Rolle spielen, haben wir die ganze Galerie von mikroskopischen Bakterien, Pilzen und Tierchen bis zu größeren Geschöpfen, die so verschiedenartig sind wie die Grüne Blattlaus und der Elefant, wobei das eine Lebewesen ein Schädling ist, das andere die Pflanzen plündert. Sehr oft verdankt eine Pflanze ihr Dasein ausschließlich dem Fehlen gefährlicher Schädlinge und Plünderer, und sie kann in einer Region aussterben, in die eine solche Kreatur eingeführt wird. So hatte die Einbürgerung von Kaninchen in Australien in vielen Gebieten eine zunehmende Ausrottung der Pflanzenwelt zur Folge. In England dagegen veränderte sich die Population der Kaninchen, solange die Tiere von Myxomatose befallen waren, und dann auch, als die Wirkung dieser Viruskrankheit nachließ. In vielen Gegenden des grasbewachsenen Hügellandes führte dies zu sichtbaren Veränderungen der Umwelt. Das war besonders der Fall, wenn damit eine Verminderung der dort weidenden Schafherden verbunden war. Es wuchsen Buschwerk und Bäume, weil die Sämlinge nicht frühzeitig gefressen wurden. Regelmäßiges Abweiden ist seit je ein wichtiger Faktor der Evolution gewesen, der am Ende Wald in eine Savanne verwandeln kann.

Der wichtigste und bösartigste biotische Faktor, mit dem die Pflanzen zu kämpfen haben, ist zweifellos der Mensch. Aber seine Eingriffe ins Pflanzenreich, die erst in relativ neuerer Zeit erfolgten, werden in späteren Kapiteln noch ausführlich behandelt.

Biotische Faktoren sind natürlich nicht alle schädlich. Auf einfacher Stufe ziehen manche Pflanzen Nutzen aus den Exkrementen von Weidetieren, und frühere Kapitel haben gezeigt, wie viele Pflanzen auf verschiedenartige Tiere angewiesen sind, die für Fremdbestäubung und Verbreitung der Samen sorgen.

Diese wenigen Beispiele müssen genügen, um zu veranschaulichen, wie kompliziert das Zusammenspiel von Faktoren ist, deren Einfluß entscheidet, ob eine Pflanzenart wachsen kann oder nicht. Wichtiger noch als die selbständigen Arten sind jedoch die spezifischen Pflanzengesellschaften, die sich den gegebenen Umständen in all den verschiedenen Lebensräumen angepaßt haben. Eine südamerikanische Gemeinschaft von Dschungelpflanzen gleicht nicht genau einer malaiischen, aber sie kann mit ihr bestimmte grundlegende Merkmale gemeinsam haben. Das gilt ebenso etwa für Hochgebirgspflanzen in Nordamerika und in Neuseeland.

Man muß auch die Entwicklung einer solchen Gemeinschaft von der ersten grundlegenden Besiedlung an berücksichtigen. Dabei läßt sich eine klar ausgeprägte Aufeinanderfolge oder Sukzession von Pflanzengesellschaften erkennen, die mit einer Klimax aufhört. Durch eine Katastrophe oder irgendeinen Zwischenfall kann diese Klimax zerrüttet werden, und dann fängt wohl oder übel wieder alles von vorne an. Eine typische Sukzession kann zehn Stadien umfassen, die von einer Besiedlung der kahlen Erde ausgehen und über erfolgreiche Behauptung am Anfang, über Konkurrenzkampf und dessen Ergebnisse zu der stabilen Klimaxgesellschaft führen.

Ein vollendetes Beispiel für eine abgestufte Klimax ist oft die Meeresküste. Auf der untersten Stufe des Gezeitensaums wachsen die großen Tange. Sie sind langgestreckt, kräftig und geschmeidig, so daß sie sich in dem Wasser, das sie ernährt, bewegen können, ohne Schaden zu erleiden. Nur für einen kleinen Bruchteil jeden Tages sind sie Luft und Sonne ausgesetzt. Höher oben stehen die Blasentange (z. B. *Fucus vesiculosus*) und vielerlei andere Algen mit kürzeren blattähnlichen Geweben. Sie sind zunehmend widerstandsfähiger gegen Austrocknung je mehr sie Stufen bewohnen, die sich der obersten Flutgrenze nähern. Schließlich werden sie von Flechten und robusten Moosen abgelöst. Noch höher oben erscheinen Blütenpflanzen, die wiederum imstande sind, in ungeschützter Lage und von Salz bedroht zu gedeihen. Zu ihnen gehören unter anderem die Gemeine Grasnelke *(Armeria maritima* etc.), das Meer-Leimkraut *(Silene maritima)* und der Strandhafer *(Ammophila arenaria).*

Im tropischen Regenwald, wo wenig von einem Rhythmus der Jahreszeiten zu merken ist, findet man das üppigste Wachstum. Dieser Wald kann sehr dicht sein. Das wurde bewiesen, als man 1972 einen Stamm, die Tasadaya, im Regenwald von Cotobato auf den Philippinen entdeckte. Diesen Stamm hatte ein 25 km breiter Urwald offensichtlich seit der Steinzeit vollkommen isoliert.

Tropischer Regen kann, an Maßstäben der gemäßigten Zone gemessen, in unglaublichen Mengen fallen. Die höchste verbürgte Menge wurde im Khasi-Gebirge in Assam gemessen, wo der Durchschnitt 1150 cm im Jahr beträgt und auch schon 2500 cm verzeichnet worden sind. Der Botaniker Hooker stellte einmal 75 cm in einer einzigen Nacht fest. Das ist soviel, wie manche Gebiete im östlichen England in einem Jahr erhalten!

In einem tropischen Wald kann man sehr häufig drei deutlich erkennbare Stockwerke oder Schichten ausmachen. Die unterste Schicht besteht aus kleinen kegelförmigen Bäumen, die sich bemühen, ihre Kronen zwischen diejenigen der Mittelschicht zu schieben. Aber sie können nicht hoch genug hinaufgelangen, denn mit ihren 5 bis 15 m Höhe werden sie überragt von dieser Mittelschicht, deren Kronen ein mehr oder weniger zusammenhängendes Laubdach bilden. Über ihnen können sich noch ein paar Riesenbäume erheben, die ziemlich weit voneinander entfernt stehen. Manchmal ist auch eine große Anzahl von sehr hohen Bäumen vorhanden, die ebenfalls ein Laubdach bilden. Darunter ducken sich die geringeren Mitglieder dieser Hierarchie, einschließlich einer Bodenschicht aus Baumfarnen, Palmen und dergleichen Arten. Manchmal stehen Gruppen einer einzelnen Art beisammen, doch findet man viel häufiger, daß keine vorherrscht: Innerhalb eines Hektars kann man eine Art meist nur ein- bis zweimal entdecken, und manchmal ist sie überhaupt außerordentlich selten.

In einigen tropischen Wäldern kann jedoch genau das Gegenteil vorkommen. So gibt es etwa im südöstlichen Asien Regenwälder, die aus vertorften Sümpfen hervorgegangen sind. In ihnen enthält das Wasser nur wenige gelöste Mineralstoffe, der Grundwasserspiegel liegt den Großteil des Jahres über sehr nahe der Oberfläche und kann sogar mehrere Monate lang noch darüber steigen. An diesen Stellen kann eine einzelne Baumart fast ganz vorherrschen. Doch finden sich öfter dort auch noch Palmen und Schraubenbäume. Dies trifft auch auf den Mangrove-Wald zu, der sich an Meeresküsten und auf Korallenatollen am Rand von kleinen Buchten und rings um Brackwasserlagunen und Sümpfen entwickelt. Er wächst in Schlammzonen, die gewöhnlich bei Flut von Salzwasser bedeckt sind. Diese beiden Waldformen sind praktisch undurchdringlich wegen der Luft- und Stelzwurzeln der typischen Bäume, die der Lage vollendet angepaßt sind.

Eine brandneue Umwelt kann sehr schnell besiedelt werden. Ein solches unberührtes Gelände könnte durch den Rückzug eines Gletschers, durch einen Erdrutsch oder durch die Veränderung eines Flußlaufs freigelegt werden. Das klassische Beispiel dafür ist vielleicht die vulkanische Krakatau-Insel, die 1883 buchstäblich explodierte. Drei kleinere Inseln waren nach dem Ausbruch noch übrig und mit bis zu 80 m hoher Asche bedeckt. Im ersten Sommer nach der Katastrophe erschienen ein paar Grashalme. Drei Jahre später fand man dort bereits 34 Pflanzenarten, einschließlich Blaualgen, Moosen, Farnen und einiger Samenpflanzen. Im Jahr 1897 waren es schon 61 Arten. Eine große Anzahl der Blütenpflanzen waren Gräser. 1906 waren es 108 und 1928 dann 276 Arten. Heute gleicht die Vegetation dort an Dichte und Artenzahl dem typischen Klimax-Wald, den man auch anderswo im Malaiischen Archipel findet.

In tropischen Regenwäldern leben auf den Bäumen viele kleinere Pflanzen, die daraus Nutzen ziehen. Selbst in Wäldern der gemäßigten Zone wachsen Algen, Moose und Flechten auf den Stämmen und Zweigen oder klammern sich an sie an. In den Tropen kommen dazu noch auffallendere Pflanzen wie Orchideen und Ananasgewächse, die an den Ästen prangen, das Licht ausnutzen und Wasser entweder mit den Blättern aufnehmen wie die Ananasgewächse oder durch besondere Luftwurzeln, die frei in der feuchten Luft hängen. Manche heften sich auch an die Rinde des Wirtsbaumes und absorbieren etwas von dem herabfließenden Naß. Andere leben in kleinen Humusnestern, die aus vermodernden Blättern in den Astgabeln entstehen. Diese Pflanzen sind keineswegs Parasiten, obwohl man sie genaugenommen als »Anhängsel« anderer Pflanzen bezeichnen kann, wie der Fachausdruck Epiphyten andeutet. Man kennt auch kleinere Epiphyten, die Epiphylle genannt werden. Es sind sehr dünne Lebermoosblättchen, die die Baumblätter in einem Muster bedecken, das dem Moos ermöglicht, Licht aufzufangen.

Die Pflanzen, die tatsächlich die Schichtbildung im Regenwald umgehen, sind wiederum die Kletterpflanzen. Lianen werfen sich über die niedrigeren Pflanzen, hängen sich zwischen ihnen fest und arbeiten sich bis in die höchsten Baumkronen empor. Manche Lianen liegen mit 200 m verbürgter Länge sehr gut im Rennen um den Titel der längsten Pflanze der Welt.

Erstaunlicherweise besteht in einem Dschungel oder Urwald im wesentlichen wenig Konkurrenz zwischen den Wurzeln. Ich könnte zwar den Eindruck vermittelt haben, daß die Pflanzenschar in den unteren Schichten ein unglückliches Dasein fristet. Aber in Wirklichkeit ist sie völlig dem stetig abnehmenden Licht angepaßt. Jede dieser Pflanzen hat genügend Licht, Luft, Feuchtigkeit und Erde für den eigenen Bedarf, selbst wenn sie vielleicht in dieser Hinsicht für ihren Lebensunterhalt viel weniger bekommt als die Urwaldriesen.

In Gewässern als Lebensraum kann ebensoviel Konkurrenzkampf herrschen wie im Dschungel. Die Region im tiefen Wasser, die hauptsächlich voll von untergetauchten, im Grund wurzelnden Pflanzen ist, kann fast undurchdringlich sein. Und in vielen indischen und anderen östlichen Seen herrscht ein Zustand, der einer Klimax sehr ähnlich ist: einige untergetauchte Pflanzen haben mit einem beträchtlichen Lichtmangel zu kämpfen, der auf einen sehr dichten Bestand von schwimmenden Arten zurückzuführen ist. Dazu können Laichkraut-Arten (*Potamogeton*) gehören, Wasserlinsen (*Lemna*), auch »Entengrütze« genannt, oder Wassersalat (*Pistia stratiotes*) sowie Schwimm- und Algenfarne (*Salvinia, Azolla*). Darüber bilden die Blätter der heiligen Indischen Lotosblume *(Nelumbium nelumbo = N. nucifera)* ein erhöhtes Dach. So entsteht hier ein Schichtensystem, das dem des tropischen Regenwaldes gleicht. Wie dort die Epiphylle, bedecken hier Algen die Wasserpflanzen mit einer halb durchsichtigen Hülle.

Gelegentlich zeigen Pflanzen aktiv ihre Abneigung gegen andere. So verringern gewisse Korbblütler die Konkurrenzfähigkeit anderer zweifellos dadurch, daß ihre Wurzeln Giftstoffe, manchmal nur in winzigen Mengen, ausscheiden. Wie wir wissen, stellt diese Familie der *Compositae* einen unverhältnismäßig großen Teil des Unkrauts, und diese Eigenschaft der Wurzeln, Gift zu erzeugen, könnte ein wichtiger Faktor für ihren Erfolg sein. Selbst als Schnittblumen greifen sie andere Pflanzen noch an. Blumenbindern ist bekannt, daß sie viele Arten dieser Familie – zum Beispiel weiße Große Sommermargariten (*Chrysanthemum maximum*) –

nicht mit anderen Blumen zusammenstellen dürfen, weil diese sonst verwelken. Pflanzen stehen im allgemeinen untereinander oder mit ihrer Umwelt in Konkurrenz. Die Üppigkeit des Tropenwaldes oder die Öde einer arktischen Tundra sind extreme Gegensätze. Aber in beiden Fällen werden die tauglichsten Pflanzen überleben. Im Wald ist vielleicht der entscheidende Faktor das Licht. In der Tundra oder auf den Bergen ist es oft das Gelände, das Vorhandensein von Erde oder einer Felsspalte oder das Ausmaß, in dem die Wurzeln einer Pflanze den Wettstreit mit anderen durchhalten können. In beiden Fällen kann Austrocknen des Bodens gefährlich werden. Im gemäßigten oder kalten Klima trocknen etwa Buchen den Boden so aus und geben soviel Schatten, daß unter ihnen nur wenig wächst. Bei Nadelhölzern kommt dazu noch eine Schicht von abgestorbenen Nadeln, die für das Wachstum anderer höherer Pflanzen ungünstig ist.

Ich habe das Wort »Konkurrenz« in diesem Kapitel ziemlich häufig verwendet und dadurch vielleicht die Vorstellung von dauerndem Kampf und Feindschaft erweckt. Sicherlich gibt es vor allem in den Tropen viele Lebensräume, wo die Pflanzen schnell wachsen, wo es in einem gewissen Grad zu einem Kampf ums Dasein kommt und besonders Sämlinge es schwer haben, sich am Leben zu erhalten. Gleichzeitig muß man jedoch betonen, daß eine Pflanzengesellschaft nur existieren kann, weil jedes ihrer Mitglieder seinen besonderen Platz hat. Manche brauchen viel weniger Licht oder Wasser als andere. Epiphyten können auf Zweigen gedeihen, Wurzeln dringen in unterschiedliche Tiefen vor. Zwiebeln können tief im Boden stecken, einjährige Pflanzen die Oberfläche besiedeln und so weiter. Hier ist Einordnung in ein Ganzes in hohem Maße vorhanden.

Man kennt auch viele Beispiele dafür, daß Pflanzen offensichtlich die gleichen Wachstumsbedingungen brauchen und sich dennoch erfolgreich in ein Gebiet teilen, in dem man sie sich als Rivalen vorstellt.

In solchen Fällen geben andere Lebenserscheinungen den Ausschlag. So kennt man verschiedene Formen des amerikanischen Bartfadens (*Penstemon*), die nebeneinander in großen Höhen vorkommen. Sie haben den gleichen Wuchs und Standort, aber bei manchen sind die schlauchförmigen Blumenkronen schmal und rot und werden von Kolibris bestäubt, bei anderen sind sie breit und blau und ziehen Hummeln an.

Je mehr Besonderheiten ein Lebensraum hat, je schwieriger er ist, um so mehr Besonderheiten werden die Pflanzen in ihm aufweisen; das ist nicht verwunderlich und an manchen Plätzen wird ihre Zahl auch viel geringer sein. Wüsten, Salzsümpfe und alpine Tundra sind gute Beispiele dafür. Die Welt hat also für ihre Pflanzen eine unendliche Menge möglicher Lebensräume, manche sehr ausgedehnt, andere örtlich beschränkt. Die so gebildeten »Nischen« können groß oder klein sein. Wenn wir sie untersuchen, dürfen wir dabei aber nicht die Mikro-Lebensräume übersehen. Sie entstehen, wenn an einem Standort entscheidende Merkmale auf spezielle Weise zusammentreffen. Das ist wahrscheinlich unter sehr schweren Umständen, wie etwa in der Arktis, am wichtigsten. Hier kann ein Steinblock oder ein Grasbüschel an der Südseite eine über 20°C höhere Temperatur haben als an der Nordseite, so daß an der Südseite etwas wachsen kann, während ringsum alles hart gefroren ist. In solchen Gegenden werden Steinblöcke auch häufig von Vögeln besucht. Deren Exkremente machen den Boden fruchtbarer und können Samen enthalten, so daß dort Fleckchen von Blütenpflanzen üppig gedeihen.

Das Studium der gesellig lebenden Pflanzen und der Pflanzengesellschaften, die sie bilden, ist an sich schon faszinierend. Doch wir spüren auch ständig, wie empfindlich das natürliche Gleichgewicht ist, das dahinter steckt. Gefährlicherweise beachten wir das immer dann nicht, wenn wir in eine solche natürliche Pflanzengesellschaft oder Assoziation hineinpfuschen.

Eine Wüste mit Kakteen sieht spärlich bewachsen aus mit viele Meter breitem Sand zwischen jeder Pflanze. Aber wenn man das Land auf den Kopf stellen könnte, würde es einem Dschungel gleichen, so weit breiten sich die Wurzeln auf der Suche nach Wasser aus. Das ist ein eindrucksvolles Beispiel für den äußeren Zwang, der von einer Umwelt ausgeübt wird. Jede Pflanze hat ihre eigene Lösung und ihre Methode, die Situation am vorteilhaftesten auszunutzen. Das Wesentliche der Lösung von Problemen dieser Art liegt natürlich in der auf lange Sicht wirkenden Fähigkeit zu mutieren, gelegentlich das Individuum hervorzubringen, das imstande ist, einer geringfügig veränderten Lage standzuhalten. Dies ist im Kern die Theorie der natürlichen Auslese.

So ist etwa das Vermögen, in einem kalten oder warmen Klima zu wachsen, eine genetische Eigentümlichkeit, die durch eine Reihe von Mutationen bedingt ist. Wir können uns vorstellen, daß sich irgendeine primitive Pflanze nach und nach in ein kälteres oder wärmeres Gebiet ausbreitete. Vielleicht wurde sie auch von einer allmählichen Klimaänderung eingeholt, an die sie sich fortwährend anpassen mußte, da sie sonst zum Aussterben verurteilt war.

Am zähesten sind einige der primitivsten Pflanzen. Die einzigen, die auf Schnee wachsen, sind mikroskopische gelbe, grüne und rote Algen. Die roten sind typisch für die Antarktis, wo sie übrigens von Guano-Staub leben, der durch den Wind von südamerikanischen Kliffen und Inseln herbeigetragen wird. Einzellige Geißelalgen können eine Temperatur von $-15°C$ überleben. Pilze können bis $-9°C$ wachsen, andere im Extremfall $64°C$ aushalten; es handelt sich dabei um eine Art Blätterpilz, den man in Jordanien im Wadi Rum gefunden hat. Bei höheren Temperaturen können nur Blaualgen und schließlich noch Bakterien – bis $77°C$ – existieren. Einige Bakteriensporen müssen buchstäblich gekocht werden, damit sie nachher keimen. Sehr salzreiche Seen lassen wahrscheinlich nur einzelliges Plankton gedeihen, aber einige größere Grünalgen können noch auf Salzkrusten vorkommen, wo das Wasser über 30 Prozent gelöste Salze enthält. Eine erst in jüngster Zeit entdeckte Bakterie vermag in stark alkalischen Lösungen von Natriumhydroxid zu leben, die zehnmal konzentrierter sind, als sie jede vorher bekannte Bakterie ertragen konnte. Von einem Organismus dieser Art könnte man sich vorstellen, daß er in einer so fremdartigen Umwelt wie der auf dem Planeten Jupiter zu finden ist. Phytoplankton und größere Algen sind in arktischen Gewässern in Fülle vorhanden. Dort liefert dieses Pflanzenplankton einen sehr wichtigen Teil der Nahrung für Fische. Auf dem Festland bilden Blaualgen einen wichtigen Bestandteil der Vegetation. Sie sind oft die ersten, die Felsen und Steine besiedeln, und ihr Schleim bietet anderen winzigen Organismen eine Heimstätte. Sie scheinen auf eine unerklärliche Weise über solche Oberflächen zu gleiten. Flechten können ebenfalls auf kahlen Felsen die ersten Pflanzen sein. Man findet sie auf hohen Berggipfeln und in riesigen Gebieten der Arktis und Antarktis. Die mehr buschigen Arten, dazu gehört die silbergraue Rentierflechte (*Cladonia rangiferina*), sind lebenswichtig als Futter für die Rentiere und andere Weidetiere. Eine dieser Arten, Moosflechte oder »Isländisches Moos« genannt (*Cetraria islandica*), ist reich an stärkeähnlichen Kohlenhydraten, die sie zu einer annehmbaren Nahrung für den Menschen machen. Auch Moose und Bärlappe bewohnen diese kalten, ariden Gebiete.

Die robustesten winterharten Pflanzen sind arktische und alpine Arten. In manchen Fällen verbringen sie ein gut Teil des Jahres unter dem Schnee, auf eine gleichmäßige Temperatur abgekühlt und von anderen wesentlichen Faktoren isoliert. In solchen Zeiten ist der Grund wahrscheinlich gefroren, so daß die Wurzeln kein Wasser aufnehmen können und die Pflanze sozusagen Winterschlaf hält. Bestimmte Hochgebirgspflanzen der Anden können sogar mehrere Jahre lang unter dem Schnee überleben und blühen in reichem Maße, wenn sie am Ende davon befreit sind.

Die »klassische« alpine Pflanze ist eine Zwergform. Sie bildet runde Polster oder eine ausgebreitete Matte, die dem Wind am wenigsten Widerstand leistet und Anpassungen zeigt, die sie Trockenheit ertragen lassen.

Eine solche Hochgebirgsart hat stark verkürzte Stengel, so daß sie sehr zusammengedrückt aussieht. Es gibt auch eine große Anzahl von praktisch stengellosen Disteln. Die »ideale« alpine Art ist sehr kompakt, oft mit harten, kleinen Blättern, die häufig dachziegelartig oder schuppenförmig angeordnet sind. Dabei steht ein Blattpaar ganz dicht und im rechten Winkel zum nächsten, oder die Blätter bilden Rosetten. Beides sind Wuchsformen, bei denen die Blätter sich eng zusammendrängen und so die Verdunstung verringern. Meist ist noch ein Schutz und eine Isolierung vor den Elementen in Form eines dicken Wachsüberzugs, von ausgeschiedenen Kalkablagerungen oder Haaren, vorhanden. Oft sind sie weiß, um übermäßig starkes Sonnenlicht, vor allem ultraviolettes Licht zu reflektieren. Die extremste Isolierung findet sich bei Arten der Alpenscharte im Himalaja, wie bei *Saussurea sacra*, bei der jeder Teil der Pflanze ein so dichtes Haarkleid trägt, daß man die einzelnen Teile unmöglich unterscheiden kann. Manchmal ist diese Pflanze, die an eine rundliche Thermosflasche erinnert, weitgehend im Schnee vergraben. Aber am oberen Ende befindet sich eine Öffnung, durch die Hummeln den Weg zu den Blüten finden können. Oft bleiben sie die Nacht über in diesem Obdach.

Alpine Arten haben meist tiefe und weit ausgebreitete Wurzeln oder zumindest solche, die fähig sind, sich den Weg in die feinsten Felsspalten zu bahnen. Verbreitet sind lange Pfahlwurzeln, besonders bei Pflanzen, die in Geröll wachsen, wo die Steine dauernd abwärts kollern und den beblätterten Teil der Pflanze mit sich reißen. Mit Hilfe der Wurzel kann sie jedoch sozusagen den Kopf in der Luft behalten. Bei diesen Arten kann man oft beobachten, daß sich die lange dicke Wurzel wie ein Ankertau bergauf ausstreckt.

Eine weitere äußerst vorteilhafte alpine Pflanzenform sind Grasbüschel. Denn die abgestorbenen und verfaulenden Halme und deren Ansatzstellen bilden am Grunde des Grasbüschels eine filzartige Masse. Darin sind dann die neuen Triebe mit den zarten Knospen vergraben.

Es gibt jedoch viele Hochgebirgspflanzen, die keine solchen Vorsichtsmaßnahmen anwenden. Sie sind, wie etwa Primeln oder die Gemeine Akelei (*Aquilegia vulgaris*) und Adonisröschen (*Adonis*), Pflanzen von ganz gewöhnlichem Aussehen. Zugegebenermaßen wachsen sie an geschützteren Stellen als die Pflanzen, die Polster und Matten bilden, aber das ist nicht immer so. Eine Fotografie, die von Oleg Polunin in rund 6000 m Höhe aufgenommen wurde – ungefähr die größte Höhe für alpine Pflanzen in Nepal –, zeigt eine Sammlung von krautigen Pflanzen, von denen nur zwei kriechende oder Matten bildende Formen sind, während der Rest aus niedrigen, aber aufrecht wachsenden Arten besteht. Auch einige Flechten sind vorhanden.

Die Natur verwirklicht nicht immer das, was uns einleuchtet, wie wirksam es auch zu sein scheint. Tatsächlich findet man in den Bergen von Zentralafrika und in den Anden das völlige Gegenteil davon. Hier wachsen ganz ungewöhnliche Riesenpflanzen, darunter groteske baumförmige Arten des Kreuzkrauts (*Senecio*), manchmal als eigene Gattung *Dendrosenecio* bezeichnet, bis zu 6 m hohe Lobelien (*Lobelia*) wie aus einem utopischen Roman, sogar noch höhere Baumheide (*Erica arborea*) und bis zu 12 m große Johanniskraut-Arten (*Hypericum*). Bei den *Senecio*-Arten sind die Blätter von isolierender Wolle bedeckt. Lobelien wie *Lobelia telekii* schützen dagegen ihre blauen, von Vögeln, den Honigsaugern, bestäubten Blüten mit langen dicht behaarten Hochblättern. Die vollentwickelte Pflanze sieht daher aus wie eine seltsame Bürste oder, wie Patrick Synge sie einmal beschrieb, wie »eine gigantische wollige Raupe, die versteinert und aufrecht dasteht«. In anderen Fällen sind die Blütenähren hart und glänzend. In den Anden kommen ähnliche Pflanzen vor, besonders die von Vögeln bestäubte *Puya raimondii*. Sie ist 10 m hoch, hat einen palmenähnlichen Stamm, eine Art zerschlissenen Rock von länglichen Blättern um den Fuß und einen raketenartigen Blütenstand, der über 5 m lang werden kann. Nach dem Blühen geht die Pflanze zugrunde.

Auf den Bergen am Äquator ist die durchschnittliche Temperatur das ganze Jahr über ziemlich gleich. Doch können sehr große Schwankungen zwischen Tag und Nacht auftreten. Wie einmal sehr treffend bemerkt wurde, ist jede Nacht Winter und jeden Tag Sommer. Im äquatorialen Teil der Anden kann der Spielraum 40°C betragen, und die Temperaturen können nachts durchaus unter den Gefrierpunkt sinken. Überdies läßt die intensive Hitze und Strahlung der Sonne die Tagestemperaturen sehr schnell ansteigen. Solche Bedingungen sind wahrlich für die Pflanzen, die dieses Gebiet bis in 4300 m Höhe bewohnen, eine harte Prüfung.

Wie die Riesen-Lobelien besitzen auch die baumförmigen Kreuzkraut-Arten Blätter, die sogenannte »Nachtknospen« bilden. Sie falten sich jede Nacht sehr eng um den heranwachsenden Sproß oder Blütenstand und sehen aus wie eine Artischocke (*Cynara scolymus*). Am Morgen kann man beobachten, daß sich auf der Sonnenseite die Blätter wieder ausbreiten, sobald Licht auf sie fällt. Bei den baumförmigen Kreuzkraut-Arten bilden die jungen Blätter dauernd einen schützenden Kegel über der Sproßspitze.

Abgesehen davon, daß die Knospen, die das Wachstum bedingen, geschützt werden müssen, haben die baumförmigen Kreuzkraut-Arten das Problem, die wasserleitenden Gefäße in den hohen Stämmen vor dem plötzlichen Einfrieren in der Nacht zu bewahren. Sie bewerkstelligen selbst das durch ein Verfahren, das man als »Verschalung« bezeichnen könnte. Die alten Blätter um den Stamm sterben ab. Doch statt abzufallen, bilden sie eine dicht verpackte, herabhängende Schicht von vielen übereinanderliegenden Lappen. Sie ist auf jeder Seite mindestens so dick wie der Stamm, den sie schützt. Dadurch hat man im Mark eine Temperatur von 3°C gemessen, wenn außen – 5°C verzeichnet wurden. Aus dem gleichen Grund haben bestimmte Bäume der Anden eine dicke schuppige Rinde.

Warum diese Hochgebirgspflanzen am Äquator solche Riesen geworden sind, ist ein Rätsel. Aber es leuchtet ein, daß sie die sehr harten Probleme des Klimas ebenso wirksam gelöst haben wie jede polsterförmige Zwergpflanze.

Ehe wir die afrikanischen Berge am Äquator verlassen, sind noch zwei weitere merkwürdige Methoden zur Lösung der Probleme erwähnenswert. Wegen der heftigen Temperaturschwankungen kommt es hier bei Frost zu einer charakteristischen Bodenbewegung. Auf manchen Böden wird diese Aufwölbung begleitet von der Bildung nadelförmiger Eiskristalle, die mindestens 1 cm lang und senkrecht zusammengepackt sind. Jede Nacht hebt diese Schicht die von den Pflanzen nutzbare Oberfläche hoch. Eine kleine, *Subularia* genannte Pflanze entwickelt, wenn sie wächst, soviel Wärme, daß sich unmittelbar um die aufrechten Blattrosetten kein Eis bilden kann und sie sich in kleinen senkrechten Schächten am Leben erhält.

Diese metabolische, vom Stoffwechsel gelieferte, Wärme läßt sich auch bei vielen europäischen Alpenpflanzen wie den Troddelblumen (*Soldanella*), auch Alpenglöckchen genannt, und bei den Krokussen feststellen. Wenn sie in abtauenden Schneeflecken ihre Blüten entwickeln, schmelzen sie um sich kleine Mulden frei. Bei diesen winzigen Blüten unter dem Schnee war es unmöglich, die tatsächliche Temperatur zu schätzen. Aber man hat sie bei anderen Alpenblumen gemessen. So hatte eine Blüte des Stengellosen Enzians (*Gentiana acaulis*) im Innern eine Temperatur von 10,6°C, als unmittelbar vor Sonnenaufgang eine Außentemperatur von 8,4°C gemessen wurde. Eine Glockenblume (*Campanula*) und ein Eisenhut (*Aconitum*) zeigten bei einer Temperatur der Außenluft von 13,2°C Temperaturen von 16,5°C beziehungsweise 14,6°C. Bei einer geschlossenen Silberdistel (*Carlina acaulis*) wurden bei gleicher Lufttemperatur nicht weniger als 20,4°C verzeichnet.

In Afrika ist auch noch die Art und Weise kurios, in der mehrere primitivere Pflanzen, die nicht im Boden verankert sind, dessen Bewegung bei

Frost mitmachen, so Flechten, die Blaualge *Nostoc* und mehrere Moose. Dabei bilden die Moose 1 bis 3 cm breite, fast kugelige Bälle, die nachts in Bewegung geraten und so dafür sorgen, daß das Wachstum rundum weitergeht. Viele Pflanzen der nördlichen Tundren müssen sich ebenfalls behaupten, wenn sich bei Frost der Boden aufwölbt.

Alpine Arten müssen somit widerstandsfähig sein gegen Kälte, gegen den jähen Wechsel von Kälte und Wärme, gegen die Möglichkeit auszutrocknen, gegen übermäßige Strahlung und oft noch gegen rein mechanische Bodenbewegungen. An ungeschützten Plätzen kann ihnen auch der Wind zusetzen. Das ist jedoch für vielerlei Pflanzen ein Problem. Wir brauchen da nur unsere Küsten anzusehen, um die Wirkung eines vorherrschenden Windes auf Bäume zu erkennen. Am oberen Rand der Baumgrenze in den Alpen und in den nördlichsten Ausläufern der arktischen Wälder ist eine solche Verformung der Bäume ebenfalls immer festzustellen, dort spielt auch die Kälte eine Rolle und läßt verkümmerte Bäume entstehen.

Wo sie nur sehr klein sind, nennen die Ökologen sie charmanterweise Zwergbäumchen, und wenn sie ausgesprochen verkrüppelt sind, Krummholz. Die normalen Bäume kalter Regionen sind die Nadelhölzer, die mit den herabhängenden Ästen vollendet dafür geeignet sind, eine zu große Schneelast abzuschütteln. In Gebieten mit gemäßigtem Klima ist das typische Problem ein relativ harter Winter. Viele mehrjährige Pflanzen überstehen ihn, indem sie bis auf einen Wurzelballen absterben, in einem fast völligen Ruhezustand verharren und so unter ungünstigen Bedingungen ziemlich gut durchhalten können. Laubbäume erreichen das, indem sie die Blätter abwerfen. Wasserpflanzen können zu untergetauchten Gewebsknollen zusammenschrumpfen, während einjährige Pflanzen dem rauhen Winter als Samen entgehen. Aber gerade die extremen Probleme zeigen am lebendigsten die Anpassungsfähigkeit der Pflanzen. Alpine und arktische Pflanzen müssen sich mit einer Reihe von außergewöhnlichen Schwierigkeiten auseinandersetzen. Die andere höchst einschneidende Lebensbedingung ist extreme Trockenheit. Pflanzen, die ihr auf irgendeine Weise angepaßt sind, nennt man Xerophyten.

Trockenheit entsteht an vielen Orten. Sie kann wie bei den Sanddünen am Meeresufer im wesentlichen auf den Standort zurückzuführen sein. Am stärksten ausgeprägt ist sie jedoch in Wüsten. Unter ganz strengen Wüstenbedingungen kann nichts wachsen, aber bestimmte Pflanzen vermögen unglaubliche Dürre zu überleben; das bezeugen die Gräser, die in einigen Wüstengebieten Arabiens die Kamele der Beduinen ernähren. Man kennt Pflanzen, die noch in grimmig öden Gegenden der Sahara bestehen können, wo die Tagestemperatur 60°C erreicht und nachts fast bis zum Gefrierpunkt sinken kann, und wo mehrere Jahre ohne Regen vergehen können. Ähnliche Verhältnisse existieren in Südwestafrika.

Das Schwierigste an einer solchen Umwelt sind die von Jahr zu Jahr wechselnden Bedingungen. So kann in der Wüste Negev in einem »guten Jahr« vier Monate lang ausreichende Feuchtigkeit vorhanden sein, in einem »schlechten« jedoch nur fünf bis sechs Wochen. Häufig bildet sich Tau – in der Negev nachweislich 180 Tage im Jahr. Aber für größere Pflanzen scheint er nur sehr geringen Wert zu haben, obwohl er die primitiven nährt. »Unterirdischer Tau«, durch Kondensation verursacht, kann auch nützlich sein. Doch in einer Wüste ohne einen Grundwasserspiegel sind wahrscheinlich die hauptsächlichen Wasserspeicher kleine Höhlen unter Steinen. Man kann oft beobachten, daß diese Feuchtigkeitsquellen ganz von Wurzeln eingehüllt sind.

Sicherlich leben primitive Pflanzen auch noch in scheinbar unerbittlich öden Wüsten. Nach einem Regenguß treten plötzlich grüne Flecken von mikroskopischen Algen auf, von denen später nichts übrigbleibt als eine ganz feine Kruste inmitten von Bodenteilchen. Auch Steinbrocken sind oft überkrustet mit Algen. Man hat entdeckt, daß diese einfachen Pflanzen bei Trockenheit fast das ganze im Innern vorhandene Wasser verlieren und in einen völligen Ruhezustand übergehen können. Sie vermögen dann sehr hohe Temperaturen zu überdauern. Und sie sind fähig in diesem ausgetrockneten Zustand mindestens 2 1/2 Jahre, wahrscheinlich noch viel länger auszuharren. Jedes verfügbare Wasser wird schnell aufgenommen, sie quellen auf, und der normale Stoffwechsel setzt wieder ein. Das ist eine »Auferstehung«, die der Mensch mit seiner Tiefkühltechnik für sich noch nicht zustandegebracht hat. Diese Algen nutzen sicherlich Tau oder sogar feuchte Luft. Überdies leben sie oft an der Unterseite von Steinen und sind fähig, die sehr geringen Lichtmengen zu verwerten, die bis dorthin dringen. Manche schaffen es sogar, noch bei Lichtstärken tätig zu sein, die geringer als die des Mondlichts sind.

Auch die auf einer höheren Stufe stehenden Flechten sind hier genauso weitverbreitete Pioniere der Besiedlung wie in arktischen, alpinen oder anderen steinigen Ödlandgebieten. In seinen »Himalayan Journals« (Tagebücher aus dem Himalaja) berichtet Sir Joseph Hocker, daß er in etwa 6500m Höhe eine Flechte wiedersah, die er zuletzt auf einer Kerguelen-

Insel in der Antarktis gefunden hatte. Manche Flechten leben im Innern von Felsen, die oft eine lockere Oberfläche haben und helfen bei deren Zersetzung mit. Wie ihre »Halbbrüder«, die Algen, können Flechten wiederholtes Austrocknen und Feuchtwerden vertragen. Das ist bei ihnen besonders notwendig, weil eine feuchte Flechte nur ungefähr 30°C aushalten kann, während eine ausgetrocknete bei über 80°C noch am Leben bleibt. Innerhalb von zehn Minuten, nachdem eine solche Flechte befeuchtet worden ist, nimmt sie 50 Prozent ihres Gewichts an Wasser auf.

Höhere Pflanzen sehen sich unter ariden Bedingungen zwei verschiedenen Problemen gegenüber. Das erste ist Bodentrockenheit mit ungenügender Feuchtigkeit für die Wurzeln; manche Wüstenböden leiden ebenso unter »Dauerdürre« wie arktische Böden unter »Dauerfrost«. Das zweite Problem, die Lufttrockenheit, kann sogar auftreten, wenn der Boden recht feucht ist. Denn die Pflanze verliert dann durch Verdunstung mehr Feuchtigkeit, als die Wurzeln nachliefern können. Die Photosynthese kann genauso völlig unterbrochen werden, wenn einer Pflanze alles Wasser entzogen wird, wie wenn die Zellen durch Frost geschädigt worden sind.

Die Photosynthese kann aber in beträchtlichem Maße weitergehen, sobald genug Wasser da ist. So können Pflanzen unter guten Bedingungen schnell wachsen und sich auf schlechtere vorbereiten. Sie besitzen eine Menge Lösungen für das Problem. Ja, je extremer die Bedingungen sind, desto zahlreicher sind die Gegenmaßnahmen, mit denen Pflanzen in einem gegebenen Lebensraum aufwarten. Aber nicht nur allgemein ist diese Anpassungsfähigkeit festzustellen, sondern auch innerhalb einer einzelnen Pflanze. Man könnte behaupten, daß jede Pflanze dauernd ihren Wasserhaushalt im Gleichgewicht hält. Dies kann im Lauf von je 24 Stunden geschehen, wobei oft nachts ein »Guthaben« erzielt wird und am nächsten Tag wieder ein Verlust entsteht. Ebenso können Pflanzen einen Jahres-Wasserhaushalt haben. Das Überleben hängt dann davon ab, ob sie mit einem Wassergehalt auskommen, der jede normale Pflanze zugrunderichten würde, da er nach der Trockenzeit wahrlich sehr niedrig sein kann.

Sehr seltsam bei vielen Wüstenpflanzen ist, daß sie eine enorme potentielle Wachstumsfähigkeit besitzen. Normalerweise wachsen sie äußerst langsam und können, wie später geschildert wird, einen Großteil des jährlichen Zuwachses wieder abstoßen. Erhalten sie aber ständig Wasser, wuchern sie so, daß sie die Wüstenmerkmale ganz verlieren. Eine Jochblatt-Art (*Zygophyllum dumosum*), die man ausgiebig mit Wasser versorgt hat, wuchs in zehn Monaten von 2 cm bis zu fast 50 cm Höhe heran. Das normale Wachstum beträgt dagegen in einem »guten« Wüstenjahr rund 5 mm. Ein solches Jochblatt kann, wie man weiß, bis zu dreihundert Jahre leben, aber eine Pflanze dieses Alters ist normalerweise nicht größer als 70 cm. Man fragt sich, warum diese Arten nicht bessere Standorte besiedeln, wenn sie dort so gut gedeihen könnten. Aber nein, sie harren wie ein Prophet aus dem Alten Testament inmitten der gewohnten Unbilden aus.

Alte Pflanzen bleiben am Leben, junge dagegen vielleicht nicht. Daher muß für einen guten Vorrat an Samen gesorgt werden und für möglichst viele Einrichtungen, um ihn im Raum und zur Zeit der Keimung zu verbreiten. Beim Jochblatt fanden Forscher in der Negev-Wüste, daß die Aussichten, sich erfolgreich anzusiedeln, durchschnittlich nur einmal alle fünf bis sieben Jahre bestehen. Aber das reicht aus, den Bestand zu erhalten.

Wie bereits im 16. Kapitel beschrieben, haben Wüstenpflanzen viele Vorrichtungen, um die Keimung der Samen zum günstigsten Zeitpunkt zu sichern oder sie über eine längere Periode zu verteilen. Häufig werden zwei bis drei Arten Samen gebildet, von denen eine dafür programmiert ist, sofort zu keimen, die andere später oder bei wechselnden Kombinationen von Feuchtigkeit, Licht und Temperatur. Weitere Tricks können gewährleisten, daß Samen von Wüstenpflanzen, außerhalb der gewohnten Zeit nicht auf leichte Regenschauer reagieren.

Erwachsene Pflanzen können im Kampf mit der Wüste überhaupt auf Blätter verzichten. Dazu gehören manche Rutenpflanzen, wie beispielsweise viele Ginster-Arten mit grünen Zweigen, die Chlorophyll enthalten und Spaltöffnungen tragen und daher imstande sind, die Photosynthese durchzuführen. Häufig sind Zweige oder Stengel gerillt. Der Hauptgrund dafür ist, daß die Stomata nun am Grund der Rillen angebracht werden können. Dort sind sie geschützt vor greller Sonne und vor Luftzug, die beide die Verdunstung beschleunigen würden.

Xerophytische Gräser haben meist halmartige Blätter, die sich bei Trockenheit einrollen und durch die so gebildete Röhre die Oberfläche verbergen, auf der die Spaltöffnungen liegen. Bei Feuchtigkeit breiten sich die halmartigen Blätter meist wieder aus.

Viele Xerophyten haben aber auch richtige Blätter. Häufig sind sie mehr oder weniger fleischig mit dünnwandigen, elastischen Zellen, die je nach

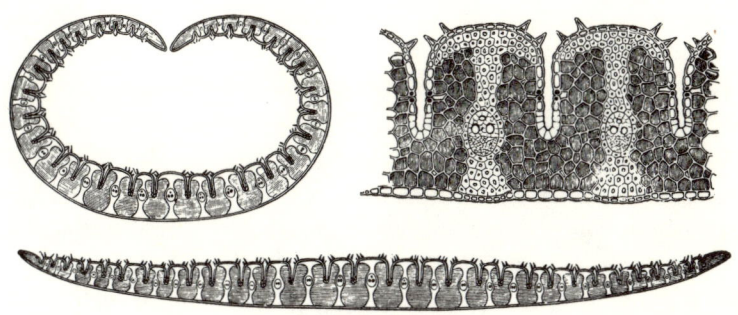

Grasblätter, hier von der Gattung Reitgras *(Calamagrostis),* falten sich zusammen. Senkrechte Schnitte (links oben) des geschlossenen Blattes; darunter ausgebreitet; rechts Teil eines ausgebreiteten Blatts stark vergrößert.

der verfügbaren Wassermenge schrumpfen oder aufquellen können. Blätter von Akazien der Wüste enthalten fast 50 Prozent freies Wasser und dienen so Gazellen als Futter und Tränke.

Wüstensträucher vermögen ihre Verluste in der Trockenzeit buchstäblich zu kürzen, indem sie Teile abwerfen. Bei Gänsefußgewächsen (*Chenopodiaceae*) der Wüste schält sich ein Teil der grünen Stengelhülle, die auch die Photosynthese übernimmt, wie eine Haut ab, wenn das Wasser im Speichergewebe erschöpft ist. Während dieses Gewebe austrocknet, wird es korkartig. Dadurch wird nicht nur die grüne Außenhaut abgetrennt, sondern auch der übrigbleibende innere Kern isoliert. Solche Pflanzen und viele andere werfen auch Äste oder kleine Zweige ab, während belaubte Pflanzen die Blätter verlieren. Viele Rutenpflanzen haben nur ganz kleine Blätter, die sofort abfallen. Der Dornige Salzstrauch (*Noaea mucronata*) büßt bis zu 90 Prozent seines Gewichts ein, wenn er sich der Zweige und Blätter entledigt.

Bei wieder anderen Pflanzen stirbt in Trockenzeiten der zarte oberirdische Teil ab, und sie ziehen sich in den sicheren Untergrund zurück. Es sind dies Pflanzen mit fleischigen Wurzeln, Zwiebeln, unterirdischen Sprossen, Knollen oder Rhizomen. Oft aus einer Tiefe von 30 bis 40 cm unter der Erdoberfläche, schießen sie ganz schnell hoch, wenn sie vom Regen benäßt werden. Meist sind die Blüten bereits ausgebildet. Sie sind einige der auffallendsten und herrlichsten Wüstenblumen, zu denen Tulpen, Schwertlilien und Steppenkerzen (*Eremurus*) gehören. Bei zu geringen Niederschlägen können sie mindestens bis zur nächsten Regenzeit ruhen. Das erinnert an die alpinen Pflanzen der Anden, die oft Jahre unter dem Schnee verbringen.

Die vielleicht ungewöhnlichste Wüstenknolle ist zugleich die kleinste. Sie stammt von einer Pflanze mit dem wunderlichen Namen *Chamaegigas intrepidus*, die mit der Braunwurz (*Scrophularia*) verwandt ist. Man hat sie an einer Stelle in Südwestafrika entdeckt, wo die Trockenzeit von Mai bis Januar dauern kann. Ihre Knollen sind so klein wie ein Stecknadelkopf und finden sich in ausgetrockneten Tümpeln. Innerhalb von Minuten, nachdem der erste Regen gefallen ist, sprießen aus den Knollen zylindrische, 1 cm lange Blätter. Am zweiten Tag bildet die Pflanze eine Rosette von vier 1 cm langen ovalen Blättern, die auf der Oberfläche des Tümpels schwimmen. In deren Mitte erscheint dann bald die 8 mm große violette Blüte.

Die echten Sukkulenten verwandeln jeden Teil ihres Körpers in Wasserspeicher. Aber es gibt verschiedene Stadien der Sukkulenz von verholzten Sträuchern mit fleischigen Blättern, wie die bereits angeführte Jochblatt-Art, und von strauchförmigen Arten aus der Familie der Mittagsblumengewächse in Südafrika bis zu Dickblatt-Arten mit völlig sukkulenten Stengeln. Von diesen Formen ausgehend, können wir vor allem in der Familie der Mittagsblumengewächse eine geschlossene Reihe von Arten verfolgen, bei denen sich Anzahl und Größe der Blätter verringern, bis am Ende sechs oder vier eng zusammengepreßte oder nur ein einzelnes Paar übrigbleiben. Sie können auch zu einem annähernd kugeligen Pflanzenkörper werden; daß er ursprünglich aus zwei Blättern gebildet wurde, verrät eine Furche oder ein Schlitz in der Mitte, aus dem die Blüte auftaucht. Dazu gehören die wohlbekannten »Blühenden Steine« (*Lithops, Pleospilos, Titanopsis* etc.) in Südafrika und ihre nahen Verwandten. Wenn diese »Super-Sukkulenten« in der Trockenzeit ruhen, wird ihre Haut oft hart und ausgebleicht, sie bildet eine dicke Schale, die das Licht reflektiert und in der sich der Pflanzenkörper, geschützt vor übermäßiger Hitze, für die nächste Regenzeit entwickeln kann.

Dort gibt es auch die sogenannten Fensterpflanzen mit außerordentlich fleischigen Blättern. Sie leben im Sand vergraben, so daß nur die abgeflachten Blattspitzen der Sonne ausgesetzt sind. Bei der treffend *Fenestraria* genannten Gattung befindet sich unter der Haut ein »Fenster« aus einer Lage von Kalziumoxalat-Kristallen. Sie mildert die Kraft der Sonnenstrahlen, läßt jedoch genug davon bis zu der tief unten liegenden Chlorophyllschicht gelangen.

Solche Blätter haben oft, wie die von Hochgebirgspflanzen, zur Isolierung gegen zuviel Sonne etwa einen wachsähnlichen »Schmelz«, eine stark verdickte Haut, zusätzliche Schichten von Außenzellen, um das Chlorophyll zu schützen, pelzartigen Filz, weiße oder silbrige Haut und manchmal eine warzige oder höckerige Oberfläche. Die amerikanischen Salzmelden (*Atriplex canescens* etc.) sind außen von einer Salzschicht bedeckt.

Bei vielen Sukkulenten, einschließlich der winterfesten, oft alpinen Hauswurz-Arten (*Sempervivum*), sind die Blätter in Rosetten angeordnet; dies bietet auf kleinstem Raum die größte Oberfläche für die Photosynthese. Häufig schließen sich bei Trockenheit die Blätter zusammen, um Feuchtigkeit zu bewahren und die Verdunstung zu verringern. Manche Hauswurz-Arten tun dies ebenso wie ihre tropischen Verwandten, die *Greenovia*-Arten, die im geschlossenen Zustand wie Rosenknospen aussehen.

Rosetten, Zusammendrängen der Blätter und schließlich »Pflanzenkörper«, die aus miteinander verschmolzenen Blättern bestehen, zeigen den Weg zur äußersten Resistenz gegen Trockenheit: sie wird erreicht durch eine Kugel- oder Zylinderform, bei der mit kleinster Oberfläche das größte Volumen für die Wasserspeicherung besteht. So sehen die typischen Formen von Kakteen und von mehreren, nicht mit ihnen verwandten Familien aus, darunter Wolfsmilch-Arten (*Euphorbia*) und Aasblumen. Sie haben mit paralleler Evolution auf die gleiche Kombination von Bedingungen reagiert und sind zum gleichen Endpunkt gelangt. Eine Handvoll Kakteen hat wie *Pereskia* noch normale Blätter. Man betrachtet sie als die primitivsten Arten der Familie, vielleicht als eine Ahnenform, die wie eine dornige Kamelie (*Camellia*) aussieht. Andere besitzen kurzlebige Blätter, die abfallen, wenn die Pflanzen herangewachsen sind. Aber die meisten haben auf Blätter ganz verzichtet und besitzen Stengel oder Stämme, die nun die Photosynthese übernehmen. Sie sind dick mit Wachs, Filz oder Haaren umhüllt und besitzen wenige Spaltöffnungen; sie haben sich in gut isolierte und »zugestöpselte« Fässer oder Zylinder voll Wasser verwandelt.

Wenn die Blätter verschwinden, übernehmen, wie etwa bei den Rutenpflanzen, die grünen Stengel die Photosynthese und die Verdunstung. Die Stengel oder Stämme sind meist in ähnlicher Weise geschützt, wie eben bei den Blättern beschrieben, und sehr oft durch Haare. Viele Kakteen haben Stengel mit Furchen, und in jeder langen Trockenzeit treten die Leisten zwischen ihnen stärker hervor und rücken enger zusammen, da der Pflanzenkörper schrumpft. Die wie eine Ziehharmonika gefalteten Stämme sind vollendet gut dafür gebaut, sich zusammenzuziehen und auszudehnen. Die flachen, blattähnlichen Stengelglieder von Feigenkakteen werden einfach dünner, bis sie schließlich abfallen. Viele Kakteen, vor allem die sehr stacheligen Cholla-Arten, verlieren bei Trockenheit regelmäßig Stengelglieder nahe den Enden der Stengel. Das ist eine andere Art, sie loszuwerden.

Die Spaltöffnungen von Kakteen und von Sukkulenten ähnlicher Bauart finden sich am Grund der Ziehharmonikafalten, wo besonders bei Trockenheit die Luftbewegung am geringsten ist.

Die Stacheln und Dornen von Kakteen und anderen Sukkulenten entstehen in erster Linie wohl sicherlich, weil sich unter trockenen Bedingungen Stengel und Blätter zurückbilden. Viele andere dornige Pflanzen werden nachweislich höchst stachelig bei ariden Wachstumsbedingungen. Ein Beispiel dafür ist der Stechginster, der normale Blätter bekommt, wenn er sehr feucht gehalten wird.

Abgesehen davon, daß Kakteen Hitze und Dürre standhalten, ertragen zahlreiche Arten auch beträchtliche Kälte. In vielen anscheinend so heißen Wüsten herrschen nachts Temperaturen nahe dem Gefrierpunkt. Überdies wächst eine Anzahl von Arten der Anden in über 3000m Höhe.

Einige Kakteen sind sehr groß, wie etwa der 15m hohe, 10 Tonnen schwere Saguaro-Kaktus in Arizona, das Greisenhaupt (Cephalocereus senilis) in Mexiko und andere, bis 12m hohe zylindrische Formen. Auch manche Kugelkakteen können 2 bis 3m hoch werden. In Afrika werden einige Wolfsmilch-Arten (wie Euphorbia ingens) zu über 10m großen Bäumen mit einem dicken Stamm und einer weitverzweigten runden Krone. Daraus folgt, daß diese riesigen Sukkulenten sehr stabil gebaut sind. Die ganz großen besitzen ein Holzskelett.

Naturgemäß sind die Wurzeln von Xerophyten für sie lebenswichtig. In einer Kakteenwüste breiten sich manche Wurzeln waagerecht, nicht weit unter der Oberfläche aus; andere reichen tief hinunter zu einem Grundwasserspiegel und viele Pflanzen kombinieren je nach den Umständen die zwei Wurzelformen. Eine Jochblatt-Art, die über dem Boden 2m² bedeckt, kann ein Wurzelsystem besitzen, das bis in beträchtliche Tiefe ein Gebiet von 35m² anzapft.

Der Baobab, der in ariden Gegenden wächst, hat horizontale Wurzeln, die sich 100m weit rund um ihn ausdehnen können. Viele Sträucher und Bäume der Wüste haben tief in den Boden dringende Wurzeln. Bei Tamarisken reichen sie normalerweise nicht über 10 bis 15 m hinunter, aber es wurde berichtet, daß man beim Bau des Suez-Kanals einige mit Wurzeln fand, die sogar 50 Meter tief drangen.

Wurzeln von Xerophyten sind auch noch aus einem anderen Grund bemerkenswert. Anders als bei den meisten normalen Wurzeln, die nur nahe der Wachstumsspitze Wasser absorbierende Haare bilden, sprießen bei ihnen oft, wenn der Grund nach einem Regen feucht geworden ist, an den ganzen jüngeren Wurzeln solche Haare hervor.

In vielen Wüsten haben die Pflanzen nicht nur mit ariden Bedingungen zu kämpfen, sondern auch mit einem hohen Salzgehalt des Bodens. Salz und andere Mineralstoffe häufen sich unter solchen Umständen an, wie Menschen entdeckt haben, die mit Bewässerung den Wüstenboden ohne Erde zu kultivieren versuchten. Ein Salzgehalt von mehr als 0,5 Prozent schadet den meisten Pflanzen. Salz ist nicht nur giftig, es erschwert auch den Wurzeln, dem Boden Wasser zu entnehmen. Denn sobald außerhalb der Wurzeln ein höherer Salzgehalt besteht als in ihnen, ist kein entsprechender osmotischer Druck für die Wasseraufnahme mehr vorhanden. Die hohe Salzkonzentration im Saft mancher Sukkulenten, die für Kakteen typisch ist, kann möglicherweise infolge dieser Situation entstanden sein. Für Palmen-Arten der Gattung *Hyphaene* in Afrika ist salzhaltiges Wasser charakteristisch, während die Tamariske sogar imstande ist, an Stellen zu gedeihen, wo das Grundwasser über 20 Prozent Salze enthält. Sie hat Drüsen, durch die das überschüssige Salz offensichtlich ausgeschieden wird; aber selbst das scheint nicht ausreichend zu erklären, wie die Sträucher unter solchen, im Grund toxischen Bedingungen existieren können.

Das gleiche gilt natürlich allgemein für Pflanzen in Salzsümpfen oder an der Meeresküste. Viele Pflanzenformen haben sich einem solchen Leben angepaßt, darunter Gräser, Grasnelken, Meerstrand-Wegerich (*Plantago maritima*) und verschiedene Zwergsträucher. Es gibt auch Sukkulenten des Salzsumpfs wie Strandsoda (*Suaeda maritima*) und Fruchttragenden Queller (*Salicornia fruticosa*), die eine geringe Aufnahme von Wasser dadurch ausgleichen, daß sie es in den Stengeln speichern. Ablagerungen von alkalischen Substanzen und von Gips sind zwei weitere ziemlich häufige Gegebenheiten, mit denen bestimmte Pflanzen fertig werden können.

Andere sind imstande, unbekümmert dort zu leben, wo normalerweise giftige Mengen von Schwermetallen im Boden angereichert sind. Das kann an Orten geschehen, wo natürliche Erzlager zutage treten, aber man hat es auch in hohem Maße auf alten Bergbaugeländen beobachtet, von denen manche natürlich Jahrhunderte, ja sogar Jahrtausende alt sind. Gräser scheinen am anpassungsfähigsten zu sein, da sie mit Blei, Zink, Kupfer oder Nickel zurechtkommen, gelegentlich auch mit zwei Sorten gleichzeitig. Ampfer- und Wegerich-Arten (*Rumex* und *Plantago*) siedeln sich ebenfalls hartnäckig an solchen Stellen an. In England finden sich Spielarten der Gemeinen Grasnelke und der Frühlingsmiere (*Minuartia verna*) und in den USA manche Formen von Gauklerblumen (*Mimulus*), die vollkommen resistent gegen Kupfer sind. Einige Tragant-Arten (*Astragalus*) sammeln Selen an, und eine Leimkraut-Art (*Silene*) liebt Kobalt. Dagegen sind die Steinkraut-Art *Alyssum bertolonii* und der neuseeländische Strauch *Hybanthus floribundus* geradezu gierig nach Nickel. Sie können sich von diesem Metall bis zu 10 Prozent ihres Trockengewichts einverleiben. Die Anwesenheit bekannter Pflanzen, die Metall vertragen können, wird heute auch von Erzsuchern beobachtet und genutzt.

Wenn sich eine Pflanze an ein normalerweise giftiges Metall im Boden anpaßt, ist dies das Ergebnis von Mutationen. Experimente haben gezeigt, daß vielleicht drei bis vier Sämlinge eine beginnende Toleranz dafür zeigen. Diese verstärkt sich schnell und läßt binnen weniger Jahre völlig resistente Spielarten entstehen.

Interessanterweise ist oft Bergbaugelände sehr arm an normalen Pflanzennährstoffen, vor allem an Stickstoff und Phosphor. Die Spielarten, die Metall vertragen, bewältigen dieses Problem ebenso wie die übliche Trockenheit solcher Plätze. Abgesehen davon, daß sich solche Spielarten von Natur aus dort ansiedeln, können sie selbstverständlich dazu benützt werden, häßliche Halden zu verstecken. Da sich um sie Erde ansammelt, bilden sie das erste Stadium einer neuen Pflanzendecke.

Andere Pflanzen, die gegenüber offensichtlich toxischen Bedingungen unempfindlich sind, behaupten sich am Rand von Vulkanen. Ein Beispiel dafür ist auf der japanischen Insel Kiuschiu *Rhododendron kiusianum*, das inmitten von Wasserdampf und Schwefeldunst gedeiht.

Mit den Wurzeln in trockener oder giftiger Erde zu leben, ist ein Hauptproblem. Ein weiteres ist es, überhaupt ohne Erde zu existieren. In dieser Lage befinden sich die Epiphyten, jene Pflanzen, die sich auf Baumästen, manchmal auch auf Felsen festsetzen, ohne daß ihre Wurzeln in eine Wirtspflanze eindringen. In gewisser Weise kann man sie mit den Meeresalgen vergleichen; denn die Wurzeln sind manchmal nicht mehr als ein Haftorgan, während die Blätter, in eine feuchte Atmosphäre getaucht, das Wasser direkt absorbieren. Ja, viele Epiphyten, vor allem Orchideen, bilden fleischige Luftwurzeln, mit denen sie sich zugleich festhalten und Wasser aus der Luft aufnehmen.

Die Geweihfarne (*Platycerium*) haben zwei ganz verschiedene Blattformen. Die eine ist flach und breitet sich über die Baumrinde wie ein Teller aus, in dem sich feuchte Abfälle ansammeln und das Wurzelsystem der Pflanze versorgen. Die andere Blattform hat die Gestalt eines Hirschgeweihs, sie steht vom Baum ab, erfüllt die normalen Aufgaben und trägt die Sporen. Beim Nestfarn (*Asplenium nidus*) bilden die Blätter eine kegelförmige Vase und sind an deren Basis eng übereinandergelegt, so daß sich darin Regen und Abfälle sammeln können. Vom Blattgrund aus dringen absorbierende Wurzeln in dieses Material ein und verwerten es.

Eine andere riesige Gruppe von hauptsächlich epiphytischen Pflanzen sind die Ananasgewächse. Diese bizarren, aber höchst dekorativen Pflanzen werden viel kultiviert. Sie haben sehr auffallende Blüten, bilden zuerst harte, lederartige Blätter, denen Trockenheit nichts anhaben kann, und ihre Wurzeln dienen hauptsächlich zur Verankerung. Ausnahmen sind eine Anzahl erdbewohnender Arten, die gewöhnliche, zur Ernährung bestimmte Wurzeln besitzen. Bei den Arten, die in luftigen Höhen leben, sammelt sich Wasser fast immer in einer »Blattvase«. Oft nennt man sie daher auch Vasen- oder Urnenpflanzen. Eine solche Vase ist ein brauchbarer Wasserbehälter, und sie ist oft noch in der Nähe der inneren Blattscheiden mit Zellen versehen, die Wasser aufsaugen. Dadurch werden Mineralstoffe, die aus dem in der Vase angehäuften »Müll« stammen, ebenfalls in den Organismus aufgenommen.

Das ungewöhnlichste Ananasgewächs ist vielleicht das sogenannte Spanische Moos (*Tillandsia usneoides*). Den lateinischen Namen *Usnea* trägt eine Gruppe von Flechten, und diese *Tillandsia* sieht genau so aus wie eine silbrige verzweigte Flechte, bis sie dann kleine, aber deutlich erkennbare Blüten hervorbringt. Sie ist jedoch sehr viel größer als eine Flechte und schlingt bis zu 7, ja 8 m lange fadenförmige Girlanden unter anderem um die Sumpfzypressen (*Taxodium distichum*) in Florida. Sie kann sogar auf Telefondrähten gedeihen. Die aus den Fäden hervorsprießenden Gebilde, die man als Blätter bezeichnen kann, sind mit kleinen Schuppen bedeckt, die alle Luftfeuchtigkeit festhalten. Wurzeln sind überhaupt nicht vorhanden.

Ich habe einen breiten Platz der Beschreibung von Pflanzen eingeräumt, die mit Trockenheit zu kämpfen haben. Denn das ist eine der härtesten Bedingungen, gegen die eine Pflanze aufkommen muß. Ich möchte nun mit ein paar Bemerkungen über das Wasser als Lebensraum schließen. Man könnte Wasser als ideal für Pflanzen ansehen, aber es bringt Probleme mit sich. Eines davon ist die Bewegung. Im Wasser ist starrer Wuchs fehl am Platz, während Zugfestigkeit und Biegsamkeit lebenswichtig sind. Die Wogen an einer Felsenküste verlangen von jeder hier lebenden Pflanze die größten Kräfte in dieser Hinsicht und dazu eine enorm starke Verankerung. Das alles besitzen die Meeresalgen, von den riesigen geschmeidigen Tangen bis zum zartesten Meersalat (*Ulva lactuca*). Im Süßwasser entwickeln die Pflanzen entweder meist sehr lange, bandförmige Blätter, oder sie haben fein zerschlissene, die nicht nur vermeiden, daß sie beschädigt werden, sondern ihnen auch ermöglichen, ein Höchstmaß an Mineralstoffen und an Sauerstoff zu absorbieren.

Sauerstoff ist für Wasserpflanzen ebenso lebenswichtig wie für Landpflanzen, und die meisten im Wasser existierenden Arten besitzen große Hohlräume für die Luftbewegung innerhalb der Gewebe. So finden sich etwa dafür in Stengeln von Seerosen (*Nymphaea*, *Nuphar*) eigene Leitungsgefäße. *Jussiaea repens* ist eine Wasserpflanze, die einen eigenen untergetauchten Miniaturdschungel bildet. Sie hat lange kräftige Stengel, die schräg wachsen. Sie tragen über dem Wasser Blätter, aber darunter hängen senkrechte Wurzeln, von denen senkrechte Sprosse nach oben wachsen und unmittelbar über dem Wasserspiegel in einem knolligen Gebilde enden. Diese Gebilde sind eine Art umgekehrte Wurzeln, dazu bestimmt, Luft aufzunehmen und sie über große Hohlräume zu verschiedenen Teilen der Pflanze weiterzuleiten.

Die vielleicht merkwürdigste Anpassung an das Wasser zeigt die Familie der *Podostemonaceae*. Diese Blütenpflanzen sehen Meeresalgen sehr ähnlich. Sie leben in tropischen und subtropischen Gebieten und scheinen in fast jedem Wasserfall oder in Stromschnellen, in denen sie vorkommen, durch eine andere Spezies vertreten zu sein. Sie heften sich mit besonderen Wurzelhaaren, die eine leimartige Substanz ausscheiden, an Steine und Felsen. Die Blätter sind sehr schmal und biegsam. Werden sie beschädigt, zeigen sie eine große Regenerationsfähigkeit.

Während der Regenzeiten besitzen diese Pflanzen nur Blätter. Fällt der Wasserspiegel, bilden sie Blüten, und wenn sie erst einmal außerhalb des Wassers sind, blühen sie und tragen Früchte innerhalb von 24 Stunden. Bestäubt werden sie gewöhnlich vom Wind oder von Insekten. In der Sonnenhitze welken die Pflanzen bald. Sie streifen die äußeren Zellschichten ab, so daß nur die Gefäßbündel zurückbleiben, die verholzen. Die

über die Felsen ausgestreuten Samen heften sich mit einer schleimigen Samenhülle an, die schnell trocknet, so daß sie fest verankert bleiben. So warten sie auf das Ansteigen des Wassers in der nächsten Regenzeit, in der sich dann aus ihnen die jungen Pflanzen entwickeln.

Bei Meeresalgen ist vor allem die Reaktion auf die Abnahme der Lichtstärke bemerkenswert, wenn sie immer tiefer unter dem Wasserspiegel wachsen. Das Problem ist aber etwas verworren, weil mit zunehmender Tiefe auch die verschiedenen Farben, aus denen sich das weiße Licht zusammensetzt, vom Wasser absorbiert und ausgeschaltet werden. Nahe der Oberfläche ist ein Maximum aller Farbkomponenten vorhanden und besonders stark das Rot. Daher findet sich hier die Mehrzahl der Grünalgen, die das rote Licht absorbieren können. In größerer Tiefe werden sie von den Rotalgen (*Rhodophyta*) abgelöst, weil bis dorthin noch grünes und blaues Licht durchsickert, wenn auch in ständig abnehmender Stärke. Kieselalgen gedeihen ebenfalls noch relativ weit unten, da sie diese Farben bevorzugen. Dagegen lebt das Grünalgenplankton weitgehend nahe dem Wasserspiegel. Braunalgen haben das Problem der Lichtfarben irgendwie gelöst, denn man findet sie in allen Tiefen, da sie sich lediglich an die geringer werdende Lichtintensität anpassen. Auch in ihrer Fähigkeit, verschiedene Salzkonzentrationen im Wasser zu ertragen, variieren die Meeresalgen sehr. Arten, die in Tümpeln nahe der Flutgrenze wachsen, können in hoher Salzkonzentration ausharren, wenn das Meerwasser verdunstet, aber nach einem starken Regen praktisch auch in Süßwasser.

Auf solche Weise werden die Randgebiete des Meeres von Pflanzen besiedelt, die den größten Nutzen aus jeder Kombination von Faktoren ziehen. Auf früher beschriebene, verschiedene Weise werden auch die ungünstigeren Gebiete auf dem Globus von Pflanzen bewohnt, die sich den Umständen untergeordnet haben. Es gibt reine Salzpfannen und vollkommen aride Wüsten, wo kein Pflanzenleben mehr möglich ist. Aber das sind nur kleine Bezirke, verglichen mit den anscheinend unwirtlichen Orten, wo manche Pflanzen es doch gelernt haben, sich zu behaupten, und deren Bedingungen bevorzugen, weil sie sich einem solchen Dasein zweckmäßig angepaßt haben.

21 Die allgegenwärtigen Abenteurer

Skrupellosen Abenteurern, die sich unsichere Verhältnisse zunutze machen, gleichen in der Pflanzenwelt die aggressiven und opportunistischen Kosmopoliten, die wir Unkraut nennen. Diese Freibeuter sind mehr oder weniger den Beschränkungen einer bestimmten Kombination von Bedingungen entronnen, und sie sind imstande, fast überall zu leben. Einer der wenigen Einflüsse, die sie unter Kontrolle hält, ist das Gesamtklima. Natürlich wird eine Pflanze hauptsächlich vom Menschen als Unkraut definiert und wird oft erst durch seine Tätigkeit dazu. Unkraut entwickelt sich häufig in den unnatürlichen Lebensräumen, die vom Menschen geschaffen worden sind, wenn er Land kultiviert, durch Brand rodet, Straßen baut oder Steinbrüche anlegt. Hier findet man typischerweise einjährige Pflanzen. Manches Unkraut wie Geißfuß, auch Podagrakraut genannt, das schon von den Römern nach Britannien eingeführt wurde, hat der Mensch zuerst genutzt und dann sich selbst überlassen. Der Gute Heinrich wurde einst als Gemüse gekocht, ebenso verschiedene tropische Fuchsschwanzgewächse (*Amaranthaceae*) und Hülsenfrüchtler. Wieder andere Pflanzen wurden vom Menschen verschleppt und änderten ihre Eigenart in neuer Umgebung und im Wettstreit mit anderen Arten. Solche Pflanzen können zufällig eingeschleppt werden; das war so beim Breitwegerich (*Plantago major*), der von den »Pilgervätern« nach Nordamerika mitgebracht wurde. Manchmal führt man eine Pflanze auch wegen der vermeintlichen Nützlichkeit oder als Zierde ein, wie es bei der Echten Brombeere und den Feigenkakteen in Australien geschah.

Unkraut-Arten wanderten oft in Säcken mit Samen, auf Wurzeln, in Kleidern, in Seesäcken und im Pelz von Tieren in ein Gebiet ein. Je mehr sich der Verkehr entwickelte, um so mehr wurden auch Unkraut-Arten verbreitet. Sie reisten auf Stiefeln, Karren, Siedlerwagen, Holzfuhrwerken, Eisenbahnzügen, Autoreifen, Booten und schließlich sehr bequem mit Flugzeugen. Ihre Ausgangszentren waren wahrscheinlich Hafenanlagen, Rangiergeleise der Eisenbahn, Mühlen, Gerbereien, Bauhöfe, wo Holz gelagert wurde, aber auch Müllhalden und Rieselfelder von Abwässeranlagen. In Ländern, die sich solchen Luxus leisten können, erleben Leute, die unsere gefiederten Freunde mit allerlei Vogelnahrung füttern, recht oft, daß eine Reihe von unheimlichen Pflanzen aus den Samen hervorsprießen. Manchmal gehört zu ihrem Entsetzen auch der unerwünschte Hanf (*Cannabis sativa*) dazu. Hin und wieder sind Botanische Gärten ebenfalls für derlei verantwortlich. Das Kleinblütige Knopf- oder Franzosenkraut (*Galinsoga parviflora*) aus Südamerika entkam dem Königlichen Botanischen Garten von Kew in England und verbreitete sich im Süden des Landes und in London. Es hat sich heute leider auch in Deutschland eingebürgert.

Die mit dem Schwarzen Pfeffer (*Piper nigrum*) verwandte Art *Piper aduncum* ist ein Baum, der einst in Botanischen Gärten auf Java angepflanzt wurde. Seine Fruchtträubchen erwiesen sich als unwiderstehliche Verlockung für einheimische fruchtfressende Fledermäuse. Die Folge davon war, daß sich der Baum über das ganze westliche Java ausbreitete und oft die ursprüngliche Flora verdrängte.

Um ein erfolgreiches Unkraut zu sein, muß eine Pflanze Aggressivität zeigen, aber auch eine ausgesprochen geringe Spezialisierung, so daß verschiedenartige Umwelten und Bodenformen schnell besiedelt werden können. Trockenheit, Tageslänge, Sommerhitze und Winterkälte dürfen ihr Wachstum und die Blütenbildung nicht beeinträchtigen.

Ist das Unkraut eine einjährige Pflanze, wird es sicher fähig sein, überreichlich und lange Zeit hindurch Samen zu bilden. Oft fängt es damit schon an, wenn es nur zwei bis drei Wochen alt ist. Die Samen besitzen zudem Einrichtungen, die ihnen erlauben, noch nach Jahren zu keimen, wenn die Umstände dafür geeignet sind. Besondere Mittel zur Samenverbreitung, wie etwa die »Fallschirme« von Korbblütlern oder die explosiven Kapseln von Balsaminengewächsen (*Balsaminaceae*), zu denen das Springkraut (*Impatiens*) gehört, sind oft höchst kunstvolle Gebilde.

In scheinbarem Widerspruch dazu steht, daß bei den meisten erfolgreichen Unkraut-Arten Selbstbestäubung und somit die Möglichkeit der Befruchtung durch Pollen der eigenen Pflanze vorhanden ist. Wachsen männliche und weibliche Blüten auf getrennten Pflanzen, schafft dies bei den Nachkommen eine Variabilität, ohne die sie sich nicht so leicht an neue oder schwierige Umstände anpassen können. Bestäubt eine Pflanze sich selbst, oder bildet sie sogar, wie der Löwenzahn, Samen ohne Befruchtung, bedeutet das den Verzicht auf solche Möglichkeiten. Unkraut muß jedoch oft unabhängig von bestäubenden Insekten sein, die bei schlechtem Wetter nicht zur Verfügung stehen. Tatsache ist, daß die meisten Unkraut-Arten unzählige Spielarten entwickeln, so daß eine einzelne, scheinbare reine Spezies Individuen umfaßt, die fähig sind, sehr verschiedenen Anforderungen zu genügen. Solche Spielarten sind in vergangener Zeit entstanden, als sich die Art durch Anpassung auf eine geringere Spezialisierung einstellte. Vermutlich war damals Fremdbefruchtung die Regel, während sie jetzt nur gelegentlich vorkommt.

Einjährige Pflanzen, die sich selbst befruchten, vermögen sich viel schneller von einem Unglücksjahr zu erholen, das ihre Zahl stark reduziert hat. Überdies unterstützt Selbstbestäubung oder zumindest die Bildung von Früchten, auch ohne Bestäubung, die Verbreitung von Pflanzen; denn auf diese Weise kann ein einziges Exemplar Samen bilden und eine neue Population hervorbringen. Mehrjährige Pflanzen verzichten oft auf die Entwicklung von Früchten und verlassen sich ganz auf die sehr wirksamen Methoden vegetativer Vermehrung, so daß alle Einzelpflanzen innerhalb der Art gleicher Abstammung sind. Selbst kleine Pflanzen gemäßigter Breiten können sehr schnell wachsen. Arten der Gattung *Potentilla*, wie das Kriechende Fingerkraut (*P. reptans* etc.), bedecken mit dünnen, etliche Meter langen radialen Ausläufern 12 m² im Jahr, wobei alle paar Zentimeter ein Knoten vorhanden ist, von dem Wurzeln gebildet werden können. Der Ausbreitungsrekord wird von tropischen Bambussen gehalten, deren Schößlinge pro Tag 50 cm wachsen können. Sie sprießen dauernd von den unterirdisch ausstrahlenden Wurzeln gleich einem Arsenal von Wurfspeeren hervor.

Die Ausbreitung unter der Erde erfolgt meist viel langsamer als die oberirdische, aber sie ist vielleicht wirksamer. So besiedelt der Geißfuß im Jahr nur rund 3 m², aber seine Wurzeln können sich aus kleinen Bruchstücken regenerieren, so daß jeder Angriff auf dieses Unkraut wahrscheinlich erfolglos bleibt. Die Wurzeln mancher Unkrauts reichen sehr tief hinunter. Bei Acker- und Zaunwinden (*Convolvulus arvensis, Calystegia sepium*) hat man eine Tiefe von sieben Metern verzeichnet und bei Schachtelhalmen das Zwei- bis Dreifache davon; letztere können alle paar Zentimeter an den Wurzeln Knollen tragen, aus denen sich neue Pflanzen entwickeln.

Unkraut mit Pfahlwurzeln regeneriert sich ebenfalls gut und bildet mehrere neue Schößlinge, wenn man es köpft. Ampfer- und Wegerich-Arten, Löwenzahn und ähnliche Pflanzen gleichen der legendären Hydra, da sie für jeden abgehackten Kopf zwei neue bilden. Löwenzahn-Arten kann man wahrlich als ein hochentwickeltes Unkraut bezeichnen. Abgesehen von der Fähigkeit, neu auszutreiben, wenn sie geköpft werden, bilden und verbreiten sie auch ihre Samen sehr wirksam. Beim Löwenzahn denken wir da an die zarten »Pusteblumen« aus Samen mit Fallschirmchen; aber bei vielen verwandten Arten finden sich sogar zwei Arten Samen, von denen die eine keinen Fallschirm besitzt und am Außenrand des Blütenköpfchens gebildet wird, wo ein roter Streifen Vögel anlockt. Die Samen können innerhalb von drei Tagen keimen, wenn sie befeuchtet werden, und die Pflanzen blühen schon nach sechs Monaten.

Man darf nicht vergessen, daß nicht alles Unkraut aus krautigen Pflanzen besteht. Es gibt auch viele Bäume darunter, wie etwa eine amerikanische Traubenkirsche (*Prunus serotina*), dazu eine Unmenge tropischer Arten, die erscheinen, nachdem der Urwald abgeholzt worden ist.

Andere Verbreitungsmethoden von Unkraut sind bereits im 17. Kapitel geschildert worden. Dazu gehören die Nebenzwiebelchen von Sauerklee, die leicht ablösbaren und leicht einzuwurzelnden Blätter von Fetthennen-Arten und die dauernde Teilung von Wasserhyazinthen. Wassersalat und Wasserfarne, aber auch Wasserlinsen, die 84 000 Pflanzen pro m² hervorbringen können, muß man zu den erfolgreichsten dieser Freibeuter zählen. Heute stellen sie im ganzen tropischen Afrika und Asien eine ernste Bedrohung dar für Wasserwege, Bewässerungskanäle, Dränagegräben und Reisfelder. Selbst die wunderschöne Indische Lotosblume und die tropischen Seerosen sind oft eine bedenkliche Plage, zu der auch noch eine Anzahl von Pflanzen wird, die, wie die Wasserschraube, die Laichkraut-Arten und die Armleuchteralgen (*Chara*), untergetaucht wachsen. Solches Unkraut verstopft Wasserwege, behindert die Schiffahrt, blockiert Wasserkraftwerke, vermindert die Wasserzufuhr um gelegentlich 80 Prozent und macht das Wasser sauerstoffarm und faulig, wenn es abstirbt und verrottet; in Reisfeldern, die unter Wasser stehen, ist derartiges Unkraut eine gefährliche Konkurrenz, da es die Ernteerträge bis zu 50 Prozent verringert.

Unkraut macht sich nicht nur dort breit, wo die natürliche Ordnung gestört ist, es konkurriert auch aktiv mit anderen Pflanzen. Zum Teil ergibt sich dieser Wettstreit aus einem Existenzkampf um Wasser und Nährstoffe im Boden, wobei das Unkraut mit seinem weitreichenden Wurzelsystem oft im Vorteil ist. Mittel in diesem Wettstreit sind auch Ausscheidungen der Wurzeln, die tatkräftig das Wurzelwachstum anderer Arten, ja sogar die Keimung der Samen hemmen. Frühe Forschungsarbeit bewies, daß eine einzige Pflanze des Saathafers (*Avena sativa*) ein Wurzelsystem von über 100 km Länge entwickeln konnte, wenn ihr kein Unkraut Konkurrenz machte. Von Unkraut umgeben, vermochte der Saathafer in einer Wachstumszeit nur insgesamt 500 m lange Wurzeln zu bilden. Schließlich kann Unkraut anderen Pflanzen auch kräftig das Licht streitig machen. Die großen Blätter von Acker- und Zaunwinde halten Licht von den Pflanzen ab, über die sie klettern. Im Mittelmeergebiet verhindert der Akanthus (*Acanthus mollis*), daß unter seinen sich üppig ausbreitenden Blättern irgend etwas wächst. Und in Gebieten näher unserer Heimat stehen die riesigen Blätter einer Pestwurz-Art (*Petasites hybridus*) so dicht, daß sie wirksam jeden Sämling ersticken, der zwischen ihnen hervorzusprießen wagt.

Für den Anhänger des Naturschutzgedankens scheinen diese Unkraut-Arten oft häßliche, ausgesprochen zweitklassige Pflanzen zu sein, die das eindrucksvolle Bild und die Schönheit der Landschaft mindern und die an die immer schneller fortschreitende Verunstaltung der Natur erinnern. Zu den wenigen Ausnahmen gehören die einjährigen Unkraut-Arten, die in Marokko oder in der Türkei den Anblick der Felder so schön machen, wenn sie blühen. Dort sehen wir Rittersporn (*Delphinium*), Kornblumen (*Centaurea cyanus*), Mohn, Frauenspiegel (*Legousia speculum-veneris*), Gladiolen und dergleichen mehr. Die Menschen, die fern der Hungersgrenze in der Welt leben, können diese Blumen – nach der Ausrottung in den eigenen Feldern – in ihren Gärten kultivieren und züchten. Aber grundsätzlich könnte das Unkraut zum Erben der Erde werden, wenn wir es nicht sorgsam überwachen.

Unter Pflanzen finden sich alle Abstufungen von Vereinigung und Teilha-
berschaft. Sie reichen von einem faktisch vollkommenen Zusammenleben
bis zu Beziehungen, die von Liebe und Haß geprägt sind und an den
Grenzen zum Parasitismus enden, wenn ein Partner zu weit geht.
Pflanzen bilden sehr oft Gemeinschaften mit anderen Lebewesen, mit
verwandten Organismen wie Bakterien und Pilzen, aber auch mit einer
ganzen Reihe von Tieren, von Urtierchen bis zu Säugetieren. Damit meine
ich, daß sie buchstäblich in verschiedenem Grade miteinander leben, daß
es sich dabei jedoch nicht um jene Art Partnerschaft handelt, die bei der
früher geschilderten Bestäubung und Samenverbreitung vorkommt.
Drei Fachausdrücke bezeichnen die Formen des gemeinsamen Lebens näher. Die lockerste Verbindung ist der *Kommensalismus*, bei dem ein Organismus auf, in oder mit einem anderen zusammenlebt und sich mit ihm
bis zu einem gewissen Maße in die Nahrung teilt. Beim *Mutualismus* ist
für beide betreffende Organismen ein gegenseitiger Vorteil damit verbunden. Von *Symbiose* spricht man schließlich, wenn zwei oder manchmal
mehrere Organismen sich völlig und in ausgewogener Weise zu einem
Ganzen zusammenschließen, so daß dies für beide geradezu ideal ist. Bei
jeder dieser Formen sind die Organismen, um die es geht, wahrscheinlich
sehr verschieden, und in den meisten Fällen kann jeder Partner auch getrennt existieren.
Manche Verbindungen sind sehr einseitig und fallen kaum in die Kategorie
»Zusammenleben«. Das gilt für Epiphyten, die einfach hoch oben auf
Bäumen sitzen, ohne Nachteil für sie selbst, aber ebenso ohne Vorteil für
die Wirtspflanze, da sie nur vermoderndes Pflanzenmaterial als Ersatz für
Erde um ihre Wurzeln ansammeln. Lianen und die kletternden Rotangpalmen benützen die aufrechten Baumstämme nur als Stütze. Diese Arten
und noch spezifischere Kletterpflanzen wie Efeu-Arten oder *Philoden-
dron*-Arten mit Luftwurzeln können am Ende die Wirtspflanze mit ihrem
Laub aber ersticken oder sie zu Boden ziehen.
Ameisen leben häufig auf Pflanzen, vor allem auf Bäumen, wo sie meist in

bestimmten Teilen hausen, obwohl sie gelegentlich auch äußere Nester an ihnen befestigen. Ameisennester enthalten fast immer Erde oder pflanzliche Abfälle, die für den Nestbau verwendet werden. Zu Wohnstätten im Innern von Pflanzen gehören hohle Stengel oder solche, deren Mark leicht entfernt werden kann, aber auch große hohle Knoten oder Dornen. In sie können die Ameisen gelangen, indem sie zuerst ein Loch hineinbeißen. Manchmal legen die Ameisen innerhalb solcher röhrenförmiger Zweige ein ganzes Verbindungssystem an. In anderen Fällen bauen sie außen zwischen den hohlen Behausungen geschützte Laufwege.

Akazien-Arten in Afrika (*Acacia drepanolobium*) und in Südamerika (*Acacia sphaerocephala*) besitzen an der Basis der Dornen rundliche, hohle Gebilde. Die Ameisen bohren sie an, schaffen überflüssiges Gewebe fort und nisten sich in ihnen ein. Wenn der Wind über die so entstehenden Öffnungen streicht, erzeugt er unheimliche Pfeiflaute. Deshalb heißen diese Akazien in Englischen »Whistling Thorn« (*Pfeifdorn*).

Andere Ameisen-Arten verwenden zum Nestbau Blätter. Dabei spreizen sie manchmal die zwei Oberflächen des Blattes gewaltsam auseinander, als wäre es eine Papiertüte. In der fertigen, aufgeblasenen Tüte hausen sie dann, und man findet sie bei manchen Pflanzen zwischen den Rippen und der Blattbasis. Sie kleben auch Blätter zusammen, um daraus eine Art Röhre als Behausung zu bauen.

Nun ist es durchaus klar, daß die Ameisen sehr weitgehend Opportunisten sind, wenn sie geeignete Gebilde für ihre »Wohnung« suchen. Aber häufig kommt dies auch den Bäumen zugute, vor allem, wenn es um die Verteidigung geht. Praktisch hält sich so ein von Ameisen bewohnter Baum ein stehendes Heer. Jeder Angriff auf ihn hat zur Folge, daß Myriaden von Insekten hervorstürzen, wie viele Botaniker schon betrübt feststellen mußten.

Ameisen können auch viele schädliche Insekten, Raupen, Schnecken und andere Tiere, vielleicht sogar weidende Säugetiere fernhalten, aber besonders ihre Verwandten, die Blattschneiderameisen, die eine Pflanze mit erstaunlicher Schnelligkeit kahlzurupfen vermögen.

Ein Baum kann nicht nur den Ameisen eine sichere Heimstatt bieten, die in vielen Dschungelgebieten oberhalb des voraussichtlichen Überschwemmungsniveaus liegt. Er dient vielleicht auch als »Weide« für Blattläuse und Schildläuse, die von den Ameisen gehütet und »gemolken« werden. In manchen ungewöhnlichen Fällen liefert sogar der Baum selbst Ameisenfutter. Man könnte das mit dem »Schutzgeld« vergleichen, das unter gewissen Umständen von Menschen an eine Verbrecherorganisation bezahlt wird. Bei einem Ameisenbaum (*Cecropia peltata*) wachsen diese ölreichen »Nährkörper« an der Unterseite der Blattstiele. Diese »Gaben« für die fleischfressenden Ameisen ähneln täuschend Insekten. Die Ameisen leben in den hohlen Zweigen, die in Kammern geteilt sind und halten sich innerhalb der Stengel saftsaugende Mehlläuse als »Weidetiere«. Das ist eine weitere Belastung für die Nahrungsreserven des Baumes. Aber die Ameisen sorgen auch dafür, daß dem Baum Kletterpflanzen fernbleiben, von denen er aus irgendeinem Grund außergewöhnlich bevorzugt wird, und sie schützen ihn wahrscheinlich auch vor Raupen. So ist diese Form des Zusammenlebens ein gutes Beispiel für Mutualismus.

Ameisen sammeln auch häufig die Pflanzenabfälle, in die Epiphyten ihre Wurzel senken, wobei diese dem »Blumentopfnest« eine feste Form geben. Abgesehen davon, daß Ameisen den Wurzeln eine Ausbreitungsmöglichkeit schaffen, brauchen manche Pflanzen dringend solche Gäste. Die Helmblume, eine Orchidee, ist sehr schwierig zu kultivieren ohne die Anwesenheit »ihrer« Ameisen, vermutlich weil diese irgendein lebenswichtiges Element beisteuern. Stellt man eine solche Orchidee in ein Treibhaus, siedeln sich um deren Wurzeln alle etwa vorhandenen Ameisen an, so daß möglicherweise auch sie irgendwie von der Pflanze profitieren. Solche Orchideen wachsen von Natur aus in Ameisennestern auf Baumwipfeln. Die Ameisen scheinen den Nestbau damit zu beginnen, daß sie die Pflanzenabfälle zu einer festen Masse vereinen. Sie schleppen dann Samen hinein, die als Gabe für sie nahrhafte Anhängsel zum Fressen haben, wie im 15. Kapitel geschildert. Die Samen keimen, und rings um die Wurzeln sammelt sich sehr schnell mehr nährstoffreiches, feuchtigkeitsspeicherndes Material an, so daß bald hängende »Ameisengärten« entstehen.

In unseren eigenen Gärten können wir beobachten, daß Ameisen die Verteidigung übernehmen, wenn sie von Pflanzen Nahrung erhalten. So haben zum Beispiel der Kirschlorbeer (*Prunus laurocerasus*) und die Banksrose (*Rosa banksiae*) auf den Stielen Nektarien. Diese locken Ameisen an, die sehr energisch Blattfresser, wie etwa Raupen, fernhalten. Mehrere europäische Flockenblumen (*Centaurea scabiosa* etc.) scheiden mit besonderen Drüsen an den Außenschuppen der unaufgeblühten Köpfchen Honig ab. Auf solchen Blüten kann man gleichzeitig vielleicht ein Dutzend Ameisen sehen, die Ameisensäure gegen bestimmte große Käfer verspritzen, die sonst den Pollen plündern würden.

Ein recht ähnliches Verhalten ist bei den Geweihfarnen zu finden, bei denen große flache Blätter den Baumstamm umklammern, aber auch normale Wedel gebildet werden. Abfälle sammeln sich innerhalb des angeklammerten Blattkorbs an und werden von den Farnwurzeln genutzt. Ein gut Teil von diesen Abfällen und von der Erde dürfte von Ameisen angeschleppt werden, die dann in Scharen in dem »Korb« Nester bauen. Ähnliches Material sammelt sich bei den Nestfarnen an, deren Blätter einen aufrechten, vasenartigen Behälter bilden, und es wird ebenfalls für den Bau von Ameisennestern verwendet.

Eine Anzahl anderer Pflanzen, die in luftiger Höhe auf den oberen Ästen tropischer Bäume wachsen, bieten ebenfalls den Ameisen Obdach. Es sind vor allem Arten der Gattungen *Myrmecodia* und *Hydnophytum*, die beide zur gleichen Familie wie die Kaffeebäumchen (*Coffea*), nämlich zu den Rötegewächsen (*Rubiaceae*), gehören. Diese Pflanzen haben am unteren Ende große knollenförmige, oft stachelige Gebilde, in denen die Ameisen einen Palast aus röhrenartigen Hohlräumen anlegen. *Myrmecodia* sieht einem Igel recht ähnlich, aus dem unpassenderweise kurze beblätterte Stengel hervorsprießen; diese Pflanzen haben Samen, die von Ameisen verschleppt werden, und liefern ihren Bewohnern auch Nektar.

So finden Ameisen Unterkunft bei Pflanzen, indem sie sich einfach ansiedeln oder ihnen dazu verhelfen, »Blumentopfnester« herzustellen, und vielleicht sogar Samen herbeibringen, um sie zu vergrößern. Aber Ameisen kultivieren auch Pflanzen als Nahrung für sich selbst. Das tun im tropischen Amerika die Blattschneiderameisen, die über Nacht große Bäume entlauben können. Die bis zu 2 cm breiten Blattstücke werden im Nest in besondere Kammern gebracht. Diese Pilzkammern sind bis zu 1 m lang und 30 cm hoch und breit; sie können bis zu 5 m tief unter dem Boden liegen, und das gesamte Ameisennest kann sich über mehr als 100 m² ausbreiten. In den Kammern werden die Blattstücke zerkaut, und mit anderen Pflanzenabfällen und Ameisenexkrementen wird ein Mistbeet angelegt. Auf ihm wächst ein besonderer Pilz, im Prinzip genauso wie auf den Beeten der Champignonzüchter. Die Arbeiterinnen des Ameisenstaates betreuen eifrig diese Pilze, sie jäten alle andersartigen Gewächse und pflanzen die Pilze in neue, dafür vorbereitete Kammern um. Ein Stoff im Speichel der Ameisen hemmt das Wachstum unerwünschter Pilze und läßt vielleicht auch die erwünschte Art besser gedeihen. Dieser Pilz, der die Hauptnahrung der Ameisen bildet, ist eine kleine unterirdische Art, die man noch nie außerhalb der Ameisennester entdeckt hat. Das könnte allerdings einfach durch die Schwierigkeit bedingt sein, daß man nicht weiß, wo man danach suchen soll. Ebensowenig weiß man, ob der Pilz von Natur aus im Boden lebt und absichtlich von den Ameisen ins Nest gebracht wurde oder zufällig dort wuchs und dann erst kultiviert wurde.

Erfolgreiche Beziehungen verschiedener Art bestehen auch zwischen Pflanzen und vielen anderen Tieren. Man kennt mehrere hundert Gemeinschaften von wirbellosen Wassertieren mit einzelligen Algen. Manche davon sind perfekte Beispiele für eine Symbiose. Dazu gehören unter anderem ein Meereswurm (*Convoluta roscoffensis*), ein Geißeltierchen *(Cyanophora paradoxa)* und ein Wurzelfüßler *(Paulinella chromatophora)*. Jedes dieser Tiere wird von der Alge mit Kohlenstoff und wahrscheinlich auch mit Stickstoff versorgt. *Paulinella* besitzt tatsächlich überhaupt keine Einrichtung zur Futteraufnahme, während bei *Cyanophora* die Algenzellen nicht mehr unabhängig existieren können. Sie haben ihre Zellwände verloren, und überdies pflanzen sich die beiden Partner gleichzeitig fort. Die Algen ähneln daher großen Chloroplasten. Sie finden sich auch in vielen Urtierchen. Ungewiß ist jedoch, ob es sich dabei um eine Symbiose oder um ein Stadium handelt, das halbwegs zwischen dem Tier- und Pflanzenreich steht.

Algen oder Chloroplasten als Bestandteil von Organismen erzeugen nicht nur Nährstoffe, sie machen diese Lebewesen auch lichtempfindlich. Das bleibt auch so bei Verbindungen von Algen mit Korallenpolypen, See-Anemonen, Schwämmen und Quallen, bei denen die Algen im Austausch gegen Kohlenhydrate die Abfallprodukte des Tieres verwerten. Die Lichtempfindlichkeit wird von diesen Organismen dazu benützt, das Gleichgewicht zwischen dem Nahrungsbedarf jedes Partners herzustellen. Es hat jedoch den Anschein, als ob die Nutzung der von den Tieren ausgeschiedenen Stoffe durch die Alge lediglich an die Stelle der normalen Verwertung von Meerwasser getreten ist und auch das Tier keineswegs abhängig von der Alge wird.

Eine der ungewöhnlichsten Symbiosen besteht zwischen der Riesenmuschel (*Tridacna gigas*) und verschiedenen mikroskopischen Algenformen, die deren Mantel mit leuchtend orangefarbenen und purpurnen Flecken färben. Der Mantel besitzt eine Reihe von blauen »Augen«, die den Biologen Rätsel aufgaben, bis sie entdeckten, daß es keine echten Augen waren. Es sind vielmehr Linsen, die das Licht auf Algenkolonien innerhalb der Gewebe konzentrieren sollen, damit die Algen einer möglichst vorteilhaften Photosynthese fähig sind. Nehmen die Algen jedoch überhand, werden sie von der Muschel verdaut.

Bestimmte Fische tragen Algen auf den Kiemen, wo sie die meiste Luft erhalten. Eine andere seltsame Verbindung besteht zwischen einem großen Faultier und Algen, die seine Haare bedecken. Die Algen erhalten dadurch einen verlockenden, beweglichen Wohnsitz, und für das Faultier ist die Tarnung im grünen Laub von gewissem, aber geringerem Wert.

Es besteht auch eine Anzahl von Verbindungen zwischen höheren und niederen Pflanzen, bei denen im typischen Fall die Blaualge *Nostoc* der unbedeutendere Partner ist. Die Blaualge kann in Nischen auf höheren Pflanzen hausen, oder sie kann mit ihrem fadenförmigen Wuchs auch in Wurzeln eindringen. Die Alge bindet Luftstickstoff, der den anderen Pflanzen zugute kommt, weil *Nostoc* die Farbe und die Eigenschaft, Stickstoff verwerten zu können, auch unter der Erde behält. Das ist wirtschaftlich wichtig beim Reisanbau. Noch typischer ist die Fähigkeit, Stickstoff zu binden, bei einer *Rhizobium* genannten Bakterie, die Knöllchen besonders an den Wurzeln von Angehörigen der Familie der Hülsenfrüchtler, aber auch an einigen anderen Pflanzen bildet. Stickstoff vermögen auch gewisse Pilze zu binden, die mit Pflanzen, wie der Schwarzerle (*Alnus glutinosa*), dem Stranddorn und dem Gagelstrauch (*Myrica gale*) assoziiert sind.

Es hat den Anschein, daß die Bakterien- oder Pilzzellen auf eine – oberflächlich gesehen – parasitische Weise eindringen und dann die Wurzeln dazu anregen, Knöllchen zu bilden. Die Bakterien sind offensichtlich nicht imstande, Stickstoff zu binden, wenn sie unabhängig existieren. Sie müssen in einem Knöllchen leben, in dem die Pflanze irgend etwas zu ihrem Dasein beiträgt.

Stickstoff ist sehr reaktionsträge und bildet in der Natur nur zögernd Verbindungen. Viel Energie ist nötig, um die zwei Atome im Stickstoffmolekül auseinanderzureißen. Bei der Bindung von Stickstoff geht es darum, freien Stickstoff mit Wasserstoff zu vereinen, um Ammoniak zu bilden. Das Spurenelement Molybdän ist dabei möglicherweise als Katalysator beteiligt. Nebenbei bemerkt, ist der rote Farbstoff innerhalb der Knöllchen von Hülsenfrüchtlern ein Eiweißstoff, der dem Hämoglobin der roten Blutkörperchen nahe verwandt ist.

Knöllchen, die an Blättern sitzen und Bakterien enthalten, kommen hauptsächlich in der Familie der Rötegewächse vor. Dort üben sie einen beachtlichen Einfluß auf die betreffende Pflanze aus, die ohne sie verkrüppelt. Hier kann die Pflanze nur normal wachsen, wenn diese Symbiose mit Bakterien besteht. Bleibt die Pflanze allein, sieht sie ganz anomal aus.

Die Gesamtmenge an Stickstoff, die von diesen Knöllchenbakterien hauptsächlich bei Hülsenfrüchtlern gebunden wird, ist auf 100 Millionen Tonnen im Jahr geschätzt worden. Um George D. Scott zu zitieren: »Es ist... eine Überlegung, die einem zu denken gibt, daß ohne das Auftreten der Hülsenfrüchtler und die Symbiose zwischen ihnen und *Rhizobium* der heutige Bestand an Stickstoff im Boden sehr gering wäre – viel zu gering, um die gegenwärtige Pflanzendecke auf der Welt zu erhalten, gar nicht zu reden von den riesigen Gebieten, die intensiv kultiviert werden.«

Eine gute Kultivierung mit geeigneten Hülsenfrüchtlern kann im Laufe einer Wachstumszeit 250kg Stickstoff pro Hektar binden. Das ist ungefähr die gleiche Menge, die 2,5 Tonnen Kunstdünger liefern würden.

Pilze sind in Partnerschaften besonders wichtig. Im Boden bilden sie und Bakterien alle Arten von Gemeinschaften. Obwohl sie zufällig zustandekommen, haben beide daran beteiligten Organismen große Vorteile davon. Die Lebenskraft der Pflanze wird dadurch gesteigert, da vielen Bakterien wichtige Wachstumssubstanzen fehlen, die Pilze liefern können. Dies ist der Beginn einer Symbiose.

Vielleicht die merkwürdigste Verbindung findet sich zwischen Pilzen und Algen, die miteinander Flechten bilden. Bei den primitiveren Formen sind die Zellen oder Fäden der Algen einfach mit Pilzsträngen vermischt. Aber bei höher entwickelten Exemplaren ähnelt die Anordnung auffallend der eines Blattes höherer Pflanzen: eine Schicht von Algenzellen, die für Photosynthese sorgen, liegt nahe der Oberseite und darunter eine Masse von Pilzfäden. Manchmal gleicht der wegen seines Baus so genannte Thallus der Flechte auch im Umriß einem solchen höheren Blatt. Das ist der Fall bei einer Grübchenflechte (*Sticta filicina*), bei der sich diese Ähnlichkeit noch verstärkt, weil sie luftdurchlässige Poren besitzt, die sich mit Spaltöffnungen vergleichen lassen. Abgesehen von solchen blatt- und schuppenartigen Formen, können Flechten auch dünne Krusten bilden, an Moose erinnern, nach oben wachsen oder sich auf komplizierte Weise verzweigen.

Pilz und Alge können zufällig zusammentreffen, was oft vorkommt, aber Flechten entwickeln auch sogenannte Soredien. Das sind kleine pustelartige Brutkörper, die Gewebe von beiden Partnern enthalten und sich leicht vom Hauptthallus ablösen. Der Pilz pflanzt sich weiter so fort wie er es allein tun würde, aber die Alge vermehrt sich nicht mehr auf sexuelle Weise, wenn sie mit ihren farblosen Gefährten zusammenlebt.

In dieser Symbiose erhält die Alge Schutz und Grundnährstoffe, der Pilz Kohlenhydrate. Flechten scheinen auch imstande zu sein, aus den Felsen, auf denen sie häufig wachsen, Mineralstoffe herauszulösen, wozu aber manche Pilze auch aus eigener Kraft fähig sind. Wie wir bereits erfahren haben, sind Flechten ungewöhnlich widerstandsfähig, da sie extreme Hitze, Kälte und Austrocknung ertragen können.

Die vollkommene gegenseitige Ergänzung der zwei verschiedenartigen Partner erweist sich am deutlichsten in der Reaktion der Flechte auf Licht und Feuchtigkeit. Bei Trockenheit zieht sich die Oberflächenschicht zusammen, und das tun auch die darunterliegenden Algen- und Pilzzellen, so daß zu jeder einzelnen Zelle weniger Licht gelangt. Wird die Pflanze befeuchtet, dehnt sie sich in ihrer Gänze aus, wobei von jeder Zelle, insbesondere von den für die Photosynthese zuständigen Algenzellen, ein größerer Teil dem Licht ausgesetzt wird. Benetzt man eine dürre graue Flechte mit Wasser, kann man sehen, daß die Oberfläche dadurch sehr schnell grün wird. Flechten können Wasser mit erstaunlicher Geschwindigkeit aufnehmen und davon in zehn Minuten über 50 Prozent ihres ursprünglichen Trockengewichts absorbieren. Die Grenzform unter den Flechten zeigt die Strunkflechte (*Stereocaulon*). Bei ihr gesellt sich eine Blaualge zu der grundlegenden Vereinigung von Alge und Pilz und bringt auf der Oberfläche seltsame Gebilde hervor, die, wie man annimmt, Stickstoff zu binden vermögen. Manche Fachleute meinen sogar, daß die meisten Flechten mit Stickstoff bindenden Bakterien vergesellschaftet sind und vielleicht ohne deren Anwesenheit überhaupt nicht existieren können.

Diese Flechten sind nicht nur Beispiele für eine recht ungewöhnliche und erfolgreiche Verbindung zwischen zwei sehr verschiedenartigen Lebensformen, sie sind auch wichtig im Gesamtbild der Vegetation auf der Welt. Ich habe bereits festgestellt, daß sie oft unter sehr rauhen klimatischen Bedingungen Pioniere sind und die Zersetzung des Gesteins besorgen, die der erste Schritt zur Bildung von Erde ist. In der nördlichen Hemisphäre sind sie auch wichtig als Futter. Dort ernähren sich Rentiere weitgehend von der Rentierflechte. Unter harten Lebensbedingungen liefern solche Flechten 95 Prozent der Gesamtnahrung. Die Lappländer halten das Abweiden durch ihre Rentierherden unter Kontrolle und sammeln manchmal diese Flechten als Futtervorrat für die Tiere.

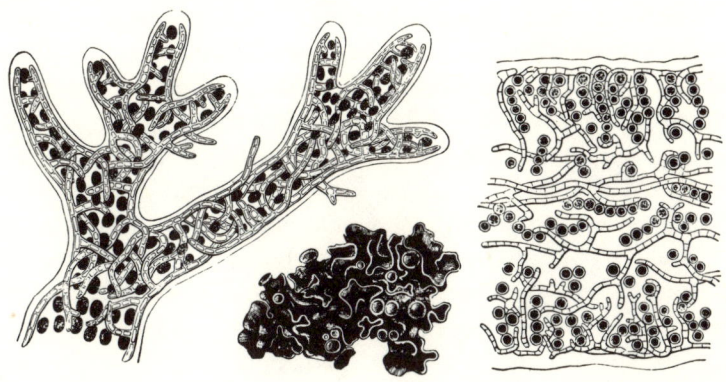

Gallertartige Flechten: Mitte eine dieser Flechten; links und rechts stark vergrößerte Ausschnitte, wobei die Algenzellen inmitten der Pilzfäden dunkler gezeichnet sind.

Pilze assoziieren sich nicht nur mit Algen, sondern verbinden sich auch mit den Wurzeln einer verblüffenden Reihe von höheren Pflanzen, von Farnen und Lebermoosen bis zu Waldbäumen.

Das geschieht auf zweierlei Weise außerhalb und innerhalb der Wurzeln. Die Bezeichnung Mykorrhiza, die einfach »Pilzwurzel« bedeutet, wird hauptsächlich für die äußere Ansiedlung des Pilzes gebraucht. Dabei umgibt eine Hülle von Pilzgewebe die Spitzen etwa von Baumwurzeln und bildet auch ein Netzwerk zwischen den Zellen der äußeren Wurzelschichten. Dieser Mantel ist nur rund 1 cm lang, aber sein filziges Gefüge befähigt ihn, Wasser zu absorbieren. So ersetzt er wirksam die Wurzelhaare, die das sonst tun würden. Wurzeln mit einer Mykorrhiza sind stets kürzer und verzweigter als »normale«. Manchmal sehen sie wie ein Korallenstock aus.

Viele größere Blätterpilze gehen ebenfalls eine Gemeinschaft mit Bäumen, vor allem mit Nadelhölzern ein. Sie sind besonders in den Anfangsstadien von Bedeutung, weil sie das Wachstum unterstützen. Sämlinge, die in steriler Erde großgezogen werden, bleiben ganz verkrüppelt im Vergleich zu anderen, denen man erlaubt, eine Verbindung mit Pilzen einzugehen. Man kennt ein paar einzigartige Kombinationen von Pilzen mit Bäumen, aber im allgemeinen können sich sehr viele verschiedene Pilze mit sehr vielen verschiedenen Bäumen zusammentun. So hat man etwa bei der Gemeinen Kiefer (*Pinus sylvestris*) 119 Pilz-Partner nachgewiesen, wobei sich die Resultate dieser Verbindung im wesentlichen genau gleichen.

Manchmal kann sich ein Baum mit sechs bis sieben Pilzen gleichzeitig verbünden, und es ist nicht ungewöhnlich, daß bei ihm im Lauf des Lebens in der Mykorrhizabildung ein Pilz an die Stelle eines anderen tritt.

Bei diesen Kombinationen regt der Pilz die Entwicklung von Wurzeln an und ermöglicht ihnen so, mehr Nahrung aus dem Boden aufzunehmen, während er Kohlenhydrate und Zuckerverbindungen von dem Baum erhält. Wie man nachgewiesen hat, können einige Pilze auch andere, schädliche abwehren und sie daran hindern, die Bäume zu befallen. Sie wirken dann tatsächlich als Antibiotika. Manche Pilze sind unfähig, sporentragende Fruchtkörper wie etwa die Hüte von Blätterpilzen hervorzubringen, wenn sie von ihrem Baumpartner getrennt werden. Gerade in schlechten Böden ist eine Mykorrhiza wichtig. Bedenkt man die großen Forstwirtschaftsprogramme, bei denen es hauptsächlich um Nadelhölzer geht, auf die ein Teil unserer modernen Wirtschaft angewiesen ist – da aus ihnen Papier für kurzlebige Zeitungen und vielleicht weniger kurzlebige Literatur erzeugt wird – kann man sehen, wie wichtig Pilze, die eine Mykorrhiza bilden, für den modernen Menschen sind.

Moderpflanzen sind ganz auf eine Mykorrhiza angewiesen. Diese sogenannten Saprophyten besitzen kein Chlorophyll und ähneln darin ihrem Pilzpartner, obwohl sie höhere Pflanzen sind. Ein solcher Saprophyt ist der Fichtenspargel (*Monotropa hypopithys*). Diese Pflanzen sind in der Kohlenstoffaufnahme ganz von einem Pilz abhängig. Der Pilz scheint dagegen von dieser Beziehung nur wenig Vorteil zu haben. Fichtenspargel wachsen in Wäldern, und das Merkwürdigste ist, daß an ihrer Beziehung zu einem Pilz auch Bäume beteiligt sind. Der Pilz tauscht mit den Baumwurzeln Nährstoffe aus, und die Kohlenhydrate, die der Fichtenspargel von ihm erhält, scheinen weitgehend von dem Baum zu stammen. Man hat Bäumen »markierte« Glukose und Phosphate eingespritzt und diese Stoffe in Fichtenspargeln in der Nachbarschaft wiedergefunden.

Mehrere saprophytische Orchideen, darunter die Nestwurz (*Neottia nidus-avis*) und die Korallenwurz (*Corallorhiza trifida*) haben ähnliche korallenartige Wurzeln und sind völlig abhängig von einer Gemeinschaft mit Pilzen. Die Korallenwurz besitzt überhaupt keine echten Wurzeln. Es ist wahrscheinlich, aber nicht gewiß, daß diese Pflanzen ebenfalls den Pilz gemeinsam mit benachbarten Bäumen haben.

Zu den großartigsten saprophytischen Orchideen gehören *Galeola*-Arten. Sie bilden bis zu 30 m lange kletternde Stengel, und ihre riesigen Blütenstände können mehrere tausend kleine Blütchen enthalten. Solche Bei-

Oben: *Lithops filviceps,* eine der Sukkulenten, die man »Blühende Steine« nennt, aus der Familie der *Aizoaceae.* Unten: *Friolocaula,* eine sehr seltene sukkulente Pflanze.

Die schnell zuklappenden Fang-
blätter der Venusfliegenfalle
(*Dionaea muscipula*) Nord-
amerikas

Oben: Ein Insekt wird gerade
gepackt; darunter ein noch
offenes, fangbereites Blatt

Unten: Geschlossene Blätter.
Man sieht die ineinandergreifen-
den Dornen an den Rändern

spiele von Saprophyten unter den höheren Pflanzen stützen auch die Theorie, daß Pilze ebenbürtige Pflanzen sind, die nur ihr Chlorophyll verloren haben.

Aber eine der noch kurioseren Kombinationen, eine wahre Haßliebe-Beziehung, zeigt sich uns bei den im Innern hausenden Pilzen, die sich mit den meisten Orchideen vereinen. Für gewöhnlich ist dabei ein *Rhizoctonia* genannter Pilz der Partner. Der Orchideensamen kann weder keimen noch weiterwachsen, wenn man ihn nicht von außen mit Nährstoffen und Vitaminen versorgt. In der Natur keimt er nur erfolgreich, wenn der Pilz vorhanden ist, der diese lebenswichtigen Stoffe liefert. Übrigens kann man Orchideen unter künstlichen Bedingungen keimen lassen, wenn man sie auf eine Gallerte bringt, die Zucker und anorganische Nährstoffe enthält.

Bei dem Vorgang, der auf die Keimung folgt, verhalten sich beide aggressiv gegeneinander. Der Pilz dringt in die Orchideenwurzel ein, und seine Fäden wachsen entlang den Orchideenzellen, die ihm eine begrenzte Grundnahrung im Austausch für Kohlenhydrate liefern. In konzentrischen Zonen werden jedoch die Pilzfäden von den Orchideenzellen verdaut. Bei jenen Orchideen, die schließlich auch allein existieren können, wenn ihre Photosynthese ihnen alle benötigte Energie verschafft, wird der Pilz am Ende durch dieses Verfahren ganz ausgeschaltet. Bevor dies geschieht, kommt es manchmal vor, daß die Orchidee sogar die Nahrungszufuhr umkehrt und den Pilz mit Kohlenhydraten versorgt. Manche Orchideen, vor allem die saprophytischen Arten, setzen die Beziehung ein Leben lang fort.

Auch andere Pilze verbinden sich manchmal mit Orchideen. Eine recht merkwürdige Partnerschaft besteht zwischen dem Hallimasch, einem gefürchteten Baummörder, und der Orchidee *Gastrodia elata*. Die Knollen der Orchidee können nicht zu wachsen beginnen, wenn der Pilz sie nicht wie ein Parasit befällt. Später kehrt die Pflanze den Spieß um und holt sich von dem Pilz die nötige Energie, um den Blütentrieb zu bilden. Der Hallimasch führt also ein Doppelleben, indem er das Wachstum der Orchidee anregt, aber zugleich Bäume zerstört. Ganz ähnlich verhält sich die Spielart des Pilzes *Rhizoctonia*, die in der Bodenorchidee *Dactylorchis purpurella* haust und sie mit Kohlenhydraten versorgt. Im erwachsenen oder geschlechtsreifen Stadium verwandelt sich der Pilz unter dem Namen *Corticium solani* in einen gefährlichen Erreger von Krankheiten bei Feldfrüchten, wie etwa Zuckerrüben und Kartoffeln, da er der Wirtspflanze ausgiebig Kohlenhydrate entnimmt. Im großen und ganzen sind die Pilze in den Beziehungen zu den Orchideen die Wohltäter, denn sie selbst haben wenig davon.

Daraus kann man ersehen, wie empfindlich das Gleichgewicht in einer Symbiose sein und wie nahe sie Parasitismus kommen kann, den man ja auch einmal als »das höchst verfeinerte Beispiel einer Symbiose« bezeichnet hat. Man könnte das Eindringen von Pilzfäden in Wurzelgewebe bei der Mykorrhiza als einen versuchten Parasitismus betrachten, der nach Angriff und Abwehr, die wer weiß wie viele Jahrtausende währten, am Ende durch eine Art Vertrag zu einem symbiotischen Gleichgewicht wurde.

Ein anderer Aspekt zeigt sich bei einem *Endogene* genannten Pilz. Er haust im Wurzelsystem von vielleicht allen Pflanzen, zumindest aber einem sehr großen Prozentsatz, und lebt ganz innerhalb der Pflanzengewebe. Seine Fäden breiten sich durch das Gewebe aus. Sie bilden dort Fortpflanzungsorgane sowie kleine büschelige »Wurzeln« für die Nährstoffaufnahme, aber auch kleine Säcke, in denen Öl gespeichert wird. Der Pilz hilft zweifellos der Pflanze, bestimmte Nährstoffe, vor allem Phosphate, aus dem Boden aufzunehmen, die für die Wurzeln nicht immer erreichbar sind. Er mag vielleicht auch äußerst wichtig dafür sein, daß hohe Ernteerträge und gutes Wachstum erzielt werden. Welches Gleichgewicht da herrscht, begreift man jedoch noch nicht ganz; sicherlich erhält auch der Pilz von der Pflanze Nahrung. Das Merkwürdigste daran ist, daß der Pilz fast immer mit der Zeit von seiner Wirtspflanze verdaut wird – eine Symbiose, die nicht ganz geglückt ist.

Bedenkt man die gegenseitige Abhängigkeit von Organismen in der gesamten Natur, ist die Symbiose in gewisser Hinsicht vielleicht nicht so unerwartet. Sie beginnt mit gelegentlichem Kontakt, wie etwa bei Menschen in einer Kneipe, die vielleicht entdecken, daß sie etwas miteinander gemein haben und daraus irgendein Vorteil für beide Teile entstehen könnte. Darauf folgen besondere Freundschaften, deren Form konstant ist. Eine so perfekte Kombination wie bei einer Flechte ist jedoch in jeder Hinsicht eine beachtliche Errungenschaft. Das gilt besonders, wenn als Ergebnis die Gestalt und Tätigkeit eines Blattes höherer Pflanzen nachgeahmt werden, von denen die Flechte im Rahmen der Evolution so weit entfernt ist. Die einfacheren Symbiosen zwischen Tier und Pflanze bei Urtierchen und Hohltieren wiederum sind auf ihre Weise vollendete Lösungen eines Problems, das die normale Evolution nicht bewältigt hat. Von solchen Leistungen sagt George D. Scott: »Sie erhärten eindeutig die Behauptung, daß biologischer Vorteil daraus erwächst, wenn man das Leben mit einem anderen Organismus als Gefährten teilt.« Das könnte ein Zitat sein, das für die Ehe spricht.

23 Würger, Parasiten und Schnorrer

Bei einem Paar beherrscht ein Partner im Zusammenleben nur allzuoft den anderen. Sich auf Kosten eines anderen Organismus zu mästen, ist eine der Standardlösungen im Pflanzen- wie im Tierreich. Das ist eine durchaus übliche Lebensweise, die aber in uns als Beobachtern und manchmal als Leidtragenden gemischte Gefühle hervorruft.

Pflanzen können sich oft gegenseitig Schaden zufügen. Das mag einfach aus Tolpatschigkeit geschehen. Streben Pflanzen beim Kampf ums Überleben zum Licht, veranlaßt sie dies, wie ich bereits geschildert habe, als Epiphyten auf anderen zu wachsen oder sich als dornige Schößlinge oder als Lianen, die alles umschlingen, den Weg nach oben über andere Pflanzen zu bahnen. Dabei können sie am Ende ihre Stützen zu Fall bringen. Flechten auf der Rinde von Sträuchern, ja sogar von Bäumen, vermögen das Wachstum zu hemmen und schließlich zu stoppen, wie viele Gärtner entdeckt haben. So müssen auch die herabhängenden Girlanden des Spanischen Mooses die Photosynthese der Wirtspflanze verlangsamen.

Hierzulande wird Efeu oft als Baummörder angesehen, obwohl das Beweismaterial zeigt, daß er nur ältere Bäume überwuchert und erstickt, die ohnedies am Absterben sind. Viele tropische Kletterpflanzen sind ebenso lebenskräftig und können in ähnlicher Weise eine Baumkrone ersticken. Eine Pflanzengruppe, die wirklich Vorteil aus ihrer Situation zieht, sind die Würgerfeigen. Ihre Samen werden von Fledermäusen, Vögeln, Affen oder Eichhörnchen in Baumkronen fallengelassen. Der Feigensämling wächst zuerst als reiner Epiphyt in Abfällen, die sich in einem Spalt festgesetzt haben. Wird der junge Feigenbaum größer, schickt er senkrechte Wurzeln aus, die schließlich den Boden erreichen. Ist das erst einmal geschehen, ist der Wirtsbaum verloren. Denn der Feigenbaum wird schnell kräftiger, er entsendet weitere Wurzeln nach unten und bildet ein verflochtenes Netzwerk rund um den Baum. Die Wurzeln nehmen an Umfang zu und hindern schließlich den Wirtsbaum daran, sich überhaupt noch auszubreiten. Sie erdrücken ihn wie eine pflanzliche *Boa constrictor*. Mit den würgenden Wurzeln um den Stamm und mit einer erstickten

Krone siecht der Wirtsbaum allmählich dahin und stirbt ab. Vermodert am Ende dessen Stamm, steht die Würgerfeige allein da, wobei ihre Wurzeln einen bis zu 30 m hohen Zylinder bilden. Nach Schätzungen kann es bei einem großen Waldbaum ein Jahrhundert dauern, bis er erwürgt ist. Eine der typischen Würgerfeigen ist der Waringinbaum (*Ficus benjamina*), der wegen seines zierlichen Wuchses mit herabhängenden Zweigen und weidenähnlichen Blättern auch als Zimmerpflanze beliebt ist.

Interessant ist, daß eine Würgerfeige, wenn sie auf dem Boden und nicht in einer Baumkrone keimt, niemals einen hohen Stamm bildet und auch keinerlei Neigung zum »Würgen« zeigt.

Statt als relativ harmlose Epiphyten zu wachsen, sind die Würgerfeigen – und ein paar mit ihnen nicht verwandte Pflanzen, wie etwa *Clusia*-Arten – zu Mördern geworden. Wir dürfen wohl annehmen, daß sich bei den Parasiten eine derartige Entwicklung vom Harmlosen zum Schädlichen, von Unabhängigkeit zu Abhängigkeit vollzogen hat. Denn sie sind Pflanzen, die ihre Nahrung zum Teil oder ganz von einer anderen Pflanze beziehen. Es gibt mindestens 8 verschiedene Gruppen von Pflanzenfamilien, die zu Parasiten geworden sind. Das bedeutet, daß diese Lösung des Lebensproblems im Pflanzenreich mindestens achtmal erfolgreich übernommen – und vielleicht viele Male mehr versucht wurde. Viele Familien und Gattungen und manchmal eine Menge Arten – allein 700 bei den Mistelgewächsen (*Loranthaceae*) – gehören dazu und haben sich allen möglichen Umständen angepaßt.

Es ist nicht verwunderlich, daß sich innerhalb dieser ganzen Familien eine beträchtliche Anzahl von Methoden und Graden des Parasitismus findet. Da gibt es die Halbparasiten, die »Schnorrer« der Pflanzenwelt, mit eigenem Wurzelsystem und grünen Blättern und andere mit Blättern, aber einem Wurzelsystem, das völlig umgewandelt ist, um Saft aus der Wirtspflanze zu saugen. Manche Parasiten haben schuppenartige Blätter und nicht einmal Chlorophyll, so daß sie ganz auf ihren Wirt angewiesen sind. Am Ende steht das Stadium, in dem der Parasit ausschließlich innerhalb der Gewebe der Wirtspflanze lebt und nur auftaucht, um zu blühen und Früchte zu bilden.

Parasitische Pflanzen können Bäume sein, aber auch krautige mehrjährige oder einjährige Arten. Jene, die innerhalb der Wirtspflanze hausen, können sie auf mancherlei Weise verändern, vor allem in Form von Hexenbesen, die man so nennt, weil die Zweige ganz dünn werden und wie Besen gebündelt wachsen. Innere Parasiten sind unsichtbar bis sie blühen; dann tauchen ihre Blumen geisterhaft aus der Borke auf oder brechen durch die Erde aus den Wurzeln hervor. Die Blüten, die manchmal sehr schön oder auffallend aussehen, sind verglichen mit den Wurzeln der Wirtspflanze häufig riesengroß, wie etwa bei den meisten Sommerwurz-Arten (*Orobanche*) oder bei der Riesenblume (*Rafflesia*), deren Blüte die größte der Welt ist. Man könnte sie mit dem Kuckuck vergleichen, der meist auch viel größer wird als seine Pflegeeltern.

Die Bestäubung parasitischer Pflanzen steht nicht in deutlich erkennbarer Beziehung zu den räuberischen Lebensgewohnheiten. Dagegen ist die Samenverbreitung hochspezialisiert, und ich möchte sie deshalb in diesem Kapitel behandeln.

Die meisten Misteln – oder Mistelgewächse – sind auf Vögel angewiesen. Die Zwergmistel der Gattung *Arceuthobium* hat sich jedoch von dieser Abhängigkeit befreit. Sie besitzt einen Explosionsmechanismus, der ein wenig an den der Spritzgurke erinnert. Die senkrecht stehenden Früchte schießen 3 mm große Samen mit einer Geschwindigkeit von 24 m in der Sekunde bis zu 15 m weit. Da die Frucht nur 4 mm lang ist, muß der Druck, der vor dem Ausschleudern entwickelt wird, enorm sein. Wie die meisten Mistelsamen sind auch diese mit einer äußerst klebrigen Substanz umhüllt. Wenn sie bei ihrem Flug irgend etwas, sehr oft ein Blatt oder einen Zweig des Wirtsbaums, berühren, bleiben sie daran haften. Die Samen, die zuerst schlüpfrig sind, können auch über ein Blatt abwärtsgleiten, bis sie sich zwischen ihm und einem Zweig einnisten. Aber sie trocknen bald, der klebrige Stoff wird hart wie Leim und gewährleistet, daß die Samen dort liegenbleiben und bereit sind, bei feuchtem Wetter zu keimen.

Die oben erwähnte Klebrigkeit der Samen ist bei den von Vögeln abhängigen Arten der entscheidende Faktor. Die Samen sind so klebrig, daß man heute noch aus ihnen Vogelleim herstellt. Hier möchte ich Job Kuijt zitieren, einen maßgebenden Fachmann für Parasitismus: »Die Ironie, die darin liegt, daß ein Vogel mit Hilfe der Früchte gefangen wird, für deren Verbreitung er sorgt, entging auch den alten Römern nicht, die bereits Vogelleim verwendeten. Das Sprichwort ›Turdus ipse sibi cacat malum‹ (Die Drossel kackt sich ihr eigenes Unglück) wird Plautus zugeschrieben.« Drosseln und Seidenschwänze und viele andere Vögel, die Früchte fressen, lieben die Mistelbeeren wegen des Fruchtfleischs; ebenso wie in bestimmten Gebieten auch Marder und die Fledermäuse, die sich von Früchten ernähren. In manchen Fällen bringen die Vögel die Samen auf

Zweige, wenn sie den Schnabel daran wetzen, um ihn von dem klebrigen Fruchtfleisch zu befreien, in dem noch ein paar Samen stecken können. Doch in den meisten Fällen passieren die Samen den Darm der Vögel und werden mit den Exkrementen auf den Zweigen abgesetzt. Das deutsche Wort »Mist« für Dung ähnelt dem Namen Mistel für diese Pflanzen so sehr, daß er auf früherer Beobachtung dieses Verhaltens beruhen muß. Die Geschwindigkeit, mit der Samen durch den Verdauungskanal des Vogels gehen, ist beachtlich. Das läßt vermuten, daß eine zu lange Verdauungszeit die Samen schädigen könnte. Das ist tatsächlich bei Hühnern und Tauben der Fall, bei denen ein Muskelmagen die Samen meist ganz zermalmt. Bei einer Drossel wandert dagegen der Samen in rund 30 Minuten durch den Körper. Bei Blütenpicker-Arten variieren die Zeiten von 12 bis nur 4 Minuten! Es ist also klar, daß die Samen hier ausgesprochen verdauungsfördernd wirken. Denn gewöhnlich sitzt ein solcher Vogel nach dem Fressen still da und preßt dann, zumindest wenn es ein Blütenpicker ist, den After auf den Zweig, auf dem er sitzt, und wippt darauf bis zu einem Meter weit entlang; dabei kleistert er buchstäblich die ausgeschiedenen Samen auf die Rinde.

Die »Organisten« genannte Vogelgattung besitzt einen ganz anderen Verdauungstrakt als ihre Verwandten. Er weist offenbar in seinem Bau keine Verengungen auf, um die Mistelbeeren, von denen sich die Vögel ausschließlich ernähren, gut passieren zu lassen. Die Blütenpicker haben dagegen einen Verdauungsapparat entwickelt, der auf zweierlei Art arbeiten kann und ihnen gestattet, ebenso Mistelbeeren wie Insekten zu fressen. Tierisches Futter wird in einen Kaumagen durch eine Öffnung befördert, die zu klein für Mistelsamen ist. Die harten, unerwünschten Teile der Insekten werden, wie bei Eulen, in Kugelform wieder ausgespien. Erst dann gestattet ein ringförmiger Schließmuskel unterhalb des Kaumagens, daß die nun flüssigen Überbleibsel in den eigentlichen Verdauungstrakt übergehen. Doch wenn Mistelbeeren verschlungen werden, schließt sich dieser Ringmuskel überhaupt nicht, und die Beeren wandern geradewegs ins Verdauungssystem. Wieder einmal kann man nur staunen über den Evolutionsprozeß, der damit verbunden gewesen ist. Er hat von all den Vorgängen, die mit der Evolution der Samenverbreitung zusammenhängen, zur weitestgehenden Spezialisierung geführt.

Samen anderer parasitischer Pflanzen werden von allerlei Tieren gefressen, aber genauso ausgeschieden wie die Samen der übrigen eßbaren Früchte. Es bleibt dem Zufall überlassen, ob sie einen Platz zum Keimen finden, auf dem natürlich eine Wirtspflanze vorhanden sein muß. Die Samen der Riesenblume werden wahrscheinlich hauptsächlich von Ameisen verbreitet, obwohl man auch angenommen hat, daß sie vielleicht an den Füßen von Wildschweinen oder sogar von Elefanten befördert werden, wenn diese Tiere das verfaulende Fruchtfleisch untersuchen.

Eine sehr sinnreiche Methode, die gewährleistet, daß der Samen des Parasiten eine Wirtspflanze zur Verfügung hat, wird von nordamerikanischen *Orthocarpus*-Arten angewendet, die mit der Sommerwurz verwandt sind. Die Samen der »Katzenohr« (*Hypochoeris glabra*, *H. radicata* etc.) genannten Wirtspflanze haben an einem Ende ausgebreitete Borsten, und die Samen des Parasiten sind von einer netzartigen – von den Samen getrennten – äußeren Hülle umgeben. Die Borsten des Samens der Wirtspflanze wachsen häufig durch dieses Netz, so daß die zwei Samen zusammen verbreitet werden und daher gleichzeitig keimen können.

Viele Verwandte von *Orthocarpus* haben genarbte oder mit einem Reliefmuster versehene Samenhüllen, die unter dem Mikroskop sehr hübsch anzusehen sind. Diese Vertiefungen scheinen Luft festzuhalten, wenn bei Regen der übrige Samen feucht wird, und sorgen so dafür, daß er an der Oberfläche von Wasserrinnen bleibt, die ihn in Erdspalten schwemmen. Daß dies so ist, bezeugen *Striga*-Samen, die man 150 cm tief in sandigem Boden gefunden hat. Die Familie der Sommerwurzgewächse (*Orobanchaceae*), der *Striga* angehört, erzeugt meist, ähnlich wie Orchideen, eine sehr große Menge kleiner Samen. *Aeginetia* hat bis zu 70 000 Samen in einer Kapsel, und eine einzige *Boschniakia*-Pflanze produziert, wie man berechnet hat, rund eine drittel Million Samen.

Manche, wenn auch nicht alle Samen von Wurzelparasiten reagieren auf Substanzen, die von den Wurzeln der Wirtspflanze ausgeschieden werden. Das ist nicht erstaunlich, da man weiß, daß etwa von Tomatenwurzeln 17 Aminosäuren abgegeben werden. Als man in einem ungewöhnlichen Experiment Sommerwurz-Samen nur für 30 Sekunden in einen Extrakt aus den Wurzeln eines möglichen Wirts eintauchte, keimten darauf 70 Prozent. Wahrscheinlich hängt in den meisten Fällen diese Art Keimung von einer geeigneten Zeit ab, in der Samen Wurzelprodukten ausgesetzt sind, sowie von deren Konzentration.

Nachdem die Wurzelausscheidung den Parasiten-Samen zum Keimen gebracht hat, weist sie häufig auch dem Würzelchen des Parasiten, das sich nun entwickelt, den Weg. Vermutlich ist dies auf ihre mit der Annäherung an die Wurzel zunehmende Konzentration zurückzuführen. Etliche Parasiten haben jedoch in den Samen so große Nahrungsreserven, daß sie auch ohne diesen chemischen Auslöser keimen können. Eine geeignete Wirtspflanze hoffen sie zu finden, indem sie, wie etwa die Schuppenwurz (*Lathraea squamaria*), die Wurzeln ausbreiten oder, wie die Teufels-zwirn-Arten (*Cuscuta*), mit dem freien Ende ihrer fadenförmigen Säm-linge in der Luft spiralförmige Bewegungen ausführen. Das tun sie nicht aufs Geratewohl. Sie werden eindeutig von chemischen Stoffen angezo-gen, die von der Wirtspflanze ausgehen. Bei einem Versuch ergab sich, daß selbst verletzte Blätter sie anlocken. Möglicherweise wirkt sogar eine Feuchtigkeitsquelle zusätzlich anziehend auf den Stengel. Beim Teufels-zwirn finden sich zwei Arten der Spiralbewegung, die auch weitergehen, nachdem sich diese Schmarotzer einmal auf einer Wirtspflanze festgesetzt haben. Sie können sich eng angeschmiegt senkrecht aufwärts winden, aber sich außerdem noch locker und in weitem Abstand um den Wirt schlin-gen. Dabei verliert die Pflanze, wie manche andere Parasiten, die in der Erde keimen, die Wurzeln ihres »Baby-Stadiums« fast sofort, nachdem sich der Stengel mit Erfolg in einem Stengel der Wirtspflanze verankert hat. Manchmal sieht es dann aus, als ziehe der Parasit buchstäblich seine Wurzel aus dem Boden.

Sämlinge von Schmarotzerpflanzen können ohne Wirtspflanze eine sehr unterschiedlich lange Zeit am Leben bleiben. Teufelszwirn und Vertreter der Gattung *Cassytha* vermögen 7 bis 8 Wochen zu überdauern. Der kleine Alpenrachen (*Tozzia*) und auch die Schuppenwurz können zwei bis drei Monate überleben. Das Mistelgewächs *Gaiadendron*, das ein knolli-ges Speicherorgan besitzt, hält wahrscheinlich Monate ohne Wirtspflanze durch und *Nuytsia* aus dieser Familie mindestens ein Jahr.

Einige Parasiten verbringen viele Jahre unterirdisch. Das ist beim Alpen-rachen der Fall, der wie jede normale Pflanze aussieht, wenn der Blüten-trieb erscheint; er stirbt ab, sobald sich der Samen gebildet hat. Das gilt auch für die Schuppenwurz, die auf Baumwurzeln lebt und bis zu 10 Jah-ren unter der Erde bleibt. Das oberirdische Auftreten dieser Pflanze be-schränkt sich auf die Blüten. Grüne Blätter sind nicht vorhanden. In dieser Hinsicht ähnelt die Schuppenwurz Parasiten, die, wie etwa die Riesen-blume, ihr ganzes Dasein – außer der Blütezeit – innerhalb ihrer Wirtspflanze verbringen. Diese beiden Pflanzen zeigen, da sie ganz ohne Chlorophyll existieren, eine merkwürdige Ähnlichkeit mit Pilzen.

Samen von Mistelgewächsen keimen im Dunkeln überhaupt nicht und sterben schließlich ab, wenn sie darin verbleiben. Bei der Keimung wirken

Licht und Schwerkraft im negativen Sinne ein. So wächst das Würzelchen eines Samens auf der Unterseite eines Zweiges – entgegen der Schwerkraft – aufwärts oder, wenn es sich oben auf einem Zweig befindet, vom Licht abgewendet – abwärts. Die Samen enthalten einen genügend großen Vorrat an Wasser, so daß sie auch auf trockenem Holz oder totem Material keimen können.

Die grundlegende Methode, mit der ein Parasit in die Wirtspflanze gelangt und mit ihr in Verbindung bleibt, ist die Bildung von Saugorganen, den sogenannten Haustorien. Wahrscheinlich haben sie sich ursprünglich aus gewöhnlichen Wurzeln entwickelt.

Ein solches Saugorgan ist von Anfang an dazu bestimmt, in die Wirtspflanze einzudringen. Eine dichte Gewebsmasse bildet einen Keil, der sich zunächst in die Haut oder die Rinde der Wirtspflanze einsenkt. Dann wächst an dieser Stelle ein scheiben- oder kegelförmiges Gebilde ins Innere, das von der Wurzel oder dem Stengel des Parasiten bei Berührung mit der Wirtspflanze erzeugt wird. Das ist das eigentliche Haustorium. Es kann auch von dem Sämling des Parasiten hervorgebracht werden, der sich wie festzementiert an die Wirtspflanze klammert. Daß er dies tut, ist wesentlich, um ein Gegengewicht für den Druck des Keils zu schaffen. Das Vorhandensein einer solchen »Klammer« trägt möglicherweise durch die Tätigkeit von Enzymen dazu bei, die Haut der Wirtspflanze aufzulösen oder so zu verformen, daß der Keil eindringen kann.

Ist das Haustorium einmal innerhalb der Wirtspflanze, bahnen sich auch Leitgefäße des Parasiten den Weg zwischen deren Zellen und stellen eine Verbindung zum Xylem, zum inneren Leitungsgewebe, her. Der Parasit zapft daher eine sehr reiche Nahrungsquelle an.

Ist so die Verbindung hergestellt, kann das Haustorium – das immer ähnlich aussieht, ob es nun aus einem Zweig oder einer Wurzel hervorgegangen ist – die Wirtspflanze mit einer enganliegenden mantel- oder sattelförmigen Wucherung umgeben. Es kann aber auch sehr massiv werden, und dabei kommt es gelegentlich zu einer ausgesprochenen Gewebsverschmelzung zwischen Wirt und Parasit. Das ist etwa der Fall bei den auffallenden »Holzrosen«, die bei mexikanischen und zentralamerikanischen Bäumen auftreten, auf denen Mistelgewächse schmarotzen.

Manche Mistelgewächse erzeugen auch eine Reihe von treffend als »Senker« bezeichneten kleinen Kegeln aus innerem Gewebe, die in der Rinde des befallenen Baumes über Wurzelstränge in Verbindung stehen. Löst man sie von der Wirtspflanze ab, gleichen sie dem Stück eines Holzrechens.

Eine andere merkwürdige Vereinigung von Geweben kommt bei einer ganz anderen Gruppe von Parasiten, den *Balanophoraceae* vor. Sie sind, milde ausgedrückt, wunderliche Pflanzen mit einem Blütenstand, der oft mehr als allem anderen einem Pilz gleicht. Angehörige dieser Familie erzeugen dicke, manchmal rundliche oder auch verzweigte und korallenartig knorrige Knollen, die weit größer sind als die Wurzeln, die sie schließlich ganz umschlingen. Innerhalb dieser Knollen scheinen sich die Gewebe beider Partner aufs engste und harmonisch miteinander zu vereinen, wobei das Leitungsgewebe der Wirtspflanze direkt in die Knolle eindringt. Es handelt sich aber keineswegs um eine Symbiose, sondern der Parasit regt lediglich die Wirtspflanze dazu an, zusätzliches Gewebe zu erzeugen.

Parasiten oder Halbparasiten mit unterirdischen Wurzeln und oberirdischen Sprossen sowie Blättern können aus irgendeinem Grund oft einen enormen Durst nach Wasser haben. Die Wurzeln müssen dann eifrig nach Kontakt mit den Wurzeln von Wirtspflanzen suchen. Einjährige Schmarotzerpflanzen machen dabei eine ziemlich schlimme Zeit durch. Denn gelingt es dem Sämling nicht, einen solchen Kontakt zu finden, geht er zugrunde. Doch auch eine erstaunliche Anzahl von mehrjährigen Parasiten macht sich alljährlich auf die Suche nach Wurzeln von neuen Wirtspflanzen, wobei einige, wenn nicht alle, ihrer alten Kontakte aufgegeben werden und absterben.

Sommerwurz-Arten zapfen nicht nur die Nährstoffe der Wirtspflanzen an, sondern saugen auch auf ungewöhnliche Weise Wasser aus ihnen. Der einer Wirtspflanze, zum Beispiel einer Bohne (*Phaseolus*), entnommene Nährstoff ist etwa Rohrzucker, den die Sommerwurz aber in Traubenzucker und Fruchtzucker umwandelt. Das bewirkt ein Ansteigen des osmotischen Drucks in der Sommerwurz und läßt daher Wasser sehr schnell aus den Zellen der Wirtspflanze in die des Parasiten übergehen.

Mistelgewächse haben, abgesehen von ein bis zwei Fällen, das Leben auf dem Boden aufgegeben und wachsen ausschließlich auf Bäumen. Das kann ein Nachteil sein, wenn der Baum oder seine Nachbarn so üppig gedeihen oder soviel Schatten geben, daß die Schmarotzerpflanze vielleicht abstirbt oder zumindest außerstande ist zu blühen. Manche Misteln überwinden diese Schwierigkeit, indem sie langgezogene Triebe entwickeln, die sich auf der Wirtspflanze verankern und überall auf ihr Haustorien bilden. Eine andere kriechende Spezies windet ihre Blattstiele um alles, was sie berührt. Aber bei jeder Windung wird ein Haustorium erzeugt. Manchmal geschieht dies auf einem anderen Exemplar der gleichen Mistel-Art und kommt auch bei der Bildung von Sekundärwurzeln vor. Aber das spielt keine Rolle, denn das Ergebnis ist in beiden Fällen eine verflochtene Masse des Parasiten, der imstande ist, sich immer weiter auszubreiten.

Ein paar seltene Mistel-Arten wurzeln noch in der Erde. Eine davon ist *Nuytsia floribunda*, von den Australiern »Weihnachtsbaum« genannt. Dieser allgemein bekannte Baum wird 10 m hoch und ist im Dezember über und über mit orangefarbenen Blüten bedeckt. Er schmarotzt an kleinen Pflanzen wie etwa an Gräsern und kann, viele Meter von der Elternpflanze entfernt, aus den Wurzeln junge Bäumchen hervorsprießen lassen. Man kennt noch zwei andere Arten, deren Samen im Boden auf die übliche Weise keimen und dann irgendeinen Baum in der Nähe hochklettern und Senker in dessen Zweige schicken.

Abgesehen von den Mistelgewächsen, die eine so große Bedeutung in Magie und Folklore haben, gehören die Teufelszwirn-Arten und deren Verwandte zur bekanntesten Parasitengruppe. Sie entwickeln ein unglaublich umfangreiches Netzwerk aus ganz dünnen Stengeln und umstricken die unglückliche Wirtspflanze so schlimm, daß sie manchmal ganz unter dem Gespinst verschwindet. Diese Parasiten sind sehr weit verbreitet, zumal die Teufelszwirn-Samen denen bestimmter Feldfrüchte oft stark ähneln und daher schwer von ihnen zu trennen sind. Meist sehen wir Teufelszwirn auf krautigen oder einjährigen Pflanzen. Aber die Schmarotzer können auch Bäume befallen, und es existieren verbürgte Berichte über tropische Bäume, die ganz von deren gelbem Geflecht bedeckt waren. Sie können sogar untergetauchte Wasserpflanzen angreifen.

Die Blätter von Teufelszwirn sind zu Schuppen rückgebildet, und der gelbliche Stengel enthält sehr wenig Chlorophyll, wenn der Sämling einmal eine Wirtspflanze gefunden hat. Die Stengel bilden bei jeder möglichen Gelegenheit auf dem Wirt Haustorien. Selbst wenn durch das Wachstum der Wirtspflanze oder auf andere Weise die Stengel abgebrochen werden, wuchern sie von den einzelnen Haustorien aus weiter.

Teufelszwirn-Arten zählen zur Familie der Windengewächse (*Convolvulaceae*). In Australien finden wir die sehr ähnliche, aber mehrjährige Gattung *Cassytha*, die jedoch zur Familie der Lorbeergewächse (*Lauraceae*) gehört und ein gutes Beispiel für eine parallele Evolution ist.

Die ungewöhnlichste Gruppe von Parasiten bilden jene, die außer wenn sie blühen, ganz innerhalb der Wirtspflanze leben, zum Beispiel die

Schmarotzerblumen (*Rafflesiaceae*). Die Riesenblume (*Rafflesia Arnoldi* = *R. tuanmudae*) besitzt nicht nur die größte Blüte der Welt – einen großen fleischigen Becher von über einem Meter Durchmesser –, sondern die Blüten brechen direkt aus den Wurzeln oder manchmal aus den Zweigen der Wirtspflanze hervor. Niemand weiß genau, wie die Samen verbreitet werden, und ebenso ist es ein Rätsel, auf welche Weise die Sämlinge in den Wirt gelangen. Wir wissen allerdings, daß der Parasit innerhalb des Körpers der Wirtspflanze in Form von dünnen Fäden existiert, die auffallend denen eines parasitischen Pilzes gleichen und praktisch in jeden Teil und jedes Organ des Wirts eindringen. Riesenblumen besitzen keine Haustorien im gewöhnlichen Sinn, obwohl sie vielleicht bei Sämlingen vorhanden sind. Selbst die Blütenknospen entstehen innerhalb des Wirtsgewebes und durchbrechen es dann.

Die Riesenblume wächst meist auf Baumwurzeln, so daß ihre enorm großen Blüten auf dem Urwaldboden erscheinen, wo sie ganz unangebracht wirken, während die Photosynthese 50 m oberhalb davon für sie durchgeführt wird. Doch haust sie auch auf Lianen, was dazu führt, daß man ihre monströsen Blumen manchmal hoch oben in der Luft baumeln sehen kann.

Wie die Schuppenwurz-Arten und die *Balanophoraceae* hat auch die *Rafflesia*-Sippe kein Chlorophyll und kann daher ausgezeichnet im dichten Wald gedeihen. Das Endziel ist eindeutig vollkommener Parasitismus.

Bei den Mistelgewächsen ist zumindest in einem Fall bekannt, daß von vier Arten jede in einer Kette auf einer anderen wuchs. Der Hauptparasit schmarotzte auf einem indonesischen Baum (*Macrosolen*). Um dem allen die Krone aufzusetzen, wurde der letzte Parasit von einem Pilz befallen, auf dem selbst wieder ein weiterer Pilz schmarotzte! In einem anderen Fall aus El Salvador wurde eine Palme von einer Würgerfeige befallen, und diese trug eine parasitische Pflanze, die von einer zweiten attackiert wurde. Auch hier wiederum war der letzte Parasit ganz gefleckt von einem Pilz, der auf ihm schmarotzte, und diesen Krankheitserreger plagte wieder ein anderer. Sehr häufig haust mehr als ein Parasit auf dem gleichen Baum. Im Herbarium des Botanischen Gartens von Kew bei London befindet sich das wahrscheinlich einzigartige Zweiglein einer Südbuche (*Nothofagus antarctica*), das die verästelten Blütenstände von drei verschiedenen *Myzodendron*-Arten trägt.

Parasiten befallen manchmal ihre eigenen Wurzeln oder Zweige und entsenden in sie von jungen Sprossen aus Haustorien. Sie scheinen in dieser Hinsicht keinen Unterschied zu machen. Aber offensichtlich richten sie dabei keinen Schaden an, sondern vermehren einfach das wuchernde Geflecht des Parasiten. Dieser Mangel an Urteilsvermögen erstreckt sich auch auf leblose Objekte. Man hat in vielen Fällen beobachtet, daß Haustorien auf abgestorbenen Wurzeln gebildet worden sind – was nicht so erstaunlich ist, da diese organischen Ursprungs sind –, aber auch auf Kieselsteinen und Sandkörnern. In einem phantastischen Fall bildete der schon erwähnte australische »Weihnachtsbaum« ringförmige Haustorien auf einem mit Kunststoff isolierten elektrischen Kabel von 2 cm Durchmesser; die Haustorien drangen so weit ein, daß sie einen Kurzschluß verursachten.

Viele Parasiten scheinen bezüglich der Wirtspflanze nicht wählerisch zu sein; das Mistelgewächs *Dendrophthoë* hat man auf 343 Arten von Wirtspflanzen beobachtet. Andere Schmarotzer sind jedoch spezialisiert. Man kennt Arten, die nur auf Ölbäumen, Kiefern, Wacholder, Kakteen etc. wachsen. Wahrscheinlich geschieht das nur, wenn die Wirtspflanzen-Art in einem einigermaßen großen Gebiet sehr häufig ist. Besonders universal in ihrem Geschmack sind die Wurzelparasiten. Sie wachsen fast auf allen Wirten, obwohl einige sich merkwürdigerweise auf eine Pflanzenklasse ihrer Wahl beschränken. Manche gedeihen nur auf Einkeimblättrigen, andere meiden sie und auch Farne oder Nadelhölzer.

Etliche Pflanzen scheinen Parasiten zu entgehen, weil sie entweder eine besonders dicke oder harte Schicht unter der Rinde haben, die rein mechanisch Angriffe abwehrt, oder weil sie vermutlich chemische, korrekter gesagt biochemische Stoffe enthalten, die Parasiten nicht vertragen. So haben Begonien und Sauerklee sehr säurehaltige Gewebe und scheinen gegen Teufelszwirn ganz widerstandsfähig zu sein. Mißbildungen, Hinfälligkeit und Tod einer Pflanze sind die typischen Folgen, wenn ein Parasit sie befällt. Manche Schmarotzer verursachen ungeheuren Schaden und wirtschaftlichen Verlust. Oft sieht man wildwachsende Bäume, die von dem Gewicht der Misteln, die sie überwuchern, niedergedrückt werden. An vielen Orten sind Mistelgewächse Schädlinge in Forsten und Plantagen. Sie greifen Nutzpflanzen an, wie Nadelhölzer, Birnbäume, Pecannuß- und Walnußbäume, Citrus- und Kakaobäume. Teufelszwirn-Arten werden in 47 Staaten der USA als sehr schädliches Unkraut betrachtet, vor allem bei Hülsenfrüchtlern wie der Blauen Luzerne und Klee (*Trifolium*) und auch auf Flachs, den sie in sehr kurzer Zeit vernichten können. In Puerto Rico wird die ähnliche *Cassytha* »*Staatsfeind Nr. 1*« genannt. Bei Arten der Sommerwurz und der parasitischen Braunwurz kann man oft beobachten, daß sie Kulturpflanzen wie Bohnen und Klee dezimieren. Sie befallen auch Tabakpflanzen, Tomaten und Hanf. Die größten Verheerungen richtet von den Verwandten der Sommerwurz die tropische *Aeginetia* an, die Reis (*Oryza sativa*), Mais und Zuckerrohr (*Saccharum officinarum*) attackiert. Sie vermindert nicht nur den Ernteertrag, sondern verwandelt beim Zuckerrohr den erwünschten Rohrzucker in wertlose Zuckerarten. Diese parasitischen Pflanzen zeichnen sich durch eine verschwenderische Samenproduktion aus.

Vor allem unter den Bedingungen eines ziemlich primitiven Ackerbaus, besonders wo kein Fruchtwechsel praktiziert wird und moderne Methoden der Samenbehandlung nicht verfügbar sind, gedeihen solche Parasiten üppig auf Feldfrüchten. Die Bekämpfung ist in jedem Falle schwierig. Herbizide, d. h. Unkrautvertilgungsmittel, lassen auf etwas Erfolg hoffen, aber bei der Teufelszwirn-Sippe ist eine ausgeklügelte Ausscheidung der Samen nötig. Eine andere Methode besteht in der Verwendung von »Fallenpflanzen«, die den Samen des Parasiten zum Keimen anregen, aber für ihn unangreifbar sind. Möglich wäre auch, widerstandsfähige Feldfrüchte zu züchten.

Es gibt also sehr viele Pflanzen, die zu Parasiten auf anderen geworden sind. Während niedere Pflanzen untereinander und mit höheren Pflanzen Gemeinschaften bilden können, in denen sie sich gegenseitig helfen, sind diese höheren Pflanzen dazu unter sich nicht imstande. Man erinnert sich dabei an den im vorhergehenden Kapitel zitierten Satz: »Parasitismus ist das höchst verfeinerte Beispiel einer Symbiose.«

24 Mörder

John Collier schrieb einmal eine Geschichte über eine menschenfressende Orchidee, die schließlich die Köpfe ihrer Opfer als Blüten zur Schau stellte. Es gibt Lügenmärchen über Pflanzen, die Hunde, wenn nicht gar Menschen verschlangen. Wir müssen dankbar sein, daß menschenfressende Pflanzen nur in Erzählungen existieren. Die bescheidenere Wirklichkeit ist makaber genug.

Mehrere recht verschiedene Pflanzenfamilien haben diese Gewohnheit, Fleisch zu fressen, angenommen. Sie haben eines gemeinsam: sie leben meist an Standorten, wo es an Stickstoff mangelt, so daß die Tiere, die sie verzehren, ihnen zu einer ausgeglichenen Kost verhelfen. Man kennt gut über 500 insektenfressende Pflanzen-Arten, die sich in drei deutlich unterscheidbare Gruppen einteilen lassen. In jeder davon wird eine besondere Art Falle hergestellt.

Zu behaupten, daß die erste Gruppe nicht aktiv sei, widerspräche der unheimlichen Findigkeit, mit der die Fallen konstruiert und mit einem Köder versehen werden. Es sind dies die Kannenpflanzen (*Sarraceniales*), bei denen einige oder alle Blätter in merkwürdiger Weise abgeändert worden sind. Manche dieser Pflanzen tragen in Bodenhöhe Bündel von Kannen, die aufrechtstehen oder fast auf der Erde liegen, manchmal inmitten von Blättern der üblichen Form. Andere sind Kletterpflanzen, die sich in Urwaldvegetation hocharbeiten. Sie tragen ihre Kannen an Fortsätzen von sonst normal aussehenden Blättern.

Die Kannen sind von verschiedener Gestalt. Sie lassen sich mit Krügen, Urnen, Bechern oder Trichtern vergleichen, die verschieden stark gewölbt sind. Meist haben sie über der Öffnung eine Klappe, die verhütet, daß zuviel Regen hineinfällt. Bei jeder dieser Fallgruben finden sich drei gemeinsame Faktoren: eine Methode, die Tiere optisch – mit Farben und Formen – oder mit etwas Eßbarem, vielleicht auch mit beidem anzulocken – ferner eine fast unfehlbare Art, gleich einem Hummerkorb den in die Falle gegangenen Besucher zurückzuhalten – und ein System, das Fleisch des Opfers soweit zu zersetzen, daß es sich verdauen läßt.

Die Kannen sind oft leuchtend gefärbt oder haben Anhängsel, die Blütenblättern ähneln, um Insekten zu täuschen. Die meisten flugfähigen Insekten, die in Frage kommen, sind Nektarsammler, denen vorgespiegelt wird, daß sie hier Blüten finden. Kommen sie näher, spüren sie vielleicht einen angenehmen Duft und entdecken einen honigartigen Saft, der rund um den Kannenrand ausgeschieden wird. Häufig führt auch außen an der Kanne ein Weg senkrecht nach oben, der manchmal noch vorsorglich Stützen für die Insektenbeinchen bietet, so daß auch ungeflügelte Arten, besonders Ameisen, angelockt werden können.

Bei vielen dieser Kannen sind oben abgerundete, sehr schlüpfrige Rippen eingebaut, die in abwärts gerichteten Stacheln enden. Wenn ein Insekt über den Rand vordringt, um nach weiterem Nektar zu suchen, kann es unmöglich verhüten, daß es hinuntergleitet. Ist es einmal im Innern, wird der Weg nach außen auf verschiedenartige, schauerlich sinnreiche Weise versperrt. Bei den erdbewohnenden Arten der Gattungen *Sarracenia* und *Darlingtonia* ist das Innere der Kanne mit Stacheln oder Haaren ausgekleidet, die in spitzen Winkeln abstehen und nach unten gerichtet sind. Sie hindern das Insekt daran, festen Halt zu finden, oder sorgen aktiv dafür, daß es nicht hochklettern kann. *Sarracenia psittacina* gleicht einer Fischreuse. Die Kannen liegen bei ihr auf dem Boden, um Ameisen, Tausendfüßler und dergleichen anzulocken. Sind die Opfer einmal im Innern, sorgen lange Borsten in dem enger werdenden Trichter für eine Reise ohne Wiederkehr. Bei jenen tropischen Kannensträuchern (*Nepenthes*), deren Kannen an den Blattenden hängen, führen die von Widerhaken umgebenen Fallenränder zu eisglatten, mit Wachs bedeckten Wänden, die den Insekten keinerlei Halt bieten.

Bei *Sarracenia*- und *Darlingtonia*-Arten füllen sich die Kannen teilweise mit Regenwasser. Die gefangenen Insekten ertrinken und verwesen dann einfach. Besondere Zellen am Grunde der Kanne absorbieren die entstehende Flüssigkeit wie eine Art Jauche. Bei Arten der Kannensträucher und der Gattung *Cephalotus* wird eine Flüssigkeit ausgeschieden, die sich mit den Verdauungssäften von Säugetieren vergleichen läßt und die Beute richtiggehend verdaut. Die danach zurückbleibende Flüssigkeit wird wiederum von besonderen Zellen absorbiert.

Es können ungemein große Mengen von Tieren gefangen werden. Man findet Kannen, die bis zur halben Höhe mit den unverdaulichen Chitinresten der Opfer gefüllt sind. Die größte Kanne besitzt *Nepenthes rajah*. Sie ist 50 cm lang, bis zu 16 cm breit, mit einer Öffnung von 10 cm Durchmesser, und sie vermag 2 l Flüssigkeit zu fassen. Sie ist also so groß, daß sich eine Taube in ihr verstecken könnte! Es ist jedoch noch nie berichtet worden, daß sich in ihr ein Vogel fand, aber angeblich soll sie auch große Ratten fangen.

Ein ganz anderes Verfahren wenden die Wasserschlauch-Arten (*Utricularia*) an. Sie sind vorwiegend Wasserpflanzen mit fein gefiederten Blättern und seltsamen kleinen, gelben Blüten, die aus dem Wasser herausragen. Sie besitzen keine Wurzeln, sondern treiben nur unter dem Wasserspiegel dahin. An dünnen Stengeln tragen sie kleine Bläschen, die in Wirklichkeit Fallen sind. Ihr Durchmesser schwankt zwischen 2 und 5 mm. Eine kleine Öffnung wird von einer lippenartigen, luftdicht schließenden Klappe bedeckt, die so eingehängt ist, daß leicht hineinzukommen ist, die aber einer Tür gleicht, die von innen nicht aufgedrückt werden kann. Die Falle springt auf, sobald sie durch die Berührung einer außen angebrachten Borste dazu veranlaßt wird. Das Lebewesen, das ahnungslos an die Tür geklopft hat, wird in einem Wasserstrahl eingesaugt, da das Bläschen im Innern einen zum Teil luftleeren Raum geschaffen hat. Die Geschöpfe, die hineingeraten, ersticken oder verhungern. Sie verwesen, und das flüssige Endprodukt wird von sternförmigen Zellen an der Innenwand des Bläschens aufgenommen. Die Beutetiere sind zum Großteil winzige Krebse wie etwa Wasserflöhe. Vielleicht lassen sie sich auf der Suche nach einer Zuflucht täuschen oder halten das Bläschen wegen der ähnlichen Gestalt für einen anderen Krebs. Die Ähnlichkeit bezieht sich auf die Fühler und Schwimmfüße des Tieres, die von strahlenförmigen Borsten rund um die Öffnung täuschend nachgeahmt werden. In einem Bläschen hat man schon bis zu 24 Krebschen versammelt gefunden.

Manche Wasserschlauch-Arten leben in feuchtem Moos und Abfällen auf Steinen und Rinden, und ihre winzigen Bläschen bieten vielen kleinen Geschöpfen einen todbringenden Unterschlupf.

Die nächste Gruppe fleischfressender Pflanzen ist zum Teil darauf angewiesen, Insekten mit klebrigen Stoffen, aber auch mit aktiver Bewegung zu fangen. Man könnte sie als »Fliegenfänger«-Fallen bezeichnen. Es handelt sich um Vertreter der Gattung Fettkraut (*Pinguicula*), so genannt wegen der fettglänzenden Blätter, die eine Rosette bilden. Man benützt sie auch dazu, Milch gerinnen zu lassen. Sie sind mit Drüsen bedeckt, die Schleim absondern, wovon immer etwas auf der Oberfläche vorhanden ist. Jede größere Masse organischen Ursprungs veranlaßt die Drüse, mehr von dem klebrigen Saft zu erzeugen und überdies noch eine saure Flüssigkeit, die ähnlich der in höher entwickelten Kannenpflanzen tierische Stoffe verdauen kann. Insekten, vor allem die kleinen, werden schon durch die anfängliche Klebrigkeit gefangen, versinken schnell im Schleim und werden bald verdaut. Die Anwesenheit eines Insekts veranlaßt auch die Blattränder, sich nach innen einzurollen. Zum Teil scheint dies zu geschehen, um die Beute festzuhalten, aber auch, um ein am Rand klebengebliebenes Opfer in die Mitte zu schieben, wo mehr Drüsen vorhanden sind. Einige Zeit später rollen sich die Ränder zurück, bis das Blatt wieder flach und offen daliegt.

Die Blätter der Sonnentau-Arten (*Drosera*) enden in einem runden oder langen und schmalen Polster, das mit roten Haaren bedeckt ist, von denen jedes am Ende einen glitzernden Tropfen klarer Flüssigkeit trägt. Diese tentakelartigen Haare sind an den Blatträndern am längsten und in der Mitte am kürzesten. Insekten werden von diesen glitzernden Fangfäden möglicherweise angelockt, weil die Tropfen an Nektar erinnern, vielleicht aber auch, weil sie den Schimmelpilzen ähneln, die auf faulendem Fleisch wachsen; darauf könnte auch die rote Farbe von Haaren und Blatt hindeuten. Hat jedenfalls ein Insekt einen der Tentakel berührt, ist es zum Tode verurteilt. Denn die Tropfen sind äußerst klebrig. Ein größeres Insekt wird mehrere Tentakel berühren oder mit mehr als einem Blatt in Kontakt kommen.

Das ist die erste Phase. Ist die Beute einmal gefangen, beugen sich die Tentakel über sie. Das geht recht langsam vor sich. Ein Drüsenhaar kann sich in etwa drei Minuten um 45 Grad, in zehn Minuten um 90 Grad neigen. Das geschieht jedoch unerbittlich, so daß binnen einer Stunde die Beute ringsum von Tentakeln umstrickt wird. Dabei folgt ein Tentakelkreis ungefähr alle zehn Minuten auf den nächsten. Sollten zwei winzige Insekten auf dem gleichen Blatt landen, teilen sich die Tentakel in zwei Gruppen, so daß jedes Insekt gut niedergehalten wird. Der Zweck ist, die Beute mit Drüsen in Kontakt zu bringen, die auf der Blattoberfläche Säure absondern und in der Mitte am zahlreichsten sind. Man könnte sagen, daß die Sonnentau-Tentakel, die sich nach innen neigen, und die Blätter von Fettkraut, die sich einrollen, damit für einen »temporären Magen« zur Verdauung der Beute sorgen.

Ist das Insekt verdaut, was von zwei bis zu mehreren Tagen dauern kann, richten sich die Tentakel wieder gerade auf, und ihre Spitzen bleiben trokken. Dadurch können die harten Teile der Beute herunterfallen, und erst dann wird erneut die Flüssigkeit erzeugt.

Abgesehen davon, daß die Haare sich überhaupt bewegen können, ist noch zweierlei am Sonnentau bemerkenswert: Das eine ist die Art und Weise, in der beim Beugen der Reiz von einem Haar aus nach außen weitergeleitet wird; das andere ist die extreme Sensibilität der Haare. Kerner schildert ein Experiment, bei dem ein Stückchen Menschenhaar, das 0,2 mm lang war und 0,001 g wog, einen Tentakel veranlaßte, sich niederzubeugen. Regen hat jedoch keine Wirkung auf diese Fangfäden.

Orchideenzüchter verwenden manchmal eine der großblättrigen subtropischen Sonnentau-Arten, um in den Gewächshäusern Insekten zu fangen. Die größte südamerikanische Art *Drosera regia* besitzt 60 cm lange Blätter und kann Kleintiere damit festhalten. *Byblis*, eine australische Verwandte von ähnlicher Größe, fängt Frösche und Eidechsen; sie soll sogar Kaninchen und Eichhörnchen umstricken, wenn die Pflanzen so dicht beisammen wachsen, daß sie ein großes Büschel bilden.

Das Taublatt (*Drosophyllum lusitanicum*) ähnelt dem Sonnentau darin, daß die Blätter ganz mit roten klebrigen Haaren bedeckt sind. Diese Haare bewegen sich nicht, aber sie haben eine so wirksame Klebkraft, daß die portugiesischen Bauern in dem Gebiet, wo die Pflanze verbreitet ist, die Blätter als Fliegenfänger aufzuhängen pflegten.

Ein wahres Wunder unter den Insektenfängern ist jedoch die Venusfliegenfalle. Sie ist eine kleine, niedrigwüchsige Pflanze. Die voll ausgebildeten Blätter sind in einer Rosette angeordnet; am Ende eines jeden flachen Stiels sitzt ein Paar rundlicher, aneinandergrenzender Blattspreiten, die Dornen am Rand haben und fast flach auseinandergeklappt sind. Auf der Oberfläche eines jeden dieser Blatteile befinden sich Drüsen, von denen die äußeren eine süß duftende Flüssigkeit erzeugen, die Insekten anlockt, die anderen im Innern einen sehr scharfen Saft absondern.

Auf jedem Blatt sind auch drei Haare vorhanden. Diese Haare sind Auslöser. Wird nur eines davon bewegt, etwa durch einen Regentropfen, geschieht nichts. Werden aber zwei Haare berührt oder ein Haar mehr als einmal angetippt, klappen in etwa einer Viertelsekunde die beiden lappenförmigen Blatthälften schnell und lautlos zusammen. Die Dornen am Rand greifen wie Finger zweier Hände ineinander und klemmen jede Fliege, die auf den Blattlappen gelandet ist, vernichtend ein. Zuerst, wenn sie sich schließen, sind die zwei Blatteile noch gewölbt, doch sobald sie sich ineinander verhakt haben, werden sie flach und zerdrücken jeden weichen Körper in ihrem Innern zu Brei. Dann beginnen die säureerzeugenden Drüsen zu arbeiten. Schließlich verdauen sie die verflüssigten Teile und werden wieder trocken, sobald sich die Falle erneut öffnet und die alte Stellung einnimmt. Das kann je nach Größe der Beute 8 bis 20 Tage dauern.

Diese Pflanze vermag nicht nur die notwendigen Reize zu zählen, ehe die Falle funktioniert, sondern sie hat auch noch einen eingebauten Zeitmesser. Nicht weniger als 1 1/2 und nicht mehr als 20 Sekunden müssen zwischen den Reizen verstreichen. Mehrere Lichtreize lassen das Blatt ebenfalls – aber langsamer – reagieren. Die Anzahl und die Bestimmung des Zeitpunkts der für das Zuklappen erforderlichen Reize hängen von der Außentemperatur ab. Die Falle kann künstlich veranlaßt werden zuzuspringen, ebenso durch eiweißhaltiges Material, ob es nun in Form einer lebenden Fliege oder als ein Stück Fleisch oder Käse angeboten wird. Die Venusfliegenfalle reagiert also auf mechanische wie auf chemische Reize. Verdauungssäure wird jedoch nicht abgesondert, wenn keine Eiweißstoffe vorhanden sind, die mit den Drüsen in Berührung kommen.

Die Tätigkeit der Venusfliegenfalle ist, wie im 12. Kapitel beschrieben, in erster Linie die Folge elektrischer Impulse, die durch Reizeinwirkung erzeugt werden. Der eigentliche Mechanismus hängt von einer beträchtlichen Spannung ab, die vorher in den Geweben herrscht.

Aber nicht nur die höheren Pflanzen haben diese Fähigkeit, Fleisch zu fressen, die manchmal mit Bewegung und einer ungewöhnlichen Reaktionsgeschwindigkeit verbunden ist. Man kennt auch mindestens 50 Arten von bodenbewohnenden Pilzen, die mit einer lassoähnlichen Vorrichtung mikroskopisch kleine Fadenwürmer fangen. Diese Pilze bilden an ihren Hauptfäden oder Haupthyphen, wie man sie nennt, kleine Ringe, und in jedem davon befinden sich drei reizempfindliche Polsterchen. Wühlt sich ein Fadenwurm durch den Ring, werden diese Polster plötzlich aufgeblasen und klemmen das Tierchen ein, das nun gefangen ist. In manchen Fällen wird gleichzeitig ein Giftstoff erzeugt, und man hat nachgewiesen, daß dieser »Fadenwurmtöter« noch in einer Verdünnung von 1 zu 5 Millionen wirksam ist. Der Pilzring entwickelt dann Hyphen, die in den Fadenwurm eindringen und ihn durch Aussaugen töten. Wieder andere Pilze besitzen klebrige Hyphen, die Fadenwürmer fesseln, die das Pech haben, sie zu berühren. Diese primitiven Fallen sind wahrscheinlich Millionen Jahre vor denen der höheren fleischfressenden Pflanzen entstanden, und sie zeigen wiederum, daß bei überhaupt nicht verwandten Organismen »Erfindungen« vorkommen können, die im wesentlichen sehr ähnlich sind.

25 Waffen und Gift

Im Lauf des letzten Jahrhunderts wurden die Bewohner von Bergdörfern im nördlichen Nigeria von plündernden Moslems überfallen. Um sich zu verteidigen, zäunten die Bewohner ihre Dörfer mit der sukkulenten Wolfsmilch-Art *Euphorbia desmondii* ein. Deren kantige Stengel, die armdick und mit kräftigen Dornen bedeckt sind, bildeten eine hohe, undurchdringliche Hecke. Ein Versuch, diese Palisaden aus Pflanzen zu zerhacken, wäre Wahnsinn gewesen, da die Stengel giftigen Milchsaft enthalten, der Blasen auf der Haut hervorruft und blind macht, wenn er ins Auge kommt.

Viele Pflanzen haben Abwehreinrichtungen wie Dornen, Stacheln und Gift gegen Plünderer verschiedener Art, ursprünglich nicht gegen den Menschen, sondern vor allem gegen weidende Tiere. Die einleuchtendste Art der Verteidigung ist es, wenn man mit Waffen droht. Palmlilien, Agaven, Aloën (*Aloë*) und viele Ananasgewächse haben steife, Rosetten bildende Blätter mit scharfen Spitzen, die nach allen Richtungen ausstrahlen. Eine dieser Pflanzen, die riesige *Puya*, wird in ihrer Heimat Peru bereits selten, hauptsächlich weil die Schafhirten junge Pflanzen vernichten. Denn die Schafe stolpern oft gegen sie und stechen sich die Augen aus. Nicht so große Pflanzen, wie etwa manche Gräser, haben scheinbar zarte Halme, die aber in einer nadelartigen Spitze enden. Bei dem kleinen Alpenschwingel (*Festuca alpina*) reicht dies aus, die Nüstern von Weidetieren zu zerschneiden. Deshalb vernichten die Hirten solche Weideflächen durch Brand. Manche langen und schmalen Blätter, darunter die wieder anderer Gräser und vieler Seggen, sind sägeartig gezähnt, so daß sie sich nur in einer Richtung bewegen können; wenn ein Tier sie ins Maul rafft, können sie ohne weiteres Schnittwunden verursachen.

Unmengen von Pflanzen haben stachelige Blätter. Dazu gehören auch die wohlbekannten Disteln unter den Korbblütlern, die weitverbreiteten Spitzkletten (*Xanthium*) warmer Länder, darunter die Dornige Spitzklette, ferner verschiedene erfolgreiche Unkraut-Arten der Familie der Nachtschattengewächse (*Solanaceae*) und der stachelige Akanthus. Auch

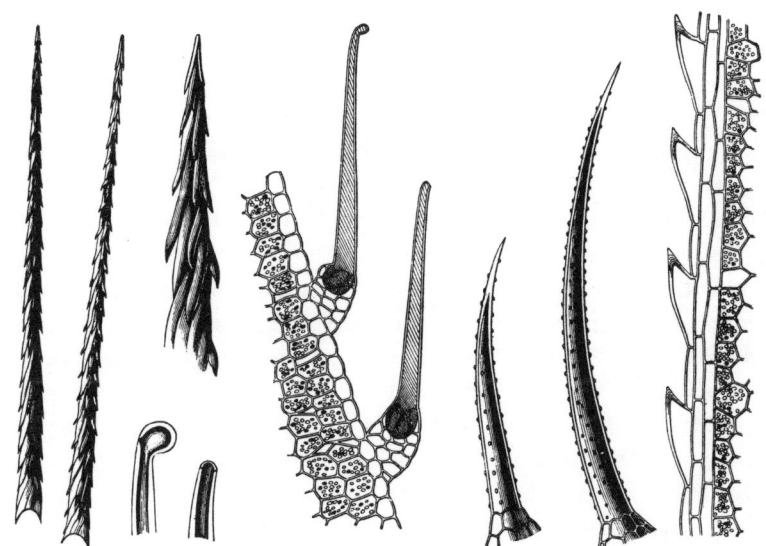

Widerhaken, Stacheln und Brennhaare. Links ein Feigenkaktus *(Opuntia);* Mitte links eine Nessel *(Urtica);* Mitte rechts unten Wolfsauge *(Lycopsis arvensis);* darüber der Rand eines Grashalms; rechts der Rand eines Seggenhalms *(Carex),* die beiden letztgenannten Formen stark vergrößert.

die Königliche Seerose hat an der Unterseite der Blätter riesige Stacheln, die vielleicht Wasserschnecken abwehren.

Blätter können zu Dornen reduziert werden, so daß die ganze Pflanze stachelig wirkt. Ein Beispiel dafür ist der Stechginster. Beim Mäusedorn, bei *Colletia*-Arten aus der Familie der Kreuzdorngewächse *(Rhamnaceae)* und anderen mehr, ist auf Blätter überhaupt verzichtet worden. Die Stengel und Zweige, die bei ihnen die Photosynthese übernehmen, werden sehr hart und dornig. In vielen Fällen verändern sich die Blätter zu bestimmten Jahreszeiten, um die neuen Sprosse und Blütenknospen zu schützen. Die stacheligen Tragant-Arten, die in asiatischen Steppen so verbreitet sind und igelartige Klumpen bilden, sind ein Beispiel dafür. Bei vielen Sträuchern der Mittelmeerregion werden die Blattsprosse des vorangegangenen Jahres zu harten Dornen. Die Rückbildung von Blättern zu Dornen oder ihr Verschwinden zugunsten stacheliger Stengel ist typisch für Pflanzen, die unter ariden Bedingungen leben.

Dornen oder Stacheln sind auch oft auf Holzgewächsen zu finden. Dort tragen sie, abgesehen von der Abschreckung von Weidetieren, dazu bei, die

247

Angriffe von weichleibigen Schnecken und dergleichen bodenbewohnender Tiere zu verhindern. Häufig sammeln sich Stengeldornen um zarte Blätter, um sie vor dem Abweiden zu schützen. Palmen besitzen oft harte Stacheln, die manchmal an der Blattbasis in zwei Reihen stehen.

Kakteen und manche Sukkulenten sind natürlich die hervorragendsten Beispiele für Stachligkeit, und die schönen Kakteenblüten, die aus dem Panzer hervorbrechen, erinnern uns an »La belle et la bête« (Die Schöne und das Ungeheuer) von Cocteau.

Stacheln oder Dornen sind von außerordentlicher Wichtigkeit für solche Pflanzen, da sie meist dort vorkommen, wo Grünfutter und würziger Saft hoch im Kurs stehen. Größere Tiere halten sich für gewöhnlich von ihnen fern, und jeder Reisende weiß, daß Feigenkakteen, Agaven, Säulenkakteen und die bereits erwähnten hochragenden kakteenähnlichen Wolfsmilch-Arten für Hecken verwendet werden, um Tiergehege, ja sogar ganze Dörfer einzuzäunen.

Viele Pflanzen besitzen eine Hülle aus kleinen, unauffälligen Borsten, die jedoch, wenn man sie berührt, ein unangenehmes Jucken und besonders in empfindlichen Tiermäulern oft eine Entzündung hervorrufen. Die Gemeine Schwarzwurz, auch Beinwell genannt, und das Wolfsauge (*Lycopsis arvensis*) sind ein gutes Beispiel dafür. Die anscheinend saftigen Königskerzen, die in Mittelmeerländern so häufig sind, entgehen dem Gefressenwerden, weil sie meist in einen grauen oder silbrigen Filz gehüllt sind, der sich ganz leicht ablöst und sich an die Schleimhäute im Maul heftet, wo er eine heftige Entzündung verursacht.

Eine Verfeinerung der Borste ist das Nesselhaar. Über Nesseln braucht man niemandem etwas zu erzählen, aber es gibt andere Pflanzen, die brennen, vor allem in der Familie der Loasengewächse (*Loasaceae*) und der Wolfsmilchgewächse. Manchmal sind die Haare spitz zulaufend, wenn sie sich etwa aus gewöhnlichen Schutzhaaren entwickelt haben. Bei Nessel- (*Urticaria*) und *Loasa*-Arten ist das obere Ende jedoch eine kleine runde »Perle«, die schräg auf dem Haar sitzt, das aus einer einzigen hohlen Zelle besteht. Der obere Abschnitt ist durch Kieselsäure- oder Kalziumverbindungen glashart. Unter jedem Druck bricht diese harte Spitze ab und hinterläßt dabei scharfe Ränder, die in die Haut eindringen, während die weiche Basis den Inhalt unter Druck setzt, so daß die Flüssigkeit darin wie mit einer subkutanen Spritze in jede Wunde, die entstanden ist, hineingepreßt wird. Die Flüssigkeit enthält eine Kombination von Ameisensäure und Histamin, das eine der Hauptursachen von Allergien beim

Menschen ist. Einige der tropischen Brennesselgewächse (*Urticaceae*) sind so giftig, daß sie ähnliche Symptome wie ein Giftschlangenbiß hervorrufen können. Es gibt sogar einen Brennesselbaum, wie *Laportea gigas*, in Polynesien, der über 13 m hoch wird und dessen große, herzförmige Blätter ein lange andauerndes Brennen verursachen. Es ist nicht verwunderlich, daß Tiere mit empfindlichen Mäulern und Nüstern diese sonst recht saftigen und nahrhaften Pflanzen meiden.

Aber man kann auch auf Tiere hinweisen, die dornige Pflanzen verspeisen; Kakteen werden von Vögeln und Nagetieren attackiert, Esel fressen Disteln und Kamele den Kameldorn (*Acacia giraffae*), eine Akazie mit 8 cm langen, eisenharten Dornen. Giraffen weiden auch andere dornige Akazien ab. Vögel und kleine Nagetiere bohren Tunnel in Kakteen. Doch das sind eigentlich Beispiele für eine gute Anpassungsfähigkeit von Tieren angesichts eines besonderen Problems. Niemand kann leugnen, daß Stacheln, Dornen und Widerhaken im allgemeinen einen beträchtlichen Schutz vor weidenden Tieren gewähren, aber sie können nicht vor den kleineren »Pflanzenfressern«, etwa vor saftsaugenden Insekten schützen.

Manche Pflanzen scheinen physische Barrieren zu schaffen, um unerwünschte Tiere daran zu hindern, Nektar oder Pollen zu erreichen. Das ist so bei den Karden (*Dispsacus*), bei denen sich aus den vereinten Basen eines jeden Blattpaares in Abständen auf dem Stengel Schalen bilden, die Regenwasser auffangen. Das scheint weitgehend vor Ameisen zu schützen. Andere Pflanzen, wie etwa viele Palmen, wenden Ringe aus Dornen oder Stacheln an.

Wieder andere Pflanzen enthalten ein in unterschiedlichem Grade abschreckendes inneres Mittel. So haben bei Alpenrosen (*Rhododendron*), Preiselbeeren (*Vaccinium vitis-idaea*) und anderen Arten die Blätter eine sehr dicke, mit Kieselsäure gehärtete Haut. Sie halten dadurch in erster Linie dem rauhen Klima stand, aber die Kieselsäure schmeckt auch Tieren schlecht oder ist ihnen unangenehm. Baumrinde kann ungenießbare Stoffe enthalten wie etwa Tannin, das die Rinde von Mammutbäumen durchtränkt und ihnen so hilft, Pilzkrankheiten und Parasiten abzuwehren. Früchte können bitter sein, solange sie unreif sind, um zu verhindern, daß sie im unrichtigen Stadium gefressen werden. Viele Pflanzen haben, wie etwa die Syrische Raute (*Peganum harmala*) einen äußerst scharfen Saft. Der im Mittelmeergebiet heimische Oleander (*Nerium oleander*), der sich noch unter sehr trockenen Bedingungen behauptet, die wenige andere Sträucher ertragen können, hat bittere und hochgiftige Blätter, die selbst Ziegen verschmähen. In Afrika enthalten die sukkulenten *Caralluma*-Arten einen giftigen Milchsaft, der sie dem Vieh – und sogar Ziegen – widerwärtig macht.

Die hochwüchsigen Enziane der Alpen, wie der Gelbe Enzian (*Gentiana lutea*), und andere haben saftige, bitter schmeckende Wurzeln, die in der Medizin, aber auch zur Erzeugung von Branntwein verwendet werden. Die oberirdischen Teile werden selbst bei quälendem Hunger vom Vieh gemieden ebenso wie die unterirdischen von Nagern. Wolfsmilch-Arten mit ihrem scharfen Milchsaft sind ebenfalls weit verbreitet und werden von Weidetieren nicht gefressen, während Raupen sie schon verzehren. Ein solcher Milchsaft kann Blasen auf der Haut des Menschen oder auf den Schleimhäuten eines Tieres hervorrufen. Auch der wässerige Saft einiger anderer Pflanzen ist ungewöhnlich scharf und ätzend. So erzeugt das Herkuleskraut (*Heracleum mantegazzianum*) eine riesige Blase auf der menschlichen Haut und entstellt sie für Monate. Auch die winzigen Stengelhaare haben Gift in sich, das oft eine allergische Entzündung herbeiführt, ohne daß Saft abgegeben wird. Ein ähnlich heftiger und lang anhaltender Schmerz wird von amerikanischem Giftsumach (*Rhus toxidodendron, Rh. radicans*) bei Berührung verursacht.

Viele Pflanzen verbinden, wie der eben erwähnte Oleander, einen solchen unangenehmen Geschmack oder ätzende Schärfe mit stark giftigen Substanzen. Hier müssen wir jedoch vorsichtig sein. Was einen Menschen tötet, muß nicht unbedingt andere Geschöpfe, ja nicht einmal Säugetiere töten. Während das Gift von etlichen Arten aus der Familie der Hahnenfußgewächse (*Ranunculaceae*), wie etwa vom Gelben Eisenhut (*Aconitum lycoctonum*) – dessen lateinischer Name »Wolfstöter« bedeutet –, auf den Menschen gleicherweise wie auf Pflanzenfresser wirkt, kann zum Beispiel der mörderische Grüne Knollenblätterpilz (*Amanita phalloides*) gefahrlos von Kaninchen und ebenso von Schnecken gefressen werden.

Viele Weidetiere werden jedoch von giftigen Pflanzen getötet. Tiere, die eine Vergiftung durch Pflanzen überleben, werden oft geradezu süchtig nach der betreffenden Art. Läßt ein Bauer dann ein solches Tier wieder auf die ursprüngliche Weide, treibt es das Opfer oft zu der Pflanze, die ihm übel bekommen ist.

Zweifellos finden manche Tiere bestimmte Pflanzen höchst interessant, und von fast zwanzig Arten wird berichtet, daß sie regelmäßig auf diese Weise »Rauschgift nehmen«. Mungos fressen bestimmte Wurzeln und reiben ihren Körper daran, wodurch sie in einen Betäubungszustand verfallen. Elefanten fressen die Früchte des Umganabaums (*Sclerocarya caffra*), die in ihrem Magen gären. »Sie taumeln herum, treiben gewaltige Possen, schreien, daß man sie meilenweit hört und kämpfen oft miteinander« (Ronald Siegel).

Es ist erstaunlich, wie viele Pflanzen Stoffe enthalten, die für Säugetiere giftig sind. Die »offenkundigen« darunter sind etwa Tollkirsche (*Atropa belladonna*) und Nieswurz-Arten (*Helleborus*); weniger erwartet man es von anderen wie dem Goldregen (*Laburnum*), und Überraschungen erlebt man bei vielen Hauptarten von Gemüse. Cassava oder Maniok (*Manihot esculenta*), eine tropische Wurzel, muß besonders behandelt werden, um das Cyanid zu entfernen, das sie in sich trägt. Der gleiche chemische Stoff kommt in Mandeln (*Amygdalus communis*), Mondbohnen (*Phaseolus lunatus*) und Apfelkernen manchmal in alarmierenden Mengen vor. Oxalsäure, schon in mäßigen Dosen ebenfalls tödlich, findet sich in Spinat (*Spinacia oleracea*) und Rhabarber (*Rheum raponticum*). Die Blätter des letzteren sind sogar noch todbringend, wenn sie gekocht werden. Würden wir bei Gemüsen die Prüfungsmethoden anwenden, die für künstlich erzeugte Nahrung und Zusätze gelten – wie etwa jene, die Verbote von Cyclamaten zur Folge hatten – müßten wohl viele davon als Nahrung verboten werden.

Der Adlerfarn hat den Pflanzen, die mit ihm wachsen, nichts zu bieten. Vielmehr macht er ihnen Konkurrenz und verdrängt sie. Zwar bietet er manchen kleinen Säugetieren Deckung und ernährt einige Insekten, aber er trägt nichts zu irgendeiner bekannten Nahrungskette bei. Seine Stengel sind von scharfen Fasern durchzogen, die tief einschneiden können und auch noch weitere bösartige Schäden mit sich bringen. Bei Pferden, die ein Maulvoll davon fressen, wird Vitamin B zerstört, und die Tiere gehen schnell zugrunde. Vieh leidet an einem Zustand, der der Strahlenkrankheit sehr nahekommt und anscheinend mit Krebs verknüpft ist. Das Knochenmark hört zu arbeiten auf, es erzeugt keine weißen Blutkörperchen mehr, und das Blut verliert die Gerinnungsfähigkeit. Die Tiere sterben an inneren Blutungen, ja sie weinen sogar blutige Tränen. Bei Schafen werden die Augen schwer geschädigt. Man könnte versucht sein zu denken, daß der Adlerfarn sich zu einer Pflanze entwickelt hat, die es vollendet versteht, sich aggressiv auszubreiten. Er annektiert ein Gebiet unerbittlich, er erstickt jede Pflanze auf seinem Weg und enthält chemische Stoffe, die Tiere vernichten, die ihn gern abweiden möchten. Die meisten giftigen

Pflanzen warnen die Tiere, die sie fressen wollen keineswegs. In manchen Fällen sind jedoch Duftstoffe vorhanden, die wahrscheinlich als Warnung wirken. So haben die meisten Arten der Nachtschattengewächse, darunter Bilsenkraut, Gemeiner Stechapfel (*Datura stramonium*) und ein nahe verwandter südamerikanischer Stechapfelbaum (*Datura arborea*), einen typischen stechenden Geruch.

Man könnte fragen, warum überhaupt Gifte in Pflanzen existieren, aber darauf scheint es keine richtige Antwort zu geben. Da sie für Tiere schädlich oder sogar tödlich sind, könnte man behaupten, daß sie als Schutz wirken und vom Gesichtspunkt der Evolution eine selektive Anpassung sind. Aber dann bleibt noch das Rätsel, daß sehr nahe verwandte Pflanzen mit ganz verschiedenen Eigenschaften ausgestattet sind. Der Gefleckte Schierling (*Conium maculatum*) ist tödlich, wie die alten Griechen wohl wußten. Aber viele sehr ähnliche, verwandte Pflanzen, wie etwa der Wiesenkerbel (*Anthriscus sylvestris*), sind es nicht. Viele größere Blätterpilze gelten allgemein als sehr giftig, aber in Wirklichkeit sind es nur wenige. Wir finden den Grünen Knollenblätterpilz in der gleichen Gattung wie den Kaiserling (*Amanita caesarea*), der ein Lieblingsgericht des römischen Kaisers Claudius war.

Ein Grund, die Wirkung von Pflanzengiften für rein zufällig zu halten, ist, daß sie im allgemeinen unwirksam gegen kleine Angreifer sind. Zu ihnen gehören verschiedene Schnecken, eine Unmenge von saftsaugenden Insekten und innere Parasiten wie Fadenwürmer, die wegen ihrer riesigen Zahl fast so verderbenbringend sind wie die größeren Weidetiere.

Es liegt jedoch neueres Beweismaterial vor, daß zumindest einige Pflanzen Angriffe von Insekten abzuwehren vermögen. So erzeugen Tomaten und Kartoffeln Substanzen, die bei Insekten, die sie fressen oder ihre Gewebe aussaugen, die Verdauung stören. Dieser Hemmstoff ist normalerweise in niedriger Konzentration vorhanden. Doch diese nimmt beträchtlich zu, sobald ein Blatt von einem Insekt beschädigt worden ist. Gewisse wildwachsende Verwandte der Kartoffel haben eine andere Methode, um mit Blattläusen fertig zu werden; sie sind mit Drüsenhaaren bedeckt, die eine Flüssigkeit absondern, wenn ein Insekt sie berührt. Diese Flüssigkeit verwandelt sich sehr bald in eine Art Klebstoff; die Blattlaus bleibt daher auf der Blattfläche unbeweglich haften.

Der Saft bestimmter Nadelhölzer enthält ein »Juvenil«-Hormon, so daß Raupen sich nie voll entwickeln. Es geht aus ihnen keine Generation erwachsener Tiere hervor, die imstande sind, sich fortzupflanzen.

Wie sich nun herausstellt, enthalten viele Pflanzen, darunter Kiefern, antibiotische Stoffe, die ihnen helfen, den Befall durch Pilze abzuwehren. Wie bei dem eben beschriebenen Hemmstoff für Insekten wird die Erzeugung dieser Antibiotika vielleicht durch einen Angriff von Pilzen angeregt. Diese Substanzen, die möglicherweise auf Proteinen, den sogenannten Phyto-Agglutininen basieren, erinnern an die Antikörper, die Abwehrstoffe bei Tieren. Andere Pflanzen wie etwa Lattich-Arten und Tomaten nehmen Antibiotika auf, die von der Mikroflora im Boden produziert werden.

Es sind auch noch weitere chemische Ausscheidungen von Pflanzen vorhanden, die, wie ich kurz im 19. Kapitel erwähnt habe, für andere Pflanzen giftig sein können. Abgesehen von der bereits angeführten Familie der Korbblütler wird Flachs im Wachstum gehemmt durch die Gegenwirkung der Wurzeln von Wolfsmilch-Arten und von Leindotter (*Camelina sativa*), Hafer (*Avena*) von bestimmten Disteln, Raps (*Brassica napus*) von der Gemeinen Quecke, Spinat von Rettich (*Raphanus sativus*) und umgekehrt. Als man in den dreißiger Jahren im Fernen Osten Plantagen von Kautschukbäumen und Arabischem oder anderem Kaffee (*Coffea arabica* etc.) anlegte, war es üblich, zuerst Hülsenfrüchte anzupflanzen, um den Stickstoffgehalt im Boden zu erhöhen. Unglücklicherweise erwiesen sich manche davon als Arten, die für die anschließend angepflanzten jungen Bäume sehr giftige Stoffe absonderten. Wurzeln von Schwarzen Walnußbäumen (*Juglans nigra*) scheiden ebenfalls einen Giftstoff aus, der nachgewiesenermaßen in der Nähe angepflanzte Apfelbäume vernichtet und das Wachstum anderer Pflanzen hemmt. Graswurzeln sind – wenn auch in geringerem Grade – ebenfalls giftig für Apfelbäume. Daher wird in Obstgärten ein Rasen aus Gräsern dazu benutzt, das Wurzelwachstum zu hemmen, zugleich für einen Wettstreit um Nährstoffe zu sorgen und so zur Fruchtbildung auf Kosten des Sproßwachstums anzuregen.

Auch viele Samen geben Hemmstoffe ab, die andere Arten am Keimen hindern. Recht merkwürdig ist, daß einige davon heute Feldfrüchte sind, die eine Keimung von Unkraut hemmen. So verhüten Zuckerrüben, daß Kornraden (*Agrostemma githago*) keimen, Weizen und Ray- oder Weidelgras (*Lolium perenne*) bewirken dies bei der Echten Kamille (*Matricaria chamomilla*) und anderen Kamillen-Arten. Ausscheidungen von Wurzeln können die gleiche Wirkung auf die Keimung ausüben. Dies erklärt vielleicht, warum Kakteen unter Bedingungen der Halbwüste in so weiten und künstlich wirkenden Abständen auseinanderstehen. Man kennt einen amerikanischen Wüstenstrauch (*Encylia farinosa*), dessen abgefallenes Laub jede der sonst üblichen einjährigen Pflanzen mit Erfolg daran hindert, unter den schützenden Zweigen zu keimen. Und in Südfrankreich existiert in einem Landstrich, der von Heidekrautgewächsen (*Ericaceae*), Rosmarin (*Rosmarinus officinalis*) und ähnlichem Gesträuch beherrscht wird, wegen der von Wurzeln und Blättern abgesonderten Stoffe keine einjährige Pflanze.

Wieder einmal könnten wir fragen, ob Pflanzen auf diese Weise absichtlich den Wettstreit anderer um Nährstoffe, Licht und Wasser erschweren. Obwohl dieser hemmenden Kraft das oft erfolgreich zu gelingen scheint, macht uns die Tatsache stutzig, daß die abgestorbenen Wurzeln von Trespen (*Bromus*) sogar die eigenen Samen am Keimen hindern, daß *Citrus*-Sämlinge sehr schwer in alten Citrusplantagen anzusiedeln sind und das gleiche für Äpfel, Birnen und Rosen gilt. Dies legt den Gedanken nahe, daß giftige Ausscheidungen von Wurzeln und Samen nur als Nebenprodukte abgesondert werden.

Der Großteil dieses Kapitels behandelte die hauptsächlich passive Abwehr von Angreifern oder konkurrierenden Arten mit physikalischen oder chemischen Mitteln. Die direkten, im Tierreich üblichen Vergeltungsmaßnahmen sind bei Pflanzen nicht zu finden. Selbst die insektenfressenden Arten wehren Geschöpfe, die sie verschlingen könnten, nicht aktiv ab.

Bei den Tieren bleibt noch als letztes Gebiet die Tarnung und das Warnverhalten. Gilt das jemals für das Pflanzenreich? Gewarnt wird selten. Wo dies bei Früchten oder Samen der Fall zu sein scheint, handelt es sich stets um Signale für geeignete Verbreiter. Die Pflanze schert sich nicht darum, was irgendeinem anderen Tier dabei zustößt.

Diejenige Pflanzengruppe, die anscheinend die Prinzipien der Tarnung anwendet, sind die sogenannten »Blühenden Steine« aus der südafrikanischen Familie der Mittagsblumengewächse. Diese »Supersukkulenten« wachsen in Steinwüsten, und manche von ihnen haben zweifellos Formen und Farben entwickelt, die sehr genau den Steinen um sie herum gleichen. Die auffallendste Gruppe sind die *Lithops*-Arten, deren Oberfläche sich fast ganz dem Untergrund angleicht. Von diesen »Blühenden Steinen« existieren etwas über fünfzig Arten in grauen, braunen, roten und sandfarbenen Schattierungen. Zu weiteren Sukkulenten, die Steine nachahmen, gehören die *Pleiospilos*-Arten. Sie sind rauh und gefleckt wie Stücke von grünlichem Granit; die weißliche, warzige Gattung *Titanopsis* ahmt

Kalksteine nach; und mehrere weißhäutige Formen ähneln Quarz. Zu den nicht mit dieser Familie verwandten Pflanzen gehören weiße Dickblatt-Arten, die ebenfalls Steinen gleichen und Vertreter der südafrikanischen Gattung *Anacampseros* – aus der Familie der Portulakgewächse (*Portulacaceae*) –, die mich an Vogelkot erinnern. Gewiß sind diese Pflanzen für das menschliche Auge schwer zu entdecken, und unzweifelhaft ähneln sie im Wuchs in fast unheimlichem Grad den Steinen an ihren Standorten. Aber ich habe zwar gehört, daß sich Paviane täuschen ließen, nicht aber viele Wüstenvögel, die diese sukkulenten Leckerbissen sehr sorgfältig herauspicken. Während der kurzen Blütezeit fallen diese Pflanzen durch ihre großen Blüten auf, doch in der Trockenzeit, in der sie teilweise verdorren, sind sie bestimmt nahezu unsichtbar. Dies scheint ein weiteres, nur zum Teil erfolgreiches Experiment des Pflanzenreichs zu sein, in diesem Fall verbunden mit der Ungunst der Umwelt oder sogar durch sie hervorgerufen. Wenn das Experiment heute nicht mehr erfolgreich ist, so vielleicht deshalb, weil die Vögel nun die Pflanzen in der Anpassung an die Verhältnisse eingeholt haben.

Im allgemeinen scheinen Dornen, Stacheln, klebrige Haare und unangenehmer Geschmack besseren Schutz zu gewähren. Gleichzeitig darf man nicht vergessen, daß Pflanzen wegen ihrer Regenerationsfähigkeit imstande sind, weit mehr Schädigung oder Verlust an Teilen zu erdulden als Tiere. Ebenso sorgen sie gegen Verluste vor, indem sie übermäßige Mengen von Blüten und Samen, Ablegern und Schößlingen erzeugen.

III Die Umwelt

26   Die Ausgebeuteten

Ausbeuten bedeutet in erster Linie etwas nutzbringend verwerten, und in diesem Sinne sind Pflanzen fast seit Urzeiten von Tieren ausgebeutet worden. Ausbeutung bedeutet aber auch, etwas absichtlich oder sogar zu Unrecht zum eigenen Vorteil zu manipulieren, und in diesem modernen Sinn war der Mensch der erste echte Ausbeuter des Pflanzenreichs.

Eine solche Nutzung vollzog sich in unmerklichen Schritten. Die Frühmenschen wurden Jäger und Sammler, die Fleischkost mit verschiedenartigem Pflanzenmaterial ergänzten und manchmal praktisch alles Eßbare verzehrten. Einige solche Menschen existieren heute noch – wie zum Beispiel die südafrikanischen Buschmänner, manche australische Eingeborene und ein paar zentralafrikanische Stämme. Besonders die Ureinwohner Australiens mußten in einer sehr unwirtlichen Umwelt die spärlichen natürlichen Hilfsquellen auf jede nur mögliche Weise nutzen. Alle eßbaren Wurzeln, Samen, Früchte und Schößlinge wurden gern verspeist, die Samen manchmal zerstampft und geröstet.

Die große Zeit der Jäger und Sammler dauerte von etwa 20000 bis 8000 v. Chr. Mit der Erfahrung nahm auch die Vielfalt von Früchten, Gemüsen und Getreide-Arten zu, die man aß und auf andere Weise verwendete.

Jedoch lange vorher, wahrscheinlich vor 400000 Jahren, förderte in China der sehr frühe Gebrauch des Feuers eine andere Form der Pflanzenausbeutung durch den Menschen. Durch unfreiwillig entfachte Brände trug dieses Feuer zur stetigen Zerstörung ausgedehnter Wälder bei, es schuf so neuen Lebensraum und beschränkte Pflanzengemeinschaften, die infolge der Eiszeiten entstanden waren, auf bestimmte Gebiete.

Die Fähigkeit, Feuer zu machen, war unbedingt notwendig, damit jene höhlenbewohnenden Menschen, die der Vereisung im Eiszeitalter ausgesetzt waren, überhaupt am Leben bleiben konnten. Später wurde das bewußte Anzünden eines Feuers zur ersten Methode, die Herrschaft über andere Lebewesen, über Pflanzen und anfangs vor allem über Tiere, zu sichern. Feuer vermochte Tiere dorthin zu treiben, wo der Mensch sie leicht schlachten konnte, es erschloß das Land für die Jagd und machte die Beute sichtbar, es förderte Grasland auf Kosten des Waldes und damit die Vermehrung fleischliefernder Tiere.

An dieser Stelle könnte man auch besonders erwähnen, daß Gras zugleich die wichtigste »Nutzpflanze« und eine der zähesten Lebensformen der Welt ist – eine, die man scherzhaft den Beweis für die »Versöhnlichkeit der Natur« genannt hat. Gras ist fähig, sich ständig zu regenerieren, obwohl es riesigen Mengen von Tieren als Futter dient. Ein Quadratkilometer Grasland kann Tiere verschiedener Art mit einem Gesamtgewicht von rund 18 000 kg ernähren.

Es gibt zwei Hauptklassen von Kulturpflanzen: diejenigen, die aus Samen wachsen und weitgehend einjährig sind, und jene, die sich im wesentlichen auf andere, vegetative Weise vermehren. Letztere sind fast alle Feldfrüchte mit stärkereichen Wurzeln. Unterschiedliches Klima kann die eine oder andere Form begünstigen. So sind die meisten Wurzeln liefernden Pflanzen tropische Arten wie Yams, Maniok oder Cassava, Süßkartoffeln (*Ipomoea batatas*), Pfeilwurz (*Maranta arundinacea*) und Taro (*Colocasia antiquorum*); nur die gewöhnliche Kartoffel und einige andere unbedeutendere Wurzelgemüse gedeihen in kaltem Klima. Aus Samen gezogene Feldfrüchte, die ursprünglich weitgehend Gräser waren, darunter die heute Getreide genannten und viele Hülsenfrüchtler, sind am häufigsten in gemäßigten Zonen. Eine Pflanzenkost aus Samen ist ausgewogener als eine aus Wurzeln, diese halten meist die Menschen, die sie verzehren, an einem besonderen Wohnsitz fest, wo Fische oder Tiere ausreichend Eiweißnahrung liefern. Menschen, die Feldfrüchte wegen der Samen anpflanzen, können eher herumziehen und müssen das vielleicht tun, weil eine einjährige Feldfrucht bedeutet, daß die Erde die meiste Zeit brach liegt und zu Erosion, Verminderung der Fruchtbarkeit und Auftreten von Unkraut neigt. Wurzelfeldfrüchte sind mehrjährig, bleiben gern wo sie sind und können sogar auf Steilhängen angepflanzt werden.

Manchmal ist bei Wurzeln eine eifrige Pflege der Kulturen kaum nötig. J. G. Hawkes führt Beispiele in Kolumbien und Venezuela an, wo selbst heute Bauern Kartoffeln nahe dem Haus anpflanzen; dort wird der Acker dauernd mit Haushaltsabfällen und Exkrementen der Haustiere gedüngt, so daß ständig, ohne jede Neuanpflanzung, geerntet werden kann. Primitive Völker sind unbekümmert. Sie werfen nicht nur den Müll auf Kehrichthaufen inmitten ihrer Wohnstätten, sondern sie lassen auch sorglos etwas von dem, was sie gesammelt haben, fallen, wenn sie es in die Siedlung bringen. Auf diese Weise wuchsen um die Heimstätten primitiver Jäger und Sammler alle Arten von Pflanzen, die sie gern aßen. Sehr oft, vor allem bei Gräsern und Hülsenfrüchtlern, stammten diese Pflanzen aus magerem Boden, auf dem ausdauerndere und langsam wachsende Pflanzen nicht Fuß fassen oder nicht gut gedeihen konnten. Die Samen der verstreuten Pflanzen, die noch ein Mittelding zwischen Unkraut und Feldfrucht waren, keimten leicht in dem zertrampelten und aufgewühlten Boden um die Lager und entlang den Wegen, die zu ihnen führten. Und wie durch Zauberei fanden die Siedler überall ringsumher dann die Pflanzen, die sie ernten wollten. Brachte die ausgewählte Art keinen Ertrag, erntete man wahrscheinlich die ringsum vorhandene Unkraut-Art. Wie wir daraus ersehen, begann die Kultivierung mit der allmählich dämmernden Erkenntnis, daß manche ähnlichen Pflanzen-Arten tauglicher waren als andere und es sich daher lohnte, sie nun richtig auszusäen und zu ernten.

Genauso wie sich der Übergang von Sammeln zum Ernten und Speichern unmerklich vollzog, so auch der Wandel vom Ernten zum aktiven Anpflanzen. Zu dieser Kultivierung von Pflanzen kam es erst, als der Mensch bereits eine gewisse geistig höherstehende, soziale und kulturelle Stufe erreicht und sich für dauernd in Dörfern oder sogar Stadtgemeinden niedergelassen hatte. Die Kultivierung von Pflanzen, kurz gesagt der Akkerbau, begann um 7000 v. Chr. im heutigen Anatolien, im Iran und in Syrien, als sich die Erde von den Auswirkungen der letzten Eiszeit erholt hatte. In keiner anderen Gegend der Alten Welt finden sich aus der damaligen Zeit Beweise für eine dauernde Ansiedlung, obwohl es wenig später in China dazu gekommen sein muß.

Die ersten Pflanzen, die richtiggehend kultiviert wurden, stammten direkt von wildwachsenden Arten zweier Gattungen ab – vom Weizen (*Triticum*) und von der Gerste (*Hordeum*). Die Samen dieser und anderer Gräser scheinen ursprünglich nur geröstet, aber später zermahlen worden zu sein, wodurch sich mehr Möglichkeiten zur Bereitung verschiedener Gerichte boten.

Weizen und Gerste waren wie andere erste Nutzpflanzen, darunter Reis, Sojabohnen (*Glycine max*), Flachs und Baumwolle (*Gossypium*), anfänglich benachteiligt, wenn die Leute, die sie anbauten, in kältere Regionen nordwärts oder in Gebirgsgebiete wanderten. Dann machten diesen Pflanzenarten bestimmte Unkraut-Arten, darunter Roggen (*Secale*) und Hafer (*Avena*), Konkurrenz. Sie waren auch Ausleseprozessen unterworfen, die dazu führten, daß sie die ursprünglichen Feldfrüchte in verschiedener Hinsicht nachahmten. Schließlich wurden einige der Unkraut-Arten als richtiges Getreide anerkannt, und diese sekundären Kulturpflanzen verdrängten an kälteren Standorten die ursprünglichen. In weiter östlichen Ländern gehörte dazu auch Buchweizen (*Fagopyrum esculentum*), während im wärmeren Süden verschiedene Hirse-Arten (*Panicum mileaceum, Sorghum, Eleusine, Setaria*) aus Unkraut zu einer wichtigen Feldfrucht wurden. Unter recht anderen Umständen war auch die Tomate einst ein Unkraut in Mais- und Bohnenfeldern von Mexiko.

Bei Getreide-Arten, die man früh in Kultur nahm, ist das Bemerkenswerteste, daß sie sehr schnell eine höchst bedeutende Veränderung durchmachten. In der Wildnis ist es klarerweise für ein Gras wertvoll, wenn es die Samen verstreut, sobald sie reif sind. Für den Sammler, der sie ernten will, schafft dies ein Problem. Denn es beschränkt die Sammeltätigkeit auf ein bis zwei Wochen, die eine Wärmeperiode auf zwei bis drei Tage reduzieren kann. Zur Kultivierung braucht man daher ein Getreide, das seine Samen, während die Pflanzen geerntet werden, so lange in den Ähren behält, bis man sie ausdrischt.

Die Mutation, die aus Ähren mit lockeren Samen solche mit festsitzenden machte, trat wahrscheinlich bei wildwachsenden Formen von Zeit zu Zeit auf, hatte aber keinen Bestand, weil sie nicht vorteilhaft war. Als jedoch der Mensch erst einmal Samen sammelte, bekam er wahrscheinlich eher die von Pflanzen mit noch intakten Ähren. Und als die bewußte Verwendung von Samen zur Kultivierung führte, wurden unabsichtlich Pflanzen mit intakten Ähren dafür ausgewählt. Solche Spielarten waren natürlich weitgehend in ihrem Fortbestand vom Menschen abhängig. So hat etwa der heutige Mais absolut keine natürliche Verbreitungsmethode mehr. Vermutlich neigte der Mensch auch dazu, die größten Samen zur Aussaat zu verwenden, und so kam es zur wirksamen Auslese von Pflanzen mit größeren Samenkörnern.

Interessant ist auch, daß bei Weizen und Gerste grundsätzlich Selbstbestäubung eintritt, während bei den meisten anderen Gräsern Fremdbestäubung die Regel ist. Solche Verhaltensweisen bei der sexuellen Fortpflanzung bringen Spielarten hervor, die sich ziemlich reinrassig vermehren. Reinerbige Linien können so jedoch nebeneinander existieren, ohne Gefahr zu laufen, daß sie zugrundegehen oder verändert werden. Wo unkrautartiges Getreide reichlich vorhanden ist, können nur selbstbestäubende Formen sich als Spielarten erfolgreich behaupten. Das ist mit ein Grund, warum Weizen und Gerste das früheste in Kultur genommene Getreide waren. In den ersten Jahrtausenden des Ackerbaus,

vor allem in den Regionen des Nahen Ostens, war Nahrung von wildwachsenden Arten auch weiterhin von Bedeutung. Denn dort machte eine
Kombination von unberechenbaren Jahreszeiten und primitiven Methoden magere Jahre wahrscheinlich. Der Ackerbauer der Frühzeit hielt auch
Herden von Schafen und Ziegen. Dies war eine Alternative zur Speicherung von überschüssigen Pflanzenprodukten, abgesehen davon, daß die
Tierhaltung die Menschen mit Milch, Wolle und Fleisch versorgte, und
dafür keine Jagd mehr nötig war.

Der auf Aussaat von Getreide und auf den Herden beruhende Ackerbau
des Nahen Ostens verdient es, besonders hervorgehoben zu werden. Denn
in Verbindung damit wurden die Menschen zum erstenmal seßhaft und
bildeten Gemeinwesen. Eine im wesentlichen auf die Tropen beschränkte
Beschäftigung primitiver Gemeinschaften ist die Kultivierung von Pflanzen, die Wurzeln liefern. Sie ist oft verbunden mit der Anpflanzung von
Obstbananen und der mit ihnen verwandten tropischen Mehlbanane
(*Musa paradisiaca*), wozu relativ wenig Mühe und Vorsorge erforderlich
sind. Die Grundsätze der Samenauslese gelten nur selten für den Anbau
von »Wurzelgemüse«. Die Hauptmethoden dafür bestehen in den Tropen
– wie ja auch für die Kultivierung von Kartoffeln in gemäßigtem Klima – in
der Anpflanzung von Wurzelstecklingen oder Ablegern. Sehr oft wird die
Aufzucht aus Wurzeln auf einem Fleck Land durchgeführt, den man ein
bis zwei Jahre nutzt und dann aufgibt.

Aber diese Methode ergibt nicht nur geringere Erträge als die dauernde
Bestellung des Bodens, sondern ein Gemeinwesen, das sich auf sie stützt,
braucht dafür annähernd 30mal soviel Land wie für vom Bauern unterm
Pflug genommene Felder. Wahrscheinlich kann man damit nur etwa 15
Menschen auf 2,59 km² ernähren. Die echte Schwierigkeit bei dieser Methode ist, daß Land, wenn es durch wiederholte Brandrodung zu stark genutzt wird, wahrscheinlich am Ende vollkommen unbrauchbar ist, entweder weil es total erodiert oder mit derbem wertlosen Pflanzenwuchs,
wie etwa mit Elefanten-Rohrkolben (*Typha elephantina*), bedeckt ist.

Der Getreide-Landwirt muß planen und auch schwer arbeiten, um den
Zyklus von Bodenbestellung, Dünger, Aussaat, Unkrautbekämpfung,
Ernte, Dreschen, Worfeln und schließlich Speicherung zu bewältigen.
Alle diese Verfahren lassen sich verbessern. Das hat vielleicht eine reichere
Ernte zur Folge und ermöglicht jedenfalls, verglichen mit anderen Feld-
früchten oder mit Viehhaltung, pro Morgen Land einen sehr hohen Er-
trag.

Man hat auch die Ansicht geäußert, daß alle Gemeinwesen der Ackerbauer, aus denen – in Europa, Indien, Ägypten und China – die bedeutenden Kulturen der Welt hervorgegangen sind, hauptsächlich Getreide anbauten. In gleicher Weise beruhten die Kulturen in Mexiko und Peru auf der Anpflanzung von Mais, Bohnen und Kürbissen (*Cucurbita*), die aus Samen gezogen wurden.

Die Lebensweise des Menschen wandelte sich stetig. Und wenn er in andere Gegenden wanderte, veränderten die Bedingungen dort auch die Pflanzen und Tiere, die er mit sich brachte. Im allgemeinen waren die Jagd und das Dasein von Jägern und Sammlern mit der Kultivierung von Pflanzen verbunden, während im extremen Gegensatz dazu ein paar Gruppen zu nomadischen Hirten oder zu Viehzüchtern wurden. Ackerbau war ein Schritt, der unwiderruflich von den älteren Methoden der Nahrungssuche wegführte.

Schon von ganz frühen Zeiten an wurden die natürlichen Hilfsquellen um die Bevölkerungszentren unwiederbringlich durch die Tätigkeit von Jägern und Sammlern verändert. Der Mensch wurde so festgelegt auf einen Weg, der zu einer ständig wachsenden Bevölkerungszahl führte, die sich von nicht mehr naturgegebenen Quellen ernährte. Der Schaden, der in Lebensräumen angerichtet wurde – wie etwa im Oxus- und Tarimbecken, die heute eine Wüste sind –, verschloß den Wanderern der Frühzeit den Rückweg. Die Folge davon war die Bildung isolierter Gemeinwesen, die zur Wiege von Nationen wurden. Größere wilde Tiere wurden aus den Siedlungsgebieten vertrieben und am Ende oft ausgerottet. Unkraut und Schädlinge der Feldfrüchte drangen ein und entwickelten sich weiter. Das ganze System evolutionärer Veränderung, das nur stufenweise, langsam und unter viel hemmenden Kontrollen und unter Erhaltung des Gleichgewichts funktioniert hatte, geriet in Unordnung.

Aber damals muß die Natur anscheinend unerschöpflich gewesen sein, und der Mensch griff weiterhin zu, wie es seine Vorfahren noch auf begrenzte Weise und seit Jahrtausenden ja auch alle pflanzenfressenden Tiere getan hatten. Sicher ist, daß nur wenige Kulturpflanzen von größerer Bedeutung in prähistorischen Zeiten unbekannt waren und nicht der Herrschaft des Menschen unterstanden. Man könnte sagen, daß der Mensch sehr früh und geschickt »angewandte Botanik« betrieb. Aus der Wildnis verschaffte er sich allerlei andere nahrhafte Pflanzen, die er in Kultur nahm, wenn der Bedarf es erforderte. Dazu gehörten Früchte und Nüsse vieler Art, Auberginen oder Eierfrüchte (*Solanum melongena*),

Bohnen, Gartenkürbisse (*Cucurbita pepo*) und Zuckermelonen (*Cucumis melo*), Gemüse-Spargel (*Asparagus officinalis*), Artischocken (*Cynara scolymus*), Küchenzwiebel, Kohl, Kopfsalat, Wurzelgemüse temperierter Zonen wie Möhren (*Daucus carota*) und Pastinak (*Pastinaca sativa*), aber auch Sago aus dem Mark der Sagopalme (*Metroxylon sagu*) und anderer Palmen-Arten, Zuckerrohr und noch ein paar eßbare Pilze.

Ohne die Wirkungsweise zu verstehen, benutzte der primitive Mensch auch mikroskopische Pflanzen wie Hefepilze (*Saccharomyces*) und andere Pilze bei der Erzeugung von Nahrung. Sie wurden zur Herstellung von Brot, Käse, Joghurt, Bier und Wein verwendet. In den Tropen greifen solche Mikroorganismen Nahrung schnell an; die Gärung, die dies zur Folge hat, war sehr nach dem Geschmack der Bewohner. So decken etwa in Indonesien Kuchen aus vergorenen Sojabohnen und Erdnüsse ein Drittel des Eiweißbedarfs. Eine Paste aus vergorenen Sojabohnen, »miso« genannt, wird von den meisten Japanern täglich zur Bereitung von Suppe verwendet. Und auf den Philippinen erzeugen Bakterien aus Kokosmilch und Fruchtsäften eine gallertartige Substanz, die »nata« heißt.

Alle Arten Pflanzen und jeder ihrer Teile wurden vom Menschen auf ihre Verwendbarkeit untersucht. Allerdings kam es im allgemeinen erst viel später zur Kultivierung von Nutzpflanzen in großem Maßstab. In den ersten Anfängen der Zivilisation muß die Dattelpalme (*Phoenix dactylifera*) einer der am ausgiebigsten genutzten Bäume gewesen sein. Sie lieferte nahrhaftes Essen, Bauholz, Blätter und Fasern zum Dachdecken und für Wände und viel anderes Material. Ein arabisches Sprichwort sagt daher, daß diese Palme für so viele Dinge zu gebrauchen sei, wie das Jahr Tage habe.

Im Osten fand der Bambus fast ebensoviel Verwendung wie die Dattelpalme. Er diente auch als Nahrung, zum Bauen und Dachdecken, als Gefäß für Speisen und Öl, und man stellte daraus Kochgeschirr, Waffen, Akkerbaugeräte, ja sogar Musikinstrumente her. Die vielleicht wertvollste tropische Gruppe waren die Rotang- oder Kletterpalmen, die man für Konstruktionen jeder Art benutzte.

Abgesehen von Nahrung und Getränken, die man aus Pflanzen bereitete, muß Holz das früheste pflanzliche Produkt gewesen sein, das reichlich verwendet wurde. Es eignete sich für vielseitigen Gebrauch, für Bauten, Waffen, Werkzeuge und Boote. Denn es wies ungemein verschiedene Grade von Elastizität, Dauerhaftigkeit und Dichte auf, vom sehr leichten Holz des Balsabaums bis zum zwölfmal so schweren Eisenholz verschiedener Bäume (*Acacia excelsa*, *Afzelia palembanica*, Arten von *Casuarina*, *Mesua* etc.) und zum besonders harten Holz des Guajak- oder Pockholzbaums (*Guajacum officinale*, *G. sanctum*). Später stellte man aus Holz auch Papier her, was heute besonders wichtig ist. Und sehr viel später verarbeitet man die Zellulose von Holz zu Kunstfasern und Kunststoffen.

Sehr frühzeitig gewann man auch hauptsächlich aus der Rinde und den Stengeln verschiedener Pflanzen Fasern. Man löste sie durch sogenanntes »Rösten« aus dem Gewebe, wobei man oft das Pflanzenmaterial in Wasser oder an der Luft faulen ließ. Rösten in Flüssen führte wahrscheinlich zu der offenbar sehr frühzeitigen Entdeckung, daß die Säfte von manchen Pflanzen, wie die von Derris (*Derris = Deguelia elliptica*), Fische betäubten. Die wichtigste Faserpflanze ist zweifellos die Baumwolle. Wildwachsende Arten haben keine Samenwolle, und ähnlich wie feste Ähren für Getreide sind die von solcher Wolle umhüllten Samen ungeeignet für eine Verbreitung in der Wildnis. Möglicherweise hat man Baumwolle zuerst wegen der faserigen Stengel oder auch wegen der ölhaltigen Samen kultiviert. Die wohlbekannten, mit Baumwollfasern umhüllten Samenkapseln sind ganz und gar ein Ergebnis der Kultivierung. Fasern liefern Textilien, Schnüre und Seile, Material für Körbe, Bürsten, Teppiche und Füllstoffe.

Sehr frühzeitig wurden aus Pflanzen – einschließlich Flechten – Farbstoffe gewonnen. Das gilt ebenso für ätherische Öle, Arzneien, Würzessenzen, Salben und Parfüms. Daraus entwickelten sich große Industrien. So sind rund 2 Millionen Rosenblätter nötig, um durch Destillation aus ihnen 1 kg Rosenöl zu erhalten. Ätherische Öle werden heute ebenso in Lösungsmitteln für Farben, in Insektiziden und als Zutaten für Dutzende von industriellen Erzeugnissen verwendet. Gummi genannte Substanzen, Pektine, das heißt gelierende Pflanzenstoffe, und Harze finden auf tausenderlei Weise Verwendung, unter anderem als Räucherwerk, Lack und Firnis sowie für Seife, allerlei kosmetische Artikel und Creme. Man benutzt sie auch in der Lebensmittelindustrie bei der Herstellung von Marmeladen und Speiseeis, als Verdickungs- und Emulsionsmittel und für viele, so verschiedenartige Fabrikerzeugnisse wie etwa Linoleum und Druckerschwärze. Tannin dient zum Gerben von Leder. Ein wohlbekannter Pflanzenextrakt ist ein Latex genannter Milchsaft, aus dem Kautschuk, eines der Produkte unserer modernen Zivilisation, hergestellt wird. Viele Bäume, aber auch viele krautige Pflanzen enthalten eine solche Kautschukmilch. Im Zweiten Weltkrieg gewannen die Russen Kautschuk sogar aus einer einheimischen Löwenzahn-Art. Pflanzen liefern viele Grundstoffe für Lebensmittel wie Zucker und Stärke, Öle und Fette. Manche dieser Fettstoffe, aber ebenso Wachs von verschiedenen Pflanzen, werden für eine große Reihe industrieller Zwecke verwendet.

Und schließlich liefern Pflanzen alle möglichen Arzneien, Insektizide und Herbizide, die auf Pflanzenhormonen basieren. Obwohl etliche heute synthetisch hergestellt oder von synthetischen Substanzen verdrängt werden, konnte der Mensch sehr vieles nicht besser künstlich erzeugen. Dazu zählen unter anderem Chinin und Opium, Rotenon von Derris-Lianen und Pyrethrum aus *Chrysanthemum cinerarifolium* als betäubende Insektizide, verschiedene Antibiotika, die von Pilzen oder Flechten stammen, und einige andere Bakterizide.

Lebende Pflanzen können zum Beispiel als Windschutz dienen und vor allem helfen, Ödland wieder fruchtbar zu machen. Besonders werden verschiedene Gräser dazu verwendet, Sanddünen und Schlammgebiete zu festigen, Müllhalden zu bepflanzen und dergleichen mehr. Verborgene Erzlager lassen sich entdecken, wenn man die Verteilung bestimmter Pflanzen-Arten in eine Karte einzeichnet, das wechselnde Wachstum der betreffenden Arten beobachtet und auch ihre Gewebe analysiert.

Hin und wieder ist eine Pflanze wirklich moderner Technologie gegenüber im Vorteil. Mein Lieblingsbeispiel dafür ist die Weber- oder Wollkarde (*Dipsacus fullonum*). Die schmalen, ovalen Blütenköpfchen mit vielen starren, dornigen Deckblättchen werden heute noch zu Millionen in der Kleiderindustrie benutzt, um wollene Tuche für Kleidung höchster Qualität aufzurauhen. Auf Brettern montiert, heben sie den weichen kurzen Flaum gleichmäßig in einer Richtung hoch. Ersatzgeräte aus Draht können die verlangte Qualität nicht erzeugen.

Ein anderer Triumph von Pflanzen über die Technik hatte weniger mit technischer Präzision zu tun, sondern war eher komisch. Henry Longhurst berichtete darüber, als er den Bau der Straße der »Goldenen Stufen« zu dem Ölfeld Gach Saran schilderte, das in einer der heißesten Gegenden des Iran liegt. Man hatte Angehörige der dortigen Stämme angestellt, um die Lastwagen zu fahren. Aber die Autos standen die meiste Zeit des Tages wegen Überhitzung des Motors still, das heißt alle außer einem, das, »wie man bemerkte, vor der Hitze oder der Steilheit der Straße keineswegs kapitulierte... Eines Tages legten sich der verantwortliche Vorarbeiter und der Oberaufseher auf die Lauer, hielten den Fahrer an und verlangten den

Motor zu sehen. Sie entdeckten, daß über den Vergaser eine halbe Melone gelegt worden war, deren saftiges Fruchtfleisch ihn gerade so kühl hielt, daß der Treibstoff nicht mehr kochen konnte«.

Meeresalgen haben ebenfalls einen sehr weiten Anwendungsbereich. Viele sind, vor allem in Japan, als Nahrung wichtig, aber auch als Viehfutter und Dünger. Agar-Agar und Alginate sind zwei Produkte, die man aus ihnen gewinnt. Man kann sie auf vielerlei Weise verwenden. Aus Algen gewonnene Erzeugnisse (Alginate) dienen manchmal auch dazu, schwere Böden zu verbessern und leichte oder sandige zu festigen. Sie sind besonders wertvoll für die Neugewinnung von Land.

Von immenser Bedeutung sind natürlich die Überreste riesiger abgestorbener Pflanzen aus dem Karbon, die sich in Form von Braun- und Steinkohle in den Kohlenflözen finden. Der ebenfalls viel verwendete Torf wurde dagegen in ein paar tausend Jahren gebildet, als Pflanzen sich unter Luftabschluß zersetzten. Kalkstein, der Grundstoff von Zement und Kalkdünger, besteht oft hauptsächlich aus fossilen Überresten von Goldbraunen Geißelalgen (*Chrysophyceae*), vor allem aus den Kalkkörpern, die sie enthielten und die sich auf dem Grund der Kreidezeit-Meere abgelagert haben.

Da der Ackerbauer alter Zeit weiterwanderte, verbreitete er allmählich die Samen, Wurzeln und Zwiebeln seiner Feldfrüchte. Als sich auch genug Menschen auf dem Erdball ausgebreitet hatten und zu begreifen begannen, daß noch andere Gemeinschaften existierten und daß bestimmte Pflanzen und deren Produkte nur an dem einen oder anderen Ort vorkamen, fing der Handel an. So langsam und mühsam der Karawanenverkehr sein mochte, er nahm doch ständig in ganz Asien zu, China selbstverständlich inbegriffen, und erstreckte sich schließlich auch auf Afrika. Solche Karawanen beförderten hauptsächlich Waren wie Gewürze, Arzneipflanzen, Kräuter und andere Dinge, die das tägliche Leben angenehmer machten und die sehr begehrt waren, als sich die Kulturen entwickelten. Normalerweise handelte man nicht mit Lebensmitteln, aber man beförderte vielleicht Samen. Die erste verbürgte Expedition, die Pflanzen sammelte, galt dem Weihrauchbaum (*Boswellia carteri*). Die ägyptische Königin Hatschepsut ließ 1482 v. Chr. aus dem Lande Punt – dem heutigen Somaliland – 32 dieser Bäume mit dem Schiff für ihren großen Tempel in Deir el Bahri heranschaffen.

Diese frühen Wanderungen und Reisen waren sicherlich höchst wichtig für die Verbreitung von Pflanzen, da so ein Austausch zwischen Asien und Afrika stattfand. Die Römer brachten dann mediterrane Feldfrüchte in die verschiedenen Gegenden ihres ausgedehnten Reiches. Später führten die Araber nach Spanien Reis, Zuckerrohr, aber auch Citrusfrüchte ein, die ursprünglich aus China stammten. Die Polynesier führten auf ihren weiten Reisen, die sie unternahmen, um Neuland zu besiedeln, Brotfruchtbäume (*Artocarpus incisa = A. communis*), Taro, Süßkartoffeln und Kokosnüsse mit sich.

Doch was die Situation wirklich wandelte, war nach 1492 die regelmäßige Schiffahrt auf dem Atlantik. Sie machte erst den Austausch von Pflanzenarten der Alten und Neuen Welt möglich. An Nährpflanzen erhielt Europa die Kartoffel, die Tomate, den Mais, mit der Spielart Zuckermais (*Zea mays, var. saccharata*), und ebenso die Tabakpflanze aus Mittel- und Südamerika. Die Erdbirne oder Topinambur sowie die Feuer- und Gartenbohnen (*Phaseolus coccineus* und *Ph. vulgaris*) stammen auch aus Amerika. Für tropische Länder der Alten Welt war die südamerikanische Cassava von besonderem Nutzen. Aber auch Nord- und Südamerika zogen Gewinn aus der Anpflanzung von Arten der Alten Welt. Dazu gehörten Citrusfrüchte, Reis, Zuckerrohr, Bananen, Yams, verschiedene Erbsen, aus denen die heutige Kulturform (*Pisum sativum*) hervorgegangen ist, und Sojabohnen. Natürlich wurde auch Weizen zusammen mit den meisten europäischen Getreide-Arten von den Pilgervätern und deren Nachfolgern nach Nordamerika gebracht. Kurios ist, daß erst irische Auswanderer die südamerikanische Kartoffel in Nordamerika einbürgerten. Und der Kaffee, der zu einem berühmten Erzeugnis Südamerikas wurde, kam aus Arabien und Äthiopien dorthin.

Portugiesische Schiffe brachten Kokospalmen und Reis nach Westafrika. Der wegen der Meuterei auf der »Bounty« berüchtigte, aber für Pflanzenzucht begeisterte Kapitän Bligh, beförderte Bananen, Brotfruchtbäume und das dickstengelige Zuckerrohr von Tahiti nach Jamaika. Der peruanische Chinarindenbaum (*Cinchona*), aus dem man das Chinin gewann, wurde in Ceylon und im Fernen Osten eingebürgert. Ebenso zog man den brasilianischen Kautschukbaum (*Hevea brasiliensis*) aus Samen, die man etwa ein Jahrhundert früher außer Landes geschmuggelt hatte. Botanische Forschung entdeckte in Nordamerika Nutzholz liefernde Nadelbäume wie die Douglasie, die heute zu einem der wirtschaftlich wichtigsten Bäume Europas gehört. Dagegen wurde die Monterey-Kiefer (*Pinus radiata*) zu einem der wertvollsten schnellwüchsigen Weichhölzer für Gebiete mit warmem Klima. Diese Kiefer ist heute wildwachsend nur noch auf eine Gruppe von windzerzausten, verkrüppelten Exemplaren in Süd-kalifornien beschränkt. Ungefähr um die gleiche Zeit – um die Jahrhundertwende – wurden in Australien heimische Eukalyptus-Arten in jedes Land mit geeignetem Klima als Nutzhölzer und auch als Zierde gebracht.

Mit der Verwendung von Pflanzen als Schmuck hat sich der Mensch schon sehr früh intensiv befaßt. Doch er tat es in den verschiedenen Weltgegenden zu ganz anderen Zeitpunkten. Derlei konnte sich nur entwickeln, wenn Kultur mit der nötigen Muße verbunden war. So pflanzten bereits die alten Ägypter Blumen und Bäume als Zierde und verwendeten mehr Räucherwerk als seither irgendeine andere Nation.

Hochentwickelte Völker, wie etwa die Chinesen und die Perser, züchteten schon Blumen, während die Briten sich noch mit Färberwaid (*Isatis tinctoria*) als Kriegsbemalung beschmierten. Ein chinesisches Sprichwort lautete: »Hast du auf der Welt nichts mehr als zwei Kupfermünzen, kaufe mit der einen einen Laib Brot und mit der anderen eine Lilie.«

Zu einem viel späteren Zeitpunkt legte man in den Königreichen von Peru und Mexiko ansehnliche Ziergärten an. Die meisten Kulturvölker hatten sich damit begnügt, die Pflanzen, die bereits ringsum wuchsen, in Pflege zu nehmen und zu veredeln. Doch als die Briten erst einmal damit begonnen hatten, waren sie es, die am eifrigsten nach Pflanzen aus fernen Ländern suchten, um ihre Gärten zu schmücken. Wie für die Nährpflanzen, erschloß sich die Welt auch erst für die Zierpflanzen, als die Europäer mit ihren Schiffen die Meere beherrschten. Zu den ersten Pflanzen, die auf diesem Wege von den Spaniern aus Mittelamerika über den Ozean gebracht wurden, gehörten die Passionsblumen (*Passiflora*), die Tuberose (*Polianthes tuberosa*), die Jalapa-Wunderblume (*Mirabilis jalapa*) sowie die Aufrechte und die Ausgebreitete Sammet- oder Hoffartsblume (*Tagetes erecta, T. patula*). Zuerst brachte man hauptsächlich Samen, Knollen oder Zwiebeln mit, um neue Pflanzen einzubürgern. Aber als man bessere Methoden ersonnen hatte, um sie am Leben zu erhalten, beförderte man auch lebende Pflanzen über die Meere.

Manche Zierpflanzen verdanken wahrscheinlich heute nur ihrer Schönheit, daß sie überhaupt noch existieren. Der herrliche Flamboyant-Baum (*Delonix regia*) wächst wild nur in einem Gebiet auf Madagaskar. Ebenso eindrucksvoll ist die mit ihm verwandte *Amherstia nobilis*, ein kleiner Baum, den man nur zwei- bis dreimal wildwachsend gefunden hat. Exemplare, die man in Kultur genommen hat, stammen von einem einzelnen

Baum in einem Klostergarten von Burma ab. Der Gingkobaum (*Gingko biloba*), der heute klugerweise als Alleebaum in Nordamerika verwendet wird, ist wildwachsend anscheinend kaum bekannt. Er wurde von den Chinesen in Tempeln und Gärten angepflanzt.

Heute noch existieren viele Pflanzenprodukte, die der Mensch unserer Zivilisation nicht wirklich kennt, die aber möglicherweise für ihn von großem Wert sind. Manche verborgenen Kräfte dieser Pflanzen sind, etwa in Südamerika, von sogenannten »primitiven« Stämmen entdeckt worden. Von den einzigartigen Kenntnissen, die diese Menschen von Heilkräutern besitzen, haben die Anthropologen nur sehr wenige erkundet und gesammelt, doch der »fortschrittliche« Mensch ist eifrig dabei, diese Kenntnisse auszutilgen. Anthony Smith hat berichtet, daß der moderne Brasilianer von seinen Wäldern und Wildnissen behauptet, »›dort ist nichts zu holen‹. Aber im Gegensatz dazu erklärt der Indianer: ›Der Wald hat alles. Er befriedigt alle unsere Bedürfnisse, er liefert die Nahrung, die wir essen, Bauholz und Stroh fürs Dach, Holz für Bogen und Pfeile, Früchte und Medizin‹. Der Wald ist entweder nichts oder alles. Das hängt davon ab, wer du bist.«

Da unser Bedarf ständig wächst, sind wir darauf angewiesen, die Nutzpflanzen immer geschickter zu manipulieren. Gleichzeitig müssen wir das, was von der Wildnis übrigbleibt, sorgfältiger schützen. Denn das kann, mehr als wir jetzt noch begreifen, die Erdoberfläche erhalten, wildlebende Tiere ernähren, deren Verlust wir bedauern würden, und es kann den Trost bieten, nach dem sich die in einer übertechnisierten Umwelt eingepferchten Menschen immer mehr sehnen.

In dem Augenblick, in dem der Mensch begann, Samen bewußt auszusäen oder Ableger von Feldfrüchten in die Erde zu senken, hatte er die Herrschaft übernommen. Ja, er mußte das sogar tun. Samen zu säen oder Wurzeln, Knollen, Zwiebeln, Schößlinge und dergleichen anzupflanzen, schließt ein, daß man den Boden rodet und ihn für gewöhnlich irgendwie umackert, um bessere Bedingungen für die Pflanzen zu schaffen. So entstand ein Arbeitszyklus, der auf die Jahreszeiten abgestimmt war. Dazu gehörten Roden und Umbrechen des Bodens, Düngen und Jäten von Unkraut sowie Aussaat oder Anpflanzung. Es endete mit der Ernte und der Tätigkeit, die darauf folgte. Im Lauf von Jahrtausenden sind diese Arbeitsgänge langsam, aber stetig verbessert und verfeinert worden und haben sich auf die ihnen eigene Weise weiterentwickelt. Das ist der erste Weg zur Herrschaft des Menschen.

Der zweite besteht in einer Kontrolle des Fortpflanzungsmaterials. Samen müssen gereinigt werden, damit kein Unkraut unter der Feldfrucht wächst, sie müssen sorgfältig gelagert sein, damit sie möglichst keimfähig bleiben und das Wachstum danach bestens gesichert ist. Heutzutage werden Samen mit besonderer Sorgfalt geerntet und vielleicht auch bei kontrollierter Temperatur und Feuchtigkeit gelagert. Um die Lebensdauer zu erhöhen, werden die Samen oft verpackt, nachdem man ihnen einen Großteil des Wassers entzogen hat.

Zur Vermehrung durch Ableger gehört, daß man die günstigste Zeit kennt, zu der man sie abnimmt und einwurzeln läßt, und welchen Teil der Pflanze und wieviel man davon verwendet. In den Tropen schlagen sehr viele Ableger fast jederzeit Wurzeln, steckt man sie ohne viel Vorbereitung in den Boden. Pflanzen gemäßigter Zonen sind meist heikler, wenn man sie auf diese Weise vermehrt.

Unter den verschiedenen Arten der Handhabung und Kultivierung von Pflanzen war die Vermehrung durch Ableger oder Setzlinge im Ackerbau weit verbreitet; sie beschränkte sich aber viele Jahrhunderte lang auf relativ wenige Arten. Als man in der Praxis immer kompliziertere Methoden

Taublatt *(Drosophyllum lusitanicum)* mit gefangener Florfliege

Oben links:
Gemeiner Stech-
apfel (Datura
stramonium)

Oben rechts:
Früchte einer
afrikanischen
Strychnos-Art
(Tschad)

Unten: Tollkirsche
(Atropa bella-
donna)

anwendete, wozu auch der vermehrte Gebrauch von Ablegern gehörte, entsprang dies hauptsächlich dem Wunsch, Zierpflanzen ohne Samen zu vermehren; denn deren Aufzucht dauert sonst zu lange. Sie bilden sich meist nicht bei Kultivierung oder sind unbrauchbar, weil sie von Hybriden, das heißt Misch- oder Kreuzungsformen, stammen. Zu den modernen Raffinessen zählen auch geschlossene Behälter für die Ableger, die von unten her erwärmt und bewässert werden. Man arbeitet auch mit »Nebel« und benützt dazu Geräte, die Wasser ganz fein in der Luft versprühen. Das geschieht in Intervallen, die durch den Grad der Austrocknung des Pflanzenmaterials bestimmt werden; häufig dient ein künstliches »Blatt«, das elektronisch die Feuchtigkeit mißt, als Steuergerät dafür. Weitgehend werden auch auf Pflanzenhormonen basierende Pulver verwendet, um das Einwurzeln zu beschleunigen. Überdies hat man besondere Techniken entwickelt, darunter die absichtliche Verletzung des Ablegers am unteren Ende, da dies bei einigen Pflanzen ebenfalls zu schnellerer Wurzelbildung führt. Die Vermehrungsmöglichkeiten mit modernen Methoden sind wirklich bemerkenswert. Ich kenne einen europäischen Gärtner, der damit in einem Jahr von einer Originalpflanze – von der mit dem Buchsbaum verwandten und eine schöne Bodendecke bildenden *Pachysandra* – 20000 Einzelpflanzen erhielt.

Eine weitere moderne Spezialmethode ist die Verwendung von Meristemen, von mikroskopischen Bildungsgeweben an der Pflanzenspitze. Diese Methode erfordert, daß man unter einem Mikroskop das Meristem, das nur einen halben Millimeter Durchmesser hat, abtrennt und in sterilen Kulturen großzieht, bis es so weit herangewachsen ist, daß man es mehr oder weniger als normalen Ableger oder Sämling behandeln kann. Die Notwendigkeit, diese Methode anzuwenden, ergibt sich aus der ungemein großen Zunahme von Viruskrankheiten, von denen das Meristem normalerweise verschont bleibt. Denn das Virus kann selten mit den Zellen der wachsenden Pflanzenspitze Schritt halten. Manche dieser Viren sind tödlich oder führen zu sichtbarer Verkrüppelung. Andere, noch heimtückischere hemmen einfach die Wachstums- und damit die Ertragfähigkeit von Pflanzen. Von Viren freier Rhabarber wächst zum Beispiel um 70 Prozent besser als eine infizierte Pflanze. Apfelbäume werden oft von versteckten Viren befallen, die bei ihnen die Bildung von Früchten sehr verringern. Wohlbekannt ist auch, daß Erdbeeren, die sehr anfällig für Viren sind wie auch für die Blattläuse, die sie übertragen, meist nach drei Jahren beseitigt werden müssen. Die Verwendung von Meristemen mag mühsam sein, sie gestattet aber Pflanzenzüchtern »Kernbestände« zu schaffen, aus denen von Krankheiten freies Pflanzungsmaterial verbreitet werden kann. Zu den Pflanzen, die erfolgreich auf diese Weise behandelt worden sind, gehören Obstbäume, Erdbeeren, Kartoffeln, Dahlien, Garten-Nelken (*Dianthus caryophyllus*) und Chrysanthemen (*Chrysanthemum indicum, Ch. sinense*), beziehungsweise die aus ihnen gezüchteten Kulturformen.

Meristeme läßt man anfangs in Reagenzgläsern auf Nährböden aus Gallerte wachsen. Sie bilden zahlreiche Knospen, die später auseinandergeschnitten und einzeln weitergezogen werden können. Zu dieser Methode haben auch Orchideenzüchter gegriffen, um die reizvollsten, hochgezüchteten Spielarten zu vermehren, was unter normalen Bedingungen Jahre dauern würde.

Im Gegensatz dazu ist Veredelung durch Pfropfen oder Okulieren eine sehr alte Technik, die allerdings ebenfalls viel Sorgfalt und Genauigkeit erfordert. Der Hauptzweck ist, eine neue Pflanze zu schaffen, meist einen Baum, dessen obere Teile besonders gute Früchte tragen und dessen Wurzelsystem kräftig und gesund ist. Daher können oft Wurzelstöcke von Wildarten benutzt werden, während das Pfropfreis oder die Krone von bekannten, ausgewählten Formen stammt, die, wenn sie Hybride sind, nicht aus Samen rein gezüchtet werden können. Ebenso schlagen die Ableger vieler Pflanzen nicht ohne weiteres Wurzeln oder brauchen zu lange dazu. In vielen Fällen wird der Wurzelstock so gewählt, daß er, wie etwa bei Obstbäumen, die endgültige Größe und Lebenskraft beeinflußt oder daß er, wie bei Tomaten, die Pflanze widerstandsfähiger gegen Krankheiten macht. Dazu lassen sich nur sehr nahe verwandte Arten verwenden; das erinnert an die Transplantation von Organen, die beim Menschen an gleiche Blutgruppen gebunden ist.

Bei einjährigen Pflanzen sind Samen die einzigen wirksamen Mittel zur Verbreitung. Auch andere Pflanzen vermehren sich vielleicht besser durch Samen als durch Ableger oder Pfropfreiser. Samen können variable Nachkommen hervorbringen und bieten daher dauernd Gelegenheit für Auslese und Veredelung. Vegetative Mittel der Vermehrung garantieren dagegen, daß die Nachkommen identisch mit der Elternpflanze sind, weil sie aus den gleichen Geweben bestehen. Diese sogenannten Klone können Hunderte, wenn nicht Tausende von Jahren ohne Veränderung der Substanz existieren. Möglicherweise ist dies der Fall bei Ölbäumen.

Nachdem der Mensch erst einmal die Methoden der Kultivierung und

Vermehrung gemeistert hatte, suchte er das Pflanzenmaterial zu verbessern. In manchen Fällen wählte er dafür die besten wildwachsenden Formen aus; das betrifft vor allem Pflanzen, die aus Wurzeln oder Ablegern gezogen werden. Die Samen nahm er im einfachsten Fall von den größten und gesündesten Elternpflanzen oder von denen mit den größten Körnern oder Früchten.

Zu den bekannten Pflanzen, die jede von einer einzelnen Art abstammen und deren Kulturformen zumindest bis in neueste Zeit als Ergebnis einfacher Auslese von Variationen entstanden sind, gehören Tomaten, Gurken, Mais, Reis, Bohnen, Möhren, Sellerie (*Apium graveolens*), Kopfsalat, Küchenzwiebeln und Zuckerrüben. Das Verfahren der Auswahl von erwünschten Merkmalen ist jedoch bei den Zierpflanzen am deutlichsten zu erkennen. Ist einmal eine aus Samen gezogene Spielart eingeführt, muß sie erhalten bleiben. Die einfachste und älteste Methode ist die Entfernung von minderwertigen oder von der Norm abweichenden Einzelpflanzen. So einfach, wie es klingt, können bei Feldfrüchten innerhalb von vier Generationen um 20 bis 50 Prozent verbesserte Erträge durch die Massenauslese erzielt werden.

Von der Auslese der Pflanzen wandte sich der Mensch der Züchtung zu. Häufig besorgte das die Natur für ihn. Er entdeckte inmitten seiner Feldfrüchte neue Spielarten, die ein Ergebnis von zufälligen Befruchtungen oder von Mutationen waren. In der Natur wären sie zugrundegegangen. Später züchtete der Mensch wohlüberlegt; er kreuzte Spielarten der gleichen Spezies, um eine Neukombination von erblichen Merkmalen zu ermöglichen; er kreuzte sogar verschiedene Arten, wenn sie zusammenpaßten. Haben Arten nämlich eine abweichende Chromosomenzahl, lassen sie sich normalerweise nicht kreuzen. So stammen die heutigen Erdbeeren aus einer Kreuzung, die man in England zwischen der nordamerikanischen Spezies *Fragaria virginiana* und der chilenischen *F. chiloënse* vornahm. Und der erste Schritt, der zu unseren jetzigen, wiederholt blühenden Rosen führte, war die Einbürgerung einer langblühenden Rose aus China auf der Insel Bourbon (Réunion). Dort verwendete man sie für Hecken, in denen sie sich auf natürliche Weise mit einer Form der Damaszener Rose (*Rosa damascena*) kreuzte, die man ebenfalls in Hecken anpflanzte. Daraus ging die Ahnenform der Bourbon-Rosengruppe hervor. Solche Beispiele zeigen, daß verbesserte Verkehrsverhältnisse zur Bestäubung von Arten führte, die für gewöhnlich weit voneinander getrennt leben, und sich dadurch die Möglichkeiten der Pflanzenzüchtung wandelten.

Die Bildung von Hybriden zwischen Arten kann sterile Nachkommen zur Folge haben. Der normale Chromosomensatz einer Zelle besteht aus zwei Garnituren von gleichen Chromosomen. Verdoppelt sich jedoch dieser Chromosomensatz nach einer Kreuzung, was in der Natur ganz häufig eintritt, bleibt die Fruchtbarkeit gewahrt, und der Nachkomme kann zur Ausgangsform für neue Variationsmöglichkeiten werden. Pflanzen mit mehr als einem so verdoppeltem Chromosomensatz nennt man polyploid. Ist der Chromosomensatz jedoch verdoppelt, besteht er also aus vier Chromosomengarnituren, wird er als tetraploid bezeichnet. Pflanzen, bei denen das der Fall ist, sind oft größer, kräftiger und ertragreicher. Kreuzung verschiedener Spielarten kann zu prächtig gedeihenden Hybriden führen. Die Hybriden der ersten »Tochter- oder Filialgeneration« – kurz F.1 genannt –, die in Samenkatalogen angeführt werden, sind das Ergebnis solcher Kreuzungen. Beispiele dafür sind Mais, Sprossen- oder Rosenkohl (*Brassica oleracea var. gemmifera*) und Tomaten. F.1-Hybriden züchten selbst nicht rein weiter, und man muß die grundlegende Kreuzung alljährlich wiederholen. Das geschieht normalerweise durch manuelle Bestäubung.

Einer der hervorragenden Erfolge der F.1-Züchtung ist eine Form der Negerhirse (*Pennisetum glaucum*), die in Indien fast drei Millionen Morgen Land einnimmt. Binnen drei Jahren nach Beginn eines Züchtungsprogramms wurde eine Kreuzungsform erzielt, die den Ertrag um 88 Prozent erhöhte. Es trug einen Teil zum Erfolg dieser besonderen Hybride bei, daß man Pflanzen mit sterilem Pollen entdeckte, so daß die Kreuzung zweier Elternrassen nicht durch Selbstbestäubung vereitelt wurde. Wenn die für die Bestäubung ausgewählten Pflanzen – sozusagen die »Mütter« – keinen sterilen Pollen besaßen, mußten die Staubgefäße mit der Hand entfernt werden, was ein sehr umständliches Verfahren war.

Ein Gesichtspunkt bei der Pflanzenzüchtung ist die gezielte Suche nach einem bestimmten Merkmal. Lupinen-Arten (*Lupinus*), üppige und schnellwüchsige Pflanzen, scheinen eine vortreffliche Quelle für Viehfutter zu sein. Aber wildwachsende Lupinen enthalten bittere Alkaloide, so daß Tiere sie meist verschmähen. Züchter überlegten nun, daß hin und wieder durch Mutation eine von Alkaloiden freie Form auftreten könnte. Nachdem man 1 1/2 Millionen Pflanzen untersucht hatte, fanden sich wirklich 6 solche Einzelpflanzen, aus denen man die Süßlupinen züchtete.

Wissenschaftlich wurde die Züchtung erst im letzten Jahrhundert betrieben. Vorher verstand man nicht einmal die Vorgänge bei der Fortpflanzung in ausreichendem Maß. Und erst um die Jahrhundertwende beschäftigte sich Bateson eingehend mit der Vererbungswissenschaft und prägte dafür, nachdem man die berühmte Arbeit Gregor Mendels auf diesem Gebiet wiederentdeckt hatte, den Fachausdruck Genetik.

Heute ist es bei der Züchtung möglich, zielbewußt vorzugehen, und man verläßt sich kaum mehr auf den Zufall. Der Ertrag von Feldfrüchten oder bei Zierpflanzen die Blütengröße – das sind die üblichen Hauptziele. In den letzten paar Jahren hat man neue Spielarten der wichtigsten Nährpflanzen – von Weizen-, Reis- und Hirse-Arten geschaffen, unter anderem eine vielversprechende Kreuzungsform von Weizen und Roggen, die man lateinisch *Triticale* nannte. Dadurch wurden die Erträge mindestens drei- bis viermal, unter Versuchsbedingungen vielleicht sogar fünfzehnmal so hoch. Man interessierte sich auch dafür, durch Züchtung den Eiweißgehalt zu erhöhen.

Aber nicht nur bei Getreide, auch bei Nutzholz läßt sich die Ausbeute steigern. Man wählt dabei in einer Anpflanzung die besonders vielversprechenden Bäume aus, vermehrt sie durch Stecklinge und kreuzt sie alle miteinander, wenn sie herangewachsen sind. So können Nutzhölzer in einem bestimmten Alter ein um mindestens 25 Prozent größeres Volumen bekommen. Hybriden von Europäischer und Japanischer Lärche (*Larix europaea*, *L. leptolepis*) nehmen an Umfang bis zu 180 Prozent gegenüber den Elternbäumen zu.

Die Mehrung des Ertrags hängt auch davon ab, daß man die Photosynthese-Leistung steigert. Selbst das beste Futtergras nutzt nur 4 Prozent der Lichtenergie, die zu ihm gelangt. Neuere Züchtung hat diese Zahl auf 5 Prozent hinaufgeschraubt und die Erzeugung von Trockensubstanz um ein Drittel vermehrt. Auch eine Reis-Spielart, die gegenüber älteren Varietäten fast das Doppelte an Photosynthese durchführt, hat man geschaffen.

Züchtung von Produkten, die auf den Markt kommen, war, wie etwa bei Tomaten oder Erdbeeren, darauf ausgerichtet, einheitliches Aussehen, oft auch gleichzeitige Reife zu erzielen, um mechanische Pflückgeräte am vorteilhaftesten einsetzen zu können. Bei den Erdbeeren kommen bei neuen Spielarten noch sehr lange Fruchtstiele dazu. Die Industrie, die Konserven und Tiefkühlkost herstellt, führt, etwa bei Rosenkohl und Erbsen, zu ähnlichen Bestrebungen. Die neuesten Erbsen-Hybriden haben praktisch keine Blätter mehr. Ihre Stengel reichen für die Photosynthese aus, und da mehr Sonne die Hülsen erreicht, werden sie gleichmäßiger reif, während die Blattlosigkeit für leichteres mechanisches Pflücken sorgt. Solche und andere Erfordernisse wie etwa Festigkeit, um unbeschädigt verpackt werden zu können, sollten natürlich den guten Geschmack und den Nährwert nicht beeinträchtigen, die man bei einigen Feldfrüchten heute vermißt. Die Wünsche des Verbrauchers dürften unter den Zielen, die Vorrang haben, nicht an letzter Stelle stehen. Zu anderen – kürzlich erreichten – Vorhaben gehörte die Züchtung von Getreide mit kurzen Halmen, weil das die Ernte mit Mähdreschern bequem macht, aber auch wertvoll ist, weil der Halm nicht so leicht niedergedrückt oder geknickt wird. Man schuf auch unter anderem Obstbäume mit spitzeren Astwinkeln, damit sie schwerere Fruchtmengen tragen konnten, ferner Früchte, die sich leicht ablösen, wenn sie mechanisch gepflückt werden, oder Schwarzen Senf (*Brassica nigra*) mit hohen, steifen Stengeln und mit Samen, die bis zur Ernte in den Schoten bleiben. Bei mehreren Feldfrüchten sind neue Varietäten gezüchtet worden, die sich ebenso unter kälteren oder trockeneren Bedingungen behaupten wie unter normalen. Auch neue Pflanzen, die noch in stark mineral- oder salzhaltigem Boden gedeihen, hat man entwickelt.

Eines der wichtigsten Ziele der Züchtung ist Resistenz gegen Pilzkrankheiten, die wahrscheinlich heute für den, der Feldfrüchte anbaut, das größte Problem sind. Denn Pilze sind chemisch schwer zu bekämpfen, und sie sind imstande, unter den für sie idealen Bedingungen der Kultivierung, die ganze Ernte zu vernichten.

Leider sind Pilze in der Anpassungsfähigkeit bei ihrer Vermehrung und im Mutationspotential sogar noch flexibler als andere Pflanzen. Hat man eine Feldfrucht entwickelt, die anfangs widerstandsfähig gegen die Krankheit ist, macht der Pilz sehr häufig diese Abwehr zunichte, weil er in einer neuen Form auftritt, der gegenüber die Pflanze nicht mehr immun ist. Einige der virulentesten Pilzrassen, die Krankheiten verursachen, ist zum Beispiel der Weizen-Schwarzrost (*Puccinia graminis tritici*). Diese Krankheiten sind sicher die Folge davon, daß man bei Getreide durch Züchtung Resistenz zu erreichen versucht hat. Früher hatte die Züchtung meist das Ziel, dem Pilz einen Schritt voraus zu sein, aber man entdeckte in zunehmendem Maße, daß Pflanzen auch die allgemeine Fähigkeit besitzen können, jeder Spielart von Pilzen zu widerstehen. Die Forschung konzentriert sich nun darauf, solche Pflanzen zu entwickeln.

Diese Art der Züchtung läßt sich entweder erreichen durch Auslese resistenter Kulturpflanzen oder nach komplizierter und getrennter Bewertung der einzelnen Gene einer wildwachsenden Spezies, oder manchmal einer besonderen, von der Krankheit ebenfalls nicht angreifbaren Spielart. In einem solchen Fall sind die Züchter in der Lage, durch ein Rückkreuzung genanntes Verfahren ein Gen, das die wahrscheinlich sonst wertlose wildwachsende Art gegen die Krankheit widerstandsfähig macht, in die Zellstruktur der vom Menschen geschaffenen Feldfrucht einzuschleusen. So besteht etwa bei drei wildwachsenden Arten Resistenz gegen das Tomaten-Mosaikvirus, das die Kultursorten schwächt und den Ertrag bis zu 20 Prozent verringert. Man züchtet nun neue Varietäten, denen man diese Resistenz »einverleibt«.

Widerstandsfähigkeit gegen Schädlinge, einschließlich der schwer zu bekämpfenden unterirdischen Fadenwürmer, ist ebenfalls ein Züchtungsziel. Aber das ist vielleicht weniger wichtig, da man mit den meisten Schädlingen mehr oder weniger erfolgreich durch chemische oder biologische Mittel fertig werden kann. Doch davon mehr im nächsten Kapitel. Ein erfolgreiches Beispiel für Resistenz durch Züchtung ist eine Kreuzungsform von Reis, die resistent gegen Blattflöhe ist, normalerweise schlimme Schädlinge für dieses Getreide.

Außer auf solche Weise bestimmte Chromosomen und einzelne Gene zu manipulieren, hat der Mensch auch Züchtungsprogramme zu beschleunigen gesucht. Er benutzte dazu besondere Kammern, in denen die Pflanzen unter kontrollierten Umweltbedingungen heranwuchsen. Wenn nötig, durch hormonale Steuerung des Wachstums unterstützt, verringerte dies das Intervall zwischen den Pflanzengenerationen. Ein bemerkenswertes Beispiel dafür waren Kiefern, die aus Samen gezogen worden waren und schon zwei Jahre später Zapfen trugen. Man hat auch spezielle Bestäubungsmethoden ersonnen, um eine schnellere Fortpflanzung zu erzielen. Dazu gehörte unter anderem, daß man Pollen unmittelbar in den Fruchtknoten brachte. Solche kontrollierten Bedingungen ermöglichen es, zur Züchtung etwa eine Kurz- und eine Langtagspflanze zusammenzubringen, die sonst nicht gleichzeitig fortpflanzungsbereit wären. Die später noch beschriebene Anwendung von Behandlungsmethoden, um die Samenruhe zu unterbrechen und sogar die Keimung zu sichern, sind in der Züchtungsarbeit ebenfalls von Bedeutung.

Man hat einmal gehofft, daß künstlich herbeigeführte Mutationen nützliche neue Pflanzenvarietäten hervorbringen könnten. Die Anwendung von Colchizin, einem Alkaloid, das unter anderem aus der Herbstzeitlosen (*Colchicum autumnale*) gewonnen wird, war das erste künstliche Mittel zur Erzeugung einer Mutation. Man kann damit die Chromosomenzahl erhöhen, etwa triploide Pflanzen mit der dreifachen Grundzahl von Chromosomen erhalten. Sie sind zwar unfruchtbar, werden aber oft größer, oder – bei Früchten ein absoluter Vorteil – die Samen fehlen. Es könnten aber auch polyploide Formen entstehen, die den vier- oder mehrfachen Chromosomensatz besitzen und meist größer und lebenskräftiger sind. Bombardierung mit Röntgenstrahlen und radioaktiver Strahlung, Einwirkung von ultraviolettem Licht und von chemischen Stoffen, wie Senfgas, haben eine Handvoll nützlicher neuer Spielarten hervorgebracht. Aber künstlich erzeugte Mutationen haben sich eher als schädlich statt nützlich erwiesen.

Strahlung kann jedoch bei der Züchtung auch wertvoll sein. Pollen vermag normalerweise nur Blüten der gleichen Art zu befruchten. Unverträglicher Pollen veranlaßt die Narbe, ein »empfängnisverhütendes Mittel« zu erzeugen, das die Keimung der Pollenkörner verhindert. Es ist jedoch möglich, eine weibliche Blüte zu veranlassen, daß sie Pollen einer anderen Spezies akzeptiert, wenn man diesen Pollen mit bestrahltem der eigenen Art mischt. Der eigene Pollen ist dann zwar nicht mehr befruchtungsfähig, aber seine Auxine bleiben aktiv und geben das Signal »weitermachen«.

Eine andere Methode, dies zu erreichen, ist, die äußere Hülle von Pollenkörnern, die aus derben Eiweißstoffen besteht, zu entfernen, indem man sie in geeigneten Mitteln abwäscht. Diese Methoden könnten schließlich zu der erfolgreichen Kreuzung von Arten führen, die im Grunde nicht zusammenpassen. Derzeit verhindern allerdings genetische Probleme noch die Kreuzung von Arten sehr verschiedener Gattungen, geschweige denn von Familien.

Ehe wir das Gebiet der Pflanzenzüchtung verlassen, muß festgestellt werden, daß die Wissenschaft, wie es nicht selten der Fall ist, vielleicht zu weit in eine Richtung gehen könnte, vor allem in ihrem Streben nach Gleichförmigkeit. In der sogenannten »grünen Revolution« neigt der Mensch jetzt dazu, riesige Gebiete mit einer rein züchtenden Spielart zu bepflanzen, die nach vermehrtem Ertrag, Resistenz verschiedener Art und dergleichen mehr ausgewählt worden ist. Der Großteil des in der Türkei angebauten Flachses gehört einer einzigen Spielart an. Der ganze in Australien gepflanzte Weizen stammt von nur einem halben Dutzend Elternformen ab. Das gesamte wichtige Weidegras *Digitaria decumbens*, das in Mittelamerika und Westindien angepflanzt wird, ist ein Klon, das heißt die nur vegetativ entstandene Nachkommenschaft dieser Spezies. Die meisten südamerikanischen Kaffeebäume wuchsen anfangs als Sämlinge heran, die ein einziger Baum in Holland geliefert hatte. Die Möglichkeiten einer totalen, durch Krankheit verursachten Katastrophe, sind in solchen Situationen ungeheuer groß. Man kann hier auf die Kaffeeproduktion in Ceylon hinweisen, die man, wie in Südamerika, mit den Nachkommen nur eines Baums aufgebaut hatte und die 1860 durch eine von einem Rostpilz hervorgerufene Krankheit völlig vernichtet wurde.

Diesen Monokulturen fehlt die lebenswichtige Möglichkeit der Variabilität, während die wildwachsenden Ahnenformen der Feldfrüchte und ihre Nachkommen, von denen wieder neue Spielarten gewonnen werden könnten, wenn Krankheit die gegenwärtigen austilgt, sehr schnell vernichtet werden. Der zunehmende Gebrauch von Unkrautvertilgungsmitteln und hochentwickelte Kultivierungsmethoden sorgen zuverlässig dafür, daß keine verwandten Pflanzen den Feldfrüchten nahekommen, während größere und sich immer weiter ausdehnende Felder die alten Pflanzen einfach verdrängen. So ist der Dinkel- oder Spelzweizen (*Triticum spelta*) des Altertums, der noch vor 20 Jahren in vielen Formen im Iran existierte, heute verschwunden. In Griechenland hat sich der Anteil von halbwildem Weizen, den man nutzte, von 80 Prozent vor etwa 40 Jahren auf heute 10 Prozent vermindert. Die zahlreichen älteren Spielarten des Flachses in der südwestlichen Türkei verschwinden nun ebenso schnell wie die alten Maisformen in Brasilien.

In manchen Fällen hat man die Möglichkeit der Züchtung aus Arten, mit denen man es bisher nicht versucht hatte – ebenso aus alten, aufgegebenen Spielarten –, ernstlich vernachlässigt. So hat man erst im letzten Jahrzehnt Kurztagsformen wildwachsender Kartoffeln – die vorher nicht verwendet wurden, weil sie in Europa keine Knollen bilden – mit guten vorhandenen Spielarten gekreuzt. Mit dem Erfolg, daß die Erträge um 50 Prozent stiegen und sich in manchen Fällen eine hohe Widerstandsfähigkeit gegen Kartoffelfäule zeigte. Solche Möglichkeiten müssen in zunehmendem Maße ausgeschöpft werden, wenn die Ertragfähigkeit der Pflanzen mit der wachsenden Weltbevölkerung Schritt halten soll und wir weiterhin die althergebrachte Nahrung verwenden wollen. Dies bedeutet, daß die genetische Variabilität von Nährpflanzen auf jede nur mögliche Weise bewahrt werden muß.

Die FAO (Organisation für Ernährung und Landwirtschaft der UNO) hat Verständnis für dieses Problem gezeigt. In Gebieten, wo örtliche Arten für die Evolution von Feldfrüchten wichtig gewesen sind, wurden einige Zentren für die Erhaltung des Erbguts errichtet. Es gibt auch Zentren, in denen Sammlungen von Spielarten, die in Kultur sind, betreut werden.

Nachdem der Mensch nun auf gut Glück wünschenswerte Pflanzenrassen ausgewählt oder gezüchtet hat, kann er sie auf andere Weise unter Kontrolle halten. Samen bringen eine Menge miteinander verknüpfter Probleme mit sich. Der Mensch muß zuerst lernen, zu welcher Zeit er Samen ernten soll. Im Prinzip muß vorzeitiges Ernten vermieden werden, da es die Keimfähigkeit der Samen vermindert und zu schlechteren künftigen Erträgen führt. Manches, natürlich vor allem das Wetter, entzieht sich der Kontrolle des Menschen. Nach einem Jahr mit überdurchschnittlichem Sonnenschein und weniger als normalem Regen ist die Folge eine bessere Keimfähigkeit. Außergewöhnliche Sonnenglut und austrocknende Winde in der Zeit unmittelbar vor der Ernte, können den Ertrag wiederum verringern. Einige Gebiete der Welt, die um die Erntezeit für gewöhnlich heißes, trockenes Wetter haben, sind für die Samenerzeugung wichtig geworden.

Während der Ernte muß man auch Probleme einer mechanischen Schädigung berücksichtigen. Solcher Schaden hat eine direkte Wirkung auf die Keimung der Samen und eine indirekte, wenn es dadurch zu einer Infektion mit Bakterien und Pilzen kommt. Logischerweise werden kugelrunde Samen beim Ernten oder sonstigen Handhaben wahrscheinlich am wenigsten verletzt.

Richtige Speicherung ist das nächste Stadium, das unter Kontrolle gehalten werden muß, um gute Samen und damit auch gutes Saatgut zu gewährleisten. Minderung der Qualität kann sogar die Erbmerkmale, die Keimfähigkeit und in manchen Fällen das Wachstum nach der Keimung beeinträchtigen.

Obwohl Samen darin wie in so vieler anderer Hinsicht sehr verschieden sind, ist Wasserentzug bis zu 6 Prozent stets wünschenswert. Ein paar Samen müssen sogar austrocknen, wenn sie überhaupt keimen sollen. Bestimmte Samen werden überdies günstig beeinflußt, wenn man sie in verschiedenen Gasen, vor allem Stickstoff und Kohlendioxid, statt in Luft unter Verschluß hält, aber diese Methode befindet sich derzeit noch im Versuchsstadium. Abwechselndes Befeuchten und Trocknen von reifen Samen kann schweren Schaden anrichten, besonders bei großen Samen wie Bohnen und Augenbohnen (*Vigna sinensis*), die dadurch innen brüchig werden. Lagerbedingungen die zu feucht, zu warm oder beides sind, verringern die Keimfähigkeit sehr bald. Man könnte sagen, daß der Samen abnorm schnell altert. Für kleine, trockene Samen ist eine Kombination von Kälte und Trockenheit bei einer Temperatur zwischen −10 und −20° C am günstigsten. Größere, feuchte Samen wie Eicheln müssen knapp über dem Gefrierpunkt aufbewahrt werden. Das wirkliche Alter des Samens ist weit weniger wichtig als die Umgebung, in der er gelagert wird. Unter Bedingungen, die bei Massenspeicherung herrschen, müssen Attacken von Bakterien und Pilzen, aber auch von Insekten vermieden werden. Selbst wenn das Saatgut nicht mechanisch geschädigt worden ist, können Angriffe dieser Organismen ernste Folgen haben. Nicht die geringste davon ist übermäßige Hitze, die durch die Aktivität von Pilzen erzeugt werden kann.

Hat der Mensch die Samen auf die bestmögliche Weise geerntet und gelagert, muß er sie aussäen. Dabei setzt ihm die Natur selbst Schranken durch die Ruheperiode, die vielen Samen eigen ist und die im 16. Kapitel kurz beschrieben wurde. Aber der Mensch hat es viel zu eilig und will nicht auf den günstigen, dem Samen entsprechenden Zeitpunkt warten. So muß der Mensch für seine Zwecke die Samenruhe »brechen«. Das gilt fast ausschließlich für Feldfrüchte und Pflanzen gemäßigter Zonen. In den Tropen sind die Samen sofort bereit zu keimen, wenn entsprechende Wärme und Feuchtigkeit vorhanden sind.

Die Aufhebung der Samenruhe bei Pflanzen gemäßigter Breiten nennt man Vernalisation. Das klassische Experiment auf diesem Gebiet wurde bei Getreide durchgeführt, bei dem man heute auch überwiegend die Resultate nutzt. Die Spielarten von Wintergetreide blühen, wenn sie im Herbst gesät werden, im folgenden Sommer nach einer kalten Winterzeit. Werden sie jedoch im Frühling gesät, blühen sie normalerweise nicht vor dem nächsten Jahr. Die Vernalisation besteht im wesentlichen darin, das Saatgut, das im Frühling gesät werden soll, während einer Periode von meist 2 bis 6 Wochen unter Zugabe einer geringen Wassermenge der Kälte auszusetzen. Das Wasser bringt, wenn auch in unendlich geringem Maße, die Keimungsprozesse in Gang.

Sehr viele Zierpflanzen, vor allem Sträucher, aber auch Hochgebirgs-Arten, keimen viel eher im Frühling, der auf die Samenreife im Herbst folgt, wenn man sie im Winter kühl und feucht hält.

Verschiedenartige chemische Stoffe können an die Stelle der klimatischen Vernalisation treten. Dazu gehört ein Extrakt aus Meeresalgen, das Auxine und antibiotische Substanzen enthält. Die Keimung von Samen mit harten Schalen kann beschleunigt werden, wenn man die Hüllen mit verschiedenen Substanzen angreift. Dazu zählt verblüffenderweise auch eine verdünnte Lösung von Detergenzien. Besonders feste Schalen werden manchmal mit Schwefel- oder Salpetersäure behandelt. Mit derlei Methoden vermeidet man das Abraspeln der Samenhüllen, das zu Schädigungen führen kann.

Die meisten Samen müssen im Boden und auf Feldern keimen. Hier sind gutes Umackern und ausreichendes Düngen wesentlich.

Viel besser lassen sich die Bedingungen kontrollieren, wenn Samen in kleinem Maßstab in Töpfen, Kästen oder Treibhausbeeten ausgesät werden. Man hat sich auch viel Mühe gegeben, Komposte von Standardqualität zusammenzustellen. Manche Treibhausgewächse, so etwa Gartennelken, werden in Beeten aus chemisch neutralem Material mit sorgfältig ausgewogenen Nährlösungen bewässert. Diese Technik der Wasserkultur, auch Hydroponik genannt, hat man ursprünglich so durchgeführt, daß man die Wurzeln der Pflanzen unter einem Netz in Düngerlösungen eintauchen ließ. Diese Methode ist besonders wertvoll unter Wüstenbedingungen. Sie wurde im Zweiten Weltkrieg angewandt, um Truppen auch dort mit frischem grünem Gemüse zu versorgen, wo man es auf normale Weise nicht anbauen konnte.

Zur Ernährung von Pflanzen unter den üblichen landwirtschaftlichen Bedingungen dienen heute hauptsächlich körnige Düngemittel. Obwohl manche ihrer Zutaten vielleicht natürlicher Herkunft sind, nennt man diese Mittel meist Kunstdünger. In ihnen sind je nach Feldfrucht und Örtlichkeit, auf vielerlei Weise gebunden und in verschiedenen Mengen pro Gewichtseinheit, die lebenswichtigen Elemente Stickstoff, Phosphor und Kalium enthalten. Spezialmixturen verwendet man für Böden, denen ein Spurenelement fehlt, doch gewöhnlich sind sie in den Düngermischungen für den normalen Gebrauch schon ausreichend vorhanden.

Während noch vor nicht langer Zeit Mist von Tieren regelmäßig hinzugefügt wurde und man alle drei bis vier Jahre Gras oder Klee anzubauen und unterzupflügen pflegte, führt man heute dem Boden nur noch sehr wenig organisches Material zu. Werden heute Stoppeln von Getreide niedergebrannt – angeblich, um verborgene, Krankheiten erregende Pilze zu vernichten –, geht selbst diese Quelle organischer Stoffe verloren. Alles, was noch zum Verrotten in der Erde bleibt, sind die Wurzeln der geernteten Feldfrucht.

Man hat behauptet, daß Dünger nur die Pflanze, aber nicht den Boden nährt. Aber wie betont werden muß, sind die Endergebnisse in Form von Ertrag und Nährwert praktisch gleich. Denn die vom Dünger gelieferten chemischen Verbindungen, die von der Pflanze aufgenommen werden, sind die gleichen wie die im Boden durch biologische Vorgänge erzeugten.

Doch wie ich im 29. Kapitel schildern werde, führt diese Tendenz, nichts außer Düngemitteln anzuwenden, nur allzuleicht zum Zusammenbruch der Bodenstruktur, schließlich zum Verlust der Ackerkrume und zur Erosion, vor allem, weil Boden mit geringem Gehalt an organischem Material durch die Maschinen für Anbau und Ernte schlimm zusammengepreßt wird und zu hart zu werden droht. Übermäßige Anwendung von Düngemitteln kann auch bewirken, daß Pflanzen weniger widerstandsfähig gegen Krankheiten werden und durch Regen leichter Schaden erleiden.

Möglich ist auch die Kultur von Organismen, die Stickstoff binden und die man als lebenden Dünger verwendet. Versuche mit kultivierten Blaualgen haben zum Beispiel in Japan die Reiserträge anfangs um 20 Prozent und in den folgenden Jahren zunehmend weiter erhöht.

Ernährung über die Blätter ist in neuerer Zeit ebenfalls entwickelt worden, allerdings führt man dies nicht in großem Maßstab durch. Man hat entdeckt, daß Blätter in geeigneter Weise zusammengestellte Nährlösungen – sie basieren oft auf Harnstoff – sehr schnell aufnehmen. Sie steigern dadurch ihre eigene Photosynthese und nützen ebenso der übrigen Pflanze. Erfolgt eine solche Ernährung der Blätter gleichzeitig mit der Anwendung von notwendigen Insektiziden und Fungiziden, hebt das praktisch die Behandlungskosten wieder auf. Weinbauern unserer Breiten haben Ertrag und Gesundheit ihrer Weinstöcke auf diese Weise sehr verbessert. Und für derlei besondere Gewächse ist wahrscheinlich Ernährung über die Blätter am besten geeignet.

Wenn der Mensch sich ernstlich bemüht, kann eine intensive derartige Ernährung zu phantastischen Ergebnissen führen. So ist der – britische – Weltrekord für den Anbau von Kartoffeln eine Ernte von 740 kg von 6 Reihen, wovon eine sogar 150 kg lieferte. Ein Gartenkürbis wog 110 kg, ein Kohlkopf über 55 kg und ein Rettich 7 kg. Es war ein »normaler« Rettich, nicht aber eine der riesigen Kreuzungsformen, die manchmal in Japan angepflanzt werden und ohne besondere Wartung über 15 kg Gewicht erreichen können.

Die Förderung des Wachstums hängt nicht nur von der Ernährung ab.

Experimente haben gezeigt, daß Besprühen mit der erstaunlichen Substanz Gibberellin Pflanzen zwei- bis fünfmal schneller wachsen läßt als normalerweise und auch den Ertrag erhöht. Abgesehen vom offenkundigen Wert könnte dieses schnelle Wachstum ermöglichen, daß man Pflanzen in kälteren Gebieten als üblich anbaut, weil ihre Wachstumszeit auf einen kürzeren Sommer zusammengedrängt wird. Zweijährige Pflanzen kann man dazu bringen, schon im ersten Jahr zu blühen, wodurch man Züchtungsprogramme zu beschleunigen vermag.

Künstliche Erzeugung von Zwergwuchs wird heute sehr viel bei Zierpflanzen angewendet. Sie wird durch verschiedene synthetische Substanzen erzielt. Das bekannteste Beispiel ist die als Topfpflanze gehaltene Zwergchrysantheme. In manchen Fällen können chemische Verbindungen, die Zwergwuchs verursachen, auch – wie bei Indischen Azaleen (*Rhododendron simsii*) oder beim Weihnachtsstern und vielleicht bei Obstbäumen – die Blühfähigkeit steigern. Diese chemischen Stoffe sind im Augenblick noch zu teuer für die Verwendung im Ackerbau, aber man hat sie experimentell dazu benutzt, die Hochwüchsigkeit von ungewöhnlich großen Spielarten bei Gerste, Tabak und Tomaten zu hemmen. So behandelte Pflanzen sind auch auffallend widerstandsfähiger gegen Trockenheit und verwelken nicht so leicht.

Der Mensch hat noch weitere wissenschaftliche Methoden entwickelt, um Feldfrüchte in verschiedenen Wachstumsstadien zu manipulieren. So können etwa Hormonsprays das Geschlecht von Blüten abändern, ihren Bau verbessern und vom Frost geschädigte kleine Früchte veranlassen zu wachsen; sie können samenlose Früchte erzeugen, Blüten und Früchte dezimieren, wenn sie zu reichlich erzeugt werden, und umgekehrt verhindern, daß allzuviele Früchte vor der Ernte abfallen. Sie sorgen aber ebensogut dafür, daß sich reife Früchte ablösen. Hormone und Substanzen, die Äthylen abgeben, beschleunigen den Laubfall, was für eine leichtere Ernte wünschenswert sein kann. Man hat auch erfolgreiche Versuche angestellt, um Halbstrauchigen Paprika (*Capsicum frutescens*) zu entlauben, so daß anstelle des schwierigen Pflückens mit der Hand Erntemaschinen eingesetzt werden können. Die benutzten chemischen Stoffe bewirken auch, daß sich die Früchte leichter abnehmen lassen, was bei Paprika besonders erstrebenswert ist. Bei Kartoffeln wiederum kann man verhindern, daß sie im Lager auswachsen, oder man kann sie veranlassen auszutreiben, selbst wenn man sie eben erst ausgegraben hat und sie von Natur aus im Ruhezustand sind. Bei Früchten verzögert Manipulierung der Temperatur die Reifung und verlängert die Haltbarkeit bei der Lagerung. Bei anderen Früchten muß die Reifung beschleunigt werden. Das kann mit Äthylen – einem Gas – oder mit Hormonen geschehen oder, wie bei unreifen Bananen, die in Länder der gemäßigten Zone gebracht werden, in Kühlschiffen, wo man sie bei gesteuerter Temperatur in Reifungsräumen steigender Wärme aussetzt.

Andere Arten der Anwendung von Hormonen und verwandten Stoffen fördern schnelles Blühen der Ananas (*Ananas comosus*) und von Zierpflanzen aus der Familie der Ananasgewächse. Solche Substanzen verhüten auch, daß Sellerie und Salat austreiben, sie regeln das Wachstum von derbem Gras und von Hecken und vermehren die Latex-Absonderung bei Kautschukbäumen. Sprühen mit der Trennungssäure, die normalerweise beim Laubfall und bei der Winterruhe mitwirkt, ermöglicht Pflanzen, einer Dürrezeit standzuhalten oder unter ariden Bedingungen besser zu wachsen. Denn diese Säure hält die Stomata bis zu neun Tagen geschlossen und setzt dadurch die Verdunstung von Feuchtigkeit herab. Ein Silikonspray versiegelt diese Spaltöffnungen mechanisch mit ähnlicher Wirkung. Er wurde, abgesehen vom Gebrauch für wachsende Feldfrüchte, auch angewendet, um Wasserverlust bei Pflanzen zu verhüten, die man zum Umsetzen transportiert.

Eine weitere, viel durchgeführte Manipulation anderer Art besteht darin, eine Pflanze zum Blühen anzuregen zu einer Zeit, in der sie normalerweise nicht blüht. Das klassische Beispiel dafür ist wiederum die Chrysantheme. Vor nicht allzulanger Zeit haben wir diese Blumen immer als Vorboten des Herbst betrachtet. Denn für gewöhnlich blühen sie nicht, ehe die langen Nächte beginnen. Wie im 10. Kapitel erwähnt, ist die Chrysantheme eine Kurztagspflanze. Heute wird sie jedoch das ganze Jahr über gezogen. An den langen Sommertagen kann sie zum Blühen gebracht werden durch Verdunkelung, die künstlich kurze Tage erzeugt, und im Winter läßt sich das Blühen hinausschieben, indem man nachts mit Beleuchtung lange Tage vortäuscht.

Alle diese Zeitkontrollen erfordern Gewächshäuser oder andere Einrichtungen. Moderne Gewächs- oder Treibhäuser unterscheiden sich sehr von ihren Vorläufern, den Orangerien des 17. Jahrhunderts. Heute sind sie ausgestattet mit Geräten zur automatischen Steuerung von Temperatur, Lüftung, Wasserversorgung und Verteilung von Insektiziden. Nebenbei bemerkt kann Temperatur ebenso wichtig für die Steuerung der Blütenbildung sein wie Licht. Für zusätzliches Licht kann auch gesorgt werden, meist mit Leuchtstoff- oder Quecksilberdampflampen.

Wird Beleuchtung benutzt, ist es möglich, undurchsichtiges Baumaterial zu verwenden, das billiger ist als Glas und leichter zu isolieren. Das führte zur Entstehung von Räumen, wo die Pflanzen besonders in den Anfangsstadien eine intensive Behandlung erhalten, die auf ihre Bedürfnisse zugeschnitten ist. In einem solchen Raum können Tomaten in 3 Wochen die Größe erreichen, die sie normalerweise in einem herkömmlichen Gewächshaus nach 6 bis 9 Wochen haben. Auch die Anzahl der erzeugten Chrysanthemen-Ableger ist so um 90 Prozent gegenüber früher gestiegen. Eine weitere Vervollkommnung ist die Zufuhr von Kohlendioxid. Damit wird nicht nur das in einem geschlossenen Gebäude aufgebrauchte Kohlendioxid ergänzt, besonders wenn die Umstände eine Ventilation ausschließen, sondern auch ein höherer Gehalt an diesem Gas und damit eine stärkere Photosynthese erzielt. Wachstumszunahmen um mindestens 20 Prozent sind dabei möglich.

Einfachere Vorrichtungen verbessern das örtliche Klima. Leichte Konstruktionen, bedeckt mit Plastikfolie, werden weitgehend verwendet, um im Frühling und Herbst den Wind abzuhalten und die Sonnenwärme einzufangen. Sie können so groß wie ein Gewächshaus oder niedere Tunnel sein, die sich aus der alten französischen Glasglocke entwickelt haben. Aufblasbare Häuser aus starker Plastikfolie, die durch eine kleine Luftpumpe dauernd in Form gehalten werden, decken eine Anpflanzung für eine gewisse Zeit ab und werden dann schnell zu einer anderen versetzt. Breitet man eine feste Kunststoffolie auf dem Boden aus und steckt die Pflanzen durch darin vorhandene Löcher, trägt dies zur Erwärmung der Erde bei, bewahrt die Feuchtigkeit und hält auch Unkraut nieder.

In den mannigfaltigen durchsichtigen oder dicht verschlossenen Bauten kann die Umgebung mehr oder weniger genau manipuliert werden. Oft verwendet man dabei synthetischen Kompost oder neutrales Material mit Kunstdünger zur Ernährung. Doch in großem Maßstab angebaute Feldfrüchte müssen immer noch auf offenem Boden angepflanzt werden, und man muß es darauf ankommen lassen, ob Dürre, Wind oder Gewitter ihnen zusetzen. Ein Klimaproblem ist der Frost. Er kann zur Blütezeit eine Pflanzung, die Früchte tragen soll, ganz verwüsten. Das Räuchergefäß – im wesentlichen ein kontrolliertes Feuer, das viel Hitze ausstrahlt und heute ein relativ gut durchdachtes Gerät ist – wird immer noch weitgehend benutzt. Eine andere Methode besteht darin, während einer Frostperiode aus oberhalb der Pflanzen angebrachten Rohren Wasser als feinen Nebel

Terrassenförmig angelegte Reisfelder auf Bali

zu versprühen. Dadurch werden die Pflanzen mit Eis bedeckt, aber solange man weitersprüht, hält die abgegebene Erstarrungswärme das Eis und die Pflanze darin knapp unterhalb des Gefrierpunkts, so daß die Früchte bringenden Blütenknospen am Leben bleiben. Versuchsweise hat man auch riesige Fächer verwendet, um in Nächten mit Strahlungsfrost wärmere Luft von oben nach unten zu bringen.

Technische Einrichtungen zur Bewässerung werden ebenfalls immer kunstvoller. Intensiv bewirtschaftete Felder können mit großen rotierenden Sprühgeräten oder aus über ihnen angebrachten Rohrleitungen bewässert werden, wenn der Boden ausgetrocknet ist. Das erfordert jedoch eine reichliche jährliche Niederschlagsmenge und einen guten Vorrat an Grundwasser. In Ländern wie Indien, wo der Regen jahreszeitlich bedingt ist, geht man nun daran, Dämme für Wasserbehälter zu bauen, um den Monsunregen aufzufangen. Er soll dann stetig in den Untergrund sickern, als Wassernachschub gespeichert werden und den gesamten örtlichen Grundwasserspiegel heben. Versuchsfarmen in den trockensten Gebieten von Israel, wo Regen ganz unregelmäßig fällt, arbeiten nach dem Prinzip, von Wasserscheiden auf den Hängen ringsum abfließende Rinnsale zu sammeln. Sie werden dann in Kanälen zu den Anpflanzungsgebieten hintergeleitet. So wird fast jeder Tropfen Wasser dorthin befördert, wo man ihn am notwendigsten braucht. Diese Methode, kombiniert mit dem Anbau der Pflanzenart, die am besten einem geringen Wasserbedarf angepaßt ist, hat zu bemerkenswerten Ergebnissen geführt.

Bewässerung kann jedoch auch größere Katastrophen verursachen wie jene, die in den fünfziger Jahren Hunderte von Quadratkilometern der Indusebene in Pakistan in eine Wüste verwandelte. Solche Probleme ergeben sich, wenn sich anorganische Salze im Boden anreichern. Wo der Boden oder das Wasser salzhaltig sind, muß das bewässerte Gebiet überflutet werden, um die überschüssigen Salze auszuschwemmen. Das ist aber dort schwierig, wo Wasser bereits knapp ist.

Der Mensch hat es fertiggebracht, lebenskräftige, besonders hochgezüchtete Pflanzen anzubauen, die ihm wenig Mühe bereiten, und er hat sie mit allen technischen Mitteln manipuliert, die er für nötig hielt. Aber ihm droht immer noch das große Schreckgespenst jeder Art von Kultivierung – die Invasion von Unkraut, von Insekten und anderen Schädlingen aus der Tierwelt, aber auch die Anfälligkeit für alle möglichen Krankheiten. Denn die künstlich geschaffenen Bedingungen sind geradezu ideal dafür. Dieses Problem wird das Thema des nächsten Kapitels sein.

Fruchtstand der Obstbanane (*Musa sapientium*)

28　Der ewige Krieg in der Natur

Was könnte für Schädlinge und Krankheitserreger von größerem Vorteil sein als die gut genährten Wirtspflanzen, die oft so weit von einem natürlichen Dasein entfernt sind, daß ihnen die fundamentale Widerstandsfähigkeit fehlt? Stehen sie doch in Massen beisammen und bieten unendlich günstige Gelegenheit für die Ausbreitung ihrer Gegner. Was wäre besser für Unkraut, als die so hübsch umgeackerte Erde, die mit Düngemitteln versorgt ist, und als die so gut im Raum verteilten Nutzpflanzen?

Dauernde Kultivierung der gleichen Feldfrucht führt unvermeidlich zur massiven Zunahme von Tieren und Pilzen, die Schädlinge sind. Sie gehören einer Welt an, die mit uns Menschen sehr stark rivalisiert, und sie haben dies seit der frühesten Zeit des Ackerbaus getan. Das bewiesen Überreste von Käfern in Getreidekörnern und Brot, die man in ägyptischen, bis zu 4000 Jahre alten Gräbern gefunden hat. Die feindselige Aufmerksamkeit, die sie unseren Feldfrüchten schenkten, ob sie nun heranwuchsen oder gespeichert wurden, haben uns schätzungsweise mindestens ein Drittel dessen gekostet, was wir uns zu erzeugen bemühen. Es würde sicherlich genügen, um das derzeitige Nahrungsdefizit der Welt zu beheben. In bestimmten Gegenden Indiens geht auf diese Weise über die Hälfte der Nahrungsproduktion verloren.

Insekten richten mehr Zerstörung an als Pilze. Von den 900000 Arten ist nach Schätzungen mehr als eine von zehn ein Schädling, und etwa 3 Prozent sind eine ernste Gefahr. Da es dabei um 27000 verschiedene Arten geht, kann man die Größe des Problems ermessen. Mäuse, Ratten und andere größere Geschöpfe können ebenfalls zu gefährlichen Schädlingen werden.

Diese unerwünschten Gäste versucht der Mensch hauptsächlich mit Chemikalien zu vertreiben. Die Unkrautvertilgung beginnt schon bei der Anpflanzung, ob sie nun mit der Hacke oder mit modernen Maschinen erfolgt. Doch zumindest in den wohlhabenden, technisch hochentwickelten Ländern ist auch die chemische Bekämpfung hochentwickelt. Man wendet Stoffe an, die imstande sind, Unkraut selektiv auszurotten, Feldfrüchte aber völlig unversehrt lassen. Die meisten dieser spezifischen Herbizide enthalten Stoffe oder »Hormone«, die das Wachstum steuern. Vertraute Beispiele dafür sind die selektiven Unkrautvertilgungsmittel, die wir für den Rasen gebrauchen. Sie lassen die Gräser mit schmalen Halmen unberührt, bewirken aber, daß die Wachstumsprozesse von breitblättrigem Unkraut völlig entarten. So bringen sie die Pflanzen mehr oder weniger dazu, sich selbst buchstäblich in Stücke zu reißen. Es ist jetzt auch möglich, Gras zwischen breitblättrigen Pflanzen selektiv zu vernichten. In der Tat nimmt die Genauigkeit bei der gezielten Ausmerzung von Unkraut stetig zu. Das ist etwa der Fall in Australien, wo es außerordentlich gut gelang, Misteln auf Eukalyptusbäumen durch Injektion von selektiven Herbiziden zu zerstören.

Natürlich gibt es auch viele solche Mittel mit breitem Wirkungsbereich. Manche davon lassen jede Pflanze im Boden absterben und wirken bis zu sechs Monaten lang mehr oder weniger nachhaltig weiter. Andere, so etwa Paraquat, scherzhaft »die chemische Hacke« genannt, versengen jeden Oberflächenbewuchs; und wieder andere, die auf der Erdoberfläche einen dünnen Belag bilden, zerstören jeden Unkrautsämling, der auftaucht. Glücklicherweise haben die meisten dieser Mittel geringe Dauerwirkung auf die Bodenstruktur, und es wird behauptet, daß sie unschädlich für Bodenorganismen sind. Man hegt jedoch gewisse Befürchtungen, daß sie wertvolle Bodenbakterien doch ungünstig beeinflussen könnten.

Mit dem Gebrauch von Herbiziden sind auch Gefahren verbunden. Da oft riesige Gebiete damit behandelt werden müssen, hat man zu Methoden gegriffen, bei denen in Massen gesprüht wird, unter anderem auch von Kleinflugzeugen und Hubschraubern aus. Dann kann eine ganz leichte Brise das Sprühmittel über die umliegende Vegetation treiben, über andere Feldfrüchte und über Gärten, was manchmal katastrophale Folgen hat. Einige Pflanzen, so etwa Tomaten, sind außerordentlich empfindlich für selektive Herbizide, und die geringste Spur davon genügt, um ein deformiertes Wachstum zu verursachen.

Wünschenswert wäre, das Unkrautproblem noch auf andere Weise anzugehen. Erstens ist es vielleicht nicht am vorteilhaftesten, Unkraut völlig zu vernichten, weil es in den Frühstadien verhindern kann, daß der Boden austrocknet und weggeweht wird. Verwendet man eine Substanz, die das Wachstum von Unkraut lediglich verzögert, wird die heranwachsende Feldfrucht es schließlich überwuchern, und es wird aus Mangel an Licht zugrundegehen. Eine Alternative ist die Methode, Samen von Feldfrüchten vorzubehandeln, damit sie schneller wachsen als das Unkraut, wenn der Boden zur Saatzeit erst einmal umgeackert worden ist.

Eine weitere Vervollkommnung ist es, das Unkraut zu bekämpfen, ehe die Feldfrucht überhaupt ausgesät wird. Dies bedeutet, daß man die winterliche oder durch Dunkelheit bewirkte Samenruhe beim Unkraut zuerst durch leichtes Pflügen bricht und die Unkrautsamen dann einer chemischen Verbindung aussetzt, die Äthylen abgibt. Die infolgedessen hervorsprießenden Sämlinge gehen dann im Winterwetter zugrunde. Bei der Gemeinen Quecke, die sehr schwer auszurotten ist und sogar wieder austreibt, wenn die Wurzeln zerschnitten worden sind, war besondere Forschungsarbeit nötig. Sie zielte darauf ab, von der Quecke befallenen Grund im richtigen Augenblick, außerhalb der Anbauzeit, zu kultivieren. So veranlaßte man die Wurzelstücke auszutreiben und besprühte sie dann mit einem Herbizid. Bekämpfung von Schädlingen und Krankheiten bereitet ernstere Schwierigkeiten. Manche der schlimmsten Probleme ergeben sich aus der zufälligen Importierung von einem Organismus, der eine neue, ihm genehme Wirtspflanze vorfindet. So war es ein asiatischer Pilz, der die nordamerikanische Edelkastanie vernichtete. Der Bermuda-Wacholder (*Juniperus bermudiana*) wurde durch zwei zufällig eingeführte Schildläuse praktisch ausgerottet. Beim Kartoffel- oder Coloradokäfer (*Leptinotarsa decemlineata*) war es umgekehrt; man brachte die Kartoffel dorthin, wo er lebte.

Ich habe bereits kurz darauf hingewiesen, daß Pilze sich anpassen und genetisch entstandene Resistenz bei Pflanzen ausschalten. Genau das gleiche tun sie, um giftigen Chemikalien zu entgehen. Insekten sind in dieser Hinsicht ebenso anpassungsfähig. Wir wissen, daß manche Arten, die ursprünglich durch DDT getötet wurden, nun bei dessen Anwendung, sichtlich gedeihen. Einige der kleineren Schädlinge, wie etwa die Spinnmilben, die »Roten Spinnen« (*Tetranchys*), besitzen eine außergewöhnliche Fähigkeit, derartige Resistenz zu entwickeln. Man kennt derzeit nicht weniger als 200 Insekten, die als Feldfruchtschädlinge nun widerstandsfähig gegenüber allen existierenden Insektiziden sind. Die Hauptsorge des Menschen sollte es nun sein, die Stoffe, die er anwendet, dauernd zu wechseln, so daß Populationen von Schädlingen und Krankheitserregern keine Zeit haben, ihnen gegenüber Resistenz zu entwickeln.

In der Natur werden natürlich derartige Schädlinge wahrscheinlich auf vernünftige Weise durch Lebewesen, die auf sie Jagd machen, im Zaum gehalten. Ein großer Nachteil chemischer Schädlingsbekämpfung ist, daß sie nur allzu leicht ebenso die natürlichen Feinde der Schädlinge wie diese selbst vernichtet, besonders da man im allgemeinen Chemikalien mit einem breiten »Wirkungsspektrum« verwendet, die eine große Reihe von Schädlingen töten können. Man hat aber auch ein paar Spezialmittel entwickelt, die nur Blattläuse töten. Eine weitere Komplikation ist, daß die Anwendung einer chemischen Substanz gegen einen Schädling einem anderen erlaubt, sich zu vermehren. Das trat ein, als DDT zum erstenmal benutzt wurde, um den Apfelwickler (*Laspeyresia pomonella*) zu bekämpfen. Die Folge davon war, daß die Blutläuse (*Eriosoma lanigerum*) und die bis dahin seltenen Spinnmilben zur Plage wurden.

Unsere Reaktion auf übermäßige Vermehrung eines Schädlings ist – aus welchem Grund auch immer – grundsätzlich, Menge und Häufigkeit des Gebrauchs von Insektiziden zu steigern. Das alles beschleunigt jedoch die Entwicklung der Resistenz des Schädlings, es erhöht die Wahrscheinlichkeit, daß sich Nebenwirkungen für die Verbraucher einstellen, es vernichtet nützliche Organismen, beeinträchtigt mit ihnen in Gemeinschaft existierende Lebewesen und fördert häufig andere Schädlinge. So hat etwa der übermäßige Gebrauch von Sprühmitteln gegen den Baumwollkapselkäfer *(Anthonomus grandis)*, eine örtliche Moskito-Art, die Malaria überträgt und resistent gegen Pestizide (Schädlingsbekämpfungsmittel) geworden ist, verstärkt auftreten lassen.

Außerdem sind uns allen aus vielen Veröffentlichungen die biologischen Kettenreaktionen und die Langzeitwirkungen wohlbekannt, die nach dem Gebrauch von sehr beständigen Pestiziden auftreten. Die deswegen am häufigsten angeprangerten Bösewichter sind die chlorierten Kohlenwasserstoffe DDT, Aldrin und Dieldrin, die außerordentlich erfolgreich unausrottbare Schädlinge wie im Boden lebende Insektenlarven töten, aber in der Erde lange vorhanden bleiben. Diese chemischen Stoffe werden dann in Nahrungsketten weitergegeben: Würmer nehmen sie in sich auf, Vögel fressen solche Würmer sowie die behandelten Schädlinge und Samen, und diese Vögel sowie die Raubvögel, deren Jagdbeute sie wiederum sind, können daran sterben. Fische können die Stoffe mit dem Futter über Pflanzen oder Tiere erhalten, die derlei Chemikalien aus dem Wasser aufnehmen und speichern. Das kann andere Probleme in der Nahrungskette heraufbeschwören. So werden davon auch viele Wasser- und Meeresvögel betroffen, die solche Fische fressen«. Nicht das geringste Problem bilden die Auswirkungen auf uns selbst, die man bis jetzt noch nicht völlig geklärt hat, die aber wahrscheinlich sehr gesundheitsschädlich sind. Wenn stillende Mütter in den USA soviel DDT in ihrer Milch haben, daß es, um einen sarkastischen Wissenschaftler zu zitieren, »unter strenger Anwendung der Bundesgesetze illegal ist, wenn sie ihren Busen mit sich über die Grenze von einem Staat in den anderen tragen«, gibt das wohl Anlaß zu Besorgnis. Aber wir dürfen nie das Verhältnis von Risiko und Nutzen vergessen. Diese chemischen Verbindungen haben auch viel Gutes getan und tun es heute noch, und wie bei allem im Leben müssen das Gute und der Schaden mit viel Sorgfalt und Überlegung gegeneinander abgewogen werden.

Doch sollten wir uns unbedingt darum bemühen, daß alle Chemikalien, die wir für landwirtschaftliche Zwecke benutzen, eine verhältnismäßig geringe Beständigkeit innerhalb der Umwelt besitzen. Überschüssige Mengen davon sollten sehr schnell in unschädliche Stoffe zerfallen. Eine Weiterentwicklung sind die sogenannten »systemischen« oder »innertherapeutischen« Stoffe. Sie werden der Pflanze einverleibt, gelangen in ihren Saft, vernichten Insekten, die ihn saugen, aber keine anderen, und bleiben eine Weile bestehen. Auch systemische Fungizide, das heißt Pilzbekämpfungsmittel, die den eindringenden Organismus töten, sobald er in die Zellen gelangt, erscheinen nun auf dem Markt. Sie sind im Prinzip höchst wünschenswert, da oberflächliche dünne Schichten von Fungiziden sehr leicht wieder weggeschwemmt werden. Systemische Fungizide können auf Blätter gesprüht, in den Boden um den Wurzelbezirk gespritzt oder, etwas mühsam, direkt in die Baumstämme injiziert werden. So ist es möglich, das durch einen Pilz (*Graphium ulmi*) verursachte »Ulmensterben« der Holländischen Ulme (*Ulmus hollandica*) und ihrer Verwandten durch jährliche Injektionen zu bekämpfen. Die chemische Behandlung könnte letzten Endes vielleicht in einem systemischen Bekämpfungsmittel bestehen, das Insektizide, Fungizide, Bakterizide, Nematozide und möglicherweise auch Virizide gegen Viren enthält. Jedoch ist bei solchen systemischen Chemikalien ebenso wie bei äußerlichen Sprühmitteln damit zu rechnen, daß Schädlinge jeder Art ihnen durch Veränderungen im Erbmaterial entrinnen.

Stoffe natürlicher Herkunft können, wie man allgemein annimmt, andere Organismen sehr wahrscheinlich viel weniger schädigen als synthetische Chemikalien. Von den hauptsächlich verwendeten ist Nikotin giftig für Säugetiere und aus Derris-Wurzeln gewonnenes Rotenon für Fische. Pyrethrum aus *Chrysanthemum cinerarifolium* scheint für Säugetiere ungefährlich zu sein. Und keines der Mittel ist beständig. In spanischen Versuchen ist auch ein Extrakt aus Knoblauch (*Allium sativum*) mit Öl und Wasser erfolgreich gegen schädliche Insekten verwendet worden. Mehr Aufmerksamkeit wird man allmählich sicherlich natürlich vorkommenden Abwehrmitteln gegen Insekten schenken. Eines davon gewinnt man aus dem Margosa-Baum (*Azadirachta indica*), aber ebenso aus dem Zedrachbaum (*Melia azedarach*), auch Persischer Flieder oder Chinesischer Holunder genannt. Vor allem ist dieses Extrakt für Insekten ebenso widerlich wie das altmodische, aus der Bitterquassie *(Quassia amara)*, einem vorwiegend südamerikanischen Baum, gewonnene. Überwinden Insekten jedoch ihre Abneigung und greifen die Pflanze an, gerät ihr Wachstumszyklus in Unordnung, die geregelten Umwandlungen werden verhindert, und die Insekten verenden schließlich. Der große Vorteil derartiger Stoffe, die aus weitverbreiteten subtropischen Bäumen gewonnen werden, besteht darin, daß sie auf sehr einfache Weise an Ort und Stelle von den Bauern hergestellt werden können. Nachschub und Kosten sind daher kein Problem. Möglicherweise enthalten auch Algen brauchbare Stoffe zur Insektenvernichtung. Zwei Arten hat man bereits entdeckt, die Moskitolarven töten. Und die Suche nach solchen Substanzen geht sicherlich weiter. Manche Pflanzen enthalten auch Stoffe, die Pilze abwehren. Einer davon, Wyeron genannt, ist aus Bohnen isoliert worden. Er ist in sehr niedrigen Konzentrationen bei vielen Pflanzen wirksam gegen Pilzbefall.

Pilze, die, wie im 22. Kapitel beschrieben, die sogenannte Mykorrhiza um Pflanzenwurzeln bilden, sind oft tödlich für ihre Krankheit verursachenden Verwandten, da sie natürliche Antibiotika erzeugen. Ein solcher Mykorrhiza-Pilz war gegen 92 Prozent der möglichen Feinde aus der Pilzsippe wirksam. Die Pilz-Art, die bei Kiefern die Nadeln schrumpfen läßt, wurde dadurch bekämpft, daß ihre schwimmenden Sporen binnen 20 Minuten bewegungsunfähig gemacht wurden, während sie normalerweise 6 bis 8 Stunden herumschwimmen; überdies wurde die Keimung der Sporen gänzlich verhindert. Einige der Antibiotika greifen nur einen einzigen krankheitserregenden Pilz an, und sie zu extrahieren und anzuwenden, könnte für die Zukunft von beträchtlichem Wert sein.

Sehr bemerkenswert ist die Entdeckung gewesen, daß im Sämlingsstadium eine Impfung mit einer schwachen, künstlich gezüchteten Virus-Spielart einen Großangriff des Erregers verhüten kann. Die britischen Versuche auf diesem Gebiet befaßten sich mit dem Mosaikvirus von Tomaten. Es ruft eine Krankheit hervor, die zwar nicht tödlich ist, den Ertrag aber stark verringert. Diese auffallende Parallele zur Impfung beim Menschen, etwa die gegen Pocken, hat bei Versuchen im Freiland zu ermutigenden Ergebnissen geführt.

Schädlinge und Krankheitserreger können vermutlich gegen »natürliche« Stoffe ebenso schnell Resistenz entwickeln wie gegen synthetische. Aber solche Naturprodukte ersparen kostspielige Herstellungsverfahren und werden wahrscheinlich Nährpflanzen viel weniger vergiften, als es durch eine recht große Reihe von synthetischen Substanzen geschieht.

Eine ganz andere Bekämpfungsmethode ist der Einsatz natürlicher Feinde gegen Schädlinge. Die Wollschildlaus (*Icera Purchasi*), die Citrusbäume verwüstete, war einer der ersten Schädlinge, die man in Amerika wohlüberlegt mit einem natürlichen Feind, mit einem räuberischen australischen Marienkäfer (*Rhodolia cardinalis*) angriff. Gärtner wissen sehr gut, daß es sich lohnt, Marienkäfer und deren Larven zu erhalten, da diese mit Genuß Blattläuse fressen und sie dezimieren. Ein kanadischer Frostspanner, ein Schmetterling, der 1949 zum erstenmal als gefährlicher Schädling auftrat, konnte bis 1969 mit Hilfe von zwei europäischen Insektenparasiten ausgerottet werden. Auch in Gewächshäusern sind die sehr resistenten Mottenläuse oder »Weißen Fliegen« (bes. *Trialeurodes vaporarium*) und Spinnmilben durch räuberische Insekten im Zaum gehalten worden. Man könnte noch viele andere Beispiele von Insekten zitieren, die man mit Erfolg gegen schädliche Arten eingesetzt hat.

Andere Organismen kann man ebenfalls verwenden. Einen Fadenwurm hat man dazu benutzt, den Maiswurzelbohrer, eine Käferlarve, zu attackieren. Man kann die Fadenwürmer auf einer Mischung von Agar-Agar und Hundefutter züchten. Die Kosten betragen einen Dollar für eine Million Würmer, die diese Käferlarve und viele andere Bodeninsekten auf mehreren Morgen Land bekämpfen können. Überdies läßt sich der Fadenwurm in Kühlung fünf Jahre lagern.

Wie man herausgefunden hat, ist es auch möglich, Schadinsekten mit krankheitserregenden Pilzen, Bakterien oder Viren zu infizieren, da sie dafür anfällig sind. Solche Krankheiten haben den Vorteil, daß sie normalerweise nur das betreffende Insekt befallen. Allerdings kann Anwendung in unnatürlichem Ausmaß erbliche Resistenz bei dem Schädling hervorrufen, auf den man es abgesehen hat.

Ebenso lassen sich Pilze dazu benutzen, Krankheiten zu bekämpfen. So wird der Erreger des Kartoffelschorfs, ein Strahlenpilz aus der Gruppe der Pilzbakterien (*Streptomyces scabies*), von einem Schimmelpilz (*Penicil-*

lium) angegriffen. Gärtner arbeiten manchmal das gemähte Gras vom Rasen in ihre Kartoffelbeete ein. Dadurch wird das Wachstum dieses Schimmelpilzes gefördert und der Schorfbefall verringert. Starke »Gründüngung«, das heißt Untergraben von Pflanzen, die auf dem Feld wachsen, hat man bei Kartoffeln und sogar bei Getreide versucht.

Manche Bakterien-, Pilz- und Viruskrankheiten werden mit dem Pollen verbreitet. Dazu gehört etwa der Feuerbrand von Äpfeln und Birnen. Die Naturwissenschaftler haben sich die Lebensgewohnheiten von Bienen zunutze gemacht und Streptomycin auf solche Weise in Bienenstöcke gebracht, daß die Bienen dieses Bekämpfungsmittel verbreiteten.

Bei einer anderen modernen Methode, die man mehreren wichtigen Schädlingen gegenüber benützt hat, ließ man sehr große Mengen von unfruchtbaren Insektenmännchen frei. Das setzt voraus, daß man die Männchen züchtet und sie mit Gammastrahlen behandelt. Erst nachher läßt man sie ins Freie. Sie sind zwar unfruchtbar, aber sexuell aktiv. Ihre Scharen sind gegenüber den unbehandelten Männchen draußen in der Übermacht, so daß sich die meisten Weibchen, die in der Natur aufwuchsen, mit den sterilen Männchen paaren. Die Folge davon ist, daß die Weibchen entweder überhaupt keine oder unbefruchtete Eier erzeugen. Wird diese Prozedur mehrere Generationen lang durchgeführt, kann das Ergebnis eine sehr starke Verminderung der Schädlingspopulation sein.

Wie bei den Pflanzen wird auch die Entwicklung eines Insekts durch Hormone gesteuert. Wird der Übergang von der Larve zur Puppe durch Anwendung der falschen Hormone oder einer zu großen Menge der richtigen gestört, geht das Insekt zugrunde. Das sogenannte Juvenilhormon hindert Larven daran, sich zu verpuppen. Nun hat es sich als sehr schwierig erwiesen, diese Hormone aus Insekten zu extrahieren oder sie synthetisch herzustellen. Doch bestimmte Pflanzen enthalten die gleichen Stoffe, deren Vorhandensein vermutlich auf eine langfristige evolutionäre Anpassung zum Schutz gegen solche Feinde zurückzuführen ist. Beachtenswert ist, daß die betreffenden Pflanzen, darunter die Eibe und andere Nadelbäume sowie bestimmte Farne, sehr alter Abstammung sind. Eines der Hormone vernichtet die Eier und ist so stark, daß ein Männchen, das es bei der Paarung auf das Weibchen überträgt, dessen Eier unfruchtbar macht. Wenn man mit solchem Hormon behandelte Männchen züchtete und sie wie die oben erwähnten sterilisierten freiließe, würden die gleichen Wirkungen erzielt. Es muß jedoch festgestellt werden, daß zumindest ein Käfer, der als Schädling in Mehl lebt, bereits eine gewisse Resistenz gegen die Behandlung mit Juvenilhormon entwickelt hat.

Mit anderen von Insekten produzierten Substanzen experimentiert man schon einige Zeit. Es sind dies die Pheromone – praktisch Boten- oder Lockstoffe zwischen Insekten –, vor allem diejenigen, die das Männchen informieren, daß das Weibchen geschlechtsreif ist. Solche Substanzen sind in winzigen Mengen wirksam und, wenn nötig, könnten sie synthetisch hergestellt und dazu verwendet werden, Insekten an Plätze zu locken, wo man sie vernichten kann.

Ackerbaumethoden können ebenfalls die Bedrohung durch Schädlinge und Krankheiten vermindern. Die älteste Methode ist der Fruchtwechsel, der eine massive Vermehrung von Feinden verhütet, weil er nicht öfter als einmal alle drei bis vier Jahre die gleiche Wirtspflanze anbietet. Er schützt auch vor Unkraut. Beträchtlich behindern kann man Schädlinge, wenn man die Feldfrüchte aufteilt. Auf Kuba hat man kürzlich Experimente angestellt, bei denen man abwechselnd Mais und Sonnenblumen (*Helianthus annuus*) in 8 Meter breiten Streifen anpflanzte. Dem Mais-»Heerwurm«, der oft in Massen wandernden Raupe eines Eulenfalters, wird so ein futterloses Gebiet als Schranke in den Weg gelegt. Dadurch wurden Invasion und Wirkungen des Schädlings um 50 Prozent verringert, und das ohne Geldausgaben und ohne die Ernte mit Maschinen übermäßig zu komplizieren.

In den USA wurde das Ulmensterben auch dadurch in Schach gehalten, daß man rund um den Infektionsherd Bäume fällte. So schuf man freie Räume, über die der Dunkle und der Kleine Ulmensplintkäfer (*Hylurgipinus rufipes, Scolytes multistriatus*), die den krankheitserregenden Pilz übertragen, nicht fliegen können.

Bestimmte Schädlinge lassen sich ausschalten, wenn man die Feldfrucht zu einer Zeit anpflanzt, in der sie nicht aktiv sind. Selbst auf einem von Kartoffelälchen (*Heterodora rostochiensis*) verseuchten Land, kann sehr früher Anbau den Kartoffeln ermöglichen, heranzuwachsen, ehe die Fadenwürmer tätig werden. Bei einer anderen Anbaupraxis läßt man nach der frühen Ernte der Kartoffeln einige im Boden zurück. Diese beginnen im Spätsommer auszutreiben. Die Fadenwürmer werden dadurch getäuscht und meinen, die richtige Jahreszeit sei gekommen. Denn sie reagieren auf Stoffe, die von der Kartoffel ausgeschieden werden. Doch die spät austreibenden Pflanzen werden vom winterlichen Frost vernichtet, und die Fadenwürmer sterben mit ihnen, weil sie nicht in das sichere Ruhestadium der Einkapselung zurückgekehrt sind.

Wie man kürzlich entdeckt hat, ist eine Spielart der Wildgerste gegen Fadenwürmer resistent. Züchtung übertrug dieses Merkmal auf die kultivierte Gerste. Offensichtlich hindert die Pflanze mit chemischen Mitteln das Weibchen des Fadenwurms daran, geschlechtsreif zu werden und sich zu vermehren, was einen zusätzlichen Vorteil bedeutet. Die neue Gerste, Sabarlis genannt, hat bis zu 20 Prozent mehr Ertrag geliefert als die Spielarten, die für Fadenwürmer anfällig waren.

Es ist auch möglich, Fadenwürmer abzuwehren, wenn man andere Pflanzen mit wirksamen Absonderungen verwendet. So scheint eine einjährige Sammetblume (*Tagetes minuta*) die Ausscheidungen einer Wirtspflanze, wie etwa der Kartoffel, zu neutralisieren, so daß die Fadenwürmer nicht aus ihren Kapseln schlüpfen und ein Teil von ihnen zugrundegeht. Neuere Experimente in Schottland zeigten einen natürlichen »Verschleiß« der Kartoffelälchen von 17 Prozent im Jahr, wenn die Feldfrucht nicht vorhanden war. Wurde dort auch *Tagetes* angepflanzt, betrug der Verlust der Fadenwürmer 55 Prozent. Das deutet wirklich auf eine viel intensivere Wirkung der Sammetblumen hin.

Eine Feldfrucht zusammen mit einer anderen Pflanze anzubauen, kann ebenfalls die Gefahr einer Infektion verringern. Ein altes Beispiel dafür ist die Baumwolle, deren Verlustquote infolge von Wurzelfäule – verursacht von einem Pilz (*Rosellinia*) – von über 50 Prozent auf nur 2 Prozent sank, wenn sie mit der Indischen Bohne (*Phaseolus aconitifolius*) zusammen angepflanzt wurde.

Gelegentlich kann auch Pfropfen erfolgreich mit einem gefährlichen Schadinsekt fertig werden. Das klassische Beispiel dafür ist die Reblaus (*Phylloxera vitifolii*), die gegen Ende des letzten Jahrhunderts die europäischen Weinreben (*Vitis vinifera*) dezimierte. Diese wurden gerettet, als man die gewünschten Spielarten der Weinreben auf amerikanische Stöcke pflanzte, die gegen das Insekt resistent sind oder es zumindest tolerieren. Das erhielt zwar die französischen und deutschen Weingärten, war aber auch dafür verantwortlich, daß nun »Falscher Mehltau« der Weinreben (*Plasmopara viticola*) – vorher eine im Amerika heimische Pilzkrankheit – die europäischen Weinreben befiel und seither auf dem Kontinent ein ernstes Übel blieb.

Biologische Bekämpfung hat man auch Unkraut gegenüber angewendet. Denn wie bei Schädlingen und Krankheitserregern können eingeschleppte Arten sehr schnell völlig außer Kontrolle geraten. Das klassische Beispiel dafür ist die 1925 begonnene Ausrottung von Feigenkakteen in Australien. Verschiedene dieser *Opuntia*-Arten wurden gegen Ende des letzten Jahrhunderts als Kuriositäten für Gärten eingeführt. Sie fanden die Bedingungen in Australien so sehr nach ihrem Geschmack, daß sie sich bis 1900 über 4 Millionen Hektar und bis 1925 über 24 Millionen Hektar ausgebreitet hatten. Man versuchte eine biologische Bekämpfung mit Schildläusen. Anfangs war aber sogar die Nutzung der Kakteen durch die Cochenille-Schildlaus (*Dactylopins coccus*), die roten Farbstoff lieferte, auch ein Grund gewesen, diese Pflanze einzubürgern. Doch diese Insekten wurden von dem einheimischen Marienkäfer angegriffen. Dann probierte man es mit der argentinischen Kaktusmotte (*Cactoblastis cactorum*). Nur 3000 Eier dieses kleinen Schmetterlings wurden ins Land gebracht, aber sie erwiesen sich als ausreichend. Bis 1938 hatte diese Motte 10 Millionen Hektar von den Opuntien gesäubert.

Mit biologischer Bekämpfung werden nun viele Schädlingsarten erfolgreich im Zaun gehalten. Man stellt sogar Versuche an, einige der tropischen, unter Wasser wuchernden Wasserpflanzen dadurch zu bekämpfen, daß man pflanzenfressende Fische einsetzt, die nebenbei noch eine brauchbare Nahrungsquelle sind. Gegen die zu Unkraut gewordenen schwimmenden Pflanzen, wie die Wasserhyazinthen, verwendet man nun Insekten.

Der Binsen-Knorpellattich (*Chondrilla juncea*) ist eine weitere eingebürgerte Pflanze. Er kam von den USA – wohin er aus Europa, Asien oder Nordafrika gelangte – nach Australien. Dort wurde er zu einem Alptraum für Getreidefarmer. Seine tiefen Wurzeln mit Trieben, die sich leicht regenerieren, lassen sich mit Chemikalien nicht zerstören. Man hat zwar einige parasitische Insekten gefunden, die Hilfe verheißen, aber die beste natürliche Bekämpfung wurde mit einem spezifischen Rostpilz erreicht. Den »Tagetes-Effekt« hat man auch gegen Unkraut angewendet. Es ist kaum daran zu zweifeln, daß *Tagetes minuta* in 15 cm Abstand auf einem Land angepflanzt, wo man Geißfuß vorher bis zum Grund abrasiert hat, dieses Unkraut in einer Saison vernichtet. *Tagetes* hat man auch in dieser Weise mit wechselndem Erfolg gegen Winden (*Convolvulus*) und die Gemeine Quecke eingesetzt.

Viruskrankheiten bleiben sehr schwer zu behandeln. Meristem-Kulturen und die Aufzucht von Beständen, die virusfrei sind, bilden, wie im 27. Kapitel geschildert, die wesentlichen Methoden, um diese Krankheitserreger zu überlisten. In wenigen Fällen, so bei Erdbeeren, zerstört auch kontrollierte Hitze das Virus, ohne die Pflanze zu schädigen. Da fast alle Viren durch saftsaugende Insekten verbreitet werden, kann deren erfolgreiche Bekämpfung die von Viren verursachten Krankheiten eindämmen.

Will man Schädlinge und Krankheiten bekämpfen, darf man eines nicht vergessen: In den meisten natürlichen Lebensräumen bildet die Anzahl der Arten von Pflanzen und allen anderen Organismen meist ein komplexes System, in dem Gleichgewicht herrscht, weil sie sich gegenseitig in Schach halten. Dadurch wird für Stabilität gesorgt. Die stabilsten natürlichen Ökosysteme sind fast immer sehr kompliziert zusammengesetzt. Der Ackerbau vereinfacht das Artengefüge und das ökologische System so sehr, daß ein Gleichgewicht unmöglich wird und es sehr wahrscheinlich einen katastrophalen Stoß erhält, wenn irgend etwas schief geht. Biologische Bekämpfung ist die logische Folge der Anwendung ökologischer Erkenntnisse auf solche Probleme.

Insekten wie auch Pilze haben wahrlich eine unglaublich lange Geschichte hinter sich, in der sie den größten Nutzen aus den sich wandelnden Umständen zogen. Unsere Methoden, die manchmal als Notbehelf oder auf gut Glück angewendet werden, erscheinen angesichts dieser enormen Geschicklichkeit, sich durch Evolution anzupassen, und angesichts der phantastischen Fruchtbarkeit dieser Lebewesen vielleicht recht kläglich. Wir beginnen jedoch langsam die Auswirkungen zu erfassen, die sich etwa als Folge der gedankenlosen Anwendung von Pestiziden einstellen können. Andererseits muß aber auch die Einbürgerung von Organismen zur biologischen Bekämpfung mit Umsicht geschehen, sonst könnte sie begreiflicherweise schlimmer werden als das ursprüngliche Problem.

Vernichtet man eine Gruppe von Schädlingen, kann das Ergebnis sein, daß ein anderes Geschöpf die Lebensgewohnheiten ändert und nun seinerseits zu einem Schädling wird. Das traf bei Vögeln zu, die dazu übergegangen waren, über Früchte und Knospen von Bäumen herzufallen, weil immer weniger Insekten als Futter zur Verfügung standen. Auch allzuviel Unkraut und Hecken um Anbaugebiete zu vernichten, könnte Schädlinge zwingen, von diesen naturgegebenen Zufluchtsstätten auf Feldfrüchte überzuwechseln, und das wiederum könnte die Population der natürlichen räuberischen Feinde vermindern. Gewisse Schädlinge *müssen* am Leben gelassen werden, wenn auch ihre Vertilger überleben sollen, gar nicht zu reden von den lebenswichtigen Insekten, wie etwa wilden Bienen. Denn die sind vor allem in den USA so dezimiert worden, daß der Ertrag bestimmter Feldfrüchte ständig sinkt, weil die Bienen nicht mehr für die Bestäubung sorgen.

Chemische Bekämpfungsstoffe sind heute Gegenstand eines gefühlsbetonten Streits geworden. Sicherlich sind sie oft im Übermaß und sorglos gebraucht worden und ohne daran zu denken, wo die Überschüsse von oft sehr beständigen Substanzen am Ende bleiben würden. Das werde ich im nächsten Kapitel noch weiter erörtern. Hier genügt es anzudeuten, daß genau ausgewogene Kontrolle – die ein maßgebender Fachmann einmal »die geschickte Manipulierung der Schädlingspopulation« genannt hat – in zunehmendem Maße angestrebt werden muß, vielleicht unter der Schirmherrschaft der 1956 gegründeten »International Organisation for Biological Control of Noxious Animals and Plants« (Internationale Organisation für Biologische Bekämpfung von schädlichen Pflanzen und Tieren).

Diese ergänzende Anwendung von chemischen und biologischen Methoden findet sich bereits in vielen Gebieten, unter anderem in Kalifornien, Kanada, Peru und Rußland. Diese Integration schließt die Kontrolle oder zumindest den Rat von Biologen ein, die in Ökologie ausgebildet sind, in Fühlungnahme mit den Landwirten stehen und vertraut sind mit den Problemen auf diesem Gebiet. Das beschneidet vielleicht die Freiheit des einzelnen Landwirts, ist aber aus naturgegebenen und wirtschaftlichen Gründen höchst wünschenswert. Allein schon die Kosten chemischer Methoden nehmen die ganze Zeit über zu, wenn man bedenkt, daß die Besitzer von Obstgärten in der gemäßigten Zone in einem Jahr vielleicht 15 verschiedene Sprühmittel anwenden.

Damit will ich gewiß noch nicht andeuten, daß wir ganz ohne Chemikalien auskommen. Allein in England rettet jedes Jahr der Gebrauch von Pestiziden schätzungsweise Feldfrüchte im Wert von rund einer Milliarde DM. Wichtig ist jedoch, daß die Landwirte nicht mehr der totalen chemischen Bekämpfung soviel Gewicht beimessen, sondern zu einer ausgeglichenen Bekämpfung übergehen, so daß pro Hektar weniger Chemikalien aufgewendet werden. Das ist bei verschiedenen Gelegenheiten bereits erfolgreich geschehen. Dies bezeugt auch die Anwendung einer Pilzkrankheit zusammen mit DDT gegen den Kartoffelkäfer in Rußland. Von DDT wurde dabei ein Drittel der üblichen Menge verwendet, weil Insekten, die durch das Insektizid bereits geschwächt waren, anfälliger für die Krankheit wurden. In Peru werden jetzt die Baumwollfelder vor mehreren Schädlingen durch eine Kombination von räuberischen Feinden und anorganischen Insektiziden geschützt.

Eine ausgewogene Betreuung sollte sich nicht nur mit Schädlingen und

Krankheiten befassen, dazu müßte auch Beratung bei neuen landwirtschaftlichen Vorhaben gehören. Damit wären hoffentlich Fehler zu vermeiden, wie der ursprüngliche Plan, in Ostafrika Erdnüsse oder in Queensland Mohrenhirse *(Sorghum vulgare)* anzupflanzen. In beiden Fällen waren Umwelt und Bodenqualität nicht richtig bewertet worden. Die Beratung sollte sich im Idealfall auf jede Form von Kultivierung erstrecken und auch etwa die Verbesserung der Bodenstruktur durch Verwendung von mehr organischem Material einbeziehen.

Gewiß darf der Mensch im Kampf gegen seine heimtückischen und fruchtbaren Gegner nicht nachlassen. Für ihn ist es ein Kampf ums Überleben. Doch bei den Manipulationen auf diesem Gebiet müssen wir in wachsendem Maße mit Sorgfalt und Gewissenhaftigkeit handeln. Denn das Problem muß im Zusammenhang gesehen werden mit der Erhaltung wildlebender Geschöpfe, natürlicher Lebensräume und ihrer Schätze und mit der Sorge um die Erde, die wir alle gemeinsam bewohnen.

29 Eine blutschänderische Beziehung

»Die Menschheit hat eine blutschänderische Beziehung zur Mutter Erde«
– so lautete eine 1970 an der Universität von Michigan auf die Wand ge-
kritzelte Inschrift. Über die Plünderung der Naturschätze der Erde durch
die Menschen ist soviel diskutiert und geschrieben worden, daß man zö-
gert, es trotzdem wieder zu tun. Aber wie wir gesehen haben, ist das
Pflanzenreich in der einen oder anderen Form ein so lebensnotwendiger
Bestandteil der Welt, so wichtig als Versorgungsquelle für den Menschen,
daß die Auswirkungen seines Eingreifens zumindest kurz zusammengefaßt werden müssen.

In vergangenen Zeitaltern hat der Erdball sicherlich verheerende, natürliche Umwälzungen erlitten. So hat sich etwa die Lage von Festland und
Meeren mehrmals völlig verändert. Gebirge sind aufgefaltet und wieder
abgetragen worden. Flüsse haben tiefe Täler eingeschnitten. Heiße und
kalte Perioden haben das Klima gewandelt. Eismassen bewegten sich über
das Land hinweg und wichen wieder zurück. Aber der Großteil dieser
gewaltigen Veränderungen hat sich unendlich langsam und stufenweise
vollzogen. Heute haben wir dagegen eine Situation, in der Veränderungen
mit erschreckender Schnelligkeit eintreten, mit sehr wenig Rücksicht auf
langfristige Wirkungen durchgeführt werden und oft unwiderruflich
sind.

Die erste Beschleunigung eines Wandels in der Natur wurde vom Menschen verursacht, als er vor fast einer halben Million Jahren das Feuer gebrauchen lernte. Von da an müssen sehr viele zufällig entstandene wie
auch absichtlich entfachte Brände aufgetreten sein. In einem Wald, der
leicht Feuer fängt, kann ein Brand von wenigen Stunden das in Jahrhunderten Gewachsene zu Asche werden lassen und die Pflanzenwelt der
Landschaft wie auch ihre Tierwelt völlig verändern.

Kultivierung bedeutete, daß man Bäume und Sträucher abholzte, während das Umackern den Boden in kleine, leichte Teilchen zerlegte, die
mühelos fortgeweht oder weggeschwemmt wurden. Dies förderte, wie
wir festgestellt haben, gleichzeitig wildlebende Weidetiere und auch im-

mer mehr vom Menschen domestizierte. Sie zerstörten die robusteren Pflanzen und fraßen das Laub von Bäumen und Sträuchern. Unzählige Bäume wurden für Bauten und als Brennholz gefällt. Man kann sich kaum vorstellen, wie manche Gebiete einst ausgesehen haben. So war das Libanongebirge ganz mit Zedern bedeckt, von denen heute rund 400 noch übriggeblieben sind. Die Sahara war ein blühendes, bewaldetes Gebiet voller Tiere, wie wir auf Grund der Felsenmalereien in den heute ariden Hoggar- und Tassili-Bergen wissen.

Jede Art der Kultivierung bedeutet einen Eingriff in die wildwachsende Pflanzenwelt, und je intensiver und extensiver diese Kultivierung wird, desto geringere Möglichkeit hat die wildwachsende Pflanze – ja selbst das Unkraut, das auf Abenteuer auszieht. In diesem Kapitel geht es mir allein um die Kultivierung als eine der vielen Formen der Landnutzung, die *natürliche* Vegetation austilgen. Dazu gehören auch Forste, in denen nur eine einzige Spezies angepflanzt wird und ebenso Nähr- und sonstige Nutzpflanzen.

Dem Menschen ist es immer schwer gefallen, einzusehen, wie empfindlich Qualität und Struktur des Bodens sind, und sich darüber klarzuwerden, daß die Erde nicht unerschöpflich ist und sich manche Vorgänge praktisch nicht mehr rückgängig machen lassen. Aus Wald, der aus dem einen oder anderen Grund zerstört worden ist, wird Savanne; nach planlosem Anbau von Getreide und starker Beweidung folgt auf die Savanne die Steppe, in die dann allmählich die Wüste vordringt.

Wenn Veränderung des Klimas diesen Teufelskreis noch vergrößert, hat das wahrlich ernste Folgen. Das erleben wir heute in jener Zone Westafrikas, die nördlich des Äquators und südlich der Sahara liegt und Sahel genannt wird. Anfang der sechziger Jahre bewirkten im Zuge von Hilfsprogrammen neu angelegte Brunnen und Massen-Schutzimpfungen von Vieh, daß die Rinder länger lebten. Da diese Tiere für Stämme wie die Tuareg Wohlhabenheit bedeuten und nur für rituelle Festlichkeiten geschlachtet werden, nahm ihre Zahl stetig zu. Sie fraßen das Weideland schneller kahl, als es sich regenerieren konnte. Die Menschen bauten dort auch Mohrenhirse *(Sorghum vulgare)* ohne Fruchtwechsel an. In aufeinanderfolgenden Jahren blieben dann die Regenfälle aus, die Sahara rückt stetig südwärts weiter, wohin auch die Menschen wanderten, die ihr verendetes Vieh in dem zur Wüste gewordenen Land zurückließen.

Erosion tritt ein, wenn die Bodenstruktur zerstört worden ist und der dadurch entstandene Staub vom Wind verweht und vom Regen fortgespült wird. Der Regen schneidet dann in die Oberfläche ein, es bilden sich immer tiefere Rinnen, die den unbrauchbaren Untergrund oder das Gestein freilegen. Sehr große Felder fördern die Winderosion. Mehrere Arten der Nutzung oder des Mißbrauchs von Land können Erosion zur Folge haben, und häufig greifen sie ineinander. Kultivierung schließt meist ein, daß Wald oder Strauchwerk entfernt werden. Besonders der tropische Wald bildet ein großes Ökosystem mit einem praktisch geschlossenen Kreislauf von Wachstum und Verfall. Wenn nach dessen Zerstörung irgendeine Pflanze wächst, so wahrscheinlich derber Elefanten-Rohrkolben oder ähnliche Arten, die für den Menschen nutzlos und nicht fähig sind, den Boden wieder brauchbar zu machen, und die eine erneute Besiedlung durch andere Pflanzen wirksam blockieren.

In den Tropen setzt die Wucht der Regengüsse dem Boden grausam zu, wenn der dichte schützende Wald abgeholzt worden ist. Die Erde wird tonnenweise weggeschwemmt; und wo, was häufig der Fall ist, die Rückstände reich an Eisen und Aluminium sind, werden sie – abwechselnd Sonne und weiterem Regen ausgesetzt – zu harten, rauhen Formationen, die man Laterit nennt. In den Ländern der gemäßigten Zone können ähnliche Vorgänge einst bewaldete Gebiete zu einem Ödland mit kahlem Torfboden machen.

Entfernung von Wald erhöht den oberflächlichen Abfluß von Regen ungemein stark. Nachdem man 24 Jahre lang auf Java Bäume gefällt hat, führen die Flüsse dort jetzt zweimal soviel Wasser und fünfmal soviel Sedimente als früher. Wenn die Rodung des Waldes weitergeht wie zur Zeit, kann Java in 25 Jahren sehr leicht zur Wüste werden. In Rußland hat unkontrolliertes Abholzen sehr großer Gebiete nicht nur zu übervollen Flüssen, sondern auch »zu verbreiteter Winderosion geführt, die mancherorts katastrophale Ausmaße erreicht hat: treibende Sandmassen hüllen Felder und Wiesen ein, und viele Flüsse trocknen aus« (*Literaturnaja Gazeta* 1967).

Ein solches Ergebnis bedeutet, daß man ein vorher bewaldetes Gebiet nicht neu bepflanzt, bewirtschaftet oder nach der Abholzung betreut hat. Man kann das in so verschiedenartigen Regionen beobachten wie in den tropischen Hartholzwäldern im Fernen Osten, in Weichholzwäldern der gemäßigten Zone in Rußland und im Akazien-Busch in Zentralafrika. Werden die Bäume einfach gefällt, bleibt ein Boden zurück, auf dem sehr schnell Sämlinge heranwachsen, wenn auch meist die von anderen Arten. So folgen etwa in Rußland auf das Abholzen von Nadelbäumen gewöhn-

lich Espen (*Populus tremula*) und Schwarzerlen (*Alnus glutinosa*).
Brandrodung setzt Nährstoffe frei, aber wahrscheinlich bleiben diese
höchstens zwei Jahre verfügbar. Grund dafür ist die Mineralisation, das
heißt die Bildung von Mineralen im Boden und dessen Unvermögen,
Nährstoffe zurückzubehalten. Dadurch wird praktisch die Erde un-
fruchtbar. Auf jeden Fall zerstört Brandrodung das ganze Fallaub und den
Humus, die den einzigen Nahrungsvorrat bilden außer jenem, der in den
Pflanzen des Waldes enthalten ist.

Die typische Folge von Bränden ist etwa eine Savanne mit Grasland, das
Weidetiere ernährt. Es wird jedoch äußerst leicht zu sehr abgegrast. Wo
Vieh in tropischen Regionen das Land zu stark abgeweidet hat, sind die
Folgen davon meist, daß immer derbere und weniger schmackhafte Gräser wachsen und sich als Höhepunkt der Entwicklung häufig Bambus-Arten ansiedeln. Wie etwa in Kenia, kann auch der Fall eintreten, daß Gras
rings um die Wasserstellen völlig abgeäst wird. Setzen dann die Regenfälle
ein, kommt es zu einer gefährlichen Bodenerosion.

Eine indirekte Wirkung dieser verschlechterten Bedingungen ist, daß ge-
eignetes Gelände für große Pflanzenfresser wie Elefanten, Flußpferde und
Huftiere immer kleiner wird. Die Lebensgewohnheiten zuvieler derartiger Tiere, besonders wenn ihnen eine Verminderung der Raubtiere, ihrer
natürlichen Feinde, zugute kommt oder wenn sie in zu kleine Nationalparks eingeschlossen werden, zerstören den ihnen verbleibenden Lebensraum weit schneller, als sich die Natur von selbst wieder erholen und den
Schaden gutmachen kann. Ein Flußpferd kann in einer Nacht einen 8 km
langen Grasschwaden fressen. Eine Konzentration dieser Tiere wird das
ganze verfügbare Gras vertilgen und das Gebiet in eine Schlammwüste
verwandeln.

Gegenwärtig ist Brasilien der Schauplatz für einen Vorgang, der nach
Schilderungen »alle Aussichten hat, zu einer ökologischen Katastrophe
gigantischen Ausmaßes zu werden«. Es handelt sich dabei »um die Erschließung des Innern«, die möglich wurde durch den Bau der neuen
Trans-Amazonica-Autostraße, die in einen der letzten, noch nicht ausge-
beuteten natürlichen Lebensräume der Erde, in den tropischen Regenwald am Amazonas, vordringt. Brandrodung muß dabei in drei aufeinanderfolgenden Jahren dazu benutzt werden, jede Möglichkeit, daß der
Wald wieder nachwächst, endgültig auszuschalten. Dann ist der Urwald
tot, kein Unterholz bleibt mehr übrig, und das Gebiet ist etwa 200mal
mehr wert als sein Kaufpreis. Der Urwald enthält Bäume, die wertvolle

Nutzhölzer sind. Handelsnamen wie Ebenholz, Mahagoni und Teakholz kennzeichnen heute nur noch Farbe und Qualität von Hölzern, die auch mehrere Baum-Arten Amazoniens liefern. Ursprünglich stammte solches Holz von einer bestimmten, meist tropischen Art, von der es auch den Namen bekam. Aber man hält es oft nicht für der Mühe wert, solche Einzelbäume vor der allgemeinen Einäscherung zu retten; es würde die Geschwindigkeit der Rodung behindern. Dabei wäre es nicht schwierig, einen 30 m hohen Baum im Amazonasgebiet zu fällen; für gewöhnlich genügen dafür fünf bis sechs Axthiebe.

Im dritten Jahr pflanzt hier der Eigentümer von Neuland, wenn er gut informiert ist, einen besonderen Typ von hohem, ausdauerndem Gras. Sonst würden die natürlich wachsenden Gräser erscheinen, die für das Vieh nicht immer geeignet sind. Hat das Gras sich einmal angesiedelt, wird Vieh herbeigebracht. Doch starke Erosion mit Bildung von Regenrinnen ist dort heute bereits weit verbreitet.

Man hat auch darauf hingewiesen, daß die hohen Bäume eines solchen Waldes viel größere Mengen Feuchtigkeit wieder an die Luft abgeben als Grasland. Fällt man sie, ist daher ein trockeneres, lokales, wenn nicht sogar globales Klima zu erwarten. In den nächsten zehn Jahren sollen 4 Millionen Hektar des Amazonas-Urwalds zugunsten von Weideland zerstört werden.

Trotz Kritik von Experten auf der 1972 abgehaltenen Umweltkonferenz der Vereinten Nationen, trotz des Beispiels in Afrika jenseits des Atlantik, bestand Brasilien darauf, daß Amazonien seine nationale Angelegenheit sei und niemanden anderen etwas angehe.

In Asien und in Nordafrika tragen hauptsächlich die Ziegen, die alles kahlfressen, zur weiteren Ausbreitung der Wüsten bei. Sie haben die allergrößte Zerstörung der Pflanzenwelt verursacht. Man hat behauptet, daß auch das Römische Reich seinen Niedergang und Fall den Ziegen verdankte. Eine solche Vernichtung der Flora ist besonders auf isolierten Inseln nicht wiedergutzumachen, da auf ihnen der Anteil endemischer Arten meist sehr groß ist.

Niederbrennen und Abholzen von Wald, übermäßige Beweidung, dazu verwilderte Ziegen, Schafe, Rinder und Schweine haben vereint den Großteil des Waldes auf den Niederungen vieler polynesischer Inseln vernichtet. Die Verluste von Waldgebieten betragen auf Tahiti und Moora innerhalb der Gesellschaftsinseln 30 Prozent und steigen auf 60 und 90

Prozent für 7 der Marquesas-Inseln an. Kahlgeschlagene Gebiete zeigen das wohlbekannte Bild rapider Bodenerosion. Auf den Philippinen vernichtet allein Feuer jetzt in jeder *Minute* 3 Hektar Wald.

Eine weitere Folge von Kultivierung und veränderter Landnutzung ist die Ausbreitung eingeschleppten Unkrauts, das örtliche Pflanzen daran hindert, sich wieder anzusiedeln. So waren etwa auf Java wenige Pflanzen von Natur aus geeignet, zu Unkraut zu werden. Als daher erst einmal Akkerland erschlossen worden war, begann eine verblüffende Invasion von ausländischen Pflanzen.

Selbst das Meer kann unter unkontrollierter Ausbeutung leiden. In Japan werden sehr viele Algen als Nahrung und für die fabrikmäßige Gewinnung von Jod verwendet. Normalerweise werden sie mit Enterhaken gesammelt, mit denen man die Algen samt ihren Haftorganen losreißt. So kommt es zu einer gefährlichen Plünderung der Bestände. Man wird zweifellos immer mehr Verwertungsmöglichkeiten für Algen finden, und wie bei den Wäldern sollten auch die Naturschätze im Meer lieber klug verwaltet als verwüstet werden. Es besteht einige Hoffnung, daß man zunehmend Sammelmethoden anwendet, bei denen man die Algen nur abschneidet, damit sie aus dem verankerten Stumpf wieder nachwachsen.

Abgesehen von der Verschlechterung der Bedingungen infolge der falschen Nutzung der Naturschätze, ist auch die wachsende Zahl der Menschen Ursache dafür, daß Land total unfruchtbar wird. Schuld daran sind die Städte, die sich immer mehr ausbreiten, die Straßen, Flugplätze und unterirdischen oder im Tagbau betriebenen Bergwerke mit ihren Abraumhalden und der Ausbau von Fabrikanlagen aller Art. Industrie, Städte und Fahrzeuge geben in die Luft riesige Mengen von chemischen Stoffen ab, sowohl als Gase wie als winzige Teilchen, die nicht dorthin gehören. Zugleich bringen unsere aus allen möglichen Quellen stammenden Abfallprodukte die Welt der Natur immer mehr in Bedrängnis.

Mit der allgemeinen Verschmutzung der Umwelt haben sich viele zeitgenössische Berichte gründlich auseinandergesetzt. Wir sind alle vertraut mit den Problemen, die Müll und Abfallprodukte darstellen. Zu den Erscheinungen, die das Leben wildwachsender Pflanzen beeinträchtigen, gehört die Beseitigung von Kloakenwasser und von Haushaltmüll, von Tierexkrementen in der intensiven Landwirtschaft und von Industrie-Abwässern jeder Art. Auch hochgiftige Nebenprodukte und Abfälle, ob es nun Chemikalien oder radioaktive Stoffe sind, die aus Kernreaktoren stammen, müssen beseitigt werden.

Zusätzlich zu chemischen Verbindungen muß die Industrie auch Wasser loswerden, das während der Fabrikationsprozesse erhitzt worden ist. Wird es nicht in Kühltürmen oder Kühlschlangen auf niedrigere Temperatur gebracht, sondern geradewegs in einen Fluß entleert, vernichtet zu große Wärme dort die Pflanzen- und Tierwelt.

Werden Seen als Senkgruben benutzt, um Abwässer aufzunehmen, sammeln sich in den unteren Schichten organische Überreste an, und es können dort keine Lebewesen mehr existieren. In den oberen Schichten sinkt indessen der Gehalt an Sauerstoff, weil ihn Bakterien verbrauchen, die den Inhalt der Abwässer abbauen. In den großen Seen zwischen den USA und Kanada wurde das Abwasserproblem noch verschärft durch die riesigen Mengen von Nitraten, die von dem umgebenden Ackerland hineinflossen, das mit Stickstoffdünger übersättigt ist. Das ist teils auf zu starke Bepflanzung zurückzuführen, teils auch darauf, daß die gegenwärtigen Ackerbaumethoden die Bodenstruktur verschlechtern und die Erde dadurch unfähiger ist, Nährstoffe zu speichern.

Übermäßiger Nitratgehalt im Wasser, das man zum Trinken und für die Bewässerung benutzt, ist nicht nur eine Gefahr für die Gesundheit, sondern er kann auch eine »Hochblüte« von Blaualgen verursachen. Diese Algen verbrauchen jedoch noch mehr Sauerstoff als die Bakterien, die Abwässer reinigen. Ein Übermaß an Phosphaten, das etwa von Kunstdünger, Viehdung und Detergenzien in Waschmitteln abgegeben wird, kann ebenfalls die Algen üppiger gedeihen lassen. Verbrauchen diese Algen den ganzen Sauerstoff im See, gehen alle Organismen – sie selbst eingeschlossen – zugrunde und vermehren die verrottenden Sedimente.

Zu anderen Gefahren für Seen gehört ihre Nutzung für vergnügliche Zwecke. Auf dem Bodensee, der nur 70 km lang ist, wurden bis 1972 schätzungsweise rund 600 Tonnen Rückstände von Dieselöl aus Motorbooten auf dem Grund abgelagert. Die pflanzlichen Mikroben, der Ausgangspunkt des Nahrungskreislaufs für größere Tiere, sind dadurch ernstlich gefährdet worden. In Rußland ist so der Fischfang im Baikal-See und auf einer Strecke von fast 4000 km in den etwa 50 Flüssen, die von ihm ausgehen, ruiniert worden.

Flüsse haben die Industrie schon immer angelockt, weil sie bequem für den Transport und für die Beseitigung von Abfällen sind. Addiert man zu diesen industriellen Abfallprodukten noch das erhitzte Kühlwasser, die städtischen Abwässer und den abfließenden Kunstdünger, können Flüsse sehr schnell völlig lebensfeindlich werden und jede Wasserpflanze oder andere ihrer Organismen zugrunderichten. Der Mensch hat sich allzulang auf die traditionelle Selbstreinigung fließender Gewässer verlassen.

Holland ist wahrscheinlich das am ärgsten betroffene Land im Bereich des Rheins – eines Flusses, der jüngst als Europas »majestätische Kloake« bezeichnet wurde und von dem das Land sehr weitgehend in der Versorgung mit sauberem Wasser abhängig ist. Die zuvielen Salze im Rheinwasser sickern ins Grundwasser ein und gelangen in das holländische Ackerland, so wie sie sich am Oberlauf des Flusses noch in beträchtlicher Entfernung nachteilig auf Bohrlöcher zur Anzapfung des Grundwassers auswirken.

Große Flüsse, die ebensolche »Kloaken« sind, gelangen schließlich ins Mündungsgebiet. Dort kommen zu der Ladung von Schmutz noch neue Abwässer dazu. Manchmal verunreinigen sie Strände, schädigen Algen und die mit ihnen zusammenlebenden Tiere und strömen dann ins Meer. In Schleppkähnen wird weiterer flüssiger und fester Müll ein paar Meilen weit vor die Küste hinausbefördert, um dort abgelagert zu werden.

Nun können Abwässer und Nitrate das Wachstum von Algen und pflanzlichem oder tierischem Meeresplankton fördern. Aber die meisten Abfallprodukte, die ins Meer gelangen, tun das nicht. Viele natürliche Nährstoffe sinken sehr schnell auf den Meeresgrund hinunter. Sie stehen erst wieder zur Verfügung, wenn Strömungen sie hochschwemmen. Vielerlei giftige Abfälle werden in tieferes Wasser versenkt, angeblich in »ungefährlichen« Entfernungen vom Land und in Behältern, die ebenfalls angeblich »unbegrenzte« Zeit nicht korrodieren.

Eine Substanz, die das Meer hauptsächlich verunreinigt, ist Treiböl. An den Küstensäumen kann es alle Arten Algen und dazu die Organismen vernichten, die mit ihnen zusammenleben. Die Detergenzien, die man dazu benutzt, die Ölpest vor den Küsten zu beseitigen, sind für diese Lebewesen fast ebenso tödlich.

Ein eindrucksvolles Beispiel für ein heimtückisches Gift, ob es nun in einen See, einen Fluß oder ins Meer gelangt, ist das Quecksilber. Eine Hauptgefahr des Quecksilbers ist, daß es selbst in so geringen Konzentrationen wie 0,1 Teile pro Milliarde die Photosynthese und die Vermehrung des Planktons sowohl im Meer wie auch im Süßwasser sehr stark stören kann. Ähnliche Wirkungen hat man bei chlorierten Kohlenwasserstoffen festgestellt, die mindestens einen Monat lang unverändert im Meerwasser bestehenbleiben.

Während der letzten zwölf Jahre haben wenigstens 20 Arten des Planktons eine alarmierende Bestandsverminderung gezeigt, die auf diese Stoffe und auf die Ölpest zurückzuführen ist. Dieses Pflanzenplankton ist jedoch das erste, lebenswichtige Glied im Nahrungszyklus des Meeres.

Kehren wir nun aufs Festland zurück. Hier wirkt sich die Ausbreitung des »Betondschungels« am nachteiligsten auf die wildwachsenden Pflanzen aus. Das Problem ist akuter in kleinen, dicht bevölkerten Ländern. Eine neuere Bewertung der zukünftigen Entwicklung für England und Wales, die auf gegenwärtigen Zuwachsraten – ohne künftige Gegenmaßnahmen – beruhte, kam zu der Ansicht, daß schätzungsweise bis zum Jahr 2800 jeder Quadratmeter für den Bau von Städten genutzt sein würde. Holland und Westdeutschland wird die totale Verstädterung sogar noch früher erreichen, wenn der Bevölkerungszuwachs nicht aufgehalten wird. Wir müssen jedoch bedenken, daß man der statistischen Berechnung aus bekannten Größen nicht immer trauen kann. In den achtziger Jahren des 19. Jahrhunderts sagten die Propheten des Untergangs voraus, daß zu Anfang dieses Jahrhunderts der Verkehr in London zum Erliegen kommen müsse, weil die Euston Road einen Meter hoch von Pferdeäpfeln bedeckt sein werde.

Auch die Erschließung von Grundstücken kann die Landschaft in weitem Umkreis beeinflussen, selbst wenn keine Häuser gebaut werden. So führte in Florida die Trockenlegung der Sümpfe dazu, daß der Grundwasserspiegel sank und sich das natürliche Gleichgewicht ungemein stark verschob. Sehr schnell veränderten sich der Charakter des ganzen Gebiets sowie die Pflanzen- und Tierbestände in nachteiliger Weise. Das galt besonders für die Everglades, die mit ihren einmaligen ökologischen Eigenheiten eine der großen Touristenattraktionen sind. Erst neuere Schutzmaßnahmen sorgten dafür, daß sich der Wandel langsamer vollzog und die Wasserversorgung geregelt wurde.

Wie in Florida kann eine Senkung des Grundwasserspiegels durch massive Entwässerungsprojekte verursacht werden. Häufiger erfolgt sie jedoch, weil die Grundwasserreserven angezapft werden. Die Bohrlöcher dafür müssen immer tiefer vorgetrieben werden, während die höhergelegenen Schichten immer mehr austrocknen. Das bringt nicht nur technische Probleme mit sich, wie etwa in London, wo infolge der Schrumpfung des eintrocknenden Lehms Gebäude absacken und Risse bekommen, es wirkt sich auch auf die gesamte wildwachsende Pflanzenwelt aus. Bäume, denen die gewohnte Wasserversorgung entzogen wird, gehen zugrunde, und das führt in der Vegetation zu einem völlig veränderten Gleichgewicht. Wie klar daraus hervorgeht, wird eines der Hauptprobleme der Zukunft die Wasserknappheit sein.

Die Luftverschmutzung ist ein anderer Aspekt des Abfallproblems. Die Verunreinigung setzt sich zusammen aus Verbrennungsrückständen und aus den gas- oder staubförmigen Nebenprodukten der Industrie.

Im großen und ganzen beeinträchtigt die Luftverschmutzung die Vegetation unmittelbar viel weniger als allerlei andere Stoffe, aber einige unheilvolle Wirkungen sind doch zu verzeichnen. Nur zu gut bekannt ist der sogenannte Smog, ein rauchdurchsetzter Nebel in Los Angeles. Dort wirken Klima und Gelände zu bestimmten Zeiten zusammen, den Smog unter einer – durch Umkehrung der normalen Temperatur in verschiedenen Höhen entstandenen – »Inversionsschicht« zu konzentrieren, als bilde er sich unter dem Deckel eines Kochtopfs.

Fluoridhaltige Emissionen, etwa Abgase von verschiedenen Fabriken, sind für Pflanzen besonders schädlich, ebenso Ozon, vor allem wenn er mit anderen verunreinigenden Stoffen kombiniert auftritt. Zu den indirekten Folgen von Smog gehört, daß weniger Sonnenlicht den Boden erreicht und die Pflanzen daher die Photosynthese nicht mehr so gut durchführen können und daß der Säuregehalt von Luft und Wasser zunimmt. Die Skandinavier haben England beschuldigt, soviel Schwefeldioxid – das über ihren Ländern niedergeht – in die Luft abzugeben, daß ihre Seen und Flüsse nun stark saures Wasser enthalten. Solche Veränderungen wirken sich auf das natürliche Gleichgewicht schlimm aus. Das beginnt bei den Mikroorganismen einschließlich des Pflanzenplanktons und trifft auch die Fische.

Eine andere schädliche Verbindung ist die Schwefelsäure, von der Millionen Tonnen über ganz Europa und die gesamten Vereinigten Staaten herabregnen. Ein gut Teil davon stammt aus Heizöl mit hohem Schwefelgehalt und schadet den Pflanzen sehr.

Die Weltproduktion von Stoffen, die die Luft verunreinigen, beträgt Hunderte von Millionen Tonnen und nimmt ständig zu. In vielen Gebieten, in denen die Konzentration gefährlich wird, stehen sie heute unter dauernder Überwachung. In England und im Ruhrgebiet benützt man als Frühwarnsystem wildwachsende Flechten, die sehr empfindlich gegenüber Schwefeldioxid sind. In den USA verwendet man Tabakpflanzen, um den Ozongehalt zu überprüfen.

In keinem Überblick über die Wirkungen des Menschen auf die Pflanzenwelt darf versäumt werden, die bewußten Angriffe auf die Pflanzen in

Kriegszeiten zu erwähnen. Vor rund eintausend Jahren oder noch früher haben Eindringlinge aus dem Osten viele Länder, von Afghanistan aus nach Westen vorrückend, verwüstet. Sie zerstörten ebenso Dämme und Bewässerungskanäle wie Städte und Paläste. Vor allem die gegenwärtige Unfruchtbarkeit des Irak ist immer noch weitgehend auf diese aufeinanderfolgenden Invasionen zurückzuführen. Im Vietnamkrieg hatten es die Amerikaner direkt und bewußt auf die Vernichtung der Vegetation abgesehen, damit diese dem Feind weniger Deckung, aber auch weniger Feldfrüchte für die Ernährung bot. Die Hauptwaffe war dabei ein stark wirkendes Herbizid, das mit den erwarteten verheerenden Folgen über mehr als eine Million Hektar des vietnamesischen Hinterlandes versprüht wurde.

Die Zerstörung der Vegetation haben auch über 26 Millionen Bombenkrater gefördert. So wurde über Indochina zwischen 1965 und 1971 alle 6 Tage Explosionsstoff abgeworfen, der einer Hiroshima-Bombe entsprach.

Das Resultat dieser Tätigkeit ist die totale Zerstörung der Pflanzendecke. Ihr folgt massive Erosion, und der Grund wird dann allmählich von wertlosem Unkraut besiedelt. Darunter treten Elefanten-Rohrkolben und verschiedene Bambus-Arten am stärksten hervor, die zwei Meter hohe undurchdringliche Dickichte bilden. Die Mangrovewälder an der Küste, die bei den Angriffen fast die Hälfte des Gesamtbestands einbüßten, haben sich selbst 10 Jahre nach dem Sprühen überhaupt nicht mehr erholt. Diese Mangrove-Gebiete waren wirtschaftlich sehr wichtig. Die Bäume lieferten das meiste Brennmaterial des Landes in Form von Holzkohle, und sie beherbergten riesige Mengen von Krebsen und Weichtieren. Ihre natürliche Regeneration dürfte noch Jahrhunderte brauchen. Dieser Vernichtungskrieg gegen die Vegetation in Vietnam, der als »ökologischer Mord« bezeichnet worden ist, stellt einen mit Höchstgeschwindigkeit erzielten Modellfall einer ökologischen Katastrophe dar, die heute auch durch die gewöhnlichen Eingriffe unserer Zivilisation – nur etwas langsamer – verursacht werden könnte. Daraus geht sehr deutlich hervor, daß solche Katastrophen aus politischen Gründen eintreten können, doch ebenso aus verwerflicher Selbstsucht, in Verfolgung industrieller Ziele oder einfach aus Trägheit.

Derartige Gründe hindern Brasilien daran, sich die wahrscheinlichen, künftigen Folgen der Zerstörung von Amazonien auszurechnen. Ebenso verhindern enge Beziehungen zwischen dem Industriekomplex der

BASF in Ludwigshafen und den örtlichen Behörden eine Kontrolle der halben Million Kubikmeter Abwässer, die sich nahezu unbehandelt in den Rhein ergießen. In Florida setzt man sich bei der Erschließung von Grundstücken rücksichtslos über die Forderungen des Naturschutzes genauso hinweg wie an tausend anderen Orten. Große Bergbaufirmen können sich ohne Bedenken große Brocken aus dem Boden von Neuguinea herausholen und sogar in Nationalparks Tagbau vorschlagen. Über den Sitz von Industrieanlagen entscheiden heute im großen und ganzen technische Experten, aber nicht Ökologen.

Immerhin sind die wohlhabenderen Nationen gezwungen, die Geschäftsinteressen in gewissem Maße zu zügeln. Immer mehr Organisationen zur Überwachung und zur Verhinderung von Korruption werden gebildet, häufig angespornt durch Druck von seiten anderer Interessengruppen. Dazu gehören zum Beispiel »The International Council on Exploitation of the Sea« (Internationaler Rat für die Nutzung des Meeres) und die »North East Atlantic Fisheries Commission« (Fischereikommission für den nordöstlichen Atlantik). Beide haben ein Verbot für das Abladen von Müll in der Nordsee gefordert. Auch Bürgerinitiativen haben sich dafür eingesetzt. Nach und nach werden immer mehr Kontrollen gesetzlich verankert, und man behandelt immer mehr Abwässer und anderen Müll. Die Staaten, die an den Rhein grenzen, haben, wenn auch widerwillig, eingesehen, daß eine Kontrolle der Abfälle nötig ist. Doch ein Großteil der erzielten Vereinbarungen begnügte sich damit, die Abwässerabgabe auf die gegenwärtige Menge zu beschränken.

Im allgemeinen sind Anzeichen dafür vorhanden, daß wachsende Geldsummen von Industrie und Regierung aufgewendet werden, um Abfälle jeder Art zu reinigen und unschädlich zu machen, wieder zu verarbeiten und zu verwenden und um zu sehr erwärmtes Wasser zu kühlen. Früher oder später muß man auch aufhören, giftige Substanzen ins Meer zu kippen. Denn deren Behälter können schließlich zersetzt werden und so ein Problem für künftige Generationen bilden. Zu diesem Müll werden jedoch immer mehr radioaktive Stoffe zählen. Denn erhöhte Verwendung von nuklearen Brennstoffen ist unvermeidlich, da wir die fossilen Brennstoffe an Kohle, Erdöl und Erdgas einmal verbraucht haben werden. Ohne angemessene Vorsichtsmaßnahmen ist es durchaus denkbar, daß solcher Müll das Meer teilweise unfruchtbar machen könnte, weil er Plankton, Algen und Fische vernichtet und damit auch jede Möglichkeit, sie als Nahrung für den Menschen zu nutzen. Wir haben uns allzusehr

daran gewöhnt, das Meer als eine riesige Kloake zu behandeln, die alles
aufnimmt und unangenehme Wirkungen aufhebt. Aber weder das Meer
noch die Luft besitzen eine unbegrenzte Fähigkeit zur Selbstreinigung.
Wir müssen uns auch auf dem Festland stärker bewußt werden, daß der
Boden nicht unerschöpflich ist und die Menschen, die ihn bebauen, mehr
dafür aufwenden müssen, ihn in gutem Zustand zu erhalten.

Ein Übel auf der ganzen Welt ist, daß sich die wohlhabenderen Nationen
nun auf diese Faktoren einstellen, die weniger wohlhabenden jedoch die
Verunreinigung in Kauf nehmen, um ihre Naturschätze auszubeuten.
Wortführer der Dritten Welt, hauptsächlich die lautstärkeren Südameri-
kaner, beteuern derzeit eifrig, daß sie die Unterentwicklung um jeden
Preis überwinden müssen. Sie betrachten als ihre vordringlichen Umweltprobleme Unterernährung, Armut und Krankheit. Naturschutz ist kein
entwicklungsfähiges Vorhaben, wenn man die Lebensbedingungen der
Bewohner dieser Länder bedenkt. Die Wachsamkeit und Sorge, die man
in den USA und in Europa für ökologische Fragen zeigt, werden in Südamerika für dieses Problem nicht aufgewendet, und die Menschen, die
dort wohnen, werden wahrscheinlich nicht dagegen protestieren.

Leider sind die Tropen viel anfälliger für Erosion und klimatische Veränderungen, die durch neue Formen der Landnutzung verursacht werden.
Doch die unterentwickelten Länder wollen in solchen Angelegenheiten
nicht auf die reichen hören, und wer könnte sie deswegen tadeln? Die
Produktionskosten in reichen Ländern werden wahrscheinlich steigen,
wenn die Kontrolle der Verunreinigungen verschärft wird. Ärmere Nationen werden daraus Vorteil ziehen, um konkurrenzfähig zu bleiben,
und sie werden sich nicht um Verschmutzung kümmern. In den nächsten
Jahrzehnten wird unser Planet fast unausweichlich ein erheblich anderes
Gesicht bekommen, ehe bei diesen so vielseitigen Problemen irgendeine
beständige Lösung erreicht wird. Abgesehen von allem anderen, ist die
treibende Kraft alter Gewohnheiten und Praktiken sehr schwer in eine
neue Richtung zu lenken.

Was die Pflanzenwelt in ihrer Gesamtheit betrifft, ist wenig Anlaß zu Op-
timismus. Die wildwachsenden Pflanzen und die natürlichen Lebensräume werden direkt oder indirekt in zunehmendem Maße vom Eingreifen des Menschen betroffen. Den größten Belastungen sind sie dabei
ausgesetzt durch die Kultivierung und die Beweidung, durch die Überschwemmung mit eingeschlepptem Unkraut, durch Bauten und Industrieanlagen, die das Land unfruchtbar machen, und durch die Entstehung

von Ödland auf nachlässig bewirtschaftetem Boden.

Gebietsmäßig lassen sich diese Folgen unmöglich abschätzen, doch die Botaniker werden immer besorgter, weil so viele Arten auszusterben drohen, ganz abgesehen von denjenigen, die bereits in Vergessenheit geraten sind.

Man kennt nicht weniger als 226000 Arten von Blütenpflanzen. Die Zahl schwankt allerdings je nach Ansicht des Botanikers, was nun als eine Art anzusehen ist, und daher könnten es sogar 300000 sein. Niemand weiß, wie viele dieser – vom Gesichtspunkt der Evolution »neuzeitlichen« – Pflanzen ausgerottet worden sind, seit der Mensch auf der Erde erschienen ist, aber es ist ein Prozeß, der sich immer mehr beschleunigt. Nach derzeitigen Schätzungen sterben 50 bis 200 Arten im Jahr aus. Man hat errechnet, daß eine von zehn Blütenpflanzen in Gefahr schwebt, bestenfalls innerhalb des nächsten Jahrhunderts ausgerottet zu werden. Das sind mindestens 20000 Blumen, verglichen mit 280 Säugetieren und 350 Vögeln, die man laut Bericht in den »Roten Listen« der »International Union for the Conservation of Nature« (Internationaler Naturschutzbund) für ähnlich gefährdet hält. Doch während die Säugetiere und die Vögel alle bekannt und in einer Liste erfaßt sind, ist das bisher nur bei wenigen Pflanzen der Fall, da absurd geringe Forschungskräfte und Mittel für diesen Zweck vorhanden sind. Unser Unwissen ist in der Tat abgrundtief, wenn es um genaue Kenntnis der Pflanzenwelt geht. Die Arten von wahrscheinlich vier Fünfteln der Landoberfläche sind noch nicht einmal in den einfachsten botanischen Bestimmungsbüchern katalogisiert.

Die am schlimmsten bedrohten Pflanzen sind die nur örtlich vorkommenden, so etwa die südafrikanische »Errötende Braut« (*Serrura florida*), ferner ein sogenanntes Rotholz von St. Helena (*Trochetia erythroxylon*) und *Strongylodon macrobotrys*, eine Kletterpflanze von den Philippinen. Sie sind Beispiele für überaus schöne Pflanzen, die allein als Zierde erhalten zu werden verdienen. Viele solche Arten werden natürlich kultiviert und auf diese Weise gerettet. Ich habe früher schon den Gingkobaum, die *Metasequoia glyptostroboides*, den Flamboyant-Baum und die prachtvoll blühende *Amherstia nobilis* erwähnt. Sie werden heute viel kultiviert, sind jedoch in der freien Natur ausgestorben oder äußerst selten. Auch die liebliche Prachtwicke der Philipp-Insel (*Streblorrhiza speciosa*) ist als wildwachsende Pflanze ausgerottet worden.

Manche Leute spotten über die Rettung von Pflanzen, deren einziger Wert Schönheit oder Seltenheit ist. Aber solche Pflanzen sind sicherlich

ebenso hoch einzuschätzen wie ein Fischadler oder ein Spießbock, und sehr wahrscheinlich werden sie von mehr Menschen gesehen. Aber die 20 000 bedrohten Arten stellen auch ein ungenutztes Kapital dar. Denn zu ihnen gehören bestimmt viele, die möglicherweise als Nährpflanzen oder als Lieferanten von Öl und Fasern und, was vielleicht am wichtigsten ist, von Arzneimitteln brauchbar sein könnten. Man bedenke in diesem Zusammenhang, daß eine einzige Art, das Rote Immergrün (*Catharanthus roseus = Vinca rosea*), das weitgehend als Zierpflanze gezogen wird, fünfzig Alkaloide enthält, von denen zwei hemmend auf Tumoren wirken. Nicht nur reizvolle Pflanzen können wertvoll sein. So haben uns die unscheinbaren Flechten eine große Anzahl hochwirksamer Antibiotika geliefert. Gandhi hat einmal gesagt: »Die unbegrenzte Fähigkeit der Pflanzenwelt, dem höchststehenden Menschen Lebensunterhalt zu bieten, ist eine Region, die bis jetzt von der Naturwissenschaft noch nicht erforscht worden ist. Ich möchte behaupten, daß die Naturwissenschaftler noch keineswegs die verborgenen Möglichkeiten der unzähligen Samen, Blätter und Früchte erkundet haben, um der Menschheit die maximal mögliche Ernährung zu verschaffen.«
Das stärkste Argument dafür, daß wir die blinde Zerstörung der Pflanzenwelt und ihrer natürlichen Lebensräume verhindern müssen, wird in Zukunft vielleicht den wahren menschlichen Bedürfnissen entspringen, vielleicht nicht einfach aus Gründen der Nützlichkeit, sondern in zunehmendem Maße aus dem Verlangen nach dem natürlichen Trost, den die grüne Welt und eine unberührte Landschaft uns schenken. Die Qualität unseres Lebens hängt von der Umwelt ab, in der wir existieren.

Das Pflanzenreich hat einen 3 Milliarden Jahre alten Stammbaum. Im Lauf dieser kaum vorstellbaren Zeit sind sozusagen große Herrschergeschlechter entstanden und zugrundegegangen, unzählige Experimente angestellt und wieder aufgegeben worden. Das jüngste Herrschergeschlecht, die Bedecktsamer oder eigentlichen Blütenpflanzen, hat selbst auch eine beträchtliche Reihe von Versuchen und Fehlschlägen erlebt, ehe es zur Bildung von rund 226 000 uns heute bekannten Arten gelangte. Es ist, wenn es um Tauglichkeit und Erfindungsreichtum geht, eine hochdifferenzierte Gruppe. Heute müssen die Bedecktsamer und ebenso die anderen Pflanzengruppen, die von verschiedenen Stufen der Evolution noch übriggeblieben sind, einer noch nie dagewesenen Herausforderung standhalten.

Wie sieht nun die Zukunft des Pflanzenreichs tatsächlich aus? Hat es überhaupt noch eine Zukunft? Sicherlich sind, wenn man die Brauchbarkeit bedenkt, Pflanzen der einen oder anderen Art ganz wesentlich für den weiteren Bestand des Menschengeschlechts. Man benötigt sie für Nahrung, Tierfutter, Nutzholz und für unzählige andere pflanzliche Erzeugnisse. Und wir brauchen Pflanzen auch in unseren Beton- und Asphaltdschungeln als seelischen Ausgleich.

Nehmen wir zuerst einmal die Lebensbedürfnisse der Menschen, so ist mindestens die halbe Weltbevölkerung unterernährt, und ein Großteil davon existiert unter Bedingungen, die sie verhungern lassen. Die 1973 von den Vereinten Nationen durchgeführte Schätzung, wieviel Menschen an Unterernährung leiden, nannte 500 Millionen. In diesem Jahr sind mindestens 10 Millionen Menschen, vielleicht sogar zweimal so viele verhungert. Diese Situation wurde in Zentralafrika und Indien noch verschlimmert durch mehrere Jahre mit beispiellos geringen Regenfällen.

Auf der Welt leben derzeit über 4000 Millionen Menschen, eine Zahl, die erwartungsgemäß – laut einer Kurve, die alle Daten berücksichtigt – am Ende des Jahrhunderts auf über 7000 Millionen anwachsen wird. Auch die Lebenserwartung nimmt stetig zu. Selbst wenn man nur das Los der heute lebenden Menschen verbessern will, ist die erste Notwendigkeit, die Nahrungsproduktion zu steigern.

Der Ertrag unserer hauptsächlichen Feldfrüchte nimmt dauernd zu, wie in früheren Kapiteln geschildert wurde. Das ist teilweise besseren Ackerbaumethoden, aber auch vorteilhafteren Spielarten zu verdanken. Ein ausgezeichnetes Beispiel dafür ist der Reis. Er ist die Hauptnahrung von fast 2000 Millionen Menschen in Asien, wo sich die Bevölkerung um $3/4$ Millionen in der Woche vermehrt. Alljährlich werden fast 270 Millionen Tonnen Reis produziert. Und es gibt zu denken, daß ein gut Teil dieses Reises immer noch von Menschen manuell gepflanzt, betreut und geerntet wird. In Japan ist jedoch der Ertrag rund viermal so hoch wie in Laos, und der Unterschied zwischen bestimmten Gebieten beträgt vielleicht das Zehnfache. Das ist zum Teil darauf zurückzuführen, daß Spielarten in ihrer Fähigkeit zur Photosynthese um bis zu 100 Prozent variieren. Doch das Widerstreben, neue Kultivierungsmethoden zu akzeptieren, Mangel an Geld und daher auch an Düngemitteln, aber ebenso die Nutzung von Land mit ungenügender Fruchtbarkeit – dies alles sind Faktoren, die den Ertrag beeinflussen.

Soweit es um Züchtung geht, können Spielarten von Reis, die heute erzeugt werden, im Jahr drei statt wie bisher zwei Ernten liefern, sie können reicheren Ertrag bringen, sind widerstandsfähiger gegen Krankheiten und nicht mehr so leicht etwa vom Wind zu knicken. Außerdem sind sie anpassungsfähiger als alte Formen, wenn sie an verschiedenen Orten angebaut werden.

Die anderen bedeutenden Getreide-Arten der Welt, der Weizen und der Mais, bieten ähnliche Möglichkeiten.

In der Vervollkommnung unserer grundlegenden Feldfrüchte ist kein Ende abzusehen, da sie noch kräftig gefördert wird durch die Verwendung neuer Arten für die Züchtung. Abgesehen vom höheren Ertrag werden gesteigerte Fähigkeit zur Photosynthese und wirksamere Umwandlung von Nitraten in Eiweißstoffe angestrebt.

Stärkere Konzentrierung von Feldfrüchten muß ebenfalls eines unserer Ziele sein, wenn das gesamte kultivierbare Land nicht am Ende Feldfrüchten überlassen werden soll, während die wildwachsenden Pflanzen verdrängt werden. Gegenwärtig kann man sich, außer daß man jede Pflanze ertragreicher macht, wenig neue Methoden vorstellen, um die existierenden Feldfrüchte zu verbessern.

Den Boden wird man vorteilhafter nutzen können, wenn man mehrere

Nährpflanzen in einem Jahr oder sogar zur gleichen Zeit anbaut und so verschiedenartige Umweltbedingungen ausnutzt. Noch ein Vorteil dieser Idee ist, daß man dadurch der Erosion entgegenwirkt. Ein Weg dazu besteht darin, das Land ungepflügt zu lassen, Samen von Feldfrüchten mit speziellen Maschinen in Gras oder Getreide zu säen, die als Schutzdecke dienen und später durch Sprühen mit einem Kontakt-Herbizid vernichtet werden. Das schafft einen Dauerschutz gegen Bodenerosion, denn der Grund bleibt nie unbewachsen, während die abgestorbenen Pflanzen einen Teppich bilden, der Unkraut unterdrückt, die Bodentemperaturen erhöht und Feuchtigkeit zurückhält. Vielleicht am wichtigsten ist, daß die Bodenstruktur erhalten bleibt, die durch Pflügen zerstört wird. Das gilt nur, solange man bei der Verwendung von Erntemaschinen die nötige Vorsicht walten läßt.

Zur Zeit ist ein typisches – in Kentucky übliches – Verfahren, Mais direkt in Winterroggen oder Wintergerste zu säen. Erntet man den Mais, dessen Wurzeln im Boden bleiben, werden sogleich Sojabohnen gesät. Wenn diese fast reif sind, erfolgt die Aussaat von Wintergetreide vom Flugzeug aus, damit es keimt, während die Bohnen geerntet werden.

Solche Methoden haben die Produktivität vieler, vorher kaum lebensfähiger Farmen verändert.

Der Zustand von Ackerböden gibt reichlich Anlaß zur Besorgnis. Verbunden mit großer Erhöhung der Düngerpreise, könnte das sehr wohl eine gewisse Rückkehr zur Verwendung von Dung bewirken, der von Tieren stammt, derzeit aber von Bauern, die intensive Landwirtschaft betreiben, einfach als lästiges Problem der Abfallbeseitigung betrachtet wird. Praktiken wie etwa Niederbrennen ließen sich durch leichtes Einpflügen von Stoppeln ersetzen. Dadurch wird nicht nur die Bodenstruktur verbessert, sondern man braucht auch weniger Kunstdünger. In einem weiteren Jahrzehnt wird man durchaus erleben, daß solche traditionellen Verfahren sich dort wieder durchsetzen, wo man den Ackerbau übertrieben »modernisiert« hat.

Die Wahrscheinlichkeit, daß die gegenwärtigen Hauptarten von Nährpflanzen durch andere ersetzt werden, scheint augenblicklich nicht zu bestehen. Doch vermutlich wird man immer mehr völlig andere Pflanzen für die Ernährung nutzen. Manche davon könnten pflanzliches Eiweiß liefern. Versuche, es zu gewinnen, laufen schon viele Jahrzehnte lang. Dazu gehört die chemische Aufschließung von Samen oder Blättern und die weitere Verarbeitung unter sorgfältiger Kontrolle, um Veränderungen der Komponenten zu vermeiden. Bisher haben sich Samen von verschiedenen Hülsenfrüchtlern als bestes Ausgangsmaterial dafür erwiesen. Aber in Zukunft könnte man auch mancherlei Blattgemüse verwenden, denn es kann bis zu 30 Prozent Eiweißstoffe liefern und ist wahrscheinlich die in dieser Hinsicht produktivste althergebrachte Pflanzenart.

Von manchen Feldfrüchten lassen sich bis zu 90 Prozent ihres eiweißbildenden Stickstoffgehalts extrahieren. So sind in Indien Erträge von mindestens 3000 kg pro Hektar bei der Luzerne (*Medicago sativa*) erzielt worden. Das Eiweiß kann einige Monate als feuchte, kuchenförmige Masse oder mehrere Jahre lang als trockenes Pulver aufbewahrt werden. Die faserhaltigen Teile der Pflanzen, die nach der Eiweiß-Extraktion zurückbleiben, können noch als Futter mit niedrigem Eiweißgehalt verwendet werden. Futterpflanzen wie die Luzerne haben noch den zusätzlichen Vorteil, daß sie im Boden verbleiben, da sie von Zeit zu Zeit nur teilweise geerntet werden und so eine wertvolle Sicherung gegen Erosion bilden, die eine total abgeerntete Feldfrucht nicht gewährt. Pflanzliches Eiweiß wird derzeit hauptsächlich zur Fütterung von Tieren genutzt. Aber man hofft auch Substanzen zu gewinnen, die für den Menschen geeignet und schmackhaft sind.

Wenn sich die Verschmutzung der Meere auf ein Mindestmaß verringern läßt, könnte man eine sehr ausgedehnte Kultivierung von Meeresalgen betreiben, besonders in Gebieten wie Japan, wo sie einen wichtigen Bestandteil der Kost bilden.

Sicherlich wird man auch einzellige Algen in großem Maßstab kultivieren. Die Bewohner des Gebiets am Tschad-See haben seit alten Zeiten die Blaualge *Spirulina platensis* verwendet, die in Seichtwasser mit einem bestimmten ausgeglichenen Gehalt an Chemikalien gedeiht. Kulturen in Südfrankreich, die man in Trögen im Freien züchtete, lieferten im Jahr einen Eiweißertrag von 25 Tonnen Trockengewicht pro Hektar. In Kalifornien, einer Region mit hohen Temperaturen und langen Tagen, wo ständig geerntet werden kann, hat man 50 Tonnen produziert. Vergleichsweise entsprechen dem 0,4 Tonnen Weizen und weniger als 0,1 Tonnen Rindfleisch pro Hektar. Getrocknete *Spirulina* enthält bis zu 68 Prozent Eiweißstoffe und ist so ein sehr ergiebiges Mittel, um Tierfutter nahrhafter zu machen, aber auch ein gehaltvoller Ausgangsstoff für synthetische Erzeugnisse, die der menschlichen Ernährung dienen.

Solche Algenkulturen können in Verbindung mit bestimmten Bakterien auch zur Behandlung von Abwässern benutzt werden. Sie regenerieren das Wasser und erzeugen zudem noch ein nützliches Endprodukt. Andere Kulturen könnten Metalle wie etwa Quecksilber aus Industrieabfällen extrahieren. Die Russen verwenden bereits Meeresbakterien, um durch Oxidation Öl aus verschmutztem Meerwasser zu beseitigen. Die Amerikaner benutzen ähnliche Organismen, um chemische Abfälle der Erdölverarbeitung in einem Verfahren abzubauen, das am Ende zu einer vollen Wiederverwendung dieses Materials führen soll. Bakterien dienen auch – vorerst nur versuchsweise – dazu, den üblichen Bestandteil von konzentriertem Dung, das »Farm-Abwasser«, zu verdauen, das zu einem Problem intensiver Tierhaltung geworden ist. Der Rückstand kann getrocknet und auf Kulturland gebracht werden.

Pflanzliches und tierisches Meeresplankton ist möglicherweise eine weitere Nahrungsquelle. Alain Bombard und andere Forscher haben zwar bewiesen, daß der Mensch allein von Plankton leben kann, aber wenn man es gezielt kultiviert, geschieht dies wahrscheinlich mehr, um Fische zu ernähren als den Menschen unmittelbar. Der Erfolg hängt auch hier wiederum davon ab, daß die Meere einigermaßen saubergehalten werden.

Auch die Züchtung von Pilzen nimmt stetig zu. Eßbare Pilze enthalten gute Eiweißstoffe und mehrere Vitamine, sie liefern ohne weitere Verarbeitung wohlschmeckende Speisen oder können leicht getrocknet werden. Es ist möglich, etwa von Zuchtchampignons 80 Tonnen im Jahr pro Hektar zu ernten. Pilze sind besonders wertvoll bei eintöniger Kost, wie etwa in Südostasien, wo der Acker-Scheidling, der auf Reisstroh wächst (*Volvariella speciosa var. masseei*), weitgehend angepflanzt wird. Man arbeitet daran, die Produktivität zu erhöhen und bessere Spielarten zu züchten, was man auch beim europäischen Zuchtchampignon getan hat, der vermutlich vom Garten-Champignon (*Agaricus bisporus*) abstammt.

Pilze im Myzelstadium werden ebenfalls kultiviert, um eiweißreiche Ausgangsstoffe zu erhalten, die dann zu verschiedenartigen nahrhaften Kunstprodukten oder ähnlichen Substanzen verarbeitet werden, denen man noch die geeignete Würze zusetzt. Analoge Verwendung hat auch das aus Garten- und Sojabohnen (*Phaseolus vulgaris, Glycine max*) gewonnene Eiweiß gefunden. Das dabei benützte Verfahren besteht darin, die Pflanzensubstanz in alkalischer Lösung zu verteilen, sie durch ein feines Sieb in eine saure Lösung zu pressen und die dabei anfallenden Fäserchen zu sammeln. Diese werden in die Länge gezogen, ein »Bindemittel« wird hinzugefügt und schließlich eine Fetthülle. Größe und Dichte der Fäserchen, die Fettmenge und natürlich die Würzstoffe und Färbemittel, die dazu gegeben werden, täuschen auf sehr überzeugende Weise Fleisch von Schlachttieren, Hühnern und Fischen vor. Mehrere Arten sind bereits in Stücken oder kleingehackt im Verkauf. Bei einem anderen Verfahren wird das Material mit hohem Eiweißgehalt als »Streckmittel« benutzt und etwa im Verhältnis 1 zu 3 mit Hackfleisch gemischt.

Gramm für Gramm sind Erzeugnisse aus Sojabohnen reicher an Eiweiß, Fett, Kohlenhydraten, Kalzium und Eisen als echtes Fleisch von größeren Tieren oder von Geflügel, und sie liefern bemerkenswert mehr Kalorien. Man hat vorausgesagt, daß bereits in den achtziger Jahren solcher »Fleischersatz« 25 Prozent des Markts ausmachen wird. Er stellt eine gewaltige Erhöhung der Nahrungsproduktion dar, wenn man bedenkt, daß nahezu 5 kg Getreidekörner erforderlich sind, um einen Stier, der zur Fleischgewinnung gezüchtet wird, um 1/2 kg schwerer zu machen, und ein Schwein dafür etwa 3 Kilo Körner braucht.

Wie bereits erwähnt, sind Pasten aus vergorenen Sojabohnen oder aus ihnen und Erdnüssen sehr wichtige Eiweißlieferanten. Daher ist es nicht erstaunlich, daß man Spielarten und Rassen bei den betreffenden Organismen für ebenso wichtig hält wie bei Getreide, Kartoffeln oder Äpfeln. Es ist kaum zu bezweifeln, daß man sich genau überlegen wird, welche neuen Mikro-Organismen man auswählt und züchtet, um solche Nährstoffe zu gewinnen. Die genau kontrollierten Produktionsbedingungen werden sich ständig verbessern lassen, um den Ertrag zu erhöhen und gleichzeitig die nützlichen Mikroben vor Infektion durch schädliche Bakterien zu schützen, die gelegentlich auch die Felder der Bauern gefährden. Abgesehen davon bringen solche Mikro-Organismen schon in kurzer Zeit einen Ertrag, benötigen wenig Land und können in Salzwasser gezüchtet werden, wodurch man die Verwendung von kostbarem Süßwasser vermeidet.

Es scheint möglich zu sein, ähnliche Pasten aus Weizen herzustellen. Das könnte ein brauchbares Mittel liefern, um Überschüsse von Weizen unterzubringen, wenn diese Pasten in bestimmten Gebieten erwünscht sind.

Die unmittelbare Verwertung von Stärke, um daraus pflanzliches Eiweiß zu erzeugen, gewinnt ebenfalls an Bedeutung. Auch dieses Protein wird wiederum in einem Gärungsprozeß hergestellt. Mikro-Organismen wie Schimmelpilze werden dabei in Tanks voll Stärkelösung gezüchtet, der man noch weitere Nährstoffe zusetzt. Eiweiß kann ebenso sehr billig aus

Kartoffeln, Yams-Arten, Cassava oder Zuckerrohr erzeugt werden. Abfälle, die zum Beispiel bei der fabrikmäßigen Herstellung von Brot entstehen, können dazu ebenfalls benutzt werden, wenn sie in entsprechender Menge vorhanden sind.

Eine andere Entwicklung, die bereits zu Resultaten geführt hat und noch vor einem Jahrzehnt als Utopie angesehen worden wäre, ist die Ernährung von Bakterien, die der Photosynthese fähig sind, mit Methylalkohol, der aus Erdgas stammt, sowie die Züchtung von Hefepilzen auf Erdöl. Das von den Mikroben erzeugte Eiweiß ist gegenwärtig weitgehend für Tierfutter bestimmt. Es ersetzt Fischmehl und Sojabohnenmehl, die derzeit immer teurer werden.

Besondere Rassen von Hefepilzen, die mit Kohlenwasserstoffen ernährt werden, züchtet man nun in vielen Ländern. Hefe ist nebenbei bemerkt ein sehr wirksamer Energie-Umwandler. Ein Tier, das 500 kg wiegt, bildet etwa 1/2 kg Eiweiß am Tag. Nährhefe (*Turolopsis utilis*) von gleichem Gewicht wie dieses Tier erzeugt in der gleichen Zeit unter idealen Wachstumsbedingungen 2000 kg. Die durchschnittliche Hefe-Kultur verdoppelt alle vier Stunden ihr Volumen. Solche Methoden sind zweifellos der billigste und schnellste Weg, die »Eiweißlücke« zu füllen. Es wäre denkbar, daß später an ihre Stelle die völlige chemische Synthese tritt.

Abgesehen von diesen zunehmenden Verwendungsmöglichkeiten unbekannter Organismen, die hauptsächlich aus den »niedrigeren« Pflanzenklassen stammen, sind Möglichkeiten vorhanden, wirklich brandneue Nährpflanzen zu schaffen. Wir haben bereits erfahren, daß Pflanzen aus Meristemen oder Bildungsgeweben gezogen werden können und daß manche Pflanzen, wie etwa Citrus-Arten, von Natur aus zahlreiche Embryonen hervorbringen, wobei der auf sexuellem Wege entstandene Embryo oft unterdrückt wird, so daß aus den Samen Pflanzen keimen, die mit der Elternpflanze identisch sind. Solche Keimlinge können künstlich erzeugt werden. Es ist möglich gewesen, in besonderen Kulturen aus einer oder wenigen Zellen einer Wurzel oder eines anderen Pflanzenteils in einer Art Pseudo-Embryonalentwicklung eine neue Pflanze großzuziehen.

Pflanzen können auch aus Pollenkörnern in Kulturen gezüchtet werden. Diese Pflanzen besitzen dann nur die halbe normale Chromosomenzahl. Läßt sich diese künstlich verdoppeln, könnte die daraus hervorgehende rein züchtende Pflanze für bestimmte Züchtungsvorhaben wertvoll sein.

Doch die neuen Pflanzen können auch mit Hilfe von Methoden der »Zellenintegration« entstehen, einer an »Frankenstein« erinnernden Kombination von operativem Eingriff und künstlicher Aufzucht in Kulturen. Die aus zweierlei Pflanzenzellen oder aus Bakterien und anderen Pflanzenzellen entstandenen hybriden Zellen erhält man, wenn man Protoplasten – das heißt das von den Zellwänden befreite Zellprotoplasma – verwendet und buchstäblich mit Gewalt miteinander vereint. Es ist vielleicht auch möglich, zusätzliche Chloroplasten in Zellen einzufügen und so deren Photosynthese–Leistung zu steigern.

Nun hat sich die Kultur von miteinander verschmolzenen Zellen bisher als sehr schwierig erwiesen, aber man wird sicher Methoden finden, aus ihnen vollwertige Pflanzen großzuziehen. Mittlerweile ist es bereits gelungen, die Gewebe verschiedener Arten miteinander zu verschmelzen. Auf diese Weise hat man mit Erfolg eine neue Tabakpflanze geschaffen, wobei die so entstandene Kreuzungsform identisch ist mit dem sexuell entstandenen Hybriden. Wenn verschiedene Arten miteinander verschmolzen werden können, eröffnen sich viele Möglichkeiten. Eine Erweiterung der Fusionsmethode ist die Injektion von genetischem Material einer Pflanze in die Zellkulturen einer anderen.

Ein Hirngespinst über das viel geredet wird, ist die Schaffung eines Getreides, das selbst imstande ist, den Luftstickstoff zu binden. Man plant dabei, Zellen von Hülsenfrüchtlern, die mit der Stickstoff bindenden Bakterie *Rhizobium* infiziert sind, mit den Zellen des Getreides zu verschmelzen. Eine andere derzeit noch rein spekulative Möglichkeit wäre es, die Gene, die die Fähigkeit zum Binden von Stickstoff vererben, aus der Bakterie in die Zellen von Pflanzen zu übertragen, die keine Hülsenfrüchtler sind. Getreide, das Stickstoff verwerten könnte, wäre ungemein vorteilhaft für den Boden, es würde die Notwendigkeit, Dünger anzuwenden, verringern und keinen Überschuß an Nitraten verursachen, die in Wasserläufe geschwemmt werden.

So sehen im Augenblick einige Zukunftsaussichten für Nährpflanzen aus. Der Wert, den man dabei einzelligen Organismen beimißt, läßt einen mit leiser Ironie an die Jahrtausende denken, die für die Evolution der Pflanzen nötig waren. Denn jetzt hat man entdeckt, wie lebenswichtig Organismen des »Kindheitsstadiums« der Erde für deren späteres Alter sind.

Wie steht es nun mit den wildwachsenden Pflanzen an ihrem natürlichen Standort? Leider sind sie einem Denken ausgeliefert, das sich an der Zweckdienlichkeit orientiert: entweder lassen sie sich unmittelbar nutzen

– oder sie stehen der Entwicklung im Wege. Wenn man über die großen Landgebiete redet, die noch zu wenig genutzt und daher für den Ackerbau verfügbar sind – und theoretisch sehr viel mehr hungrige Mäuler ernähren könnten –, so ist das reiner Wahnsinn, möchte man, daß auf der Welt noch irgendeine reizvolle Naturlandschaft übrigbleiben soll. Bis zur letzten Konsequenz entwickelt, wird die idyllische Schäferszene zur reinen Nahrungsmittel-Fabrik.

Zumindest dürfen wir hoffen, daß viele wildwachsende Pflanzen kultiviert in Parks und Reservaten erhalten bleiben. Manche könnten überleben, weil sie an unzugänglichen Plätzen wachsen. Bestenfalls wird es eine Art Querschnitt und nur ein Bruchteil dessen sein, was heute noch da ist.

Ich habe einige der Gefahren, die natürlichen Lebensräumen drohen, darzulegen versucht. Betrüblicherweise sind sie nur allzu offenkundig. Bedarf an Feldfrüchten und Weideland, Ausdehnung der Städte und schlechte Bewirtschaftung von Land üben einen erbarmungslosen Druck auf die freie Natur aus. Es gibt Wüsten, die sich wieder fruchtbar machen ließen, und übel heruntergewirtschaftete Gebiete, die wieder gesunden könnten. Vielleicht helfen uns Industrie und Technologie, Boden, der verlorengegangen oder verwüstet worden ist, wiederzugewinnen. Neuanpflanzung von Bäumen, verbunden mit Bewässerung, wird dabei meist die erste Maßnahme sein.

Wildlebende Tiere sollte man in einer Naturlandschaft lassen. Aber man muß so viele von ihnen für die Ernährung ausmerzen, daß das Gleichgewicht zwischen Futterbedarf und Leistungskraft der Pflanzenwelt erhalten bleibt, wie es etwa die Besitzer von Rentierherden in der subarktischen Region tun. Dies ist der völligen Veränderung der Natur eines Landes vorzuziehen, in dem man zahme Weidetiere hält. Denn diese Tiere haben oft einen schädlichen Einfluß auf die Güte des Weidelands, ganz abgesehen von den Problemen, die Krankheiten und Insekten heraufbeschwören, für die das Vieh vielleicht anfällig ist. Ein Beispiel dafür sind die Antilopen in Afrika. Sie wachsen schneller heran, vermehren sich besser und produzieren mehr Fleisch als Rinder; sie sind auch nicht abhängig von Wasserstellen, da sie nicht täglich zu trinken brauchen. Denn sie fressen zum Teil nachts, wenn die Blätter feucht sind, und weiden Laub ab, das wie das der Akazien einen hohen Wassergehalt hat. Obwohl es sich dabei höchstens um eine Theorie handelt, liegt der große Reiz dieser Idee darin, daß das Land und seine Vegetation in einem relativ natürlichen Zustand belassen werden, den auch der Mensch genießen kann. Tourismus könnte solchen Gebieten noch zusätzlichen Wohlstand bringen.

Die vielseitig verwendete Zellulose ließe sich vielleicht durch anorganische Stoffe ersetzen und Holz durch Kunststoffe. Auf lange Sicht würde dies den Bestand der Wälder sichern. Aber bis es soweit ist, dürften wahrscheinlich nur noch ein paar Fleckchen von urwüchsigem Wald übrigbleiben. Ebenso unwahrscheinlich ist, daß die Welt ihre gegenwärtigen Konsumgewohnheiten in Frage stellt. Müssen wir denn zum Beispiel solche Unmengen Papier verbrauchen? Für eine umfangreiche Ausgabe der *New York Times* werden 400 Hektar Wald benötigt. Die Wiederverarbeitung, das sogenannte Recycling, von Altpapier würde zweifellos die Belastung der Wälder verringern, ebenso die Verwendung von Stroh und von anderen vergleichbaren Rückständen verschiedener Nutzpflanzen. In Dänemark und Holland arbeiten Papiererzeuger und Landwirte bereits eng zu diesem Zweck zusammen. Ronald Melville von der »Survival Service Commission of the International Union for the Conservation of Nature« (Ausschuß für Überlebenshilfe des internationalen Naturschutzbundes) hat in einem Aufsatz geschrieben: »Die Ausbeutung von Naturschätzen, um augenblicklichen Gewinn ohne Rücksicht auf die Zukunft zu erzielen, muß als antisozial betrachtet werden. An die Stelle von Ausbeutung sollte vernünftige Entwicklung zugunsten eines Dauerertrags treten und, wo dies notwendig ist, durch Gesetze erzwungen werden.« Ich teile diese Gefühle und hoffe, daß Naturschutz, Rettungsversuche und Kontrolle künftig durchgeführt werden. Aber vorzuschlagen, wie solche Ziele erreicht werden könnten, vermag ich keineswegs, und ich habe auch sehr wenig Hoffnung, daß dies geschehen wird. Dieses Buch beschäftigt sich schließlich mit Pflanzen, nicht mit Politik, und was ich über ihre eventuelle Zukunft schreiben kann, muß sich im Rahmen dessen halten, was sich voraussagen läßt.

Das Problem besteht sehr weitgehend darin, Ausbildung und Hilfe anzubieten, wenn Land oft nur in höchst primitiver Weise genutzt wird. Was im Augenblick dringend nötig ist, hat den Vorrang vor wissenschaftlicher Planung.

Beim heutigen Stand der Dinge müssen wir den bedrückenden Zwang überwinden, den uns Lebensbedürfnisse und Unwissenheit zusammen mit Habgier, Politik, Religion und Nationalstolz auferlegen. Der notwendige Lebensunterhalt ist eine wirtschaftliche Angelegenheit. Dieses Problem ließe sich schnell bewältigen, wenn man vielleicht weniger Mittel für Waffen und Raumfahrtunternehmen aufwendete und ein gewisses Maß von internationalem gutem Willen bewiese. Habgier ist eine Gewissensfrage, aber sie läßt sich auch durch Gesetze im Zaum halten. Bei den drei übrigen Faktoren handelt es sich um etwas anderes. Vordringlich ist dabei meiner Ansicht nach die Notwendigkeit, die Weltbevölkerung, deren Lebenserwartung dauernd steigt, konstant zu halten. Auch dies erfordert wiederum internationale Maßnahmen und Einsicht.

Ich möchte mich nicht zu tief in die umstrittenen Bevölkerungsprobleme stürzen. Aber man könnte vielleicht darauf hinweisen, daß zur Zeit um Christi Geburt auf einem Quadratkilometer durchschnittlich *ein* Mensch lebte. Heute sind es etwa 40 Menschen, im Jahr 2000 werden es mindestens 80 sein, und das sind nur Mittelwerte. In manchen Gebieten der Welt liegen die Zahlen weit höher.

Ich kann meine eigene Meinung darüber nicht treffender ausdrücken, als es Professor John Postgate 1973 in einem Artikel des *New Scientist* tat: »Die Wachstumsgeschwindigkeit der Weltbevölkerung übertrifft heute jede vorstellbare Steigerung der menschlichen Fähigkeit, Nahrungsquellen und andere Hilfsquellen zu mobilisieren... Diese Probleme – gemeint sind Hungertod und soziale Unsicherheit – sind keine Zukunftsfragen, sie sind Folgen der Bevölkerungsexplosion, die heute schon über die Welt hereinbrechen.«

Er fügt hinzu: »In armen wie in reichen Gemeinschaften lenken die Konsequenzen der Bevölkerungsexplosion die Menschen von den eigentlichen Problemen ab.«

Überleben an sich genügt nicht. Wie Paul Ehrlich gesagt hat, besteht die Gefahr, wenn wir jetzt die »grüne Revolution« einfach vorantreiben, daß wir am Ende nur eine viel größere Bevölkerung haben, die wenig später dem Hungertod preisgegeben ist. Ich möchte ein Interview mit ihm zitieren, das 1971 im *New Scientist* veröffentlicht wurde.

»Meine – wenn auch sehr allgemeine – Ansicht als Fachmann ist, daß man in den nächsten zwanzig Jahren vielleicht fünfmal soviel Geld und Energie für den Ackerbau und die Bekämpfung von Krankheiten aufwenden müßte. Dann könnten wir zu vernünftigen Plänen übergehen, die uns gestatten würden, die heutigen Ergebnisse mit dem halben Kraftaufwand und der halben ökologischen Gefährdung zu erzielen. Es wird jedoch ein äußerst kritischer und kostspieliger Übergang sein. Man kann nicht einfach mit dem, was man heute unternimmt, aufhören und mit etwas anderem beginnen... Während des Übergangs zu einem neuartigen Ackerbau werden die Erträge sicherlich zurückgehen. Deshalb sind die Ökologen ja so erpicht auf eine Geburtenkontrolle. Wir haben uns bereits bis an die Grenze unserer Kräfte ›nach der Decke gestreckt‹, und jeder Mensch, der dazukommt, macht uns diese schreckliche Wahl zwischen gegenwärtigen und zukünftigen Lebensbedürfnissen schwerer. Wir wissen, daß vieles, was wir tun – zum Beispiel daß wir aus den Ozeanen zu viele Fische herausholen – auf lange Sicht eine Katastrophe heraufbeschwört. Dennoch führen wir als Entschuldigung dafür an, daß wir eine riesige Bevölkerung ernähren müssen.«

Natürlich existiert auch die entgegengesetzte Ansicht. Dr. Norman Borlaug, der 1970 den Friedensnobelpreis für die Arbeiten auf dem Gebiet der Pflanzenzüchtung erhielt, hat »hysterische Umweltfanatiker« scharf kritisiert, als er feststellte:

»Die grüne Revolution ist kein ›Durchbruch‹, sie ist ein vorübergehender Erfolg im Krieg des Menschen gegen Hunger und Entbehrung. Ihr weiterer Erfolg wird davon abhängen, ob man der Landwirtschaft erlaubt, Düngemittel und Pestizide zu verwenden. Wird deren Gebrauch abgelehnt... dann wird die Welt nicht etwa infolge der Vergiftung mit Chemikalien zum Tod verurteilt sein, sondern weil sie verhungert.«

Bevölkerungsfragen werden dabei überhaupt nicht erwähnt.

Die Lösung des Welternährungsproblems darf sich bestimmt nicht darauf beschränken, die Ernteerträge zu steigern. Man muß auch die aufgewendete Energie im Verhältnis zur Leistung berücksichtigen. So müßte man etwa darüber nachdenken, daß die heute erzeugten Nahrungsmittel, die man benötigt, um 210 Millionen Amerikaner oder ebensoviele wohlhabende Europäer zu ernähren, für 1500 Millionen Chinesen ausreichen würden. Denn die westlichen Nationen essen viel Fleisch, und zur Fütterung von Schlachttieren sind pro Jahr und pro Kopf über 900 kg Körnerfutter erforderlich, während jeder Amerikaner bzw. Europäer nur 63 kg nicht in Fleisch umgesetztes Getreide ißt. Jeder Chinese verzehrt dagegen 160 kg Getreideerzeugnisse und nur 18 kg Fleisch.

Gleichzeitig müssen wir bedenken, daß moderner, ertragreicher Ackerbau von hohem Energiekonsum abhängt, ob nun für Bestellung und Ernte mit Maschinen oder indirekt, weil er von der chemischen Industrie Düngemittel bezieht. Allein in England hat sich der Aufwand an Treibstoff-Energie von etwa 200 Millionen Wärmeeinheiten im Jahr 1938 auf 800 Millionen 1970 erhöht. Fast 1100 zusätzliche Wärmeeinheiten werden aufgewendet, um Düngemittel, Insektizide, Herbizide und landwirtschaftliche Maschinen zu erzeugen. In den USA ist der Energieanteil für Düngemittel und dergleichen, verglichen mit dem für Traktoren und andere Maschinen, sehr viel höher, etwa in einem Verhältnis von 8 oder 9 zu 1.

Würde man diese energie-intensive Landwirtschaft, wie man sie genannt hat, auf der ganzen Welt – auch außerhalb der »hochentwickelten« Länder – betreiben, würde dies fast 40 Prozent des gesamten Energiepotentials der Erde beanspruchen. Da braucht man wohl kaum daran zu erinnern, mit welcher Geschwindigkeit bereits heute die Energiereserven geplündert werden. Zur gegebenen Zeit könnte die Welt daher gezwungen sein, wieder zu Ackerbaumethoden zu greifen, die weniger Energie benötigen. Dies würde jedoch auch eine Verringerung der Produktivität bedeuten und das Bevölkerungsproblem noch beängstigender machen.

Der Mensch hat sich im Gegensatz zu den Pflanzen sehr schnell weiterentwickelt. Er hat sich nicht in unendlich langen Zeiträumen an die Umstände angepaßt, sondern eine immer schnellere Entwicklung durchgemacht, die ihn aber nicht befähigt hat, auch die Konsequenzen zu bedenken. Er hat phantastische technische Leistungen vollbracht, aber im großen und ganzen war er nicht imstande, seine gewalttätigen Emotionen zu zügeln.

Natürlich liegt es durchaus im Bereich der Möglichkeit, daß der Mensch sich selbst absichtlich oder zufällig durch eine Atomexplosion und deren Nachwirkungen einmal vernichten wird, vielleicht auch durch irgendeine noch heimtückischere, biologische Waffe. Nicht minder wahrscheinlich ist, daß er aus eigener Schuld infolge von Umweltverschmutzung erstickt und verhungert, oder an Seuchen, Revolution und Krieg, die durch diese Faktoren ausgelöst werden, zugrundegeht.

Welche Möglichkeiten bestehen da für die Pflanzen, wenn wir die verschiedenen künftigen Alternativen betrachten? Wenn die Menschheit ihre Streitigkeiten beilegt und sich darüber einig wird, möglichst bald und möglichst wirksam die Umwelt zu schützen und deren Ausbeutung in Grenzen zu halten, bleibt die Pflanzenwelt mehr oder weniger so bestehen, wie wir sie heute sehen. Es besteht keine Aussicht, daß sich die geographische Verteilung von Arten verändert, wenn man davon absieht, daß sie vom Menschen für seine Zwecke oder zufällig um die ganze Erde verschleppt werden. Hin und wieder wird eine Pflanze ihrem vom Menschen beherrschten Lebensraum entfliehen und sich weiter verbreiten. Aber das wird nicht bei sehr vielen Arten geschehen. Dagegen werden be-

reits eingeengte natürliche Lebensräume wahrscheinlich noch weiter zusammenschrumpfen. Gelingt es uns, große Landstriche wieder aufzufors-
ten, werden kleinere Pflanzen sich erneut in diesen Wäldern ansiedeln
und neue Pflanzengesellschaften bilden.

Wenn die Menschheit ihre gegenwärtigen Methoden und Bestrebungen
weiter verfolgt, sind die Aussichten für wildwachsende Pflanzen allem
Anschein nach trübe. Kultivierte Arten, ob nun als Nährpflanzen oder als
Schmuck, werden überwiegen. Gebiete mit wildwachsenden Pflanzen
bleiben vielleicht erhalten, vor allem in Verbindung mit einem Bestand
von pflanzenfressenden Wildtieren oder wenn sie uns irgendeinen besonderen Vorteil bieten. Doch man zerstört sie gegenwärtig in einem Ausmaß, das schrecklich und leider unwiderruflich ist.

Meist wird das Unkraut die wildwachsenden Pflanzen vertreten. Denn es
wird seinen festen Platz finden an den Grenzen von Kulturland, an Fluß-
ufern und Straßenrändern und auf unbeachteten Fleckchen Erde in den
Städten. Es wird sich ihnen anpassen, wie gefährdet solche Zufluchtsorte
auch sein mögen. So entsteht eine Pflanzenwelt, die sich hauptsächlich aus
einjährigen Unkraut-Arten zusammensetzt und aus Bäumen, die so
schnell wie Unkraut wachsen. Wichtig ist nur, daß sie sich gut vermehren
und verbreiten können.

Bestimmte Mikro-Organismen haben bereits begonnen, unsere technischen Wunderwerke »kleinzukriegen«. Es sind unter anderem die Bakterien, die sich von Eisen ernähren und Rost bilden oder Beton mit Schwefelsäure als Nebenprodukt angreifen. Dazu gehört auch die Mikrobe, der
Pilz, der vom Kohlenwasserstoff des Erdöls lebt.

Abgesehen von einer derartigen Entwicklung von Unkraut und niedrigen
Organismen läßt sich nicht erkennen, daß sich die Pflanzenwelt aus eigener Kraft weiterentwickelt. Der Mensch wählt Pflanzen aus und verändert
sie durch Züchtung, wenn sie für ihn nützlich sind oder er sie dekorativ
findet. Sie werden umgewandelt, und abgesehen von den Nährpflanzen
brauchen wir nur die wirklich erstaunlichen neuen Formen von Garten-
blumen zu betrachten. Doch ob man das als Evolution bezeichnen kann,
bleibt eine offene Frage.

Wenn sich der Mensch ganz oder teilweise selbst zugrunderichtet, wird
die Pflanzenwelt wahrscheinlich überleben. Pflanzen sind im Grunde
›nicht tot zu kriegen‹. Wir haben gesehen, daß sie es fertigbringen, in Wüsten, auf Bergen und unter den rauhesten arktischen Lebensbedingungen
zu existieren. Sie besiedeln auch Vulkane und neue vulkanische Inseln

wieder, und sie gewöhnen sich an eine Umwelt mit giftigen anorganischen Stoffen. Das Pflanzenreich könnte Rache an uns nehmen, indem es unsere Städte überwuchert und zerfallen läßt, so, wie es in der Vergangenheit die einst so herrlichen Städte und Tempel Zentralamerikas und Asiens unter sich begraben hat. Pflanzen haben unsere Machwerke mit der unerbittlichen Tätigkeit ihrer Wurzeln gesprengt, die in sie eindrangen und sich ausdehnten. Doch wenn der Mensch in einer verheerenden Umwälzung zugrundeginge, würden sicherlich auch die meisten der von ihm kultivierten Pflanzen eingehen.

Die Aussicht auf eine Welt mit unkontrolliertem Bevölkerungszuwachs und der sich daraus ergebenden Zerstörung von Naturgebieten ist entsetzlich. Aber wir dürfen die Hoffnung nicht aufgeben, daß wir, ehe noch viel mehr Zeit verstreicht, fähig sein werden, unsere Eingriffe so einzuschränken, daß wir zufriedener leben können. Dabei müssen wir mit der Pflanzenwelt, den Mitbewohnern unseres Planeten, einen Vertrag nach dem Motto »leben und leben lassen« schließen. Denn die Pflanzen liefern uns Nährstoffe, viele notwendige und auch überflüssige, aber angenehme Dinge, und ihre Schönheit trägt zu unserer seelischen Gesundheit bei.

Ein Aufkleber, den man 1972 auf Autos in den USA angebracht hatte, stellte die Frage: »Haben Sie heute schon einer grünen Pflanze danke schön gesagt?«

Wenn wir alle den »grünen Freunden« auf der Erde unseren Dank mehr mit Taten bezeigten, sähe die Zukunft wahrlich freundlicher aus. Für den modernen Menschen ist es im Grunde das gleiche Gefühl, das John Gerard 1597 in der Einleitung zu seinem berühmten »Herball« ausgedrückt hat: »Warum sollte angstvoll aufblicken zu Planeten, wer freudig hinabsehen kann auf Pflanzen?«

Bibliographie

Aigremont, Volkserotik und Pflanzenwelt, Darmstadt 1971

Andrews, H. N., Studies in Palaeobotany, New York und London 1961

Baumeister, Walter, Mineralstoffe und Pflanzenwachstum, Stuttgart 1954

Bechtel, Helmut, Exotische Orchideen, Stuttgart 1971

Bergfeld, R., Sexualität bei Pflanzen, Stuttgart 1977

Bernadotte, Lennart Graf/Hanisch, Karl H., Geheimnisse der Pflanzen, Augsburg 1976

Boas, Friedrich, Pflanze, Düngung, Ernährung, Stuttgart 1950

Börner, Horst, Pflanzenkrankheiten und Pflanzenschutz, Stuttgart 1975

Braun-Blanquet, J., Pflanzensoziologie, Berlin 1964

Braune, Wolfram / Leman, Alfred / Taubert, Hans, Praktikum zur Morphologie und Entwicklungsgeschichte der Pflanzen, Stuttgart 1976

Briggs, David / Walters, Max, Die Abstammung der Pflanzen, Evolution und Variation bei Blütenpflanzen, Frankfurt 1975

Burri, Hans, Die blütenlosen Pflanzen, Kemnat 1971

Claiborne, Robert, Entscheidungsfaktor Klima, Wien, München, Zürich 1973

Corner, E. J. S., Das Leben der Pflanzen, Köln 1971

Corner, E. J. S., The Natural History of Palms, London 1966

Danesch, Edeltraud / Danesch, Othmar, Orchideen, Kemnat 1975

Dodge, Bertha S., Pflanzen, die die Welt veränderten, Stuttgart 1963

Duddington, C. L., Baupläne der Pflanzen, Frankfurt 1972

Eben-Ari, M. / Shanan, L. / Tadmor, N., The Negev – the Challenge of a Desert, Harvard Univ. Press 1971

Edlin, Herbert, Mensch und Pflanze, aus dem Englischen von Auer, Margaret, Stuttgart 1969

Esau, Katherine, Pflanzenanatomie, Stuttgart 1969

Esdorn, Ilse / Pirson, Helmut, Die Nutzpflanzen der Tropen und Subtropen in der Weltwirtschaft, Stuttgart 1973

Esser, K., Kryptogamen: Blaualgen, Algen, Pilze, Flechten, Berlin 1976

Exotische Pflanzen in Farbe, München 1975

Feeser, Carsten, Wunder und Rätsel überall, Geheimnisse der Tier- und Pflanzenwelt, Düsseldorf 1975

Gessner, Fritz, Pflanzengeographie, Frankfurt 1969

Gottschalk, Werner, Die Bedeutung der Genmutation für die Evolution der Pflanzen, Stuttgart 1976

Grant, Verne, Artbildung der Pflanzen, Hamburg 1975

Grohmann, Herbert, Die Pflanze als Lichtsinnesorgan der Erde, Stuttgart 1962

Grohmann, Herbert, Metamorphosen im Pflanzenbereich, Stuttgart 1958

Gunning, Brian E. S. / Steer, Martin W., Biologie der Pflanzenzelle, ein Bildatlas, Stuttgart 1977

Heß, Dieter, Entwicklungsphysiologie der Pflanzen, Freiburg 1974

Hofmeister, Heinrich, Lebensraum Wald, ein Weg zum Kennenlernen von Pflanzengesellschaften und ihrer Ökologie, München 1977

Julius, Fritz H., Metamorphose, ein Schlüssel zum Verständnis von Pflanzenwuchs und Menschenleben, Stuttgart 1969

Kerner von Marilaun, Anton, Pflanzenleben, 3. Aufl., 3 Bde., 1916

Köhlein, Fritz, Pflanzen vermehren leicht gemacht, Stuttgart 1975

Kranich, Ernst M., Die Formensprache der Pflanze, Beiträge zu einer kosmologischen Botanik, Stuttgart 1976

Kreeb, Karlheinz, Ökophysiologie der Pflanzen, eine Einführung, Stuttgart 1974

Kremer, Bruno P., Pflanzen unserer Küsten, Blütenpflanzen, Flechten, Algen, Tange, Stuttgart 1977

Kuckuck, Hermann, Grundzüge der Pflanzenzüchtung, Berlin 1972

Lang, Konrad, Ernährungsprobleme in der modernen Industriegesellschaft, Darmstadt 1965

Larcher, Walter, Ökologie der Pflanzen, Stuttgart 1976

Launert, Edmund, Gebirgsflora in Farben, 1275 Pflanzen der Gebirge Europas, ausgew. v. Huxley, A., Ravensburg 1974

Läuger, Peter, Die Photosynthese der grünen Pflanzen, Konstanz 1971

Lehmann, Heiner / Schulz, Dieter, Die Pflanzenzelle, Struktur und Funktion, Stuttgart 1976

Lorenzen, Harald, Physiologische Morphologie der höheren Pflanzen, Stuttgart 1972

Mädgefrau, Karl, Paläobiologie der Pflanzen, Stuttgart 1968

Matho, K., Orchideen der Tropen und Subtropen, Stuttgart 1956

Mengel, Konrad, Ernährung und Stoffwechsel der Pflanze, Stuttgart 1972

Menzel-Tettenborn, Helga, Das Reich der Pflanzen, Gütersloh und München 1976

Metzner, Helmut, Biochemie der Pflanzen, Stuttgart 1973

Meyer Großer Physikalischer Weltatlas, Atlas zur Biogeographie, München

Mezger, Max / Boerner, Franz, Das nieverlorene Paradies, Berlin 1965

Müntz, Klaus, Stoffwechsel der Pflanzen, Köln 1976

Ohnesorge, Bernhard, Tiere als Pflanzenschädlinge, Allgemeine Phytopathologie, Stuttgart 1976

Paturi, Felix R., Geniale Ingenieure der Natur, Düsseldorf 1974

Pijl, L. van der, Principles of Dispersal in Higher Plants, Berlin 1969

Polunin, Oleg / Huxley, Anthony, Blumen am Mittelmeer, München 1974

Polunin, Oleg, Pflanzen Europas, München 1974

Pyke, Magnus, Brot für vier Milliarden, München 1970

Rehm, Sigmund / Espig, Gustav, Die Kulturpflanzen der Tropen und Subtropen, Stuttgart 1976

Reichelt, Ruth, Die wichtigsten Lebensvorgänge bei Pflanze, Tier und Mensch, Hohengehren 1972

Reichelt, Ruth, Vererbung bei Pflanze, Tier und Mensch, Hohengehren 1972

Rißmann, Rudolf, Evolution der Pflanze, Vergangenheit, Gegenwart und Zukunft der Pflanzenwelt, Stuttgart 1969

Runge, Fritz, Die Pflanzengesellschaften Deutschlands, Münster 1973

Schaede, R. / Meyer, F. H., Die pflanzlichen Symbiosen, Stuttgart 1962

Schaffer, Gerhard, Veränderungen der Bodenstruktur als Folge ackerbaulicher Maßnahmen, Stuttgart 1961

Schwanitz, Franz, Die Entstehung der Kulturpflanzen, Berlin 1957

Schwanitz, Franz, Die Evolution der Kulturpflanzen, München 1967

Schüepp, Otto, Meristeme. Wachstum und Formbildung in Teilungsgeweben höherer Pflanzen, Stuttgart 1966

Seltsames aus dem Reich der Pflanzen, von Höhn, Reinhardt, Luzern 1977

Takhtajan, Armen, Evolution und Ausbreitung der Blütenpflanzen, Stuttgart 1973

Tendel, Jürgen, Bewegungsphysiologie der Pflanzen, Köln 1975

Thenius, Erich, Paläontologie, die Geschichte unserer Tier- und Pflanzenwelt, Stuttgart 1970

Tompkins, Peter / Bird, Christopher, Das geheime Leben der Pflanzen, München 1974

Vavilov, Nikolai I., The Origin, Variation, Immunity and Breeding of Cultivated Plants, Waltham, Mass. 1951

Veen, R. van der / Meijer, G., Licht und Pflanzen, Hamburg 1958

Vogt, Hans H., Seltsames von Tieren und Pflanzen, München 1960

Walter, Heinrich, Allgemeine Geobotanik, eine kurze Einführung, Stuttgart 1973

Walter, Heinrich, Die Vegetation der Erde in öko-physiologischer Betrachtung, 2 Bde, Stuttgart 1973

Walter, Heinrich, Die Vegetation Osteuropas, Nord- und Zentralasiens, Stuttgart 1974

Wickler, Wolfgang, Mimikry, Nachahmung und Täuschung in der Natur, München 1968

Wilmanns, Otti, Ökologische Pflanzensoziologie, Stuttgart 1973

Wunderlich, Marlies, Unser tägliches Gift, Pflanzenschutz und Vorurteile, München 1975

Zimmermann, Walter, Evolution und Naturphilosophie, Berlin 1969

Zimmermann, Walter, Geschichte der Pflanzen, München 1969

Sachregister

Aasblume *(Stapelia)* 121, 203
Abwehreinrichtungen 246
Ackerbau 239, 261 ff., 264, 272, 286, 290, 301, 321, 323, 327, 329, — baumethode 320, 331
Acker-Ringelblume *(Calendula arvensis)* 156
Adonisröschen *(Adonis)* 194
Aeginetia 232, 239
Agaven *(Agave)* 48, 59, 63, 96, 246, 248
Ahorn *(Acer)* 39, 72, Berg — *(Acer pseudoplatanus)* 144
Akanthus *(Acanthus)* 150, 247, *(Acanthus mollis)* 214
Akazie *(Acacia)* 162, 185, 249, 327, 306, Akazien-Arten *(Acacia drepanolobium, Acacia sphaerocephala)* 216
Akelei, Gemeine *(Aquilegia vulgaris)* 124, 194
Albizzien *(Albizia)* 162
Algen 25, 27, 29 f., 34, 43, 91, 131, 157, 173, 186, 188 f., 192, 198 f., 220 ff., 268, 295, 309 f., 315, Alge *(Chamydomonas)* 104, —, einzellige 219, — , Erzeugnisse aus 268, Armleuchter — *(Chara)* 213, Augengeißel — *(Euglenophyta)* 91, Blau — 181, 188, 192 f., 222, 285, 310, Blau — *(Cyanophyceae)* 24, Blau — *(Nostoc)* 197, 220, Blau — *(Spirulina Platensis)* 322, Braun — 209, Braun — *(Phaeophyta)* 27, 29, Faden — 26, 31 f., Grün — *(Chlorophyta)* 26, 29, 192, 209, Kalk — 27, Kiesel — *(Diatomeae)* 91, 209, Kugel — *(Volvox)* 26, Meeres — 16, 86, 171, 206, 208 f., 268, 284, 322, Rot — *(Rhodophyta)* 209, — formen, mikroskopische 198, 219, — farne *(Azolla)* 189, — kulturen 322, —

plankton 46, 209,
Aloën *(Aloë)* 246
Alpenrachen *(Tozzia)* 233, — rose *(Rhododendron)* 249, — scharte *(Saussurea sacra)* 194, — schwingel *(Festuca alpina)* 246, — veilchen *(Cyclamen europaeum)* 152
Amberbaum *(Liquidambar)* 40
Ameisenbaum *(Cecropia peltata)* 217
»Ameisengärten« 217
Amherstia nobilis 270
Amorphophallus titanum 77, 121
Ampfer *(Rumex)* 57, 90, 206, 212
Ananas *(Ananas comsus)* 287, — gewächse *(Bromeliaceae)*, 48, 59, 67, 120, 188, 207, 246, 287
Angouloa-Arten 143
Angraecum sesquipedale 124
Anodopetalum biglandulosum 69
Anpassungsfähigkeit 13, 36, 181, 199, 278, — an Metalle 206, — an Salz 205, 209, — von Tieren 249
Anpflanzung 272
Antholyza ringens 128
Antibiotika 178, 244, 295
Apfel (Malus) 151, 254, — baum 178, 253, 273, — baum, kultivierter 60
Aphelandra squarrosa 78
Araujia sericofera 127
Arcenthobium 230
Aronstabgewächse (Aasblumen) *(Araceae)* 67, 119, 121, 125 f., 127, 138, 141
Art (Spezies) 33, 66, 88, 93 f., 135, 187, 202, 212, 229, 235, 275, 280, 289, 316, 318, —, neue 21, 27, —, Definition der 22, —, Erhaltung der 156 f.
Artischocke *(Cynara scolymus)* 195, 265

Hoimar v. Ditfurth

Im Anfang war der Wasserstoff

360 Seiten mit 30 Farbillustrationen, 10 Farbfotos,
2 Schwarzweißfotos und 26 Strichzeichnungen

»Wieder bewährt sich das Talent des Professors, biologische und physikalische
Abläufe allgemeinverständlich aufzudröseln. Er erzählt und erklärt – anschaulicher geht's wohl kaum –, was sich damals, wahrscheinlich vor 13 Milliarden Jahren, abgespielt hat, als der auf Punktgröße zusammengeballte Kosmos auseinan-
derstob, und wie es dann, nach jenem Urknall, im Weltall weiterging – bis hin zu
intelligenten Lebewesen auf anderen Planeten.«   *Der Spiegel*

Hoimar v. Ditfurth

Kinder des Weltalls

Der Roman unserer Existenz
290 Seiten mit 31 Schwarzweißfotos
und 18 Strichzeichnungen

»Schmackhaft macht dies alles Ditfurths außergewöhnliches Talent, wissenschaftliche Fakten so darzustellen, daß der Leser sie versteht, dabei aber nicht das Gefühl
bekommt, mit groben Vereinfachungen abgespeist zu werden.«   *Die Zeit*

Hoimar v. Ditfurth

Der Geist fiel nicht vom Himmel

Die Evolution unseres Bewußtseins
340 Seiten mit 23 Farbillustrationen, 10 Farbfotos,
1 Schwarzweißfoto und 22 Strichzeichnungen

»Biologie als Heilslehre? In seinem neuen Buch *Der Geist fiel nicht vom Himmel*
hält Hoimar v. Ditfurth es allen Ernstes für erwägenswert, ob die von Jesus Christus den Menschen verheißene Erlösung von der Erbsünde nicht besser durch die
zukünftige Evolution des menschlichen Gehirns bewirkt werden könne. Ditfurth:
›Vollzieht Evolution letzten Endes womöglich Erlösung?‹ Unbestreitbar ist Ditfurths emanzipatorische Biologie eindrucksvoll.«   *Der Spiegel*

Hoffmann und Campe

Werner Nachtigall

Funktionen des Lebens

Physiologie und Bioenergetik von Mensch, Tier und Pflanze
330 Seiten mit 16 Seiten vierfarbigen Abbildungen und 53 Strichzeichnungen

Wie funktioniert Leben? Werner Nachtigall gibt Einblick in die neuesten Forschungserkenntnisse der Bioenergetik, dem »roten Faden des Lebens«. Der Leser erfährt, wie Menschen, Tiere, Pflanzen ihre »Energieprobleme« lösen. Die Sonne liefert die Energie, die Pflanzen konservieren sie; Mensch, Tier und Pflanze bestreiten mit den Speicherprodukten alle ihre Lebensprozesse. Ein Energiefluß von der Photosynthese grüner Pflanzen über Stoffwechselvorgänge bei Mensch und Tier bis hin zu Fragen der ökologischen Produktivität auf der Erde. Dieses Buch ist hochinteressant für aufgeschlossene Nicht-Spezialisten und wichtig für biologisch bereits »Vorgebildete«.

Werner Nachtigall

Phantasie der Schöpfung

Faszinierende Entdeckungen der Biologie und Biotechnik
In der Reihe »Bausteine für ein modernes Weltbild«,
herausgegeben von Hoimar v. Ditfurth
424 Seiten mit 18 Farbfotos, 2 Farbillustrationen, 72 Schwarzweißfotos
und 349 Strichzeichnungen

»Werner Nachtigall breitet ein inneres Panorama der Biotechnik aus, weiß das Interesse gerade im Detail wachzuhalten und hat den Mut, sich salopp und amüsant auszudrücken, ohne die wissenschaftliche Exaktheit an den Rand zu schieben. ›Druckknopf, Eislöffel und Fuchsfalle besitzt auch der Plattwurm Diplozoon‹ – eine plastische Ausdrucksweise, die durchaus dazu beiträgt, die immer noch bestehende Kluft zwischen Natur und Technik zu schließen.«
Westermanns Monatshefte

Hoffmann und Campe